应用型系列法学教材

商 法 概 论

第三版

主　编　李正华

副主编　折喜芳　丁春燕　张　茳

武汉大学出版社

图书在版编目(CIP)数据

商法概论 / 李正华主编. --3 版. -- 武汉 ：武汉大学出版社，2024. 8
(2025.1 重印). 应用型系列法学教材. -- ISBN 978-7-307-24557-0

Ⅰ. D923.99

中国国家版本馆 CIP 数据核字第 2024BN9918 号

责任编辑:喻　叶　　　责任校对:汪欣怡　　　版式设计:马　佳

出版发行：**武汉大学出版社**　（430072　武昌　珞珈山）

（电子邮箱：cbs22@whu.edu.cn　网址：www.wdp.com.cn）

印刷:武汉图物印刷有限公司

开本:787×1092　1/16　印张:20　字数:474 千字　插页:1

版次:2010 年 6 月第 1 版　　2018 年 8 月第 2 版

2024 年 8 月第 3 版　　2025 年 1 月第 3 版第 2 次印刷

ISBN 978-7-307-24557-0　　定价:68.00 元

编写说明

商法是法学专业本科学生的必修课程之一，其覆盖面较广、内容比较庞杂。如何用较少的课时教完相关的内容并让学生掌握是一大难题。因此，教科书的编写和教学活动之中的选择运用就显得尤为关键。

武汉大学出版社曾于 2018 年出版了"应用型系列法学教材"之《商法概论（第二版）》，在使用中得到了师生的认可。但是，由于编写成员以及使用学校的变动，加上《中华人民共和国民法典》的颁布实施和近几年来有关商事法律的修订，原来编写的内容需要进行修订。为此，在武汉大学出版社的组织下，我们重新组织人员编写了这本教材，是为第三版。

2019 年 10 月 8 日国务院第 66 次常务会议通过了《优化营商环境条例》。党的二十大报告提出了"完善产权保护、市场准入、公平竞争、社会信用等市场经济基础制度，优化营商环境"的明确要求。有鉴于此，本教材的编写为贯彻二十大报告的精神，增加了优化营商环境的相关内容。

要在短时间内要求学生了解商法的全部内容并掌握重点，以形成运用商法原理、制度、规范分析相关商事问题的基本思维和初步的能力，有一定的困难。为此，我们在商法理论方面，尽量以简明扼要的方式介绍相关的学说，着重于理论结合实践地对相关的制度和规范予以阐述。

本书的每一章最先设置了"教学目的和要求""重点和难点"，课后设置了"思考题"以便于教师对教学内容的把握和同学们的复习。

本书由李正华任主编，折喜芳、丁春燕、张茌任副主编，初稿完成后，由李正华统稿、吴哲冕负责校对。各章撰写分工如下：李正华：第一章至第三章；丁春燕：第四章至第七章；王丽娟：第八章至第九章；折喜芳：第十章至第十二章；吴哲冕：第十三章至第十四章；张茌：第十五章至第二十章。

上述撰稿人分别来自于中山大学法学院、兰州财经大学法学院、五邑大学政法学院、广州新华学院法学院、三峡大学科技学院、河北政法职业学院、北京和之盾律师事务所。教材若有错漏之处，敬请专家、读者指正。本教材的出版得到了武汉大学出版社的大力支持，胡荣编辑从组织选题到篇章结构和编写都给予了指导和帮助，在此一并表示感谢！

本书编写组

2024 年 6 月 1 日

目　　录

第二编　公　司　法

第三编　期货和衍生品法与证券法

第四编　票　据　法

第六编　破　产　法

第一编 商法总论

第一章 商事立法

【教学目的和要求】通过本章的学习，了解商事立法的基本概况，知道营商环境的作用及相关指标，掌握商法的渊源与体系以及解决商事纠纷的方式。

【重点和难点】商法的特点；商法的构成；优化营商环境的措施；商事纠纷的解决。

第一节 商法概述

一、商法及其特征

(一)商法的概念

1. 商法的含义

商法，是因商事而立之法，即调整商事关系的法律规范之总称。

对于商法的理解，不同国家以及不同学派有不同的界定。法国的学者认为商法就是关于商事活动的法律；德国的学者认为，商法是适用于商人的法律；日本有学者则认为商法是有关商事的特别法规。《布克莱法律词典》将商法界定为调整商事关系的全部法律制度的总称；《国际比较法百科全书》则将商法称为那些与商人相关的法律。《中国大百科全书·法学》则界定为："商法传统上是指与民法并列并与之互为补充的部门法，即是调整市场经济关系中商人、商业组织和商业活动法律规范的总称。"[1]

从法律演进主义的角度观之，商法并非一个民族一朝一夕创造出来的，而是经过数千年的漫长过程，从无到有，从单一的规则到普遍认同的技术规范，最终形成一定的法律定规。[2]

2. 与商法有关的概念

(1)商。不同的学科领域对于"商"有不同的解释。经济学中的"商"，通常是指以营利为目的，直接媒介财货交易的行为。它承担产品从生产者流转到消费者的媒介，起到供需调节的效果并从中获取利润。

(2)商人。商人是指以一定的自身或社会有形资源或无形资源为工具获取利润并负有一定社会责任或者是指以自己名义实施商业行为并以此为事业的人士。据传，商部落的农牧业迅速发展，生产的物品出现了剩余。当时的王亥很有经济头脑，他经常率领族人，驾

---

① 《中国大百科全书·法学》，中国大百科全书出版社1984年版，第505页。

② 何勤华、魏琼主编：《西方商法史》，北京大学出版社2007年版，第2页。

牛车拉着货物，赶着牛羊，到其他部落进行贸易。可见，尽管中国历史上虽然长期处于落后的农业社会，比西方国家进入商业社会晚了数个世纪，但中国在奴隶制时期的商代和西周就已经有了从事贩卖活动的人，如东周时代就有著名的商人范蠡。

（3）商事活动，又称商务活动，是指经法律认可的以商品或劳务交换为主要内容的营利性经济活动。按照国际习惯，商事活动包括以下四种经济行为：①直接从事商品购销的活动，如批发商、零售商等直接从事商品购入和卖出进行谋利的活动。②为他人进行商品购销直接提供服务的活动，诸如运输、仓储、加工整理等。③为商品交易提供间接服务的经济活动，如金融、保险、信托等。④为商品交易提供劳务性质服务的活动，如饭店、旅馆、影剧院以及商业咨询、广告、信息、市场调研等活动。

（二）商法的特征

对于商法的特性，不同的学者有不同的归结。有"技术性""营利性""国际性""兼容性""公法性""易变性""特定性""进步性"等多种不同的表述。[1]

1. 营利性

商的本质就是一种营利活动，因此商法的目的就是要保护正当营利活动的法律。尽管民法和商法都属于私法的范畴，但是民法以自愿、公平、诚实信用为原则，其着重于私的个体的权利保护；而商法则更加侧重于商事登记、商业名称、商业账簿、商事票据、商业财产、商业破产等方面，无一不考虑到商事活动的营利性，强调的是商事交易的公平性和便捷性、高效以及安全，强调的是经济效益的价值取向。

2. 技术性

商法的条款较多地体现了商事活动所需要的技术性要求，其不仅体现在组织法上，还体现在其行为法中，如公司成立、组织形式、资本制度、票据的出票和背书，以及承兑还有追索权行使、保险法之中关于索赔和理赔、破产管理人以及破产重整的规定、海损的计算和确定，等等，都体现出了特定的商事领域的专门性和技术性规范。

3. 兼容性

首先是公法与私法的兼容性。商法作为典型的私法是调整商人之间和商行为所产生的经济关系，但同时也有不少私法带有行政监管公法性质的内容，如投资管理、公司资本制、公司账簿的设置、公司章程的规定、公司的内设机构的监管等。其次是任意性规范与强制性规范的兼容性，有很多任意性规范同时也体现了国家意志和行政管理的色彩的强制性，如公司应当设置股东会、上市公司还应当设立独立董事、公司对外担保必需的有效性规定等。最后是实体性规范与程序性规范的兼容性。在商法中，除了调整商事法律关系的实体规范之外，还有程序性规范，如破产财产申报、破产重整、破产公司债权人会议的召开等。

4. 国际性

商法本属于一个国家的法律部门或者规范，调整的是国内的商事关系。历史上，具有国际竞争力的商事法律本身就是国际化的产物。古罗马的万民法就带着浓厚的国际化色

---

[1] 李双元、宋云博：《对我国"商法特征"若干界说的实证分析思考》，载《时代法学》2013年第3期，第4页。

彩，它调整罗马人与异邦人或异邦人之间的法律关系（也有适用于自由民之说），它包含随着罗马帝国的扩张而发展起来的国际商贸的规则，尤其是地中海商人通用的商业习惯与法规等。① 但是，随着国际贸易的发展，很多规则以及相关的国际公约的内容逐渐被各国立法者所认同，从而使得不同国家的商事立法有逐渐趋同的发展趋势。可以说，商法是国内法中国际化程度最高的一个法律部门。究其原因主要有：第一，商法很多规范都是技术性的规范，由于技术中立性的特点，使得作为技术性标准的规范得以相互借鉴和流传。第二，商法的很多规范，最早是从商人所遵从的商业性习惯作为基础发展而来的，可以说不同国家的商法具有同源性。第三，相关的国际商业惯例、有关商法的国际公约的出现。如1910 年的《船舶碰撞及海难求助统一公约》、1912 年的《海牙票据统一规则》、1922 年的《共同海损规则》、1923 年的《仲裁条款议定书》、1924 年的《统一提单的若干法律规定的国际公约》、1927 年的《关于执行外国仲裁裁决的公约》、1932 年关于贸易术语的《华沙-牛津规则》、1968 年的《统一汇票本票法》、1931 年的《统一支票法》、1958 年的《承认及执行外国仲裁裁决公约》、1978 年的《联合国海上货物运输公约》、1980 年的《联合国国际货物销售合同公约》《1990 年国际贸易术语解释通则》、1994 年的《国际商事合同通则》（2004 年修订）等。第四，商事活动的全球性发展。商事活动的全球开展，如果某一个国家所制定的商法与国际公约不符，则难以得到其他国家的认可，交易活动也必然受到影响，最终其商法要保护的商人权利和促进商事活动的发展的目的也就无法实现。

"一带一路"倡议赋予了中国参与重塑国际商事/经济规则的重大机遇，也赋予了商法研究者的历史使命。国际形势的发展也要求我们必须在国际商事和经济领域发出中国声音、提出中国方案、贡献中国智慧，帮助中国成为全球商事和经济治理的设计者、推动者和引领者。但前提是我们已建立了较为完善、发达的国内商法规范，才能让其他国家接受我国的方案。②

二、商法的原则

商法的原则，是体现了商法的基本价值观念，综合反映了商法的宗旨和任务，是对于统一的商法规则体系具有统领作用的基本准则。商法原则对于商事立法、执法、司法和守法都有指导意义，是实现商法规范调整目的的本源性和指导性规则。

在一些法律部门当中，基本原则往往会在其"龙头法"内予以规定。由于我国尚无商法典，作为一个部门的商法，是由诸多的法规群所构成，因此对于商法的基本原则，在我国的商法学界尚未形成统一的观点，有"二原则说"（保障交易简捷原则和维护交易安全原则）③、"三原则说"（尊重私有权和服从国家权力原则、人格平等与自己责任原则和生产

① 蔡伟：《〈民法典〉时代我国商法研究的国际性》，载《暨南学报（哲学社会科学版）》2023 年第 3期，第 41 页。

② 范健：《从法律认同走向商法趋同——中国"一带一路"倡议下的法律合作路径研究》，载《南京大学学报（哲学·人文科学·社会科学）》2018 年第 5 期，第 55 页。

③ 李玉泉、何绍军主编：《中国商事法》，武汉大学出版社 1996 年版，第 11~14 页。

商品化与契约自由原则）①、"四原则说"（强化企业组织原则、提高经济效益原则、维护交易公平原则和保障交易安全原则）②和"五原则说"（商事主体严格法定原则、维护交易公平原则、保障交易迅捷原则、保障交易确定性原则和维护交易安全原则）。③

（一）强化商事组织原则

从古代的商人个人发展到现在的商事组织，作为商事法律关系的主体开展商事活动，是否所有的自然人都理所当然地可以成为商事法律关系的主体？对于这样一个涉及商事法律关系主体的问题，商法采取何种态度？从各国的商事立法来看，并非所有的自然人均无须办理手续即可成为商人。强化商事组织的原则，主要体现在以下几个方面：第一，对商事组织的设立有所规定。无论是批准设立、准则设立、备案设立还是自然设立，都代表国家对于商人主体资格的取得采取认可式的限制。第二，对商事主体财产的维护规则。这不仅要求商事主体设立时有一定的资本，以营利为目的，而且对其破产设定了条件和程序。第三，有限责任。作为营利组织单位的典型代表，有限责任公司将投资者的资产与公司资产分开。作为法人单位的商事组织，其以现有资产为限对外承担责任。有限责任的股东以其投资额为限对公司承担责任。第四，风险分散。通过保险、再保险、共同海损等制度，分散商事主体的财产责任。

（二）维护交易公平原则

商事主体开展商事活动离不开一定的社会环境，人们通常称其为"营商环境"。在特定的社会环境中开展商事活动，自然会受到不同因素的影响。为了维护交易安全，所采取的措施主要有：第一，通过立法赋予商事主体平等的法律地位，使其在民商事交易活动中具有应然性的民事权利能力，从而平等地获得法律的保护。第二，法律强制性的制度安排以保障交易安全。例如，国家颁布反不正当竞争法、反垄断法、产品质量法、消费者权益保护法等，以强制手段对相关商事活动加以规制。第三，强调诚实信用原则并通过一定的规则予以贯彻落实。

（三）促进交易迅捷原则

常言道，"商场如战场"，资金的运转速度影响着商事活动的效率。为此，商法在制度上的设计就要更多地考虑到交易简便、短期时效和交易模式形态的定型化、交易客体的定型化、交易程序的定型化，而且法律规则也应当明确具体。

（四）维护交易安全原则

现代商事活动随着交易标的额的增大、交易手段的复杂化、交易周期的加快、交易范围的扩大，交易风险日益加大。为了确保交易安全，商法作为允许当事人基于私权处分和意思自治灵活协商的私法，同时也带有一定的公法色彩，对相关的交易行为实施了一定的

① 梁建达编著：《外国民商法原理》，汕头大学出版社1996年版，第9~12页。
② 王保树主编：《商事法学·经济法学》，法律出版社2000年版，第3~4页。
③ 董安生主编：《中国商法总论》，吉林人民出版社1994年版，第53页；崔金珍：《在〈商法通则〉中设立商法基本原则的路径研究》，载《中国政法大学学报》2021年第6期，第200页；傅鼎生：《论商法的基本原则》，载《政治与法律》1997年第5期，第18页；张保红：《商法思维下商法基本原则的确立》，载《中国商法年刊·2013年》，法律出版社2013年版，第104页。

干预。例如，在公司法领域就明确规定了公司章程必须具备法定的必要记载事项；在票据法、保险法、海商法方面的强制性规定也更多。而且，为了维护交易秩序和保护善意第三人的利益，商事行为的内容以行为人外部表示为准。

　　A 公司向 B 公司发出一份邀约，B 公司予以函件回复"我司对贵司于××××年××月××日发来的要约予以承诺"，则后来 B 公司的法定代表人称其秘书听错了，误将"不予承诺"当成了"予以承诺"。即使能够提供当时的录音，也不得以其实质内容与外部表示不一致而否定该承诺的效力。

三、商法的历史发展

(一)商法的萌芽与产生

1. 西方中世纪的商法

商法这一概念最早起源于古罗马时代的商事规约，但近代意义上的商事立法肇始于中世纪欧洲地中海沿岸自治城市的商人法，正式确立于 1807 年的法国商法典，发展到今日为大陆法系国家广泛沿用。

2. 西方近代商法

中外法学界均公认近代商法起源于欧洲 11 世纪晚期和 12 世纪地中海沿岸的商业城市和海上贸易。在该时期，商法的基本制度和概念得以形成，并逐渐被人们视为一种完整的、不断发展的法律体系。[1]

(二)商法的国际化发展

商法属于一个国家法律体系之中的一个部门(在某些国家有民商分立或民商合一的不同情形)。随着对外投资、国际贸易的发展，商事活动从一国向他国范围的拓展，各国国内商事法已难以与之相适应。19 世纪末叶开始，一些国际组织试图制定一套与国际商事特点相适应的、统一的有关国际商事方面的法规，至今已取得了一定的进展，从而使国际商法作为一门独立的法律学科得到了不断地完善与发展。一国的商事立法与国际商事习惯、商事规则相互影响，主要表现在国际商事规则不断丰富，国内的商事立法也在一定程度上采纳了某些国际上的商事习惯和相关国际组织所制定的规则。这样一来，不同国家之间相同领域的某些商事法律规则也就有了一定程度上的相似或者相同。

(三)商法在中国的状况

19 世纪 70 年代，清政府的开明官僚集团开始倡导"洋务运动"，提出了设立商部、制定商律，"将英、美各国公司章程择要删繁，通行刊布"。[2]

1904 年 1 月 21 日清政府颁布含《商人通例》和《公司律》两部分的《钦定大清商律》是

---

[1]　郭秀峰：《论近代商法的起源——见轮近代民法起源于近代商法》，载《长春工业大学学报(社会科学版)》2013 年第 6 期，第 82 页。

[2]　陈炽著：《陈炽集·纠集公司说》，第 236 页；转摘自周建波著：《洋务运动与中国早期现代化思想》，山东人民出版社 2001 年版，第 51 页。

中国法律近代化的开篇之作，也是中国商法近代化的标志性起点。1906 年 4 月 25 日清政府公布施行的《破产律》成为我国第一部商事单行法。于 1904 年 6 月颁行的《公司注册试办章程》规定了公司及各种行铺注册的程序和办法等，公司设立要经商会审核后由商部核准。此外，清政府还颁行了《重订铁路简明章程》《矿务铁路公共章程》《筹办矿务章程》《矿务暂行章程》等章程。

南京临时政府及北洋政府时期有类似于《商人通例》和《公司条例》之类的条例，却未有正式的商法颁布。

1937 年 1 月 1 日，国民政府公布《保险业法》《保险法》《保险业施行办法》。

1949 年 10 月 1 日中华人民共和国中央人民政府成立后，由于计划经济体制的运行，商法作为一个法律部门一直未能确立。改革开放之初，1979 年颁布的《中华人民共和国中外合资经营企业法》成为当代中国第一部真正意义上的私法。① 1993 年颁布的《中华人民共和国公司法》则在商法领域具有里程碑式的意义，之后的《中华人民共和国票据法》《中华人民共和国保险法》《中华人民共和国担保法》《中华人民共和国证券法》《中华人民共和国海商法》等商事法律的颁布，逐渐使我国商事法规群得以完善。

由于我国"民商合一"的立法模式，早在 1986 年就颁布了《中华人民共和国民法通则》，之后基于制定民法典"分两步走"的安排而于 2017 年颁布了《中华人民共和国民法总则》、2020 年颁布了《中华人民共和国民法典》。商法学界早就有学者提出了制定一部《中华人民共和国商法通则》的设想。②

第二节 商法的渊源与体系

一、商法的渊源

（一）商事法律

商事法律，是指国家为调整商事关系而制定的在全国范围内适用的基本法律，如《公司法》《证券法》《票据法》《企业破产法》等。

（二）商事行政法规

商事行政法规，是指国务院及其所属部门制定的商事行政规范文件，如《公司登记管理条例》《企业法人登记管理条例》《优化营商环境条例》等。

---

① 柳经纬：《当代中国私法进程中的商事立法》，载《暨南学报（射血社会科学版）》第 11 期，第 21 页。

② 苗延波：《论中国"商法通则"的体系结构——附：中华人民共和国商法通则草案建议稿》，载《当代法学论坛》2008 年第 3 辑；樊涛：《商法通则：中国商事立法的应然选择》，载《河南大学学报》（哲学社会科学版）2008 年第 3 期；蒋大兴：《论民法典（民法总则）对商行为之调整——透视法观念、法技术与商行为之特殊性》，载《比较法研究》2015 年第 4 期；蒋大兴：《〈民法总则〉的商法意义——以法人类型区分及规范构造为中心》，载《比较法研究》2017 年第 3 期；蒋大兴：《〈商法通则〉/〈商法典〉的可能空间？——再论商法与民法规范内容的差异性》，载《比较法研究》2018 第 5 期；范健：《商法的时代性与时代商法——创制一部反映时代需求的〈中国商法通则〉》，载《学术论坛》2019 年第 1 期，第 1 页。

（三）地方性商事法规

地方性商事法规，是指经过全国人民代表大会或常务委员会授权而由地方国家权力机关和行政机关所制定的商事规范性文件，如《广东省商事登记条例》《湖北省优化营商环境条例》《石家庄市优化营商环境条例》《深圳经济特区商事条例》《深圳经济特区个人破产条例》等。

（四）商事立法解释

商事立法解释，是由商事制定机关对相关的商事规则所作出的解释。

（五）商事司法解释

商事司法解释，是最高人民法院、最高人民检察院对在司法审判中适用某些特定的商事法规所作出的解释。如于 2018 年 6 月 27 日公布的《最高人民法院关于设立国际商事法庭若干问题的规定》、2023 年 12 月 18 日最高人民法院发布的《关于修改〈最高人民法院关于设立国际商事法庭若干问题的规定〉的决定》，以及 2020 年 12 月 29 日公布的《最高人民法院关于修改〈最高人民法院关于破产企业国有划拨土地使用权应否列入破产财产等问题的批复〉等 29 件商事类司法解释的决定》等。

（六）商事国际条约

国际商事条约，是指国家间缔结的、规定缔约国私人当事人在国际商事交易关系中权利义务的书面协议。

国际商事条约的缔约国通过并入或转化的方法使国际商事条约成为国内法的一部分，从而由本国法院或仲裁庭在具体的案件中适用。这些公约对于缔约国有确定的约束力，缔约国法院在解决相关商事争议时应优先适用。

《民事诉讼法》第二百七十一条规定："中华人民共和国缔结或者参加的国际条约同本法有不同规定的，适用该国际条约的规定，但中华人民共和国声明保留的条款除外。"

对于国际条约的适用，依据《中华人民共和国涉外民事关系法律适用法》以及 2023 年 12 月 28 日公布的《最高人民法院关于审理涉外民商事案件适用国际条约和国际惯例若干问题的解释》执行。

（七）国际商事惯例

国际商事惯例，是指在长期的商业或贸易实践基础上发展起来的用于解决国际商事问题的实体法性质的国际惯例。在长期的国际贸易实践中逐步形成的某些通用的习惯做法而制定的规则，如贸易领域的《国际贸易术语解释通则》、支付领域的《跟单信用证统一惯例》和担保领域的《见索即付保函统一规则》，它们虽然不是法律，不具有普遍的法律拘束力，但根据各国法律，国际贸易中普遍允许当事人有选择适用国际贸易惯例的自由，一旦当事人在合同中采用了某项惯例，它对双方当事人就具有法律拘束力。有些国家的法律还规定，法院有权按照有关的贸易惯例来解释和处理双方当事人之间的纠纷。《联合国国际货物销售合同公约》第九条第二款规定："除非另有协议，双方当事人应视为已默示地同意对他们的合同或合同的订立适用双方当事人已知道或理应知道的惯例。"

我国采用国际商事惯例的具体规定并不多。2005 年最高人民法院发布《关于审理信用证纠纷案件若干问题的规定》，填补了我国信用证领域国际商事惯例适用的空白。但是随着我国对外贸易、投资和金融交往规模的不断扩大，在司法实践中与其他国际商事惯例接轨也显得尤为重要。2016 年 11 月 22 日，最高人民法院发布了《关于审理独立保函纠纷案件若干问题的规定》，以解决我国独立保函纠纷在司法实践中无法可依、判断标准混乱的现状，其中对于国际商事惯例《见索即付保函统一规则》的借鉴采纳进一步完善了我国国际商事惯例的适用体系。

针对不同的渊源，在适用上，按照国际条约、国内法、国际商事惯例的顺位排列，只有前两种规范不能适用时，国际商事惯例才有被适用的可能。

二、商法的体系

（一）商法体系的概念

商法体系，是指按照一定的标准和原则对商事法律进行划分，由此而形成整体的一个系统。

构成商法整体的法律主要有公司法、证券法、破产法、保险法、票据法、海商法等。

对于商法究竟由哪些规范构成，学界有不同的观点。通常，商法包括：组织规范与交易规范、强制性规范与任意性规范、实体规范与程序规范，这三个方面的内容都是相互交融在一起的。

（二）我国的商法体系

有学者指出了我国现行商法体系的缺陷表现在三个方面：一是民法规范体系呈现出商化过度的现象；二是商事单行法缺乏总纲性商法规范；三是各商事法部门缺乏必要的上位法指引和支持。[①]

有学者提出，商法的体系化应从以下三方面着手：一是商事主体制度的体系化，可以通过制定商法通则的方式，规定商事主体的要件、设立与登记，以及商事账簿、商行为等规则；二是修改、完善商事单行法，如公司法、合伙企业法这些被民法典冲击严重的法律法规，必须尽快启动修法工作；三是以构建良好营商环境为导向，配合国家深化改革、经济形势变化以及法治建设的需要，对公司法、证券法、破产法等与经济生活联系紧密的法律法规进行修改和制度创新，协调相关法律之间的关系，避免冲突和矛盾，为进一步扩大改革开放提供制度红利。[②]

在《民法典》已经颁布的情况下，还有制定商法典的可能或者必要吗？商法典的编纂并非在技术上不可能为，也并非不得不为，是否制定商法典，其实取决于立法者在权衡立与不立各自的利弊得失后的选择。[③] 商法体系的多元化客观存在，即使不制定商法典，也并不影响商法本身和商法研究的独立性，更不会影响商法学者的地位。因此，与其沉湎于要不要制定《商法通则》或者《商法典》又或者其应当包含什么样的内容之争，还不如"通过

---

① 王建文：《我国商法体系缺陷的补救：民商区分》，载《环球法律评论》2016 年第 6 期，第 136 页。

② 赵磊：《民法典时代的商法体系化》，载人大文库：https://www.renrendoc.com/paper/307694154.html，2024 年 6 月 1 日访问。

③ 马哲：《比较法视野下我国商法体系的多远构建》，载《商法界论集》第 11 卷 2023 年第 1 辑，第 125 页。

具体的商事立法、判例和学说，发展精细的商法规则，以应对创新迭出、纷繁复杂的商事实践"。①

三、商法与其他法律部门的关系

(一)商法与民法

由于我国是成文法国家，民法与商法在立法体系上呈现出"民商合一"的状态。

所谓的民商合一，是指民事和商事统一立法，将商事方面的内容编入民法典中，或以单行法规的形式出现。民商合一的立法体例并非轻视商法，只是将民事生活和整个市场适用的规则集中规定于民法典，而将适用于局部市场或个别市场关系的规则，规定于各个民事特别法，如公司、票据、证券、海商、保险法等。1986 年颁布的《中华人民共和国民法通则》，就确立了民商合一的立法思路。2020 年颁布的《中华人民共和国民法典》也进一步确立了民商合一的立法体系。

尽管我国采取"民商合一"②的立法体例，但并不影响法学界将商法学作为法学二级学科所展开的研究。对于商法的学术研究，徐学鹿教授首创了中国大陆第一个商法教研室、商法本科专业、商法方向硕士点、商法研究所，于 1986 年首先出版国内第一部《商法概论》。此外，赵中孚、王保树、覃有土、赵旭东等一批商法学者，对推动我国商法学的研究也起到了重要的作用。

在成文法国家，有单独将商法典与民法典并列的立法模式。世界上第一部商法典是 1807 年的《法国商法典》，该法典第一条明确规定"商人者，以商行为为业者"。这一规定强调了商主体资格对商行为的依存，创立了通常所说的规制商主体的客观主义原则。之后，不同的国家先后制定了自己的商法典：海地共和国(1827 年)、西班牙(1829 年)、葡萄牙(1833 年)、巴西(1850 年)、秘鲁(1853 年)、布宜诺斯艾利斯(1860 年)、德国(1861 年)、意大利(1865 年)。

无论是"民商合一"还是"民商分立"的立法模式，民法的原则以及相关的制度与商法也存在着必然的一些联系。故而，在我国有"大民法"的说法。传统理论认为，商法是从民法中脱离出来或者基于民法根据社会历史发展需要而逐渐成为一个相对独立的法律部门。曾经有学者提出要制定《中华人民共和国商法通则》甚至制定一部与民法典并行的商法典，但是否编纂法典是形式问题，是立法技术问题，编纂商法典、将未被纳入民法典的商法规则汇编成一个整体，也不是绝无可能。③

可以预见，商事基本法短期内仍然难以面世，它将继续是商法研究的热点和难点问题。但是，这并不妨碍民商之间的交汇和互补互促。因为民法是普遍性、稳定性更强的法

---

① 纪海龙：《现代商法的特征与中国民法典的编纂》，载王洪亮、田士永、朱庆育、张双根、张谷主编：《中德私法研究(15)：民商合一与分立》，北京大学出版社 2017 年版，第 39 页。

② "民商合一"，是指民法包含商法，民法是商法的母法，指导和统帅商法，而商法是民法的下位法或者特别法，如瑞士、意大利等国；"民商分立"，是指民法与商法属两个并存的独立的部门法，通常在民法典以外还制定了商法典，如法国、德国等国。

③ 马哲：《比较法事业下我国商法体系的多元构建》，载《商法界论集》第 11 卷 2023 年第 1 辑，第 128 页。

律部门，而商法则是最贴近商事实践的法律部门，两者在经济快速发展和变化的当代有不同的规范目的。[1]

（二）商法与经济法

经济法是调整政府因规制经济活动而产生的经济管理关系的法律规范之总称。经济法是因政府行使经济管理职能、规制市场主体行为、维护市场经济秩序的需要而产生，具有一定的行政性质，属于公法的范畴。有观点认为，经济法是从行政法之中脱离出来，根据社会经济管理需要而逐渐形成的一个相对独立的法律部门。相对于作为私法领域的商法而言，经济法与商法分属两种不同性质的法律部门。但是，由于经济法之中的市场主体规制法、市场活动规制法必然会涉及市场经济的活动主体，因此企业法也属于经济法的构成部分。而公司法则是属于商法的主要构成部门。可见，经济法与商法也有着难以割舍的关系甚至在一定的程度上还存在着交叉。

第三节　营商环境

一、营商环境概述

（一）营商环境的概念

营商环境，是指市场主体在准入、生产经营、退出等过程中涉及的政务环境、市场环境、法治环境、人文环境等有关外部因素和条件的总和。营商环境的评价，是一项涉及经济社会改革和对外开放众多领域的系统工程。

2021年4月27日，习近平总书记在听取广西壮族自治区党委和政府工作汇报时指出：“要继续深化改革，坚持‘两个毫不动摇’，优化营商环境。”[2]2022年党的二十大报告明确指出，“完善产权保护、市场准入、公平竞争、社会信用等市场经济基础制度，优化营商环境”。

（二）营商环境的指标

企业营商环境指标是世界银行为衡量各国小企业运营的客观环境而设计的指标。

为评估各国企业营商环境，世界银行按照企业的全生命周期及其在市场中的参与环节设置出了评定营商环境的10个一级指标、30个二级指标、82个三级指标、245个四级指标和798个测评点，涉及1692个问题（其中379个问题不计分）。10个主题（即一级指标）包括：企业准入、经营场所、公共服务设施、劳动力、金融服务、国际贸易、税收、争端解决、市场竞争、企业破产。

根据《广东省优化营商环境条例》的规定，2022年广东省营商环境评价主要借鉴

---

[1]　蔡伟：《〈民法典〉时代我国商法研究的国际性》，载《暨南学报（哲学社会科学版）》2023年第3期，第39页。

[2]　《优化营商“软环境”拼出发展“硬实力”——广西持续优化营商环境综述》，载广西壮族自治区人民政府：http://www.gxzf.gov.cn/gxyw/t16102693.shtml，2024年6月1日访问。

世界银行营商环境评价和中国营商环境评价指标体系，共设置 19 个一级指标(开办企业、办理建筑许可、获得电力、登记财产、获得信贷、保护少数投资者、纳税、跨境贸易、执行合同、办理破产、政府采购、劳动力市场监管、获得用水用气、招投标、市场监管、知产创造和保护及运用、政务服务、包容普惠创新、市场主体满意度)，[①] 77 个二级指标。

(三)营商环境的作用

营商环境是企业生存发展的土壤，是一个国家或地区经济软实力的重要体现，是综合竞争力提高的重要方面，同时也是促进市场体制机制完善、提升城市能级、实现经济高质量发展的重要抓手。

为评估各国企业营商环境，世界银行通过对 155 个国家和地区的调查研究，对构成各国的企业营商环境的十组指标进行了逐项评级，得出综合排名。营商环境指数排名越高或越靠前，表明在该国从事企业经营活动条件越宽松。相反，指数排名越低或越靠后，则表明在该国从事企业经营活动越困难。

> 2019 年 10 月 24 日，世界银行发布《2020 年营商环境报告》。中国的全球营商便利度排名继 2018 年大幅提升 32 位后，2019 年又跃升 15 位，升至全球第 31 位。世界银行称，由于"大力推进改革议程"，中国连续两年跻身全球优化营商环境改善幅度最大的十大经济体。2022 年末，我国市场主体总数近 1.7 亿户。[②]

中国的经济取得如此大的成就，正是党和国家一直致力于完善、提升营商环境取得伟大成就的结果。

资本的逐利性以及投资者对盈利、安全、便利的喜好，决定了好的营商环境能够吸引众多的投资者来投资并开展广泛的商事活动。相反，不良的营商环境，难以吸引到投资者来投资，甚至已经存在的投资者也会逐渐离开。

> 改革开放初期，某地政府招商引资机构的工作人员陪同外商到拟设工厂的郊外考察，外商对拟投资建设工厂的环境、土地使用权价格、劳动力成本、原材料以及产业链等各方面条件基本上还感觉得比较满意。但农村的卫生间以及乡政府的卫生间的情况却让外商无法适应，因此，每当有需要时只好驱车十几公里回到县城的宾馆解决。营商环境的有机构成，是一个整体，内在要素要互为逻辑。哪怕是一个厕所，也是不容忽略的部分。而当年的尴尬情景，在现代却也曾上演。[③]

---

① 广东省的评价一级指标在国家评审 18 个指标的基础上增加了一个"市场主体满意度"。

② 《中华人民共和国 2022 年国民经济和社会发展统计公报》，载中华人民共和国中央人民政府：https：//www.gov.cn/xinwen/2023-02/28/content_5743623.htm，2024 年 6 月 1 日访问。

③ 《商界案例：一个茅厕毁了百亿投资》，载新浪财经：http：//finance.sina.com.cn/leadership/mroll/20100115/18237253621.shtml，2024 年 6 月 1 日访问。

二、影响营商环境的要素

(一)社会因素

社会因素,是指社会上各种事物,包括社会制度、社会群体、社会交往、道德规范、国家法律、社会舆论、风俗习惯等。它们的存在和作用是强有力的,影响着人们态度的形成和改变。

不同的地区,在历史中慢慢形成了具有自己特色的一些文化观念,相比较而言,有些地方显得较为排外而有些地方则相对形成了比较开放和包容的社会文化氛围。利用和发挥好自身的优势,形成带动和促进当地经济发展,可谓是各显其招。例如,同样处于亚洲地区,却有"亚洲四小龙"①;同样处于改革开放先行先试的广东省,却有"广东四小虎"②。

> 如山东淄博借势推出了一系列"淄博烧烤"的推广活动,一时间"到淄博吃烧烤"成为热门话题。2024年初,哈尔滨通过欢迎"南方小土豆来看雪"的举措吸引游客,引发了全国各地文旅部门的竞相效仿。

(二)经济因素

我国用几十年时间走完了发达国家几百年走过的工业化进程,社会生产力得到极大地解放和发展,经济实力和综合国力显著增强,主要的动因有:一是经济总量大幅跃升。2022年全年国内生产总值1210207亿元,比上年增长3.0%。③尽管从GDP的数据来看,中国是世界第二大经济体,但根据国际货币基金组织统计的数据2023年中国的购买力达到了33万亿美元的总量,位居世界第一。④二是产业结构不断优化升级。农业基础作用不断加强,工业主导地位持续提升,服务业支撑效应日益突出。三是基础设施建设成就斐然。截至2023年年底,全国铁路营业里程达到15.9万公里,其中高铁达到4.5万公里,⑤成为名副其实的世界第一。四是城乡和区域协调发展呈现新格局。2022年全国常住人口城镇化率为65.22%。⑥贫困人口从2012年年底的9899万人减到2019年年底的551万人,

---

① 亚洲四小龙,是指自20世纪60年代末至90年代,亚洲四个发展迅速的经济体:韩国、中国台湾地区、中国香港地区和新加坡。

② 广东四小虎,又称广东四小龙,是指20世纪80年代广东珠三角崛起的四座经济发展迅猛的中小城市:东莞市、中山市、南海市(今佛山市南海区)和顺德市(今佛山市顺德区)。

③ 《中华人民共和国2022年国民经济和社会发展统计公报》,载中华人民共和国中央人民政府:http://www.scio.gov.cn/xwfb/gwyxwbgsxwfbh/wqfbh_2284/49421/50061/xgzc50067/202307/t20230704_726025.html,2024年6月1日访问。

④ 《2023年全球购买力排行榜:中国超过美国,印度大幅领先日本德国!》,载网易网:https://www.163.com/dy/article/IQHBV1TO05562MS1.html,2024年6月1日访问。

⑤ 陶媛:《高铁营业里程达4.5万公里!我国铁路高质量发展取得显著成效》,载光明网:https://economy.gmw.cn/2024-01/10/content_37080458.htm,2024年6月1日访问。

⑥ 《中华人民共和国2022年国民经济和社会发展统计公报》,载国家统计局:https://www.stats.gov.cn/sj/zxfb/202302/t20230228_1919011.html,2024年6月1日访问。

贫困发生率由 10.2% 降至 0.6%，连续 7 年每年减贫 1000 万人以上。[1] 随着一系列重大区域发展战略的实施，我国区域发展新空间不断拓展。五是对外开放成效突出。货物进出口总额已从 1950 年的 113 亿美元跃升到 2022 年的 420678 亿元；1979—2018 年，全国累计吸引非金融类外商直接投资 20343 亿美元；2022 年非金融类对外直接投资达 7859 亿元。[2]

除了一个国家或地区在经济方面的综合实力以外，其生产链是否齐全、产供销相互之间的衔接是否紧密，以及劳动用工成本、税负轻重、基础设施条件好坏，等等，也构成营商环境的经济因素。

(三)政治因素

中华人民共和国中央人民政府成立 70 年特别是改革开放新时期和党的十八大以来，我国既经历了巨大的经济发展飞跃，也经受了不少重大考验，中国共产党领导人民创造了世所罕见的经济快速发展奇迹和社会长期稳定奇迹。[3] "两大奇迹"充分表明：中国特色社会主义制度和国家治理体系是能够持续推动国家发展进步，保持社会长期稳定的制度和治理体系是能够造福全国各族人民、深得全国各族人民拥护的制度和治理体系。党的十八大以来，在以习近平同志为核心的党中央坚强领导下，面对世界经济复苏乏力、局部冲突和动荡频发、全球性问题的外部环境，面对我国经济发展进入新常态、美国对我国发起贸易战等一系列深刻变化，面对党面临的重大风险考验和党内存在的突出问题，坚持稳中求进工作总基调，迎难而上、开拓进取，继续战胜前进道路上的各种风险挑战，取得改革开放和社会主义现代化建设的历史性成就，全国到处呈现一派政治稳定、经济发展、文化繁荣、民族团结、人民幸福、社会安宁的景象。这同世界上一些国家社会分裂不断加剧甚至造成严重的政治动荡，形成了极为鲜明的对比。

(四)法治因素

2011 年 3 月 10 日，全国人民代表大会常务委员会委员长吴邦国同志向第十一届全国人民代表大会四次会议作全国人大常委会工作报告时庄严宣布，一个立足中国国情和实际、适应改革开放和社会主义现代化建设需要、集中体现党和人民意志的，以宪法为统帅，以民商法、行政法、经济法等多个法律部门的法律为主干，由法律、行政法规、地方性法规与自治条例、单行条例等三个层次的法律规范构成的中国特色社会主义法律体系已经形成。

截至 2023 年 10 月 24 日十四届全国人大常委会第六次会议闭幕，我国现行有效

---

[1] 《习近平：在决战决胜脱贫攻坚座谈会上的讲话》，载中华人民共和国中央人民政府：https://www.gov.cn/xinwen/2020-03/06/content_5488175.htm，2024 年 6 月 1 日访问。

[2] 《中华人民共和国 2022 年国民经济和社会发展统计公报》，载国家统计局：https://www.stats.gov.cn/sj/zxfb/202302/t20230228_1919011.html，2024 年 6 月 1 日访问。

[3] "两大奇迹"，是指经济快速发展奇迹、社会长期稳定奇迹。出自于党的十九届四中全会通过的《中共中央关于坚持和完善中国特色社会主义制度，推进国家治理体系和治理能力现代化若干重大问题的决定决定》中指出："新中国成立七十年来，我们党领导人民创造了世所罕见的经济快速发展奇迹和社会长期稳定奇迹。"

的法律 299 件。[1]

2022 年，世界银行营商环境评估修订为"宜商环境"（BEE）评估，在其一级指标中新设"争议解决"，说明争议解决机制的建设与保障，逐渐成为打造国际化宜商环境、降低交易成本的国际共识。

根据《最高人民法院工作报告》披露的数据，2022 年全国各级法院审结一审民商事案件 1574.6 万件，通过发挥审判职能作用，推动建设更高水平的平安中国、法治中国，为实现"十四五"良好开局提供有力司法服务和保障。[2] 根据司法部公共法律服务管理局发布的《中国国际商事仲裁年度报告（2022—2023）》披露，2022 年，全国 277 家仲裁机构共办理案件 475173 件，比 2021 年上升 59284 件，同比增长 14.25%；全国仲裁案件标的总额为 9860 亿元，比 2021 年上升 1267 亿元，同比增长 14.74%，[3] 为境内外民商事纠纷解决提供了中国方案。

全球仲裁服务加速升级迭代，国际仲裁中心已经出现"从西方转向东方"的趋势，各国的社会治理也以更为多元和柔性的方式实现。

三、营商环境的优化

（一）优化营商环境的必要性

1. 促进经济发展质量提升

改革开放以来，我国的经济发展处于高速发展时期，但随着经济总量的增长以及社会发展因素的复杂性。2017 年，中国共产党第十九次全国代表大会首次提出高质量发展的新表述。2021 年，习近平总书记接连强调"高质量发展"。2021 年 3 月 30 日，中共中央政治局召开会议，审议《关于新时代推动中部地区高质量发展的指导意见》，9 月 14 日，国务院批复国家发展改革委、财政部、自然资源部关于推进资源型地区高质量发展"十四五"实施方案。

营商环境的优化，必须坚持以推动高质量发展为主题，把实施扩大内需战略同深化供给侧结构性改革有机结合起来，增强国内大循环内生动力和可靠性，提升国际循环质量和水平，加快建设现代化经济体系，着力提高全要素生产率，着力提升产业链供应链韧性和安全水平，着力推进城乡融合和区域协调发展，推动经济实现质的有效提升和量的合理增长。

---

[1] 《有效法律目录（299 件）》，载全国人民代表大会：http://www.npc.gov.cn/npc/c2/c30834/202311/t20231102_432724.html，2024 年 6 月 1 日访问。

[2] 《中华人民共和国最高人民法院工作报告》，载中华人民共和国最高人民法院：http://gongbao.court.gov.cn/，2024 年 6 月 1 日访问。

[3] 《中国国际商事仲裁机构国际影响力正逐渐扩大》，载中华人民共和国司法部：https://www.moj.gov.cn/pub/sfbgw/fzgz/fzgzgglfwx/fzgzgglflw/202309/t20230911_486092.html，2024 年 6 月 1 日访问。

2. 激发市场主体充满活力

2023 年 1 月 31 日,习近平总书记在主持中共中央政治局第二次集体学习时强调,"为各类经营主体投资创业营造良好环境,激发各类经营主体活力"。[①]

国家利益至上,但过去人们在观念上一直认为国有经济主体应当优先获得保护,甚至在具体的纠纷案件中民营企业的权利保护应当放在国有和集体企业之后。

2016 年 11 月 27 日,《中共中央　国务院关于完善产权保护制度依法保护产权的意见》发布,明确了产权制度是社会主义市场经济的基石,保护产权是坚持社会主义基本经济制度的必然要求。有恒产者有恒心,经济主体财产权的有效保障和实现是经济社会持续健康发展的基础。

最高人民法院、国家发展和改革委员会于 2020 年 7 月 22 日共同发布了《关于为新时代加快完善社会主义市场经济体制提供司法服务和保障的意见》,坚持依法平等保护各类市场主体,明确要求废除按照所有制类型区分市场主体和对民营企业不平等保护的司法裁判规则;加强对新型市场主体的保护,推动形成有利于创新和发展的现代法人制度,以助力经济高质量发展、建设高标准市场体系为出发点和落脚点,从市场主体、产权保护、公平交易、市场秩序、民生保障、服务开放、高效解纷七个方面,提出了三十一条贯彻意见。

3. 建成中国特色法治国家

2021 年 1 月 10 日,中共中央印发了《法治中国建设规划(2020—2025 年)》,明确高举中国特色社会主义伟大旗帜,坚持以马克思列宁主义、毛泽东思想、邓小平理论、"三个代表"重要思想、科学发展观、习近平新时代中国特色社会主义思想为指导,全面贯彻党的十九大和十九届二中、三中、四中、五中全会精神,全面贯彻习近平法治思想,增强"四个意识"、坚定"四个自信"、做到"两个维护",坚持党的领导、人民当家作主、依法治国有机统一,坚定不移走中国特色社会主义法治道路,培育和践行社会主义核心价值观,以解决法治领域突出问题为着力点,建设中国特色社会主义法治体系,建设社会主义法治国家,在法治轨道上推进国家治理体系和治理能力现代化,提高党依法治国、依法执政能力,为全面建设社会主义现代化国家、实现中华民族伟大复兴的中国梦提供有力法治保障。

从过去"有法可依,有法必依,执法必严,违法必究"到十八大提出的"科学立法、严格执法、公正司法、全民守法"中国新时期依法治国的"新十六字方针"表明中国的法治建设迈上了一个新台阶。

改革开放 40 多年来,中国法治建设取得了长足的进步和成就:立法体系已经完善,司法公正逐步实现,社会稳定得到维护,司法体系不断健全,反腐倡廉取得胜利。

(二)优化营商环境的措施

2019 年 10 月 23 日,国务院总理李克强签署国务院令公布的《优化营商环境条例》自

---

① 《围绕经营主体需求施策,帮助其解难题、渡难关、复元气、增活力;营造良好环境　激发市场活力》,载中华人民共和国中央人民政府:https://www.gov.cn/xinwen/2023-02/24/content_5743102.htm? eqid=c447fa4600ab74a2000000026466c1c7,2024 年 6 月 1 日访问。

2020年1月1日起施行。该条例认真总结近年来我国优化营商环境的经验和做法，将实践证明行之有效、人民群众满意、市场主体支持的改革举措用法规制度固化下来，重点针对我国营商环境的突出短板和市场主体反映强烈的痛点难点堵点问题，对标国际先进水平，从完善体制机制的层面作出相应规定。为贯彻落实党中央、国务院决策部署，推动各地区各部门深入实施《优化营商环境条例》，进一步深化"放管服"改革，加快打造市场化法治化国际化营商环境，更大激发市场主体发展活力，国务院办公厅开通"优化营商环境 我对国务院说"专题。

1. 推进简政放权

过去，政府、市场、企业之间的关系不明，人们普遍反映有"三难"（门难进、脸难看、事难办）得到了全面的改观，政府搭台、企业唱戏，政府为经济活动主体提供全方位的服务。

在法律允许的情况下，行政机关可以允许公民或企业从事一些特定的事项，而这些事项也就是行政许可事项。通常，行政许可的内容是国家一般禁止的活动。设定行政许可，应当遵循经济和社会发展规律，有利于发挥公民、法人或者其他组织的积极性、主动性，维护公共利益和社会秩序，促进经济社会和生态环境协调发展。"放管服"改革持续推进，营商环境不断优化，为经营主体发展创造了更加有利的条件。

仅2014年的一年多来，国务院先后取消和下放7批632项行政审批等事项；[1] 党的十八大以来，国务院已分批取消下放行政许可事项逾千项。[2] 过去5年，企业和个体工商户等数量大幅增加到1.6亿多户。[3]

2. 加强依法监管

过去政府相关部门那种"事前严控、事中拖沓、事后推诿"的状态已经得到了完全的改变，当下的"异地办、网上办、一次办"为民众服务的意识已经树立，事中监管、事后处置的依法监管方式，很好地优化了营商环境。

3. 促进公平竞争

中央经济工作会议强调，要充分激发各类经营主体的内生动力和创新活力。经营主体作为经济活动的主要参与者、就业机会的主要提供者和技术进步的主要推动者，其活力的有效激发，发展内生动力的充分释放，对于巩固和增强经济回升向好态势，推动经济高质量发展具有十分重要的意义。

---

① 《深化行政审批制度改革加快政府职能转变工作情况报告提请审议，632项行政审批事项被取消和下放》，载全国人民代表大会：http://www.npc.gov.cn/zgrdw/npc/cwhhy/12jcwh/2014-08/28/content_1875870.htm，2024年6月1日访问。

② 《党的十八大以来，国务院已分批取消下放行政许可事项逾千项》，载中华人民共和国中央人民政府：https://www.gov.cn/zhengce/2020-09/30/content_5548464.htm，2024年5月20日访问。

③ 《围绕经营主体需求施策，帮助其解难题、渡难关、复元气、增活力，营造良好环境，激发市场活力（人民眼·提振发展信心）》，载国家税务总局上海市税务局：http://shanghai.chinatax.gov.cn/zzzb/xxgk/202303/t466295.html，2024年6月1日访问。

为深入贯彻党中央、国务院决策部署，全面落实公平竞争审查制度，经国务院同意，市场监管总局、国家发展改革委、财政部、商务部、司法部于2023年发布了修订后的《公平竞争审查制度实施细则》。该实施细则共七章三十一条，分为总则、审查机制和程序、审查标准、例外规定、第三方评估、监督与责任追究、附则。此次修订围绕贯彻党中央落实公平竞争审查制度、健全公平竞争审查机制等要求，严格遵循公平竞争审查制度框架，与《反垄断法》《优化营商环境条例》《重大行政决策程序暂行条例》等现行法律法规和国务院规定加强衔接，聚焦制度实施中存在的工作推进不积极、审查质量不高、监督考核不到位等突出问题，以强化制度刚性约束为修订主线，通过完善规则、优化机制、强化监督、加强保障，不断提高审查质量和效果，切实提升制度权威和效能。

4. 维护法治秩序

法治秩序，是指依法律而确定、以自由、平等为内涵存在于公民之间、公民与政府之间以及政府机构之间的相对稳定的关系状态，是符合法治价值要求的社会秩序。法治追求的是法治价值所蕴含的法律要有权威、法律制度要有统一性这样最简单的法治秩序要求。[①]

2022年3月25日，中共中央、国务院颁发的《关于加快建设全国统一大市场的意见》明确提出：加快建立全国统一的市场制度规则，打破地方保护和市场分割，打通制约经济循环的关键堵点，促进商品要素资源在更大范围内畅通流动，加快建设高效规范、公平竞争、充分开放的全国统一大市场，全面推动我国市场由大到强转变，为建设高标准市场体系、构建高水平社会主义市场经济体制提供坚强支撑。

加快推进全国统一大市场建设，大力破除行政性垄断和地方保护，推动清理妨碍统一市场和公平竞争的政策措施，保障经营主体自主经营权，将是今后维护法治秩序、优化营商环境的工作重点之一。

第四节　商事纠纷的解决机制

一、商事和解

(一)商事和解的定义
商事和解是指商事当事人通过双方协商、互谅互让，最终解决商事纠纷的一种方式。

(二)商事和解的特征
由于商事和解是商事关系双方当事人内部的一种处理方式，没有外人参加，也不会产生额外的需要向第三方支付费用[②]的情况，加上双方原本就是基于合作共赢之目的来建立

---

① 莫纪宏：《依法治国根本目标是建立法治秩序》，载中国共产党新闻网：http://theory.people.com.cn/n/2014/0909/c49150-25622945.html，2024年6月1日访问。

② 律师代理费、诉讼费、鉴定费、保全费、保全担保保险费等。

一个商事关系的，因此在对有关问题出现认识不一致①的情况下，通过沟通协调和在利益上互让互谅，往往会容易给出一致的解决方案。这种解决商事纠纷的方式，不仅不会使相关的信息外传，而且也不会在外人面前丢脸，更不会产生额外的费用。

二、商事调解

(一)商事调解的定义

商事调解，是指无利害关系的第三方对商事关系的主体进行居中斡旋并进行调停以解决商事纠纷的一种争议解决方式。

按照调解的主体来划分，有个人调解、机构调解之分。

(二)商事调解的特征

商人作为一个称谓，其总有一个经营的范围，在这个经营范围或者某个特定的区域内会形成一个所谓的"圈子"，而在这个"圈子"里面，大家基于相同的供应链或者在某个特定区域里开展商事活动，彼此之间往往都能直接或者间接地认识。为了协调群体的利益，通常会建立一个类似于商会这样的组织，而在商会里又会有一些被公认知识渊博、为人公道、德高望重的某些人，过去这些人通常被推举为商会的会长。如果在这个群体里的主体相互之间形成商事交易关系，出现了一些小问题，往往不太愿意将纠纷提交法院审理，一来时间长、二来公开相关的信息唯恐会对商业信誉造成不好的影响。于是，找到商会里德高望重的前辈来出面主持调解，就成了一种较好的解决纠纷的方式。这也是商事仲裁最早的萌芽方式。

诉讼、仲裁、调解被誉为纠纷解决机制中的"三驾马车"，而民间调解成为了"东方经验"。随着社会的发展和商事活动的增加，商事调解也逐渐被人们所重视。有学者指出商事调解具有以下的特征：第一，商事调解是国家治理体系的重要分支；第二，商事调解活动可以借助多种资源实施；第三，商事调解更多依赖解纷思维；第四，商事调解应当尊重商事活动自身规律；第五，商事调解是专业化水平较高的法律服务；第六，商事调解的管理体制应当以行业自律管理为主；第七，商事调解应当与其他解纷机制有机衔接和良性互动；第八，商事调解必须在法治轨道上健康发展。②

　　中国贸促会调解中心发布《中国商事调解年度报告(2022—2023)》显示，中国商事调解组织数量不断增加。全国社会组织信用信息公示平台以及天眼查平台检索结果显示，全国依法登记设立的商事调解组织有223家，其中登记为民办非企业单位的有203家。中国商事调解组织以民办非企业单位为主，70%以上成立于2022—2023年。此外，还有大量商事调解组织内设在工商联、商协会、律师协会及律师事务所等机构中。以工商联商事调解组织为例，目前在全国已累计有3209家商会调解组织。《中国商事调解年度报告(2022—2023)》还建议，需提升社会对商事调解的认知，积极倡导

---

① 所谓的纠纷，实际上就是当事人之间认识不一致的外化形式。例如，一方认为对方未依照合同履约需要承担违约责任，如果对方也认同该观点并主动承担了违约责任，也就无所谓纠纷了。
② 蒋惠岭：《论商事调解新理念与相应的改革对策》，载《中国法治》2024年第3期，第82~83页。

"有商事纠纷，找商事调解"，鼓励纠纷主体将解决问题作为目标，引导企业将"调解优先"写入合同的纠纷解决条款中；组织开展各类调解宣传活动，将调解服务下沉至企业行业中，扩大和谐解纷共识。[①]

调解具有民间性、基层性、自治性、不收取费用性、非最终救济性等特点，也正是其非最终救济性的特点，使得当事人如果不履行调解的结果，将会使纠纷有可能仍需要通过后续相关的程序来处理。

三、商事仲裁

(一)商事仲裁的定义

商事仲裁，是指商事关系的当事人通过签订仲裁协议的方式，约定将其发生的商事纠纷提交给仲裁机构或者临时仲裁机构进行居中裁决以解决商事纠纷的一种方式。

仲裁作为一种处理民商事纠纷的方式起源很早，它是随着商品经济的产生而发展起来的。据考察，远在古罗马奴隶制时代就有用仲裁方法解决纠纷的记载。13、14 世纪的意大利已出现国际性的商事仲裁。17 世纪以后，英国、瑞典等国先后承认仲裁并制定了仲裁法律。进入 20 世纪，仲裁制度得到空前发展，仲裁受到国际社会的普遍承认，并出现了国际性的仲裁立法，开展了国际性的仲裁活动。

据司法部统计，2023 年，全国 279 家仲裁机构办理仲裁案件超 60 万件，总标的额 1.16 万亿元人民币。2012—2023 年，中国仲裁案件数量增长近 5 倍，仲裁标的额增长 8 倍，案件当事人涉及全球 100 多个国家和地区，解决纠纷类型涵盖金融、工程建设、合同买卖、知识产权保护、数字经济等众多领域，为国际经贸往来提供了优质、高效、专业的法律服务和保障，中国仲裁的国际影响力、竞争力持续提升。北京和上海位列最受欢迎仲裁地之一。[②]

(二)商事仲裁的特征

1. 自愿性

仲裁与诉讼是并列的两种民商事纠纷解决方式，在当事人可选择的情况下，一旦选择了诉讼解决纠纷则不能进行仲裁，反之亦同。究竟是选择通过商事诉讼还是商事仲裁来解决商事纠纷，凭当事人的意思自治决定。如果当事人没有作出选择，或者选择无效，则依据民事诉讼法的规定由法院管辖。此外，国际商事仲裁的自愿性，还表现在当事人在仲裁中可以依据仲裁规则选择仲裁机构、仲裁员，甚至可以自由选择仲裁程序乃至准据法。

2. 中立性

尽管仲裁员可以根据规则由商事关系的当事人选择或者共同确定，但并不意味着仲裁

---

① 李婕：《推动商事调解高质量发展》，载《人民日报海外版》2024 年 1 月 6 日，第 3 版。

② 《司法部支持香港打造面向全球的国际商事法律及争议解决服务中心》，载央广网：https://law.cnr.cn/yfxz/20240506/t20240506_526694677.shtml，2024 年 6 月 1 日访问。

员是选定一方当事人的利益代表,其以规则履行职务,以其专业性和对事实以及法律负责的态度居中、专业地履行职务。

3. 专业性

在仲裁机构中,选聘仲裁员通常有一套严格的程序,相关的条件也比较苛刻。在我国,要被我国国内的仲裁机构聘任进入仲裁员名单,除必要的基本条件外,在专业性方面的要求归结起来就是"三八两高"。①

4. 保密性

商事仲裁活动的开展,依照仲裁规则,通常是不公开开庭审理,除非当事人双方一致同意允许他人旁听。因此,这和民商事诉讼不同,民商事诉讼原则上开庭审理、允许旁听,只有涉及国家机密、商业秘密、个人隐私、未成年案件外,一律公开审理。保密性的特点,能够较好地保护商业之间的商业秘密和商业信誉。

5. 便捷性

与商事诉讼一审、二审的"四级两审终审"制度不同,商事仲裁采取"一裁终局"的方式,而且普通程序审理的案件一般在四个月内结案、采用简易程序的案件一般在两个月内结案。②

6. 执行性

商事仲裁一旦作出即具有法律效力,当事人应当自觉履行生效裁决所确定的义务。如果拒不履行,对方当事人可申请人民法院强制执行。可见,商事仲裁的调解书或裁决书与人民法院生效的裁判文书具有同等的法律效力,可申请人民法院强制执行。尤其值得指出的是,一份生效的商事判决要在外国执行,不但程序繁琐,最终的结果也难料。而1958年在联合国主持下在纽约缔结的《承认及执行外国仲裁裁决公约》(亦称《1958年纽约公约》),该公约已成为承认和执行外国仲裁裁决的主要国际公约。该公约的成员国已有80多个,我国已正式加入该公约并于1987年4月22日对我国生效。

四、商事诉讼

(一)商事诉讼的概念

商事诉讼,是指法院依法受理并审理商事纠纷并给出生效判决以解决商事纠纷的一种方式。

(二)商事诉讼审判程序的特征

尽管有些国家分别颁布了民法典、商法典,但是对于普通的商事纠纷仍然是适用民事诉讼法的规定,只有在特别的商事纠纷方面才会适用特别的诉讼程序法,例如我国于1999年12月25日第九届全国人民代表大会常务委员会第十三次会议通过的《中华人民共

---

① "三八两高",通常是指仲裁员应当具备以下条件:从事仲裁工作满八年;从事律师工作满八年;曾任审判员满八年;从事法律研究、教学工作并具有高级职称的;具有法律知识、从事经济贸易等专业工作并具有高级职称或者具有同等专业水平。

② "四级两审终审",是指在我国从高到底有最高人民法院、高级人民法院、中级人民法院、基层人民法院四个审级的法院,一般的商事案件最多经过两个级别的审理就结束的案件审理制度。

和国海事诉讼特别程序法》第二条明确规定："在中华人民共和国领域内进行海事诉讼，适用《中华人民共和国民事诉讼法》和本法。"

商事纠纷通过法院的商事诉讼程序解决，诚然不失为一种纠纷解决方式，但相比较商事仲裁而言，其可能存在着两审终审而导致处理的时间较长、公开审理可能会对当事人的商誉产生一定的不良影响等问题。因此，在国际商事活动中，商人们通常会在商事合同中嵌入商事仲裁条款，当纠纷发生协商不成时通过商事仲裁的方式解决纠纷。

【思考题】

1. 何谓商法，商法有哪些特征？
2. 商法的原则有哪些，基本要求是什么？
3. 民商合一于民商分立有什么区别？
4. 什么是营商环境，评价营商环境的指标有哪些？
5. 和商事诉讼相比较而言商事仲裁有何特点？

第二章　商事法律关系

【教学目的和要求】通过本章的学习，了解商事法律关系的构成要素，掌握商行为的分类。

【重点和难点】商事法律关系；商行为的分类；商事登记的公示效力；商事账簿保存与备置的要求。

第一节　商事法律关系概述

一、商事法律关系的构成要素

(一)商事法律关系的概念

商事关系，是指社会中通过市场经营活动而形成的以营利为目的财产关系。商事交易关系以经济要素交易关系为基础。经济要素交易主体以要素增值为指引，从事各类商事交易的实践，并在实践的过程中推动了商事交易关系的进化。商事关系形成的核心在于交易，交易的外观与载体又在于契约。[①] 商事关系经过商事法律的调整，就形成了受商法保护的权利义务关系。

商事法律关系，是指商事主体基于商行为而建立并经商法调整而形成的商事主体之间的权利义务关系。

商法的研究对象究竟是什么，在理论上一度存在争论。商事关系则是商法学人对商事交易关系作进一步归纳，从而形成的法学研究产物。在 21 世纪之初，赵旭东教授提出关于商法基础理论的若干命题，提出商法调整的对象是商事关系。[②]

(二)商事法律关系的构成要素

1. 商事法律关系的主体

在商事法律关系之中，必须至少有一方是商事营业体，即商事法律关系必须发生在商人之间或商人与非商人之间。

2. 商事法律关系的内容

商事法律关系的内容包括商事权利和商事义务，均具有营利的性质，表现为经营性商

---

① 陈琪昇：《商事关系结构刍论》，载《北京理工大学学报(社会科学版)》2023 年第 2 期，第 82 页。

② 陈琪昇：《商事关系结构刍论》，载《北京理工大学学报(社会科学版)》2023 年第 2 期，第 80 页。

事权利和经营性商事义务。

3. 商事法律关系的客体

商事法律关系的客体仅限于商行为，其行为标的是具有商品属性的有形体或无形体的商品。非商行为的一般民事法律行为及其标的，则不是商行为和行为之标的。

二、商事法律关系的特征

(一)主体的商事性

主体的商事性，是指在商事法律关系中至少有一方是商事主体。商事法律关系是发生在商人之间或者商人与非商人之间的经济关系，如果双方均为非商人，则不属于商事关系，也就不由商法所调整。

(二)商事营利性

商事法律关系基于商行为而产生，没有商行为就不可能构成商事关系。商行为所追求的目标是营利，商事主体通过开展各种商业活动，如买卖、租赁、投资等，获取经济利益。营利性是商事行为的核心特征，它驱动企业和个人在市场中进行交易和竞争。

(三)商事权利义务性

因营利关系而引发的权利义务，表现为经营性商事权利和经营性商事义务。

商事法律行为的实施者是以商人为主的商事主体；商事法律行为的意思表示主要表现为团体意思表示，并在其他诸多方面不同于民事法律行为的意思表示；商事法律行为的法律效果既体现了法律的谦抑性，又强化了对商事主体的严格责任，商法中的外观性与独立性是商事法律行为的重要表征。商事法律行为与民事法律行为具有各自的逻辑思维和处理方法，二者共同构成了私法上的法律行为。[①]

三、商事法律关系的确立标准

在我国商法理论与实践语境下，传统商法理论的商人主义、商行为主义和折中主义等界定路径又面临新的问题。[②]

在诸多的社会关系当中，如何确立某一种关系属于商事关系而由商法所调整最终形成商事法律关系，不同的国家有不同的立法取向和标准，但大体上有三种认定标准：

(一)客观标准

客观标准即以商行为作为确定商事法律关系的基本标准，在立法中首先规定商行为的条件和范围。凡是因从事商行为而产生的法律关系就是商事法律关系，在法律规定上适用商法的有关规定，而不论为此项行为的主体是否为商人或是否属于营业行为；反之，凡是在商行为之外的其他一切行为，在性质上都不属于商行为，这些行为也不会产生商事法律关系，只会产生一般的民事关系，在法律适用上受民法基本规定的调整。法国商法典基本上采取此项标准。

---

① 施天涛：《商事法律行为初论》，载《法律科学(西北政法大学学报)》2021年第1期，第96页。

② 刘斌：《商事关系的中国语境与解释选择》，载《法商研究》2022年第4期，第160页。

(二)主观标准

主观标准即以商人作为确定商事法律关系的基本标准。在立法中先是规定什么是商人及商人应当具备的条件，然后规定凡是商人为营业活动所从事的一切行为在性质上都属于商行为，基于该行为所产生的关系都属于商事法律关系。反之，如果这种行为不是由商人所实施的，那么这种行为就不能算作商行为，该行为也不会产生商事法律关系。德国商法典基本上采取的这种标准。

(三)折中标准

折中标准即兼采用主观、客观两个标准作为确定商事法律关系的标准。具体的做法是首先将商行为区分为两种：对于凡符合法律规定的某些特定行为(如证券行为、票据行为等)不作主体限制，即无论其实施主体是否是商人，其行为在性质上都属于商行为，都受商事法律调整，从而所形成的就是商事法律关系。而对另外的一些行为(如一般买卖行为等)则必须是由商人所为时，其行为在性质上才能算作商行为，才能产生商事法律关系。这种体系主要是以日本的商法为代表。

不仅在商事关系和民事关系的划分上可能存在一定的困难，而且在涉外商事案件中的具体划分标准也存在不少问题。例如，究竟是以主体作为划分涉外商事案件的标准，还是以法律关系为依据重构涉外商事案件体系，都存在一定的障碍。[①]

对于商事法律关系的划分，"主体说""行为说"和"折中说"各有主张，不同学说内部尚有差异、互相对立。无论采何种主张，最终目的均在于为商事关系划界，最终目标均为商事规范的调整对象。从价值判断的立场出发，学理上或规范上寻求适当的方式来界定和表述商事关系是为了通过在商事关系范畴内适用商事规则来表述和承载不同于民事关系领域的价值判断立场。[②]

第二节　商　事　主　体

一、商事主体的概念与特征

(一)商事主体的概念

商事主体，全称商事法律关系的主体，是指参加商事活动，依据商事法律的有关规定享有商事权利和承担商事义务的自然人和组织。在传统商法中，商事主体又被称为"商人"。

在古代，专门从事商事交易的自然人被称为商人，后来出现了专司贸易的公司。随着商品经济的发展，生产职能和商业职能的界限逐渐模糊，出现了"前店后厂"既是生产者同时又是销售者的情况，因此商人企业化和企业商人化的发展更加明显，甚至出现了民法

---

① 邱文宽、史尊魁：《以主体为依据，还是以法律关系为依据？——对涉外商事案件界定标准的思考》，载《人民司法》2002 年第 7 期，第 23 页。

② 刘斌：《商事关系的中国语境与解释选择》，载《法商研究》2022 年第 4 期，第 161 页。

与民事主体商业化的趋势，商人的特别利益和特殊地位已逐步消失。[1] 我们经常会见到类似于"某某化工总厂有限公司"的名称，因此也就难以简单地将之归类为化工生产厂家还是化工贸易商人组织。

自然人、法人、企业、公司、商人等不同的概念用于不同的场景，属于不同语境下的术语。但是，就商人、企业、经营者、商事主体、市场主体等概念而言，商事主体概念具有更好的体系融贯能力，能够呼应其他相关制度需求，亦契合商法的体系建构逻辑。[2]

(二)商事主体的特性

商事主体区别于其他法律关系的主体，主要体现在其所具有的特征方面：

1. 登记性

商人并非是自然人，在本质上类似于"法人"，是由商法所拟制。因此，商人并非基于出身或者投资者声称即可取得相应的法律主体资格。在程序上，这种主体资格必须经过商业登记。按照各国商事法律法规的规定，商事主体的成立必须向注册登记机构提交符合规定的相关文件，办理商业登记手续后才能取得。

> 凭借优良的营商环境，深圳市场活力持续迸发。数据显示，2023 年深圳新设商事主体 56.5 万户、同比上升 26.4%，存续商事主体超 422 万户，总量和创业密度稳居全国城市首位。2023 年深圳新登记外商投资企业 8002 户、增长 86.6%、占全国 15%；2023 年深圳全球招商大会洽谈签约超 380 个项目，涉及投资额超万亿元；首批 3 家港资 QFLP 管理企业在前海落地，新获总量管理试点额度合计 9 亿美元……深圳正加快培育具有全球竞争力的国际化营商环境，面向全球加速汇聚更多的企业、产业和资本。[3]

2. 商事权利性

民事法律关系的主体具有民事权利能力，作为自然人的民事权利能力始于出生而终于死亡。商人具有商事能力，而其商事能力，是指商人从事商事营业的权利能力和商事行为能力。这种商事能力是在民事能力的基础上，由商法赋予的特别能力，且在范围上具有特定性和限定性，取决于商事规范的限定和商事主体设立的目的，不同的商事主体，具有不同的商事能力。[4]

> 某人投资设立一家茶叶贸易行，经工商登记，其营业执照上明确记载了"主营：茶叶；兼营：茶具、茶叶包装"。可以理解，该茶叶贸易行作为商人，其商事能力就限制在茶叶、茶叶包装以及茶具的经营范围内。

---

① 赵中孚主编：《商法总论》，中国人民大学出版社 2007 年版，第 144 页。
② 刘斌：《商事关系的中国语境与解释选择》，载《法商研究》2022 年第 4 期，第 170 页。
③ 宁若鸿：《商事主体总量和创业密度居全国城市首位：深圳加快营造市场化法治化国际化一流营商环境》，载《深圳特区报》2024 年 2 月 18 日，第 A02 版。
④ 赵旭东主编：《商法学教程》，中国政法大学出版社 2004 年版，第 28 页。

3. 商事活动性

主体必须以开展经营性营利活动为目的,才有可能纳入商人的范围。现实生活中,个人之间的借款、出借物品,行政机关依法开展的税款征收等活动,不涉及商事经营,因此所建立的也并非商事关系。但商事活动主体存在于社会中,必然会由不同的行为以及与不同的人、组织发生不同的关系,有些行为和关系并不属于商事经营行为,如向税务机关缴纳税款、到机动车辆管理机构办理车辆年审业务、向员工发放工资等。因此,商人以开展商事经营为目的而存在。

二、商事主体的分类

在经济生活中,商人主要是指从事货物交易的人。在法律上,商人主要是指从事商事经营或商事法律行为的主体,一般来说,商人中的"商"是指其的职业属性,"人"是指从事商事活动的权利主体。同时,这里的"人"不单是指生物意义上的自然人,还包括合伙企业和商法人。在现代社会条件下,主要是指各种商法人。商人不单是一个职业概念,而是一个法律概念。它是一个独立的人格体。所以许多国家都用法律对商人这一概念作出专门规定。完整的商人应当具备行为和经营活动要件、职业要件、产权要件、经营方式要件、注册要件。①

(一)商法人、商个人与商合伙

1. 商法人

商法人是具有法人地位的商人。

商法人必须要有自己的名称,有独立的财产、独立的组织结构、能够独立地承担商事责任。

在我国,经过登记注册成立的有限责任公司、股份有限责任公司就属于典型的商法人。

2. 商个人

商个人是指参与商事活动的主体。

在我国,商个人主要表现为个体工商户、农村承包经营户、个人独资企业。

3. 商合伙

商合伙是指两个以上自然人、法人或者组织所设立的从事商事活动的主体。1997 年颁布的《中华人民共和国合伙企业法》对合伙企业的规范做出了规定。我国的合伙企业可以分为普通合伙企业、有限合伙企业。

无论按照何种标准对商人进行划分,都可能存在着难以纳入所有商人种类的困惑。但是,商人是随着社会经济发展而逐渐形成的一个行业或者职业,他们不从事生产,仅从事商品交换或者提供服务。他们促成了交换、投资和其他市场机制的建立,从而优化了资源配置、推动了商品经济的发展,扩大了交换、促进了消费。商人制度,是人类历史上的一项进步制度,有利于医治社会弊端,有利于促进人们观念的转变和社会制度的变革,有利

---

① 任先行:《商人概念的分类及意义》,载《中国商人》1997 年第 6 期,第 36 页。

于完善市场经济体制，有利于与国际商贸制度接轨。[1]

(二)法定商人、注册商人与任意商人

1. 法定商人

法定商人，又称必然商人、免于登记的商人，是指从事法律规定的特定商行为的商人。只要是从事法律所规定的特定商行为，无论其是否已经注册登记，即自动取得了商人的资格。

2. 注册商人

注册商人，又称应登记商人，是指依照法律规定必须经过注册登记程序后成立，并以核准的营业范围为其商行为内容的商人。

3. 任意商任

任意商人，又称自由登记商人，是指依法由其自主决定是否办理注册登记手续的商人。是否登记由其自行决定，注册登记属于其权利而非义务，但注册登记的，应当遵守有关商人即商号、注销的相关规定。此类商人，主要是从事农牧业、林业方面经营范围的商人。

(三)大商人和小商人

1. 大商人

大商人，又称完全商人，是指以法律规定的商行为作为其营业范围，并根据法定商业登记的程序和条件进行商业登记而设立的商事主体。此类主体主要是大中型企业，是符合法定标准的典型商主体。

2. 小商人

小商人，又称不完全商人，是指营业规模较小、设备简单、资本金较少、经营范围较窄的商主体。一般情况下，小商人的规模较小而且无须进行商事登记，以个人或者家庭经营为主，也包括规模较小的小型企业。

(四)固定商人和拟制商人

1. 固定商人

固定商人，是指以营利为目的、有计划地、反复连续地从事商法所列举的特定商行为的组织和个人。

2. 拟制商人

拟制商人，是指虽然不以商行为作为其经营行为，但仍将之视为商人主体的一类主体，如在店铺出售物品为业者，或者经营矿业者等。

(五)其他分类

根据经营种类，可以分为制造商、加工承揽商、销售商、供应商、租赁商、运输仓储商、餐旅服务商、金融证券商、保险商、代理商、行纪商、居间商、信托商，等等。对商人的分类，大多是根据研究需要，设定一定标准所进行的。我国未从法律上直接规定商事主体的种类，主要表现在民法典、公司法、企业法、税法以及工商登记法规之中。

---

[1]　任先行：《商人概念的分类及意义》，载《中国商人》1997年第6期，第38页。

第三节 商事行为

一、商事行为的概念与特征

(一)商事行为的概念

法律行为是实现私人自治的工具,是"私人的,旨在引起某种法律效果的意思表示。此种效果之所以得以产生,皆因行为人希冀其发生。法律行为之本质,在于旨在引起法律效果之意思实现,在于法律制度以承认该意思方式而于法律世界中实现行为人欲然的法律判断"。[①]

商事行为,简称商行为,是指商事主体以营利为目的,旨在设立、变更或者消灭商事法律关系的经营性行为。

民事行为,是指基于人身或财产而能够引起民事法律关系产生、变更、消灭的行为。民事法律行为与商事行为共同构成私法上的法律行为。[②]

(二)商行为的特征

商事法律行为自身具有的特质,即商事法律行为的实施者是以商人为主的商事主体;商事法律行为的意思表示主要表现为团体意思表示,并在其他诸多方面不同于民事法律行为的意思表示;商事法律行为的法律效果既体现了法律的谦抑性,又强化了对商事主体的严格责任,商法中的外观性与独立性是商事法律行为的重要表征。[③]

1. 商人的行为

商行为一定是商人所为,如果非商人之行为则不属于商行为。例如,政府某机关为了满足办公秩序,购入一批打印纸的行为,因政府部门并非商人,因此其行为则不属于商行为。

2. 以营利为目的

营利性是商法的基本特征,因此商行为以经营为外观、以获取盈余并将盈余分配给成员或投资者作为根本目的。《德国商法典》第三百四十四条规定:"如无其他规定,由商人所为的法律行为,视为属于经营其营业。"

营利性与盈利不同,营利性是开展商事活动之目的,其结果可能是盈余或者亏损,而盈利则是经营性行为最理想的结果状态。因此,只要是商人从事的商行为,即推定其具有营利性。如果商人为了满足自身需要而进行的行为,则不属于商行为,例如建筑公司对公司内部建筑物的改建行为,则不属于商行为。

3. 经营性行为

经营性行为,是指从事商品经营或者营利性服务的活动之总称。经营性行为是商事行为区别于一般民事行为最突出的特征之一。

---

① [德]迪特尔·梅迪库斯:《德国民法总论》,邵建东译,法律出版社 2000 年版,第 142~143 页。
② 施天涛:《商事法律行为初论》,载《法律科学(西北政法大学学报)》2021 年第 1 期,第 101 页。
③ 施天涛:《商事法律行为初论》,载《法律科学(西北政法大学学报)》2021 年第 1 期,第 21 页。

4. 体现商人的团体意志

商事行为的实施者是以商人为主的商事主体，商事行为的意思表示主要表现为团体意思表示。

例如，公司以其法定代表人对外开展商事活动（签订合同等），该意思属于公司的意思表示。

单独应用任何一种标准来界定商行为虽然有助于解释什么是商行为，但都不能完满无缺。商行为法律内涵的确定还经常与商人和营业相"纠结"：有的行为必须由商人实施才作为商行为，如运输行为；有些则不考虑行为主体是否为商人而直接被作为商行为，如票据行为；有些商行为只能以营业的方式来实施，如融资租赁。但是，何谓"商人"却没有清晰、稳定、唯一的构成要件可资确定，依赖商人身份直接推定商行为并非绝对可靠。[①]

二、商行为的分类

（一）双方商行为与单方商行为

1. 双方商行为

双方商行为，是指行为人互为商主体所从事的营利性行为。例如，甲公司向乙公司出售一批货物，乙公司拟将购入的货物再行出售。则甲和乙都是商人，该交易行为就是双方商行为。

2. 单方商行为

单方商行为，是指一方是商人而另一方却不是商人所从事的交易行为。此处的单方商行为，是从商事关系中的主体是否符合商人的角度来作为标准划分的，并非民法中所称之"单方法律行为"。

例如，政府行政机关向某百货公司购入一批打印耗材，百货公司显然是属于商人而政府则不是商人。那么，百货公司的销售行为就可以列入单方商行为来认定。

划分双方、单方商行为的意义在于区别使用不同的规则。例如，对于双方商行为，适用平等保护的规则严格依照合同约定处理；而对于单方商行为尤其是对于相对处于弱势一方的消费者，则对消费者采取倾斜保护的规则。

（二）绝对商行为与相对商行为

1. 绝对商行为

绝对商行为，又称"客观商行为"，是指依照行为的客观性和法律的直接规定，不必考究实施该行为的主体是否商人，当然地认定其属于商行为的行为。

例如，依据票据法、证券法、保险法、海商法的规定，只要有出具票据或者票据

---

① 程淑娟：《商行为：一种类型化方法的诠释》，载《法治与社会发展》2013年第3期，第103页。

转让的行为，无论其出票人或者背书人是否为商人，该行为都被当然地认定为商行为，从而适用相关的商事法律规定予以调整。

2. 相对商行为

相对商行为，又称"主管商行为""营业商行为"，是指以依照行为人的主观性和行为的性质而认定的商事行为。依照行为主体是否为商人、行为是否具有经营性来认定，因此并非所有商人的行为都属于商行为。

> 某公司为了保洁需要，与保洁员签订一份劳动合同，依据劳动合同的约定保洁员须完成一定的工作任务、公司须依照劳动法以及劳动合同法的规定向保洁员支付工资。公司签订劳动合同的行为，则属于民事行为而非商行为。

划分绝对商行为和相对商行为，主要是为了辨别清楚不同的法律关系的性质，从而适用不同的规则来处理相关的关系。

(三)固有商行为与准商行为

1. 固有商行为

固有商行为，又称"传统商行为""完全商行为""纯粹商行为"，是指依据法律的规定直接认定的商行为。此类主要是指商人的营业性商行为。

2. 准商行为

准商行为，又称"推定商行为""非固有商行为"，是指拟制商主体所实施的经营性商行为。此类行为通常没有法律的直接性规定，需要通过事实或者法律的推定来认定其具有商行为的属性。此类行为虽然不符合法定商行为的要件，但依据法律规定，可以准用商行为规定。

在采取商人法主义或折中商法主义或采取商行为主义的国家中，某些非商人或社团所从事的营利性营业行为依法被视为准商行为或公司行为，这有助于使某些实质性营利行为产生商事法律后果，从而弥补立法中的不足。

划分固有商行为、准商行为，主要是考虑在特定情况下弥补立法规定之不足。

三、商事代理行为

(一)商事代理行为的概念

商事代理行为，是指商事代理人以营利为目的，接受被代理人(委托人)的委托，同第三人建立商事法律关系，其后果直接归属于被代理人的商行为。

商事代理，属于民事代理的范畴，或者说是民事代理在商事活动中的体现与运用。但在商事代理实践中，商事代理与民事代理在权利义务关系上具有明显差异，因而司法实践中，不少法官已形成了商事代理应与民事代理区分适用的观念。[①]

---

① 王建文：《我国商事代理制度的内涵阐释及立法构想》，载《南京社会科学》2019 年第 2 期，第114 页。

（二）商事代理行为的特征

1. 仅来源于被代理人的委托

商事与民事代理所产生的原因有委托、法定、指定三大类不同，商事代理仅仅因被代理人的委托而产生，商事代理不存在法定和指定而产生代理的情形。

2. 被代理人只能是商人

民事代理的被代理人相当广泛，既包括自然人、法人、非法人组织，也可以是具有行为能力人，可以是限制民事行为能力人，甚至还可以是无民事行为能力人。但是，商事代理，被代理人只能是商事主体。

3. 代理人必须是依法成立的商人

民事代理的代理人相当广泛，既包括自然人和法人，也包括非法人的其他组织，只要具有民事行为能力即可。而商事代理作为一种营利性行为，其开展营利性代理行为，必须经过商事登记而成为代理商。如果是从事银行、证券、对外贸易、运输、专利、商标、广告等代理业务的代理商，通常还需要有一定人数的专业技术人员及资格的要求。

例如，作为有对外贸易经营资格的外贸代理公司，它们通过市场的调研，把国外商品进口到国内来销售，或者收购国内商品销售到国外，从中赚取差价。此外，它们也会做一些没有进出口权单位的进出口代理，并收取代理费。这些贸易活动需要在有进出口权的前提下进行，整个过程中要通过的环节包括海关、商检、银行、外管局、退税科、国税、政府主管部门等，它们提供进出口代理、出口退税、核销、国际货运、报关、清关、报检、仓储、配送运输等服务。

4. 有偿性

民事代理可以是有偿的，也可以是无偿的。但是，商事代理人以经营性代理为其目的，因此商事代理必然是有偿的。

5. 不以"显名"为必要条件

民事代理只能是以被代理人的名义对外开展代理活动，而商事代理既包括隐名代理也包括了显名代理，而且在外贸代理中通常是以隐名代理为常态。

（三）商事代理行为的法律效果

商事代理一般以自己的名义开展对外代理活动，代理的后果由被代理人承担。特别是外贸代理，并不是由政府组织或者强制实施的，而是由具备明确的经济利益发展目标且相互关联和依赖的贸易公司和生产企业以商业契约的形式组成的交换关系，是在市场规律下企业所选择的一种更加有利于保证效益且能够实现优势互补的经营策略。[①]

由于商事代理是商人之间签订的委托代理合同，其营利性目的明确倘若在商事活动中和民事委托关系一样允许合同当事人享有随时通知对方终止合同效力的权利自由，则容易在商品经济活动中产生不公平的现象，进而影响商事代理活动的正常进行。因此，在理论

① 刘芳：《我国国有外贸公司外贸代理业务前景的思考》，载《中国市场》2022 年第 36 期，第 100 页。

和实践中有必要对商事委托活动中当事人享有任意解除权的行使条件进行限定和调整，以实现商事经济交往过程中对代理商主体合法利益的保护。①

在商事代理关系中，通常会包括两个合同关系：一个是被代理人与代理人之间的委托代理合同关系；另一个是代理人以自己的名义或者以被代理人的名义与他人所建立的直接商事合同关系。

> 国内某高校需要向境外某仪器厂商购买一套科研仪器设备，由于该高校没有外贸经营权，不能直接与境外的仪器厂商签订合同。于是，高校找到某科教仪器进出口公司，向其明确了仪器设备的需求，由科教仪器进出口公司代为寻找合适的境外仪器厂商以及具体的仪器设备。之后，由高校与科教仪器进出口公司签订《外贸代理合同》，约定以固定的款额或者按进口仪器设备购买款一定的比例支付代理费；科教仪器进出口公司直接与境外的仪器厂商签订买卖合同。全套的进口报关、验货、缴纳税收等手续直接由科教仪器进出口公司办理，货款由高校或通过科教仪器进出口公司支付给境外仪器生产厂商。货物到达国内港口后，科教仪器进出口公司通知高校取货。如果因买卖合同履行或者仪器设备存在质量问题，由科教仪器进出口公司向境外的厂商索赔。

【思考题】

1. 什么是商事法律关系，商事法律关系的构成要件有哪些？
2. 商行为有哪些分类？
3. 如何理解商事代理行为的法律效果？

---

① 林韶、刘影：《论商事代理人以解除权之法律限制》，载《哈尔滨学院学报》2022年第3期，第69页。

第三章 商事登记与商事账簿

【教学目的和要求】通过本章的学习，掌握主管机关以及商事登记的程序、商事登记的内容和商事账簿的设置和保管。

【重点和难点】商事名称的确定；商事登记的公示效力；商事账簿保存与备置的要求。

第一节 商 事 登 记

一、商事登记的历史沿革

商事登记，也称商业登记，包括设立、变更和注销等种类，有关程序包括申请、审查、登记和公示等。

商事登记的历史源远流长，最早可追溯到古罗马时代，当时开设店铺开展经营活动的人必须在其店铺内悬挂一块上面记载有经营项目、范围等基本情况的牌子，以表明自己的经营情况。① 大约在 8 世纪以后，在意大利的佛罗伦萨，商人们自愿地将自己的有关经营情况记载在商人名册登记簿上，以明确自己的经营范围，由此逐渐形成了一种特殊形式的登记制度。② 17 世纪以后，为了保障某些公司从事垄断经营而排斥其他人的经营，公司所在国颁布公司法，要求设立的公司必须经过登记方才取得商人的资格。由此开始，源自商人习惯法中的商人登记逐渐被各国立法所采纳。法国于 1673 年颁布的《陆上商事条例》、法兰克福于 1666 年颁布的《贸易法典》均吸收了商事登记的做法。具有现代意义商事登记制度则体现在 1861 年的《德国商法典》之中。

在我国，清末出现了内容相对完整且制度化的商事登记活动，当时设立商事登记制度是为了征收相关的销售税款。1904 年的《大清商旅草案》就规定了商事注册登记。1937 年南京国民政府曾经制定了类似于德国和日本的《商事登记法》。

1950 年中华人民共和国政务院颁布了《私营企业暂行条例》，之后对各类企业进行整顿，取缔无照经营；1962 年国务院发布了《工商企业登记管理试行办法》。改革开放初期，颁布了《中外合资经营企业登记管理办法》《工商企业登记管理条例》《公司登记管理暂行条例》《企业法人登记管理条例》等。1994 年颁布了《公司登记管理条例》，1999 年颁布了《企业名称登记管理实施办法》。伴随 2020 年《民法典》和 2021 年《市场主体登记管理条例》

---

① 范健：《德国商法，传统框架与新规则》，法律出版社 2003 年版，第 234 页。

② Affred Jauftert：*Droit Commercial*（2nd edition），Dalloz 2002，p. 445.

(国令第 746 号,2022 年 3 月 1 日开始施行),以及公司注册制等制度的出台,我国商事登记制度改革进入了一个新的历史阶段。通过商事登记制度改革,政府职能将发生重大转变,包括从企业年检制度改为企业年报公示制度、公司资本登记从原来的核准制改为注册资本认缴制等。改革过程中还推出了一系列新型登记形式和政府监管措施,其中包括实行告知承诺制、企业信息公示制度、企业黑名单制度和企业经营异常名录等。[1]

二、商事登记的原则

不同的国家所确定的商事登记主要遵从以下的原则。

(一)自由设立原则

自由设立原则,又称放任设立原则,是指从事商事活动的主体可以根据需要任意选择其组织形式,登记机关对其成立的条件和内容原则上不加以干涉的登记准则。该形式主要存在于欧洲中世纪的商人习惯法时期。

(二)特许原则

特许原则,是指商事主体的设立和存续必须要经过国王或者议会的特别许可,否则不得开展相应的商事活动的准则。当时,经过特许设立的公司是作为国家权力的附庸而出现,难以满足大规模商事活动开展的要求。该原则也逐渐被废弃。除依据法律法规明确规定设立市场主体须经行政许可外,不再把一般市场主体资格登记作为行政许可法的调整对象。

(三)核准原则

核准原则,是指商事主体必须要符合法定条件并经过行政的登记机关的核准和许可,否则无法取得商事主体资格的准则。该原则,至今对于具有特别影响和特殊行业的金融、证券、保险、外贸代理、邮政、运输等涉及国计民生的特殊类型商事主体仍然适用。我国目前的商事登记制度可分为两种基本制度类型:一类是需要获得经营许可的经营项目的登记制度。这类登记制度属于管制类商事登记制度,与西方国家的商事许可制度属性基本一致。另一类则是《市场主体登记管理条例》所规范的获得市场主体资格登记制度,这类商事登记制度的市场管制功能较弱,具备一般商事登记制度的基本特征。[2]

(四)准则设立原则

准则设立原则,是指商主体的设立只要满足法律规定的条件和程序即可登记成为商事主体,无须权力机关或行政机关许可的准则。自从 1863 年英国的公司法采取了该原则之后,很多国家逐渐效仿,已经成为当时商事登记的一种基本的原则。

《中华人民共和国公司法》第二十九条规定:设立公司,应当依法向公司登记机关申请设立登记。法律、行政法规规定设立公司必须报经批准的,应当在公司登记前依法办理

---

① 曹达全:《商事登记制度的转型及其法律回应——以制度类型化分析作为基本策略》,载《云南行政学院学报》2023 年第 6 期,第 121 页。

② 曹达全:《商事登记制度的转型及其法律回应——以制度类型化分析作为基本策略》,载《云南行政学院学报》2023 年第 6 期,第 127 页。

批准手续。《中华人民共和国市场主体登记管理条例》第三条规定：市场主体应当依照本条例办理登记。未经登记，不得以市场主体名义从事经营活动。法律、行政法规规定无需办理登记的除外。

依据《市场主体登记管理条例》，除要求管制领域或管制类经营项目，必须依照法律法规获得行政许可外，对于一般经营项目，商事主体只需依据《商事主体登记管理条例》第十四条申请登记即可经营。

随着计划经济向市场经济转变，商事登记由计划经济下的特许和核准主义转变为市场经济下的准则主义，行政行为的性质也由许可类登记转变为确认类登记。

三、商事登记的主体

(一)接受登记的机关

在行政法上，以往由工商部门登记，称为工商登记。工商部门改制为市场监管部门之后，改称商事登记或企业登记又或市场主体登记。对于登记行为的性质，尽管学术上有"公法行为说""私法行为说""混合行为说"之争，但是，商事登记毕竟是由行政登记机关依法作出的，当属行政行为，是依申请的行政行为，也已被列入行政诉讼的行政案件案由。[1]

各国对于商事登记主管机关有不同的规定，例如德国、韩国规定由法院作为主管机关，如中国、英国、美国、西班牙等规定由行政机关作为主管机关，而荷兰则规定由专门的主管机关负责办理。

《中华人民共和国市场主体登记管理条例》第五条规定：国务院市场监督管理部门主管全国市场主体登记管理工作。县级以上地方人民政府市场监督管理部门主管本辖区市场主体登记管理工作，加强统筹指导和监督管理。因此，市场监督管理机关，是商事登记的行政机关。

(二)应当办理登记的商事主体

我国商法学界尚未就商事主体的内涵和外延达成共识，或者界定为"组织""企业"，或者索性循环定义为"实施商事行为的人"，常将商事主体与商人、市场主体、市场经营主体、法律关系主体、商事主体、经营者等概念在不同语境下混用。[2]

只要认为自己要领取营业执照需要办理工商登记的主体，依照《中华人民共和国市场主体登记管理条例》的规定，在中华人民共和国境内以营利为目的从事经营活动的下列自然人、法人及非法人组织应当办理市场主体登记：(1)公司、非公司企业法人及其分支机构；(2)个人独资企业、合伙企业及其分支机构；(3)农民专业合作社(联合社)及其分支机构；(4)个体工商户；(5)外国公司分支机构；(6)法律、行政法规规定的其他市场主体。

---

① 冯果、柴瑞娟：《我国商事等级制度的反思与重构——兼论我国的商事登记统一立法》，载《甘肃社会科学》2005年底4期，第58页。

② 孙悦、范健：《〈民法典〉之后商事登记立法思考》，载《扬州大学学报(人文社会科学版)》2021年第5期，第48页。

四、商事登记的程序和内容

(一)商事登记的程序

市场主体实行实名登记,申请人可以委托其他自然人或者中介机构代其办理市场主体登记。

申请人应当配合登记机关核验身份信息。申请办理市场主体登记,应当提交下列材料:(1)申请书;(2)申请人资格文件、自然人身份证明;(3)住所或者主要经营场所相关文件;(4)公司、非公司企业法人、农民专业合作社(联合社)章程或者合伙企业合伙协议;(5)法律、行政法规和国务院市场监督管理部门规定提交的其他材料。

登记机关应当对申请材料进行形式审查。对申请材料齐全、符合法定形式的予以确认并当场登记;不能当场登记的,应当在3个工作日内予以登记;情形复杂的,经登记机关负责人批准,可以再延长3个工作日。

(二)商事登记的内容

1. 商事登记的分类

商事登记可以分为设立登记(含分支机构的设立登记)、变更登记、注销登记。

设立登记,是为了设立公司而进行的商事登记。

变更登记,是因登记事项发生变更而进行的登记,如股东变更、法定代表人变更、法人住所地变更、经营范围变更等,通过变更登记而更新商事登记簿所登记项目的内容。

注销登记,是因商事主体因某种原因不再继续营业,而结束商事主体的登记。

2. 名称预先登记

名称预先登记,是指商事主体在办理正式的商事登记之前,先申请一个预设商事名称进行登记的手续。依据《企业名称登记管理规定》,商事主体登记之前应先申请名称的预先核准,登记机关在接到名称预先核准申请文件后10日内作出是否驳回的决定,予以核准的发给《企业名称预先核准通知书》,该预先核准的企业名称保留6个月,但在保留期限内未正式取得营业执照的不得用于经营活动,也不得转让。2020年12月,国务院修订了《企业名称登记管理规定》,赋予企业名称登记更大的自主权,企业名称登记由"预先核准"转变为"自主申报",审查方式也由"事前审查"变更为"事中事后监管"。2021年4月14日,国务院颁布的《市场主体登记管理条例》,用"市场主体"取代了"商事主体"。

依照公司法设立的有限责任公司,必须在公司名称中标明有限责任公司或者有限公司字样。依照公司法设立的股份有限公司,必须在公司名称中标明股份有限公司或者股份公司字样。

除非依照法律直接规定或者根据国务院决定而设立的商事主体,一般的商事主体在设立时所使用的商事名称不得冠予"中国""中华""全国""国家""国际"等字样。设立商事名称,不得侵害他人的在先权利,包括但不限于他人已经使用、具有一定影响力的字号、商标等;不得有意使用容易导致混淆的名称,如在社会上开展教育培训的机构不得使用含有"北大""清华""人大""中大"等使人容易误认为"北京大学""清华大学""中国人民大学""中山大学"的字样作为其商事名称。

3. 商事登记的事项

市场主体的一般登记事项包括：（1）名称；（2）主体类型；（3）经营范围；（4）住所或者主要经营场所；（5）注册资本或者出资额；（6）法定代表人、执行事务合伙人或者负责人姓名。

此外，还应当根据市场主体类型登记下列事项：（1）有限责任公司股东、股份有限公司发起人、非公司企业法人出资人的姓名或者名称；（2）个人独资企业的投资人姓名及居所；（3）合伙企业的合伙人名称或者姓名、住所、承担责任方式；（4）个体工商户的经营者姓名、住所、经营场所；（5）法律、行政法规规定的其他事项。

市场主体的下列事项应当向登记机关办理备案：（1）章程或者合伙协议；（2）经营期限或者合伙期限；（3）有限责任公司股东或者股份有限公司发起人认缴的出资数额，合伙企业合伙人认缴或者实际缴付的出资数额、缴付期限和出资方式；（4）公司董事、监事、高级管理人员；（5）农民专业合作社（联合社）成员；（6）参加经营的个体工商户家庭成员姓名；（7）市场主体登记联络员、外商投资企业法律文件送达接受人；（8）公司、合伙企业等市场主体受益所有人相关信息；（9）法律、行政法规规定的其他事项。

市场主体只能登记一个名称，由申请人依法自主申报，经登记的市场主体名称受法律保护。市场主体只能登记一个住所或者主要经营场所。

五、商事登记的效力

（一）商事登记具有创设法律地位的效力

申请人申请市场主体设立登记，登记机关依法予以登记的，签发营业执照。营业执照签发日期为市场主体的成立日期。法律、行政法规或者国务院决定规定设立市场主体须经批准的，应当在批准文件有效期内向登记机关申请登记。

商事登记完成后，商事主体即成立，可依法开展商事活动。市场主体应当将营业执照置于住所或者主要经营场所的醒目位置。

《中华人民共和国市场主体登记管理条例》第四十三条规定：未经设立登记从事经营活动的，由登记机关责令改正，没收违法所得；拒不改正的，处 1 万元以上 10 万元以下的罚款；情节严重的，依法责令关闭停业，并处 10 万元以上 50 万元以下的罚款。第四十四条规定：提交虚假材料或者采取其他欺诈手段隐瞒重要事实取得市场主体登记的，由登记机关责令改正，没收违法所得，并处 5 万元以上 20 万元以下的罚款；情节严重的，处 20 万元以上 100 万元以下的罚款，吊销营业执照。

提交虚假材料或者采取其他欺诈手段隐瞒重要事实取得市场主体登记的，受虚假市场主体登记影响的自然人、法人和其他组织可以向登记机关提出撤销市场主体登记的申请。

商事主体因解散、被宣告破产或者其他法定事由需要终止的，应当依法向登记机关申请注销登记；经登记机关注销登记，市场主体终止。

（二）免责效力

经过了变更或者注销登记之后，因商事主体的变更或者被注销，则相关的行为人不再承担相关的责任。

(三)公示效力

商事登记具有对外公示的效力，相关的组织或者个人需要了解有关商事主体情况的，可依法到商事登记机关要求查询并获得相关的登记信息。在商事登记簿上记载的事项，除虚假和错误之外，将会产生对抗第三人的效力。

第二节　商事账簿

一、商事账簿及其意义

(一)商事账簿的概念

商事账簿，是指商人用以记载其营业活动和财产状况，依法制作的书面簿册。商事账簿是传统商法的固有内容，最初源于商人自行设置的记载经营状况和财务状况的簿册，通常称之为"私账"，后来随着封建立法的逐步干涉才有了法定账簿的存在，即立法要求商人必须设置法定类型的账簿并负有保存和提交的义务。以《德国商法典》为代表的大陆法系各国商法典均将商事账簿作为重要内容予以规范。[1] 各国商法对于商人是否必须制作商事账簿，采取不同的立法原则。纵观大陆法系和英美法系各国(地区)商事账簿的立法特点，有关商事账簿的立法模式有商法典模式、民法典模式、企业法模式、单行法模式(制定专门的商业会计法)、综合法模式(在会计法中统一规定)。

商事账簿主要有三类：会计凭证、会计账簿和会计报表。

1. 会计凭证

会计凭证，是指记录经济业务、明确经济责任、按一定格式编制的据以登记会计账簿的书面证明。会计凭证是登记账簿的依据。每个商事主体都必须按一定的程序填制和审核会计凭证，根据审核无误的会计凭证进行账簿登记，如实反映企业的经济业务。《会计法》对会计凭证的种类、取得、审核、更正等内容进行了规定。

2. 会计账簿

会计账簿，简称账簿，是由具有一定格式、相互联系的账页所组成，用来序时、分类地全面记录一个商事主体、单位经济业务事项的会计簿籍。设置和登记会计账簿，是重要的会计核算基础工作，是连接会计凭证和会计报表的中间环节，做好这项工作，对于加强经济管理具有十分重要的意义：通过账簿的设置和登记，记载、储存会计信息；通过账簿的设置和登记，分类、汇总会计信息；通过账簿的设置和登记，检查、校正会计信息；通过账簿的设置和登记，编表、输出会计信息。

3. 会计报表

会计报表，又称财务报表，是对日常核算的资料根据一定时期(例如月、季、年)的会计记录、按一定的表格形式进行汇总反映和综合反映的报告文件。由于日常核算资料具有零星、分散、量大等特点，为了便于各级管理人员一目了然地掌握企业、单位一定时期的经济活动情况及其效益，必须将日常核算的资料按统一规定的格式和口径进行汇总和综

---

[1]　李学成：《商事账簿法律属性及其立法模式研究》，载《行政与法》2014年第5期，第124页。

合。随着商事经营活动的扩展，会计报表的使用者对会计信息的需求的不断增加，仅仅依靠几张会计报表提供的信息已经不能满足或不能直接满足他们的需求，因此需要通过报表以外的附注和说明提供更多的信息。

会计报表按其反映的内容，可以分为动态会计报表和静态会计报表；按其编报的时间，可以分为月度报表、季度报表、半年度报表和年度报表；按其编制的单位，可以分为单位报表和汇总报表；按其编制的范围，可以分为个别会计报表和合并会计报表；按其服务的对象，可以分为对内报表和对外报表。

制作会计报表时，应当做到表表相符、表账相符、不可虚报盈亏、报表附注真实、编制合并报表时不弄虚作假。

(二)商事账簿的作用

商事账簿在管理上具有极其重要的价值，在法律上具有证据的效力，因而各国法律均规定商人有保管商事账簿的义务。

1. 对于投资者及管理人的作用

商事主体的投资者及管理人，通过商事登记账簿可以详细了解其经营状况和盈亏结果并依此计算盈余和利润的分配，进而判断有关经营决策和方式是否合理、有效，以及确定今后需要调整的方向及具体的对策。

2. 对于监督者的作用

政府相关的行政机关管理部门，通过商事账簿，可以了解商人的经营情况，从而认定商事主体是否存在违法、违规经营的情况，可对商事主体的合规经营状况进行有效的监督。此外，可以通过商事账簿或大数据分析，为制定国家宏观调控以及微观帮助的相关政策提供帮助。

3. 对于第三人的作用

商事活动讲究的是"和诚实者交往，与有实力者交易"。通过商事账簿，拟交易者可以权衡以及博弈而最终决定是否与之发生商事交易关系。

4. 对于审理者的作用

在民商事诉讼和商事仲裁活动中，商事账簿成为重要的证据之一。

例如，在知识产权侵权纠纷案中，对于侵权赔偿额的计算方式以及确定赔偿额，商事账簿就具有了仲裁的证据作用。因为在计算和确定侵权赔偿额的时候，有一种计算方式为"侵权行为人的非法获益"。如《中华人民共和国商标法》第六十三条规定，"侵犯商标专用权的赔偿数额，按照权利人因被侵权所受到的实际损失确定；实际损失难以确定的，可以按照侵权人因侵权所获得的利益确定"。如果在侵权人的商事账簿之中对侵犯他人商标权有据实的记载，则来自于侵权人商事账簿的记录，就可以直接被认定。

二、商事账簿的编制

(一)商事账簿的编制主体

纵观世界各国商事账簿法的渊源，尚无任何国家制定一部统一的"商事账簿法"，有关商事账簿的立法主要分散在商法典、民法典、商事单行法、税法、会计法以及有关行业组织制定的会计准则。许多国家则是制定单独的会计法，对商主体的会计制度尤其是会计凭证、会计账簿和会计报表厘定具体规范。鉴于会计处理的技术性相当强，不少国家则是由会计师行业协会制定有关会计准则。

《法国商法典》第八条规定，所有人，无论是自然人还是法人，只要具有商人的资格，均应建立商事账簿制度。

《德国商法典》第二百三十八条规定，商人有制作商事账簿的义务，他们应当根据规定的会计原则，在账簿上记载其商事经营活动和财产状况。

《日本商法典》第三十二条规定，商人应当制作会计账簿以及资产负债表，以便明确记载商人经营方面的财产和损益状态。

中国虽然没有制定商法典，但是某些商法仍然要求商人建立商事账簿制度。《中华人民共和国公司法》第二百零七条规定：公司应当依照法律、行政法规和国务院财政部门的规定建立本公司的财务、会计制度。此外，在商事单行法方面，《中外合资经营企业法》（1979）、《会计法》（1985）、《外商投资企业法》（1986）、《中外合作经营企业法》（1988）、《公司法》（1993）、《审计法》（1994）、《合伙企业法》（1997）、《证券法》（1998）、《个人独资企业法》（1999）等，均要求商主体建立和妥善保管其商事账簿。而《企业会计准则》（2006）则明确规定了1项基本准则和38项具体准则，是与国际惯例较为接轨的比较完整的会计准则体系，自2007年1月1日起实施。

（二）商事账簿编制的要求

（1）真实原则，即商主体在编制商事账簿时，应当以商主体实际发生的业务为依据，核实原始凭证和记账凭证，如实地反映财务和经营状况，不得做假账。当下，商事主体所制作的商事账簿，有人戏称有三个版本：一个版本是给编制者自己看的，一个版本是给投资者看的，还有一个版本是给监管部门看的。做假账已经成了一股歪风邪气。上市公司的操作本应是相当规范的，即使到了今天监管如此严格的情况下，仍然有不少上市公司存在着财务造假的行为。

　　美国曾出现过安然财务造假丑闻，涉案金额高达600亿美元！[1] 在我国也曾经出现过累计虚增货币资金887亿元、虚增收入275亿元、虚增利润39亿元的康美药业股份有限公司造假案。证监会公布了2022年证监稽查的典型违法案例，案件类型包括信息披露违法违规、中介机构未勤勉尽责、操纵市场、内幕交易等典型违法行为。ST凯乐造假规模之大在A股也属罕见。2016年至2020年，公司累计虚增营业收入高达512.25亿元，虚增营业成本443.52亿元，虚增利润总额59.36亿元。连续5年巨额造假，公司2017年至2020年的归母净利润均为负。[2] 可见，财务造假已经不是

---

　　① 《世界史上最大的财务造假案：一场600亿的骗局，差点让华尔街破产》，载网易网：https：//www.163.com/dy/article/IKNN0LOP05565FLS.html，2024年6月1日访问。

　　② 《证监会公布20起典型违法案例，多种财务造假形式被点名》，载百度：https：//baijiahao.baidu.com/s？id=1760418602370048361&wfr=spider&for=pc，2024年6月1日访问。

某个国家或者某个商事主体的"专利"，已然成为一个"毒瘤"。为此，朱镕基早在2002年第十六届世界会计师大会上演讲时就说到，"最近几年，中国建立了三个国家会计学院，一个在北京，一个在上海，这两个都已建成。还有一个在福建的厦门，正在建设。我亲自为这三个国家会计学院制定了校训。我很少题词……但是我为三个国家会计学院亲自写下四个大字——'不做假账'"。① 做诚实人、不做假账，本应是商人基本的要求，当下已然成为了一种难能可贵的操守。中国证券监督管理委员会副主席王建军在中国上市公司协会年会暨2023年中国上市公司峰会上发言称，"一个好的上市公司，一个负责任的实控人、大股东，就必须讲真话、做真账，不操纵业绩，不欺骗市场，不误导投资者。这是底线，不是高要求"。②

（2）相关性原则，即商事账簿所提供的相关信息，应当能够满足商事账簿使用者的需要。

（3）及时性原则，即商事主体应当及时审核原始凭证和记账凭证，并将相关的会计信息及时编入商事账簿之中，并为商事主体编制财务会计报告奠定基础。

（4）可比性原则，即商事主体在编制商事账簿时，应当按照规定使用行业内统一或类似的会计程序和会计方法，使得各商事主体的财务会计文件建立在相同的标准基础上，能够进行横向的比较。

（5）一致性原则，即根据《会计法》的规定采用前后一致的会计处理方法进行记录，不得随意变更；如有变更应当就变更的原因、情况及影响等方面展开充分、明晰的说明。

（6）明晰性原则，即记账凭证、商事账簿和财务会计报告，应当清晰明了，便于使用者理解和使用。

（7）权责发生制原则，即在会计核算中以应收应付的标准来计算本期的收益和费用。

（8）谨慎原则，又称稳健原则，是指在股价无法确认而又必须予以判断时，应使用当期净收益较低的会计处理方法，以避免财务造假或虚增利润之嫌的准则。

（9）实际成本原则，即应当按照各项财务取得的实际成本入账，除非国家另有规定，否则在物价变动时不得调整财务的账面价值。

三、商事账簿的保存及备置

（一）商事账簿的保存

多数国家的商事账簿保管实行期限制，即明确规定各种商事账簿应保存的最短期间。根据中国的法律规定，年度决算报表永久保存；账本属于涉税资料中的主要会计档案，应当保存30年；各种账簿和凭证至少保存10年；月报、季报保存3~5年。

2015年12月11日，中华人民共和国财政部、国家档案局令第79号发布修订后的

---

① 《朱镕基：我为三个会计学院亲自写下"不做假账"》，载中国新闻网：https://www.chinanews.com.cn/2002-11-19/26/245097.html，2024年6月1日访问。

② 《证监会：推动出台上市公司监管条例》，载中国日报网：https://baijiahao.baidu.com/s? id = 1767188130707486255&wfr=spider&for=pc，2024年6月1日访问。

《会计档案管理办法》，自 2016 年 1 月 1 日起施行，明确规定了会计凭证、会计账簿等主要会计档案的最低保管期限延长至 30 年。

《会计档案管理办法》第六条规定：下列会计资料应当进行归档：(1)会计凭证，包括原始凭证、记账凭证；(2)会计账簿，包括总账、明细账、日记账、固定资产卡片及其他辅助性账簿；(3)财务会计报告，包括月度、季度、半年度、年度财务会计报告；(4)其他会计资料，包括银行存款余额调节表、银行对账单、纳税申报表、会计档案移交清册、会计档案保管清册、会计档案销毁清册、会计档案鉴定意见书及其他具有保存价值的会计资料。

(二)商事账簿的备置

《会计档案管理办法》第十三条规定：单位应当严格按照相关制度利用会计档案，在进行会计档案查阅、复制、借出时履行登记手续，严禁篡改和损坏。单位保存的会计档案一般不得对外借出。确因工作需要且根据国家有关规定必须借出的，应当严格按照规定办理相关手续。会计档案借用单位应当妥善保管和利用借入的会计档案，确保借入会计档案的安全完整，并在规定时间内归还。

工商登记机关、税务机关以及上市公司的监管机关，根据工作需要，可以随时查阅商事主体的商事账簿。

有限责任公司应当根据公司章程以及法律、行政法规的有关规定，在规定的期限内将财务会计报表送各个股东。《中华人民共和国公司法》第二百零八条规定："公司应当在每一会计年度终了时编制财务会计报告，并依法经会计师事务所审计。财务会计报告应当依照法律、行政法规和国务院财政部门的规定制作。"第二百零九条规定："有限责任公司应当按照公司章程规定的期限将财务会计报告送交各股东。股份有限公司的财务会计报告应当在召开股东会年会的二十日前置备于本公司，供股东查阅；公开发行股份的股份有限公司应当公告其财务会计报告。"

【思考题】

1. 哪些商事主体需要办理商事登记？
2. 商事登记相对于什么主体具有哪些不同的作用？
3. 编制商事账簿必须遵循哪些原则？
4. 我国对商事账簿的保存年限和备置有何要求？

第二编 公司法

第四章 公 司 立 法

【教学目的和要求】通过学习理解公司法的基本概念和基本原则，能够掌握公司的法律概念、特征以及类型，并对公司法的性质、特征与作用有深刻理解，同时掌握公司的人格与能力的相关知识。

【重点和难点】公司的特征、种类；法人人格否认

第一节　公司立法概述

一、公司立法

(一)公司立法的概念

公司立法，是指对公司法的制定、修改的一系列活动。

(二)公司立法的概况

1. 国外的公司立法

早期，人们多以个人的形式从事商业贸易活动。随着商业活动的增长与发展，多个自然人出资组合而成一个商事组织，这种商事组织就成为公司的前身。为了更好地保护债权人的利益，英国在 13 世纪就颁布了《海商法令》，其中包括关于公司的法律规定。16 世纪以来，随着英国海上霸主地位的日渐确立，英国现代公司法也从无到有发展起来。1599年，英国皇家海军的一支舰队筹集资金设立了"英国东印度公司"，成为最早的一家公司。1856 年英国颁布了第一部单行的公司法(即《合股公司法》)，于 1908 年制定了世界上第一部统一的《公司法》。

1673 年法国国王路易十四颁布的《商事条例》旨在规范商业活动，保护商人的权益，同时也为国家财政带来了更多的税收。1807 年法国的商法典第一编第三章设置了有关公司的规定，将公司分为人的公司和物的公司；后者因经济发展的影响而作了较多的修改，并颁布了单行法作为补充。

德国是民商分立制的国家，关于商事组织的规范分别集中《德国民法典》和《德国商法典》中。民法中调整的是社团和合伙的标准模式；商法中调整的是民事合伙的变体，即普通商事合伙(无限公司)、有限合伙(两合公司)、隐名合伙(隐名公司)、股份公司和股份两合公司。继 1892 年德国颁布了《有限责任公司法》后，商法典中的股份有限公司和股份两合公司的内容也从商法中分离出来，之后颁布了《股份及股份两合公司法》。

日本于 1899 年制定了《商法》，1938 年制定了《有限责任公司法》，1974 年制定了《商

法特例法》。而新《公司法》则是在 2005 年制定的。

美国作为判例法国家，各州根据需要制定自己的相关法律，因而也没有一部成文的公司法典。1950 年由全美律师协会制定、供各州立法参考的公司法蓝本《示范公司法》，其后经过多次修订；1984 年该法被全面修改，形成《示范公司法》。

2. 中国的公司立法

1903 年 12 月清廷商务部颁布《公司律》，中国公司法历史上首次对公司作出了明确的定义，即"凡凑集资本共营贸易者名为公司"；公司章程也进入我国公司法律之中，"凡设立公司赴商部注册者务须将创办公司之合同规条章程等一概呈报商部存案"；此外还纳入了"股权面前人人平等的基本原则"和"公司法面前所有公司一律平等的原则"，公司制企业模式由此开始在中国发展。

1914 年 1 月 13 日，北洋政府农商部颁行《公司条例》。随后北洋政府主持制定了《公司条例施行细则》《公司注册规则》《公司保息条例》《证券交易所法》《破产法草案》等公司法配套法规，初步形成了民国初年较为完善的公司法律体系。

南京国民政府在 1914 年《公司条例》基础上参酌德法等国公司立法制定《公司法》，并于 1929 年 12 月颁布，该法是一部比较完整的现代公司立法。1946 年 4 月由立法院商法委员会修订公布的《公司法》引进了有限公司制度，并首次增设了外国公司章节，为规制外国投资者来华经营提供了便利，是中国近代法制史上最为完整、成熟的公司法。

(三)我国公司法颁布之前对公司的法律调整

1950 年 12 月政务院颁布了《私营企业暂行条例》，随后颁布了《私营企业暂行条例实施办法》，并于 1954 年 9 月颁布《公私合营工业企业暂行条例》，上述条例办法规范的公私合营企业实质上具有限公司的特征，其内容包括确认公私股份、确定合营企业股东的有限责任、规定合营企业的法人机关为董事会和私股股东会会议，以及盈余分配办法。

1956 年实现全国全行业公私合营后，社会主义改造完成，《私营企业暂行条例》及其实施办法同时失效，私营公司不复存在；国家按照行业归口、产品归类和方便管理的原则，按行业组建了各种专业性公司。这种公司本身属于国家对企业进行管理的工具，具有行政性，后续这些专业公司后来又转变为各种行业主管机关。此后 23 年，中国的企业全部转为国营、集体企业，现代意义上的公司形式不复存在，规范意义上的公司立法被全民所有制企业立法和集体所有制企业立法所取代。[①]

1979 年 7 月全国人大制定的《中华人民共和国中外合资经营企业法》(分别于 1990 年、2001 年、2016 年修订)颁布，该法律确认了有限责任公司形式的合法性，标志着我国公司企业制度走上法制化道路。此后，全国人大分别于 1986 年、1988 年通过的《中华人民共和国外资企业法》(分别于 2000 年、2016 年修订)和《中华人民共和国中外合作经营企业法》(分别于 2000 年、2016 年、2017 年修订)，与上述《中华人民共和国中外合资经营企业法》并称为"外资三法"，为我国外商投资企业提供了有力的法治保障。经过 20 多年的立法努力，有限公司制度已经在三资企业领域建立并逐步完善起来，成为我国公司立法的

---

① 叶林、张冉：《民营企业市场准入的法理基础与优化路径》，载《北方法学》2024 年第 18 期，第 5~21 页。

一个重要组成部分。2019 年 3 月 15 日全国人大颁布的《中华人民共和国外商投资法》于 2020 年 1 月 1 日生效，"外资三法"于该法生效之日同时废止。

1988 年 6 月 25 日国务院颁布了《中华人民共和国私营企业暂行条例》，规定私营企业可以采用独资企业、合作企业和有限公司三种形式。

二、中国公司法的颁布和实施

1993 年 12 月全国人大常委会通过《中华人民共和国公司法》，1994 年 7 月 1 日起施行，中华人民共和国第一部公司法诞生，公司立法渐趋规范化。《公司法》规定公司为法人，表现为有限责任公司与股份有限公司两种组织形式，且均规定了最低注册资本限额。为填补立法空白，1997 年、1999 年分别颁布了《中华人民共和国合伙企业法》(2006 年修订)《中华人民共和国个人独资企业法》，合伙企业与个人独资企业作为非法人商事主体，注册资本无最低资本额限制，投资人对企业债务承担无限责任，设立程序较简便，设立较易。

三、中国公司法的修改

由于我国公司实践起步较晚，随着经济体制改革的不断深化、社会主义市场经济体制逐步建立完善，《公司法》条文存在着原则性强、可操作性差、法律漏洞多等诸多不足，在实际应用中问题颇多，实践中《公司法》经历了几次修订，逐步解决了公司设立门槛较高不利于社会资金投资、公司结构治理不够完善、股东尤其是中小股东合法权益保护机制不够完善、股份发行转让上市规定不适应投融资活动的实际需要等问题；此外最高人民法院也相继出台了五份关于适用《中华人民共和国公司法》若干问题的规定以解答司法实务中出现的问题。

(一)公司法的四次修正

1. 第一次修正

根据 1999 年 12 月 25 日第九届全国人民代表大会常务委员会第十三次会议《关于修改〈中华人民共和国公司法〉的决定》第一次修正。增设了国有独资公司监事会；授权国务院放宽高新技术股份有限公司中发起人以工业产权和非专利技术作价出资的金额占公司注册资本的比例，以及公司发行新股和申请股票上市的条件。允许在证券交易所内部为高新技术股份有限公司股票开辟第二板市场等。

2. 第二次修正

2004 年 8 月 28 日第十届全国人民代表大会常务委员会第十一次会议通过《关于修改〈中华人民共和国公司法〉的决定》，删除"以超过票面金额为股份发行价格的，须经国务院证券管理部门批准"的规定。

3. 第三次修正

根据 2013 年 12 月 28 日第十二届全国人民代表大会常务委员会第六次会议《关于修改〈中华人民共和国海洋环境保护法〉等七部法律的决定》对《公司法》第三次修正。

(1)删除的内容：公司股东(发起人)应自公司成立之日起 2 年内缴足出资，投资公司可以在 5 年内缴足出资；一人有限责任公司股东应当一次足额缴纳公司章程规定的出资额；公司营业执照载明实收资本；公司注册资本最低限额；公司减资后注册资本不得低于法定的最低限额；公司股东(发起人)首次出资比例、货币出资比例和缴足出资期限；全体股东的货币出资金额不得低于有限责任注册资本的30%。

（2）修改的内容：将"股东出资达到法定资本最低限额"修改为"由符合公司章程规定的全体股东认缴的出资额"；"发起人认购和募集的股本达到法定资本最低限额"修改为"由符合章程规定的全体发起人认购的股本总额"；"一次缴纳的发起人应即缴纳全部出资，分期缴纳的发起人应即缴纳首期出资"修改为"并按照章程规定缴纳出资"。

4. 第四次修正

根据2018年10月26日第十三届全国人民代表大会常务委员会第六次会议《关于修改〈中华人民共和国公司法〉的决定》对《公司法》第四次修正。

（1）修改内容："将股份奖励给本公司员工"修改为"将股份用于员工持股计划或股权激励"。

（2）增加内容："将股份用于转换上市公司发行的可转换为股票的公司债券"和"上市公司为避免公司遭受重大损害，维护公司价值及股东权益所必须"允许股份回购的例外情形；公司股份回购依照公司章程的规定或股东大会的授权，经2/3以上董事出席的董事会会议决议，不必经股东大会决议；收购本公司股份的，公司合计持有的本公司股份不得超过本公司已发行股份总额的10%，并应当在3年内转让或者注销；上市公司收购本公司股份依照证券法规定履行信息披露义务，除国家另有规定外，上市公司收购本公司股份应当通过公开的集中交易方式进行。

(二)公司法的两次修订

1. 第一次修订

2005年10月27日第十届全国人民代表大会常务委员会第十八次会议对其第一次修订。

（1）新增内容：引入公司法人人格否认制度增加股东诉讼的规定；规定有限责任公司中小股东在特定条件下的退出机制；上市公司必须设立独立董事；允许设立一人有限责任公司；对关联交易行为作出严格的规范；规定了公司的社会责任，增加依法与职工签订劳动合同的规定。

（2）取消内容：取消了按照公司经营内容区分最低注册资本额的规定。

2. 第二次修订

2023年12月29日第十四届全国人民代表大会常务委员会第七次会议对其第二次修订，2024年7月1日生效。

本次修订删除了2018年《公司法》中的16个条文，新增和修改了228个条文，其中，实质性修改了112个条文，这是自1993年《公司法》诞生以来修改范围最大、改变最为彻底的一次。新修订后的《公司法》，包括"总则""公司登记""有限责任公司的设立和组织机构""有限责任公司的股权转让""股份有限公司的设立和组织机构""股份有限公司的股份发行和转让""国家出资公司组织机构的特别规定""公司董事、监事、高级管理人员的资格和义务""公司债券""公司财务、会计""公司合并、分立、增资、减资""公司解散和清算""外国公司的分支机构""法律责任""附则"等15章，共计266条。

主要修订内容体现在：

第一，增设公司登记专章。明确了公司设立、变更、注销的事项和程序；扩大了可用作出资的财产范围，明确了股权、债权也可以作价出资；放宽了一人有限责任公司设立的限制，并允许设立一人股份有限公司；完善了公司清算制度，明确清算义务人及其责任；明确经全体股东对债务履行作出承诺，可以通过简易程序注销登记。登记信息从申请查询转向主动公示；公司未按规定公示或不实公示有关信息的行为应承担相应的责任；增设强制注销退出机制。

第二，进一步完善认缴登记制度。全体股东认缴的出资额由股东按照公司章程的规定自公司成立之日起5年内缴足；除法律和法规禁止外，股东可以用货币出资，也可以用实物、知识产权、土地使用权、股权、债权等可以用货币估价并可以依法转让的非货币财产作价出资；股东未按期足额缴纳出资的，除应当向公司足额缴纳外，还应当对给公司造成的损失承担赔偿责任；股东未出资的，其他股东承担连带责任；董事会有催缴股东出资的义务，否则，承担赔偿责任；宽限期届满，股东仍未履行出资义务的，公司经董事会决议可以向该股东发出失权通知，自书面通知发出之日起，该股东丧失其未缴纳出资的股权；股东抽逃出资的，董监高可能承担连带责任；公司不能清偿到期债务的，公司或者已到期债权的债权人有权要求已认缴出资但未届出资期限的股东提前缴纳出资。

第三，完善股权转让的条件及后续责任。股东对外转让股权，不再需要其他股东同意；股权转让后，公司有义务办理变更手续；未实缴出资转让后，由受让人承担主要出资责任。

第四，强化公司治理。董事会不用再制订公司年度财务预算方案、决算方案；股东会可以授予董事会其他职权；删除了董事会人数的上限；300人以上公司，应有职工董事；有限责任公司可不设监事会；自公司收到辞职信起，董事即辞职；股东会可以无理由解除董事职务；监事会有权要求董事和高管提交职务报告；所有董事都可以担任法定代表人；法定代表人的责任由公司承担；法定代表人的产生与变更办法必须写入公司章程；控股股东滥用控股地位应当对任一公司的债务承担连带责任；一人股东公司的连带责任；股东会和董事会决议无效的情形；可用微信、腾讯会议等方式召开股东会、董事会和监事会；公司变更登记应该由法定代表人签字；公司必须公示登记信息，并承担信息真实性责任；明确了一人有限责任公司的法定地位；确认出资协议或合伙协议的法律地位；强化认缴和实缴的记载要求；股东有权查阅股东名册、会计凭证。

第五，加强股东权利保护。强化股东知情权；完善股东请求召集临时股东会议的程序，强化股东参与公司治理；控股股东滥用股东权利严重损害公司或其他股东权利的，其他股东可合理收购其股权；公司减资持股比例相应减少；股东可对全资子公司的高管提起代表诉讼。

第六，国家出资公司。设国家出资公司组织机构的特别规定专章；坚持党对国有企业的领导；外部董事应过半数；董事会中的审计委员会行使监事会职权；应当依法建立内部监督管理和风险控制制度。

第七，完善公司债券相关规定。企业证券审核由中国证监会负责；公司债券可以采取非公开或公开发行；股份有限公司可发行可转债；增加债券人会议决议效力、债券受托管理人的规定。

第二节 公司法及其作用

一、公司法的概念

公司法，是调整公司在设立、组织、活动和解散的过程中所发生的全部组织关系和部分财产关系的法律规范的总称。公司法不仅包括《公司法》等具有"公司法"名称的法律规范，还涵盖了所有与公司组织和行为相关的法律、法规和规章，包括《民法典》中的相关规定以及最高人民法院发布的司法解释等。公司法的核心内容聚焦于公司的内部组织结构与运作，同时也涉及公司的部分经营活动。

对公司法的理解可以从狭义和广义两个维度进行阐述。狭义的公司法指具有"公司法"名称的法律规范。这些法律在内容上与其他国家的公司法或商事公司法相当，但由于我国特有的公有制背景，我国的公司法在调整私人共同投资组建公司的行为之外，还调整国有主体、集体制或合作制主体联合经营等行为，并伴有对国有企业进行股份制改造的功能。而广义的公司法，即实质意义上的公司法，既包括狭义公司法，也包括所有规范公司组织和行为的法律法规，例如《公司登记管理条例》《关于股份有限公司境外募集股份及上市的特别规定》以及最高人民法院的相关司法解释等。

二、公司法调整的对象

在公司的整个生命周期中，即从设立、运营到变更、解散的各个阶段，公司法均发挥着至关重要的调整作用。公司法调整的对象主要涉及以下方面。

(一)公司法对公司的全部组织关系进行调整

这些组织关系涉及公司成立与运作的各个方面，包括但不限于：

1. 发起人或股东之间的相互关系

发起人或股东之间的相互关系在公司设立、变更、解散的全过程中均有体现。包含章程的制定与变更、公司的设立与解散、股权的转让等方面，既有股东间的财产关系，也有人身关系。但无论是哪种关系，它们都是在公司组织过程中产生的，均属于公司法调整的范畴。

2. 股东与公司之间的关系

股东与公司之间的关系在公司成立后尤为显著。尽管股东和公司在法律上相互独立，但股东作为公司的投资者，与公司之间存在着紧密的联系。股东行使股权必然涉及与公司之间的财产关系和管理关系，这些关系均受公司法调整。

3. 公司内部组织机构之间的相互关系

例如股东会、董事会、监事会和经理等，这些组织机构在公司运作中扮演着重要角色，它们之间的关系对公司的运营至关重要。公司法通过规定这些组织机构的地位和权利义务，形成有效的监督、制约机制，确保公司内部有序运作。

4. 公司与国家经济、行政管理机关之间的社会关系

公司与国家经济行政管理机关之间的关系通常出现在公司设立、变更和解散等活动中。这些行政关系在广义上是组织管理关系，公司法对此也有所规定。

(二)公司法调整公司的部分经营关系

虽然公司的经营活动千差万别，但公司法通常只调整那些与公司组织关系紧密相连的经营关系，如股票和债券的发行与交易、资本的增减、出资的转让等。对于与公司组织关系无关的经营活动，如普通的买卖合同关系，则通常不由公司法调整，而是由其他相关法律法规来规范。

三、公司法的性质

(一)公司法本质上属于组织法的范畴

在法律体系中，规范主体活动的法律可以大致分为两类：一类是侧重于规范行为主体本身的组织法，另一类则是侧重于规范主体所进行的具体经济活动的行为法。公司法不仅对公司这一特定主体进行规范，也对公司的经济活动以及公司内部的财产关系进行制约和调整，但是，其主要功能和目的在于对公司这一组织主体的构成、运作和管理进行规范，因此，公司法主要被视为组织法或团体法。与此同时，公司法在调整公司与其代表机关间的关系、确立股东平等原则、实行少数服从多数的原则，以及确保法律关系的统一性和确定性等方面，显示出其与调整自然人关系的组织法律在原理、内容和方法上有所区别的特征，这也是公司法被认为与国家组织法具有类似性质的原因。

(二)公司法体现出私法公法化的趋势

根据大陆法系的传统理论，公司法作为民商法的一部分，应当被归类于私法领域。然而，随着 19 世纪以个人为本位的国家逐渐被 20 世纪以社会为本位的国家所取代，国家政府权力的扩大导致了私权自治范围的相应缩小，公司法逐渐被视为私法"社会化""公共化""公法化"的典型例证。[①] 公司法中的强制规定和严格规制反映出私权的内容已经发生了根本性变化，公共利益在公司法中的地位被显著提升。对于这些变化，有些国家将商法视为经济法，认为经济法是介于公法与私法之间的一个新的法律部门。尽管如此，公司法从本质上讲还是属于私法，但由于国家对经济组织及其活动的干预日益增多，现代公司法已不再是 18、19 世纪的公司法，它已经被公法化，成为了公法化私法的典例。[②]

(三)公司法是国家对公司进行管理的行为规范

与其他法律一样，公司法是由国家制定或认可的，反映了统治阶级的意志，并以国家的强制力确保其实施。公司法的核心在于通过规范来实现国家对公司的管理。它不仅为国家行政机关提供了对公司进行管理的法律依据，也为国家司法机关审理公司案件提供了法律准绳，同时，也是公司规范自身活动的行为准则。任何国家机关都必须依据公司法的规

---

① 沈晓阳、刘力永：《个人本位与社会价值取向》，载《安徽师范大学学报(人文社会科学版)》2000 年第 1 期，第 27 页；郑彧：《论实际控制人的法律责任：公法的路径依赖与私法的理念再生》，载《财经法学》2021 年第 3 期，第 3 页。

② 张敏、钱程：《论自治与强制协调之下公司自治的边界》，载《中国商法年刊》2013 年第 424 页。

定来评判公司组织与活动的效力，而不能自行设立标准。在市场经济体制下，公司法既要加强国家法律对公司的规制，又要充分发挥公司自身的团体自治功能。

当然，自治功能也制约了国家机关对公司的管理行为。总之，公司法确保公司遵循社会规范。

四、公司法的特征

公司法是现代法律体系中不可或缺的组成部分，它以独特的法律特征和法规结构对公司这一特定的市场主体进行规范和约束。

(一)公司法是组织法

公司法的核心在于对公司这一法人组织的法律地位、资格条件、成立方式、公司章程的制定等方面进行规定。公司法不仅关注公司的设立，还涉及公司内部机构的设置、运作方式以及股东的权利和义务。这些规定构成了公司法的骨架，确立了公司如何组织和运营的基本框架。[1] 同时，公司法还是活动法，它调整与公司组织关系紧密相关的内部活动关系，确保公司的运营活动符合法律规范。

(二)公司法是私法与公法的混合体

尽管公司法从本质上属于私法范畴，侧重于调整公司与股东、公司内部机构之间的权利义务关系，但它也融入了公法元素，如公司设立、变更、终止的登记或审批，上市和发行债券等。违反公司法规定的责任，不仅需要承担包含恢复、赔偿在内的法律责任，还有行政处罚、处分，甚至更严厉的刑罚制裁，这些都体现了公司法的公法特征。

(三)公司法是强制性规范与任意性规范的综合

在公司法中，虽然任意性规范占据一定的地位，如公司章程、股东的股份和红利分配等规定，都可以由股东间自行约定。然而，公司法中也存在不少强制性规定，如公司的组织形式、资本最低数额、董事和监事的任职资格、股份和债券的发行条件等，这些是当事人无法以协商方式自行改变的。

(四)公司法体现了实体法与程序法的结合

公司法大部分内容属于实体法范畴，规定了权利与义务的主体及其产生、变更和消灭的法律。同时，公司法也包括程序法的内容，如公司登记、设立、分立、合并、清算等程序，用于保障实体法规定的权利义务得以实现。

(五)公司法具有明显的制定法特征

不论是大陆法系还是英美法系，公司法都以制定法的形式存在。这是因为公司法所涉及的法律人格、组织设置、程序性规定和实体性内容需要透过系统而全面的规范来进行确认。同时，公司法还具有一定的国际性，因为无论是在域内还是在域外，公司的组织原则和活动准则都有共性的要求，这使得各国在制定本国公司法时，需要合理借鉴和吸收国际通行的规则。

---

① 王东光：《组织法视角下的公司合规：理论基础与制度阐释——德国法上的考察及对我国的启示》，载《法治研究》2021 年第 6 期，第 18 页。

五、公司法的基本原则

公司法的基本原则主要有：鼓励投资原则、保护股权原则、公司自治原则、分权制衡原则、利益分享原则、交易安全原则。

第一，鼓励投资原则。该原则强调的是设计法律制度，优化投资环境，使得投资者愿意将资金投入公司，这包括降低投资门槛、简化注册流程、提供税收优惠等具体措施，以吸引更多的资本进入市场。要进一步保障投资者的合法权益，如明确股东的权利和义务，规定公司信息披露的义务，确保投资者能够获得充分的信息以做出合理的投资决策。同时，设立有效的纠纷解决机制，保护投资者免受不法侵害。在全球化背景下，资本是流动的，各国通过优化公司法，提高自身的制度竞争力，吸引国际资本流入。构建良好的法律环境不仅能够吸引国内投资者，也能够吸引国际投资者，提升国家的经济竞争力。

第二，保护股权原则。该原则是指股东依法享有平等、优先以及知情权。股东平等权是指在同类股东之间，股东享有同等的权利并承担同等的义务。如，在股东大会上，持有相同类别股份的股东享有相同的投票权；股东按照其持有股份比例享有分红权；公司清算时，股东按照其持有股份比例享有剩余财产分配权。股东优先权是指在特定情况下，股东享有优先权，以保护其利益。如当公司增发新股时，现有股东有权优先认购，以保持其持股比例不被稀释。股东知情权是指股东有权了解公司的经营状况和财务状况，以便做出合理的投资决策。

第三，公司自治原则。该原则是指公司在法律框架内享有高度的自主权，以便灵活应对市场变化和实现自身发展目标，包括赋予公司在设立和终止、制定章程、享有高度的自主权、治理结构选择以及根据市场需求和竞争态势，自主制定经营策略和决策等方面的自主权。

第四，分权制衡原则。该原则是指将公司的权力分配给不同的机构，以实现相互独立、相互制约、相互合作的权力平衡，确保公司运作的合法性和高效性。具体来说，这些权力包括所有权、经营决策权、经营管理权和监督权，分别由股东大会、董事会、经理和监事会行使。通过权力的分配和相互制约，防止任何一个机构或个人滥用权力，而不同机构各司其职、相互合作，有助于提高公司决策的科学性和合理性。而且，在合理的权力分配和监督机制下，可有效保护广大股东的合法权益，增强股东对公司的信任和支持。

第五，利益分享原则。该原则要确保公司经营成果和利润的公平分配，保护股东和其他利益相关者的合法权益。分配利润时，公司应遵循公平原则，合理考虑各方的贡献和权益，确保股东和其他利益相关者能够公平分享公司的经营成果；必须遵守法律法规和公司章程的规定，确保分配过程的合法性和透明性。[①]

第六，交易安全原则。该原则是指公司在从事商业活动时，必须遵守法律法规，确保公司资本的真实、充足和透明，避免欺诈和不正当行为，保护交易相对方的合法权益，确保市场交易的稳定性和安全性。

---

① 刘俊海：《论新〈公司法〉的四项核心原则》，载《北京理工大学学报（社会科学版）》2022 年第 5 期，第 1~19 页。

六、公司法的作用

公司法作为社会经济生活的基石，它为投资创业、企业管理提供了根本的指南。2013年实行"认缴制"改革以来，《公司法》基本取消对一般公司股东出资的准入管制，这对于鼓励投资创业、公司促成上效果显著。我国公司数量从 2014 年的 1303 万户增长至 2023年 11 月底的 4839 万户，增长了 2.7 倍，其中 99% 属于小微企业。[①] 在现代西方社会中，公司制度的不断完善与进步是商品经济高度发展的必然产物，公司法在激励投资、集聚资本以创办企业、保障商业组织的正常运行以及促进资本主义经济的繁荣等方面发挥了不可或缺的作用。在我国，公司法同样承担着至关重要的角色。

（一）以法律的形式赋予了超越个体能力的组织以现实形态

在经济活动中，个体能力总是有局限的。即便是最富有的人，在面对社会中的大型项目时也常常力不从心。马克思在《资本论》中指出，"假如依靠单个资本积累到能够修建铁路的程度，估计直到今天世界上还没有铁路。通过股份公司集中资金，转瞬间就把这件事完成了"。经济发展，尤其是基础建设，需要超越个体的组织力量，而公司正是这种"超个体能力"的组织的代表。正是由于公司法的存在，这种"超个体能力"的组织才得以实现。尽管不能断言没有公司法就无法有公司制度，但公司法对于社会发展、现代企业的良性成长所作出的贡献确实不可忽视。假设现代社会缺乏公司法，许多商业活动将不得不依赖于无数自然人之间的合同关系来推动，而市场主体也将主要以分散的个体经营者形式出现。个体经营不仅无法解决资本集中的问题，还缺乏足够的竞争力和风险抵御能力，更难以满足社会化大生产和现代化市场交易的规模经济需求。公司法将众多甚至成千上万的股东资本聚合成单一的法律主体，使得无数的个体交易转变为公司集体的交易方式，降低了成本，增强了投资者之间、投资者与交易伙伴之间的契约关系的预期性和稳定性。法人化的资本集合体不仅具备了独立的法律主体身份，可以独立地进行民事活动，而且股东的退出、加入或逝世都不会影响公司的独立法人地位。因此，与未经法人化的资本联合体相比，公司作为法人化的资本联合体的地位和组织结构更为稳固，其能力远超个人。现如今，观察全球的发展趋势，公司经济力量日益强大，社会财富日益向公司集中。公司被誉为"现代社会的选择""看不见的经济帝国""人类最大的创造""市场经济的支柱"。我们的社会可以被称为"公司的社会"，我们的世界可以被称为"公司的世界"，我们的时代可以被称为"公司的时代"。所有这些，在某种意义上讲，都是公司法塑造的结果。

（二）有效地保护了社会各方的合法权益

作为"经济宪法"，公司法在保护各方合法权益方面发挥了重要作用。首先是保护了公司本身的合法权益。公司毕竟不是有血有肉的实体，它不过是一种人格化的经济组织。为了确保公司的生命力、地位和利益不受侵害，法律的保护至关重要。公司法确立了公司的法律地位，赋予其法人资格，合法化公司的存在，使其如同自然人一样，有资格参与民事活动，依法进行各种交易。公司法还明确规定了公司的权利能力和行为能力，公司管理

---

① 周友苏：《新〈公司法〉关于股东出资的虫咬新规解析》，载《上海政法学院学报（法治论坛）》2024 年第 2 期，第 28 页。

机构的构成和职责、股东对公司的义务等。这些规定不仅为公司活动提供了法律依据，也防止了他人限制和侵犯公司权益的行为，包括高管滥用权力或股东忽视公司整体、长远利益的行为，进而有力保护公司自身的权益。其次，公司法能有效地保护股东及债权人的合法权益。公司法的核心内容大多是为了保护股东权益而设计。以我国现行的《公司法》为例，其总则中关于立法宗旨、股东的责任、股东的权利等规定，在其他章节中关于股东查阅权及复制权的规定，关于分红权与优先认购权的规定，关于股东会的组成、地位及其职权的规定，以及关于股东表决权、股东会议事方式和表决程序等的规定，都体现了对股东权益的保护。上述股东权益的确立，是以法典的形式加以规定的，因此也消除了股东担忧政策变动的不安，增强了他们投资创业的信心。投资者的投资目的自然是获利。然而，公司的盈利并非封闭式实现的。公司必须与外界进行广泛的经济交流才能获得利润，而这些经济交流一方面可能给公司带来盈利，另一方面也可能带来债务。公司要想生存并盈利，就必须有良好的信誉。因此，公司法的一个重要作用就是为债权人利益提供有效保护，这对于建立公司信誉是必不可少的。公司法通过规定公司的财产制度和活动，包括确定最低资本额、加强资信审查、严格会计和盈余分配制度等，确保依法设立的公司都具备开展经营活动的能力、履行法定义务的能力，以及必要时承担法律责任的能力。公司法的这些作用，不仅有效地保护了债权人的合法权益，也维护了社会交易安全和经济秩序的稳定。此外，在我国，公司法还具有对国有企业实施股份制改革的功能。截至 2021 年年底，我国国有企业公司制改革基本完成，中央党政机关和直属事业单位所管理企业中公司制企业占比 97.7%；地方国有企业中公司制企业占比 99.9%，实现了历史性突破。[①]

第三节　公司及其类型

一、公司的概念

公司是由投资者出资以盈利为目的的社团法人，是企业的组织形式。典型的有有限责任公司和股份有限责任公司。

作为一种具有深远历史背景和丰富法理内涵的经济组织形式，公司在不同法律体系和历史阶段有着多样的表述和解释。

公司一词源自西方，在公司产生以前，合伙组织都没有取得法人的地位，但是却有其他的一些法人团体出现。这种情况最早可以追溯至古罗马时期。在古罗马，国家、地方自治团体、寺院等宗教团体、养老院等公益慈善团体都取得了法人的地位。到了中世纪，有一些贸易团体取得了法人的资格，尤其是其中从事海外贸易的组织。在中世纪英国，这样的组织享有相对合伙更大的独立性。

公司的法律概念和制度在 20 世纪初才正式引入我国，从《大清公司律》到《公司法》的

---

① 《70%！国企改革三年行动 2021 年度目标已达成》，央广国际在线：https://news.cri.cn/toutiaopic/21d65560-186f-3070-ebc8-28d44d32c6cd.html，2024 年 6 月 1 日访问。

演变与发展，公司的法律属性在我国受到《公司法》和《民法典》等法律的明确规范，[①] 其概念的核心要素可概括为以下几点：

第一，企业组织。公司的成立必须符合法定条件和程序，如《公司法》等相关法律的规定。在中国，公司通常根据《公司法》设立，但在特定情况下，也可依据特别法律、行政命令或专门规章成立。这表明公司的设立既要遵循公司法的普遍原则，也要顾及其他相关法律的具体要求。

第二，营利，即公司的存在目的是通过持续和固定的经营活动获取超出投资的收益，并将盈余分配给股东。公司的营利性是其区别于国家机关、事业单位和社会团体法人的显著特征，也是其作为商事主体的根本宗旨。

第三，具备法人资格，这意味着公司应当具备独立享有民事权利和承担民事义务的能力。根据《民法典》的相关规定，公司作为法人，应当具有合法成立的条件、必要的财产、独立的民事责任、自己的名称和组织机构以及固定的场所。这些条件共同确保了公司作为一个独立主体在法律上的地位和功能。

综合英美法系和大陆法系的公司定义，可以看到，尽管表述方式存在差异，但都强调了公司是由两个或两个以上股东出资组成的、以营利为目的的法人实体。在我国，《民法典》和《公司法》进一步明确了公司是营利法人，以取得利润并分配给股东等出资人为目的。此外，我国的公司法律制度也认可了一人公司和国有独资公司这种特殊类型，但这并未改变公司作为社团性法律实体的本质特征。

二、公司的特征

作为特定经营主体的公司，其在法律上具备一系列特征。这些特征不仅在我国公司法体系中得到体现，在其他国家和地区的公司法中亦具有普遍性。

(一)营利性

公司的首要特征在于其营利性。营利性贯穿于公司的整个生命周期，从公司设立之始至运营过程中，乃至可能的清算终结，营利性始终是公司存在的基本动因。具体来说，营利性体现在两个方面：第一，公司的成立目的在于追求利润。无论任何出资者设立公司，其核心目标均是为了获取经济收益。即便有些公司最终以亏损或破产结束，这并不影响公司设立之初的营利本质。第二，公司必须持续、稳定地开展营利性质的经营活动，这要求公司拥有明确的经营范围，与偶尔进行营利活动的临时性合伙组织形成鲜明对比。[②] 公司的营利性不仅区分于以行政管理为核心的国家机构，也与非营利的公益组织有所区别。强调公司的营利性，既是对公司经济属性的凸显，也是对行政性公司这一概念的明确否定。

(二)社团性

社团性，也称为联合性，是指公司作为一种社团法人，其股东及股权应当具备多元化的特点。关于公司是否应当具备社团性特征，曾有较大的争议。一部分学者认为，随着一

---

① 魏淑君：《〈公司律〉的颁行及其时代效用——晚清因应现代性挑战在立法层面上的首次尝试》，载《山东社会科学》2013 年第 5 期，第 92 页。

② 高丝敏：《公司目的与公司社会责任制度的进化》，载《社会科学》2024 年第 4 期，第 169 页。

人公司在多国法律中得到认可，公司的社团性特征已逐渐淡化。然而，另一部分学者认为，无论从公司的本质还是从各国公司法的规定来看，公司应当被视为一种社团或联合体，这是其与独资企业的本质区别。[1] 如果忽视了公司的社团性或联合性特征，将难以区分公司与独资企业。在我国，尽管后来修订的《公司法》承认一人公司，但这并不改变公司通常为多人组成的社团法人的特征，一人公司仅是有限责任公司的一种特殊形态。[2]

(三)法人性

法人性是公司的又一重要特征，公司尤其是有限责任公司和股份有限公司被赋予法人地位，这在世界各国的公司法中均有所体现。公司作为法人，其必备条件包括：首先，公司必须依照法律规定的条件和程序设立。在我国，这意味着公司的成立不仅要满足《民法典》的相关规定，还要符合《公司法》的具体要求。其次，公司必须拥有独立的财产，这些财产来源于股东的投资，并构成公司法人财产的基础。在法律上，股东与公司是独立的主体，股东个人的财产与公司的财产是分开的，股东无权直接处置公司财产。再次，公司能够独立承担民事责任，以全部财产对外承担责任，这是公司法人独立性的体现。公司财产责任的独立性也体现在股东对公司债务仅承担有限责任，这是国际公认的公司法原则。在某些特殊情况下，公司法也允许适用"公司人格否认"或"直索责任"，以此作为有限责任的例外和补充。[3] 法人性特征是公司区别于合伙企业的关键所在。尽管合伙企业也具有营利性和社团性特征，但它们不具备法人资格，主要是因为合伙企业没有独立的财产，其财产属于合伙人共有，且合伙人对企业债务承担连带无限责任，而公司则不同，股东对公司债务的责任是有限的。

原则上公司应当同时具备上述三个特征。除非法律确认，缺少任何一个特征的公司不能被视为真正意义上的公司。反之，如果一个组织具备了上述全部特征，即使它未直接以公司的名义命名，该企业亦应被视作真正意义上的公司，并受到公司法的约束。

三、公司的类型

(一)公司的分类

公司作为一种组织形态，其种类繁多，能够适应不同的经营需求和法律制度。

1. 以股东对公司债务责任的承担方式为标准的划分

(1)无限公司。股东对公司的债务负有连带无限责任的公司组织形式。

(2)有限责任公司。股东仅需以其出资额为限对公司债务承担责任，公司以全部资产对外担保的公司组织形式。股份有限公司中，股东的责任以其持有的股份为限。

(3)两合公司和股份两合公司。前者由承担无限责任的股东和承担有限责任的股东组成的公司组织形式，后者则是在两合公司基础上股东出资形式为股份的公司组织形式。

2. 以公司信用基础为标准的划分

(1)人合公司。强调的是股东个人的信用，如合伙企业，股东通常需承担无限责任的

---

[1] 沈贵明：《基本商事主体规范与公司立法》，载《法学》2012年第12期，第111页。

[2] 李欢：《一人公司的立法演进与司法驱动》，载《经贸法律评论》2023年第4期，第125页。

[3] 朱娟：《直索责任性质迷局及其破解》，载《南京审计学院学报》2013年第4期，第85页。

公司组织形式。

（2）资合公司。以公司资本作为信用基础，如有限责任公司，股东的责任受限于其出资额的公司组织形式。

（3）人合兼资合公司。结合了前两者的特点的公司组织形式。

3. 以资本筹集和股份转让为标准的划分

（1）封闭式公司，也称私人公司，是指股份不对外公开发行，不在股票市场流通的公司组织形式。

（2）开放式公司，又称公众公司，是指可以公开招股，股份在证券市场自由交易的公司组织形式。

4. 以公司之间的控制与依附关系为标准划分

（1）母公司通常持有子公司的控股权，并对子公司拥有决策权，尽管子公司是在法律上保持独立的法人地位的公司组织形式。

（2）子公司是指一定比例以上的股份被另一公司持有或通过协议方式受到另一公司实际控制的公司组织形式。

5. 以内部组织结构的不同为标准划分

（1）总公司是指具有法人资格，对包括分公司在内的所有业务活动进行统一管理的公司组织形式。

（2）分公司是总公司内部的分设机构，其对总公司负责且不具有独立的法人人格。

6. 以注册地为标准划分

（1）本国公司是依据国内法律成立的法人实体的公司组织形式。

（2）外国公司是指在他国设立的公司分支机构的公司组织形式。

（3）跨国公司是指在多个国家或地区设立分支机构，进行跨境经营的公司组织形式。

公司还可以依据其他标准进行分类，例如国有公司、私营公司、外商投资公司、上市公司等，其反映了公司的所有权性质、投资来源和公司的上市状态等。

（二）我国公司法的种类

依据《公司法》第二条的规定，所谓公司，特指依本法在中国境内设立的有限责任公司与股份有限公司两种组织形式。因此，在我国法律体系中，仅承认这两类公司存在。

1. 有限责任公司

（1）有限责任公司，又称为有限公司，是由不超过50名股东共同出资成立的，股东按其实缴出资额限定其对公司债务的责任，公司则以全部财产对其债务负责的营利性法人实体。

相较于其他公司类型，有限责任公司体现以下几个显著特征：首先，股东数量的限制性，依据我国公司法的规定，股东数量不得超过50人。其次，股东责任的限定性，有限责任公司的股东，其对公司的责任仅限于其所出资的额度，一般不承担超出此范围的其他财产责任。再次，股东出资的非股份化特性，有限责任公司的资本通常不划分为股份，股东每人仅有一份出资，但出资额度可有不同。此外，公司资本的封闭性，有限责任公司的资本仅限于股东之间认缴，不得对外公开募集，不予发行股票，显示其资本的不可流通性。最后，公司组织结构的简便性，有限责任公司的成立程序相对简化，仅需发起设立而无需公开募集；其组织构架也显得简单灵活，股东会由全体股东组成，董事由股东会选举产生；股东会的召开方式及决议的形成程序也较为便捷。另外，资合与人合的结合性，有限责任公司虽然本质上是资本联合体，但由于股东人数的限制及资本的封闭性，股东之间存在人身信任关系，因此，有限责任公司既有资本合作的特点，也有人身合作的特质，体现了资合与人合的统一。

（2）一人有限责任公司，简称一人公司，是指仅有一名自然人股东或一名法人股东的有限责任公司。一人公司是有限责任公司的一种特殊组织形式，具有狭义和广义之别。狭义的一人公司特指仅有一名股东，且全部资本由该股东独资的公司，也称为形式上的一人公司。广义的一人公司则包括形式上的一人公司和实质上的一人公司，后者指公司实际控制人仅有一人，其他股东仅为名义上持有最低股份的挂名股东，常见于家族企业。我国在1993年颁布的《公司法》中，除了对国有独资公司给予认可外，并未对一人公司予以承认。[①] 但在2005年对《公司法》的修订中，一人公司得到了全面认可。而在2013年的《公司法》修订中，又取消了对一人公司最低注册资本的限制，以及股东必须一次性全额缴纳章程约定出资额的要求。

（3）国有独资公司是指由国家独立出资，并由国务院或地方人民政府授权的同级人民政府国有资产监督管理机构履行出资人职责的有限责任公司。国有独资公司是针对中国特定国情而在《公司法》中特别设定的有限责任公司类型。与一般有限责任公司相比，国有独资公司及其内部治理结构表现出以下特点：首先，股东的唯一性，国有独资公司仅有一个股东，与两个以上股东组成的有限责任公司不同。其次，股东的特定性，根据《公司法》规定，国有独资公司的单一股东只能是国务院或地方人民政府授权的国有资产监督管理机构，该机构行使股东权利并履行出资人职责。再次，特定股东责任的有限性，国有独资公司虽然只有一个股东，但该股东并不因此承担无限责任，仍以其出资额为限对公司负责。最后，公司负责人的专任制，国有独资公司采取负责人专任制度，董事长、副董事长、董事及高级管理人员未经国有资产监督管理机构同意，依法不得在其他有限责任公司、股份有限公司或其他经济组织担任职务。

2. 股份有限公司

（1）股份有限公司，亦称股份公司，是指注册资本由等额股份构成，并通过发行股票募集资本的公司形式，股东以其认购的股份为限对公司承担责任，公司则以全部资产对公司债务负责的营利性法人实体。

股份有限公司与其他公司类型相较，具备以下特征：首先，股东责任的有限性，股份有限公司的股东对公司的责任仅限于其所认购的股份。其次，资本募集的公开性，股份有限公司可以通过发行股票的方式，向特定对象或不特定对象募集资本。再次，股东出资的股份化特性，股份有限公司的资本被均等划分为股份，每个股东持有的股份数额可以不同，但每股的金额必须相等。此外，公司股票的流通性，股份有限公司的股票可以作为交易的对象，原则上可以自由买卖，股票交易分为上市交易和柜台交易两种形式。最后，公司财产的独立性，股份有限公司股东的出资构成了公司的独立财产，形成了公司法人所有

---

① 郭富青：《中国公司法的功能再定位与价值导向矫正》，载《北京理工大学学报（社会科学版）》2022年第5期，第20页。

权，使股份有限公司成为最典型的法人组织形式。

（2）上市公司，是指其股票在证券交易所上市交易的股份有限公司。上市公司展现以下特点：第一，上市公司本质上仍属于股份有限公司的范畴。无论其股份是否在证券交易所上市，股份有限公司的法律定位不会发生改变。换言之，股份有限公司的股份一旦获得上市资格，该公司即成为上市公司；反之，若股份未上市，则该公司维持不上市公司的状态。第二，上市公司特指其股份在证券交易所进行交易的股份有限公司。尽管股份有限公司的股票具备流通性，可以通过场外交易或柜台交易方式流通，但仅有在证券交易所挂牌交易的股份有限公司才被界定为上市公司。因此，证券交易所的交易平台是上市公司股票流通的关键场所。第三，上市公司是指其股票经过国家相关审批机构允许上市的股份有限公司。股份有限公司欲转变为上市公司，必须符合一系列法定条件，并完成相应的审批流程。只有获得国务院或国务院授权的证券管理机构的批准，公司股票才能上市交易；未获批准，则不得上市。

第四节 公司的人格与能力

一、公司的人格

（一）公司人格的独立

1. 公司人格独立的含义

在公司法理论中，法人人格的独立性是基本的法理。在公司设立过程中，通过合法的设立行为和程序，方能获得法人资格。作为法人的典型代表，公司具备的特征包括团体性，即公司是由多个成员构成的集体组织，区别于个体自然人。

法人性，即公司拥有独立的民事权利能力和行为能力，能够独立享有民事权利、承担民事义务，并作为独立的民事主体参与法律关系。

公司之所以能够作为一个独立的人格存在，一方面是因为它能够独立承担法律责任，另一方面则是基于公司与其股东之间的人格分离。公司的独立人格建立在四个要素之上：独立的财产、独立的名称、独立的意思表示和独立的责任。其中，独立的财产是基础，独立的名称是外在表征，独立的意思表示是其内在动力，独立的责任则是商事活动的最终归宿。简而言之，独立的财产和责任构成了法人独立人格的两大支柱，而独立的责任是独立财产的具体体现。

公司人格的独立还体现在有限责任制的基础上，股东与公司的责任分离。有限责任意味着股东的责任以其出资额为限，公司则以其全部财产对债务承担责任。这种责任上的分离，是现代公司制度的核心，被誉为"传统的奠基石"。

公司法人人格的独立性，是市场经济活动中合格主体存在的前提，也是区分市场经济与计划经济的重要标志。在计划经济体制下，公司并无独立的主体资格，而在有计划的商品经济条件下，公司仅被视为相对独立的主体。① 这种认识与法人制度的精神相悖，已不

---

① 葛伟军：《刺破公司面纱规则的变迁与展望》，载《法治研究》2022年第5期，第101页。

再符合市场经济条件下现代企业制度的要求。因此，在过去的国有企业改革过程中，一直将公司人格独立作为改革的目标之一，以期通过确立企业法人和公司人格的独立性，来实现政企分离和所有权与经营权的分离。

2. 公司人格独立在我国国企改革中的意义

首先，公司人格的独立是实现政企分离的前提。为了实现政企分离，不仅需要承认公司具有独立的人格和财产，还要承认公司独立承担民事责任。《公司法》第三条明确规定了这一点，宣示公司是企业法人，拥有独立的法人财产，享有法人财产权，公司以其全部财产对公司的债务承担责任。这一规定体现了国企改革的成果，标志着国家与国有企业之间的财产责任关系的切割，国家不再为国有企业承担无限责任，公司一定程度上摆脱了政府的控制和依赖。

其次，公司人格的独立对完善我国的法人制度至关重要。公司作为典型的法人，其制度的发展和完善直接关联到法人制度的进步。承认公司人格独立即是确立了法人制度，健全了公司人格独立的法律制度，也是对法人制度的健全和完善。

再次，公司人格的独立能够鼓励股东投资。公司对资本的吸引力源于有限责任的概念，它有效地降低了投资风险，可以激发股东的投资积极性。

遗憾的是，在实践中，公司人格独立的问题仍存在着一些问题。企业或公司作为政府部门附属的现象依然存在，政府部门对企业经营活动的干预时有发生，国家与企业之间的财产关系问题，以及国有股的"一股独大"现象，都在不同程度上影响着公司人格的独立。由此可见，国有企业改革和法人制度建设仍然面临艰巨的任务。

(二)公司法人人格的否认

公司法人人格的否认概念包含两重含义：一是指国家对公司法人人格的彻底剥夺，即对公司法人人格的取缔；二是指在特定的法律关系中，基于特定原因，否认公司的独立法人人格，使股东对公司债务承担无限责任。这种否认并非永久性的剥夺，而是一种基于特定原因，并非普遍采用的法律制度。在公司法中，所谓的公司人格否认主要指的是后一种情形，这种情形又被形象地称为"揭穿法人面纱"或"刺穿法人面纱"。①

法人制度的实行需要承认法人人格的独立和股东责任的有限性。然而，实践表明，如果将公司人格独立和有限责任绝对化，可能导致对债权人的不公正，成为规避侵权责任的工具，为控制股东滥用公司人格创造机会。如果在任何情形下都坚持公司人格独立和股东责任有限，可能会导致债权人的权益难以实现，从而损害公平正义。② 例如，1984 年印度博帕尔市的美资联合碳化物公司事故，就是一个典型案例。③ 印度高等法院援引美国司

---

① 葛伟军：《刺破公司面纱规则的变迁与展望》，载《法治研究》2022 年第 5 期，第 101 页。

② 陈慧、马昊旸：《我国公司法人人格否认制度的价值取向与规则完善》，载《郑州航空工业管理学院学报(社会科学版)》2022 年第 6 期，第 22 页。

③ 博帕尔事件发生于 1984 年 12 月 3 日凌晨，印度中央邦的博帕尔市(Bhopal)美国联合碳化物(Union Carbide)属下的联合碳化物(印度)有限公司(UCIL)，设于博帕尔贫民区附近一所农药厂发生氰化物泄漏事件。官方公布瞬间死亡人数为 2259 人，当地政府确认和气体泄漏有关的死亡人数为 3787 人。还有大约 8000 人在接下来的两个星期中丧命，另外还有大约 8000 人因为气体泄漏而死亡。根据一份 2006 年的官方文件显示，这次泄漏共造成了 558125 人受伤，包括 38478 人暂时局部残疾以及大约 3900 人严重和永久残疾。

法实践中的"揭开公司面纱原则"，判决由美国的母公司对子公司的债务承担连带责任。这就是公司人格否认原则的具体运用，它与德国的"责任贯彻"理论、日本的"透视"理论以及大陆法系的"直索责任"理论异曲同工，都体现了法律对公司债权人的周全保护。

公司人格否认原则表明了法律的价值取向：法律应当肯定公司人格独立的价值，将维护公司独立人格作为一般原则；同时，法律也不能容忍股东滥用公司法人独立地位和股东有限责任，损害公司债权人的利益。因此，公司人格否认原则始终是也只能是对公司人格独立原则的有益而必要的补充。正是二者的功能互补，才使法人制度得以发展和完善，才能彰显法律的公平与正义。

在我国，滥用公司法人独立地位和股东有限责任损害债权人利益的情形也时有发生。由于1993年的《公司法》并未对此作出规定，导致法院对相关案件难以处理，但我国法学学者对公司人格否认原则进行了深入研究，并主张引进该制度。① 尽管在修订《公司法》时存在争议，但大多数专家学者和司法工作者认为应当规定公司人格否认制度。我国《公司法》第二十一条规定："公司股东应当遵守法律、行政法规和公司章程，依法行使股东权利，不得滥用股东权利损害公司或者其他股东的利益。公司股东滥用股东权利给公司或者其他股东造成损失的，应当承担赔偿责任。"第二十三条规定："公司股东滥用公司法人独立地位和股东有限责任，逃避债务，严重损害公司债权人利益的，应当对公司债务承担连带责任。股东利用其控制的两个以上公司实施前款规定行为的，各公司应当对任一公司的债务承担连带责任。只有一个股东的公司，股东不能证明公司财产独立于股东自己的财产的，应当对公司债务承担连带责任。"这两条规定原则上确立了"公司人格否认制度"。

公司人格否认原则的适用条件包括：公司必须合法有效成立；股东在客观上存在滥用公司法人人格和股东有限责任的行为；股东的滥用行为严重侵害了债权人的利益。这些条件强调了滥用行为与损害结果之间的因果关系，并且要求损害必须是"严重"的。②

公司法人人格独立与否认，不仅涉及我国现代企业制度建设的目标追求，也包含对债权人利益及交易安全的价值判断。只有通过联结考察和辩证分析，才能洞悉其中所包含的均衡与和谐思想。需要指出的是，无论公司人格否认原则如何重要，它始终只能是公司人格独立原则的补充。在司法实践中必须妥善处理二者的关系，审慎适用公司人格否认，否则将有否定法人制度之疑。

---

① 张民安：《试论公司法中的公司人格独立理论》，载《中山大学学报（社会科学版）》1996年第3期，第36页。

② 2019年9月11日，经最高人民法院审判委员会民事行政专业委员会第319次会议原则通过的《全国法院民商事审判工作会议纪要》（以下简称《九民会议纪要》）强调指出：在审判实践中，要准确把握《公司法》第20条第3款规定的精神。一是只有在股东实施了滥用公司法人独立地位及股东有限责任的行为，且该行为严重损害了公司债权人利益的情况下，才能适用。损害债权人利益，主要是指股东滥用权利使公司财产不足以清偿公司债权人的债权。

二、公司的能力

(一)公司的权利能力

1. 概念

公司的权利能力，是指作为法律主体的公司法人，享有与自然人相似的民事权利能力，即具备拥有民事权利和承担民事义务的资格。然而，由于公司法人与自然人本质上的区别，以及公司法的特别规定，公司的权利能力受到一定的限制，这些限制在法律规定及公司宗旨上有所体现，并由此衍生出公司权利能力与自然人权利能力的差异。

2. 公司权利能力在性质上的限制

尽管公司与自然人都享有民事权利能力，但由于两者在民事权利主体性质上的不同，公司作为组织实体，不可能具有以自然人自然属性为基础的权利，如生命权、健康权、肖像权、亲属权、自由权和隐私权等。除此之外，公司的权利能力并无其他性质上的限制。公司可拥有名称权、受遗赠权，并能作为其他公司的创始人，担任股东、董事、监事或清算人等。

3. 公司权利能力受法律规定的限制

法人与自然人一样，其权利能力需在法律所规定的范围内行使。特别是公司作为法人，不仅受到普通法律的约束，还受到公司法特别规定的限制。这些限制主要包括：

(1)转投资的限制。公司作为商事主体应有向其他公司或经济组织投资的权利，但为了维护公司正常经营及债权人利益，公司法对公司转投资设定了明确的限制。这些限制涉及投资对象和投资规模的限制。以前的《公司法》曾规定公司对其他公司投资的累计总额不得超过本公司净资产的50%，修订后的《公司法》转变了态度，规定公司可以向其他企业投资，但成为对所投资企业的债务承担连带责任的出资人除外。

(2)贷款的限制。公司资本是其经营和承担外部责任的基础和保障。将资金贷给他人，不仅违背股东的投资目的，也超出公司的经营范围，因此大多数国家的公司立法禁止此类行为。以前的《公司法》一度禁止公司资金贷给他人，《贷款通则》还规定企业之间不得违反国家规定办理借贷或者变相借贷融资业务。后经修订后的公司法规定，将公司资金贷给他人须经相应机构同意。

(3)担保的限制。我国1993年《公司法》规定，公司管理层不得以公司资产为公司股东或其他个人债务提供担保。后来考虑到担保是公司的自主权利，规定公司为股东或实际控制人提供担保，必须经过股东会或股东大会决议，且相关股东不得参与表决。向其他企业投资或者为他人提供担保，按照公司章程的规定，由董事会或股东会(股东大会)决议；公司章程对投资或者担保的总额及单项投资或者担保的数额有限额规定的，不得超过规定的限额。这一修订既保护了股东的投资，又尊重了公司的合法意思自治，增加了灵活性。

4. 设立中的公司和解散后的公司的权利能力

在公司法理论中，设立中的公司没有权利能力，其活动应符合合伙法律规定。解散后的公司，在清算过程中，权利能力仅限于清算活动，不得从事与清算无关的业务。

5. 公司权利能力受公司宗旨范围的影响

大陆法系和英美法系国家原则上曾认为公司权利能力应受其目的限制，但实践中对

"目的事业"的解释逐渐放宽,现在通过修订法律或司法判例已否定了这种限制。意即,公司章程规定的"目的"(经营范围)不再作为对权利能力的限制。例如,大陆法系国家如意大利、瑞士、土耳其和泰国的民法典明确规定,除专属于个人的权利外,法人的权利能力与个人相同,宗旨范围不构成限制。在英美法系国家,公司法曾确立"越权行为"原则,限制公司只能在章程规定的经营宗旨范围内活动。[①] 但随着经济发展,我国《公司法》也放弃了将经营范围视为公司权利能力和行为能力限制的观念。

(二)公司的行为能力

1. 概念

公司的行为能力,是指公司以自己的意志或行为独立地取得权利、承担义务的法律资格。

不同法律理论对公司行为能力的看法有所不同。法人拟制说认为法人是法律构造,无实体存在,因此否认法人具有行为能力,而法人实在说认为法人有其实体存在,因而肯定法人具有行为能力。《民法典》第五十七条规定法人是具有民事权利能力和民事行为能力,依法独立享有民事权利和承担民事义务的组织。因此作为法人的公司也具备民事行为能力。

2. 行为能力的表现

公司不同于自然人,无法亲自实施民事行为,其行为能力通过其机关实现。公司机关是公司的组成部分,以公司名义进行的民事法律行为即公司本身的行为。公司机关体现公司的团体意志,代表公司整体利益,因此产生的权利和义务由公司享有和承担。公司也可通过代理人进行民事活动。代理人根据公司委托,以公司名义与第三人进行民事法律行为,实现公司的民事行为能力。但代理人与公司机关不同,代理人与公司是两个独立主体,代理人的行为须有公司授权才能对公司产生效力,而公司机关以公司名义实施的民事行为自然对公司发生效力。

3. 公司的行为责任能力

公司的侵权行为能力也受法人本质理论的影响。法人实在说承认公司具有侵权行为能力,而法人拟制说则否认。《民法典》规定法人以其全部财产独立承担民事责任。《公司法》第十四章进一步明确公司的法律责任,因此公司具有侵权行为能力。公司侵权责任能力需满足以下条件:

(1)由公司代表机关或有权代表公司者实施的行为。公司代表机关的行为即公司本身的行为,公司须负责。其他有权代表公司者的行为,公司也须负责。非代表机关或不能代表公司的从业人员的侵权行为,不视为公司侵权。

(2)由公司机关成员在执行公司职务时实施的行为。公司机关成员以公司名义代表公司实施的民事行为属公司本身行为,公司须负责。但机关成员具有自然人和法人代表双重身份,只有在行使法律或章程规定职权或以公司名义经营时,行为才代表公司。反之,若机关成员以个人身份经营,其行为由个人负责。

[①] 李建华、许中缘:《法人越权行为原则的再认识》,载《法制与社会发展》2001年第2期,第51页。

（3）机关成员在执行职务时实施的侵权行为，需具备一般侵权行为要件。包括有损害事实、损害与加害行为间因果关系、无法阻却的加害行为、加害行为出于过错。公司因侵权行为致人损害，负赔偿责任。公司赔偿后，可根据情况要求侵权机关成员补偿。该补偿为公司内部责任，非民事责任。

【思考题】
1. 简述我国公司的种类。
2. 公司行为能力与自然人行为能力的异同。

第五章　公司资本制度

【教学目的和要求】通过学习理解对公司资本及其相关制度，能够掌握公司资本的概念、构成和功能，还要能够运用法学知识解决实际问题，如公司增资减资、股权转让等。

【重点和难点】公司资本的构成、资本三原则；出资。

第一节　公司资本的构成

一、公司资本概述

(一)公司资本的概念

公司资本，是指公司成立之初，根据公司章程所确认，由股东们投入并组成公司财产总额的特定资金。

与公司资本相对的是公司资金，这一概念涵盖了公司可自由支配的货币资产价值，包括股东的永久性投资、公司发行的债券、银行贷款等。值得注意的是，尽管公司可以使用通过发行债券和贷款所筹集的资金，但这些资金在本质上是公司的债务，并在资产负债表上体现为负债。唯有股东的投入才能被称为公司的自有资本。这一点揭示了一个事实：公司资金是一个比公司资本更为广泛的概念，而公司资本仅仅是构成公司资金的一部分。在全球范围内，各国的公司法律对于这两个概念都进行了严格的界定，并对公司资本进行了明确的定义。

例如，法国公司法就明确规定公司资本为全体股东所缴纳的股金总和。这种区分在公司成立的初期尤为关键，因为多数国家的公司法规定，公司的成立必须基于一定的资本，而非广义上的资金，更不允许借助贷款和公司债务来充当公司资本。

在我国，长期以来，法律文本中回避了"资本"这一概念，而是使用"注册资金"这一表述。如今这种现象已逐步得到纠正，在公司法律立法及其他相关立法中，注册资本的概念得到恢复，显示出了对这两个概念区分的认可。

(二)不同的公司资本制度

为了深刻理解公司资本的含义，还需要将其置于特定的公司资本制度背景下进行考量。经过长期的实践和发展，西方国家的公司法已经形成了三种相对独立的公司资本制度，分别是法定资本制、授权资本制和折中资本制。在这些不同的资本制度中，公司资本的具体定义和含义各不相同，因此，对公司资本的理解和分析必须在具体的资本制度框架下进行。此外，对于公司资本的认识还需要结合公司的具体类型进行分析。尽管所有类型的公司均需拥有一定的资本，但是在资合公司和人合公司中，资本的功能和构成存在差异。例如，资合公司更为重视资本的作用，而在无限公司中，股东可以使用信用、劳务等非货币形式的出资，这在股份有限公司的资本构成中则是不被允许的。

我国从颁布公司法到第二次修订，对公司资本制的最低注册资本、取消实缴资本制、代之以真正的认缴资本制，就分别反映了我国市场经济推进路程的不同阶段及其取得的阶段性成果，都属于具有里程碑式的重大意义的修法活动。[①]

(三)公司资本的作用

公司资本不仅是公司生存的"血液"，更是公司运营的物质基础和公司债务的总担保。资本对于公司而言，犹如血液对于生命体一样不可或缺，没有资本的公司无法成立和持续存在。同时，由于资合公司的股东仅承担有限责任，公司资本因而成为债务担保的极限。当公司的财产不足以清偿其债务时，超出部分的债务便无法得到偿还。为了保护债权人的利益和确保交易的安全，法律要求公司确定并维持一定数额的资本，并将其公开，以便让公司的交易对手了解公司的资本状况，从而做出合理的交易决策。鉴于公司资本的重大意义，各国公司法都将其作为核心内容进行了具体规定，形成了各具特色的公司资本制度。

公司资本货币化在章程中是必要的，它表现为特定的货币数额。然而，就其实质内容而言，并非限于货币或现金形式，不同类型公司的资本构成也存在差异。根据我国公司法制度，有限责任公司和股份有限公司的资本可以由现金、实物、知识产权、土地使用权、股权、债权等多种形式构成。

二、现金

现金(cash)，是指各主权国家法律确定的，在一定范围内立即可以投入流通的交换媒介。

现金具有普遍的可接受性，可以有效地立即用来购买商品、货物、劳务或偿还债务。它是企业中流通性最强的资产，可由企业任意支配使用。

在资产负债表中，现金并入货币资金，列作流动资产，但具有专门用途的现金只能作为基金或投资项目列为非流动资产。现金作为资本的基本构成部分，是商品交易的一般等价物，对于所有类型的公司而言都是不可或缺的。公司要开展交易活动，不可避免地需要现金。现金出资的价值量确定无误，且不需重新作价，使用上也不受限制。

为确保公司资本中包含足够的现金以满足经营需求，多个国家的公司法，尤其是大陆法系国家，对现金在公司资本中的比重作出了明确规定。例如，法国要求股份有限公司的现金出资不低于总资本的25%，德国、意大利和瑞士、卢森堡也有类似规定。限定现金出资比例是有必要的，但如果比例设定过高，则可能增加公司设立的难度，造成资金积压或沉淀。因此，对现金出资额度的限制，原则上应以能否满足公司经营启动为标准。

[①] 刘凯湘:《红丝资本制度的创新与不足》，载《上海政法学院学报(法治论坛)》2024年第2期，第12页。

我国的《公司法》曾规定，股东的货币出资总额不得低于有限责任公司注册资本的30%。股东的现金出资是公司注册资本的一部分，必须真实缴纳，且不得撤回。否则，将被视为抽逃资本，这不仅构成欺诈，也威胁到交易安全，应受到处罚。若抽逃资本数额巨大、后果严重，可能导致公司解体，还需依据《刑法》追究刑事责任。

后来随着法律修订，并配合资本认缴制度的实施，货币出资比例的规定已被取消，改为股东应当按期足额缴纳公司章程中规定的各自所认缴的出资额。以货币出资的，应当将货币出资足额存入有限责任公司在银行开设的账户。否则，除应当向公司足额缴纳外，还应当向已按期足额缴纳出资的股东承担违约责任。公司资本中的现金，一旦公司成立，即可作为营业资本，用于公司的生产经营活动。

三、实物

实物，是指存在于客观社会现实中能让人们看得见、摸得着的客观存在物品。

以实物出资，亦称为有形资产出资，主要包括建筑物、厂房、机器设备等。尽管现金出资具有多种优点，但由于各种原因，股东或发起人并非总能以现金作为出资。实际上，某些有形资产对公司运营是必不可少的。如果股东全数以现金出资，还需要额外购置公司运营所需的有形资产，这无疑会增加公司设立的成本。因此，当公司发起人或股东能够提供公司所需的有形资产时，各国公司法均允许以有形资产作为投资或股份的对价，我国公司法亦有相应规定。

然而，不是所有有形的资产都可以用作出资。股东的实物出资应是公司生产经营所需的建筑物、设备等物资，这是实物用作出资的前提条件。股东须对出资的实物资产拥有所有权，并提供有效的权利证明材料。任何人不得以租赁物或他人财产作为出资，也不得以设立了担保的实物作为出资。对于以实物出资的情况，各国公司法都规定必须一次付清，并办理好移转手续。我国规定，以实物出资的，应依法办理财产权转移手续。各国公司实践中，有形资产出资所面临的共同难题是作价困难，尤其是其在使用中存在磨损、消耗，以及受到市场价格等因素的变化，使得确定其价值变得更加困难。这就需要权威的评估机构和科学的计算方法。国外在此方面有许多经验可供借鉴，中国的国有资产管理部门也积累了丰富的经验，确立了收益现值法、重置资本法、现行市价法、清算价格法等资产评估方法。实践证明，这些作价方法是有效的。由于实物评估作价直接关系到其他投资者的利益，因此不得出现未估价、高估、低估作价等。否则，该资产难以成为发起人对公司的出资或需要承担法律责任。

四、知识产权

知识产权，是指由人的智力活动所创造的智力成果而依法获得法律专有性保护的权利。

知识产权通常包括专利权、商标权、著作权、商业秘密、商誉等。

专利权，是根据专利法的规定，由国家专利机关授予发明人、设计人或其所属单位，在一定期限内对某项发明创造享有的专有权。在我国，取得专利权的主体包括专利权的所有人和持有人，他们可以是公民、法人、非职务发明人本人、职务发明人的工作单位或雇主，以及合法受让人。其有权将所拥有或持有的专利权作为出资，并以此换取公司股份。

商标权，是民事主体享有的在特定的商品或服务上以区分来源为目的排他性使用特定标志的权利。商标不仅标识商品，还承载了商品质量的保证。商标权人可以将其所拥有或持有的商标权折价作为出资。

著作权，是指自然人、法人或者其他组织对文学、艺术和科学作品享有的财产权利和人身权利。著作权人可以将其所拥有著作权的全部或一部分经评估作价后出资。

商业秘密，是指不为公众所知悉，具有商业价值，并经权利人采取相应保密措施的技术信息、经营信息等商业信息。商业秘密的法律特征包括秘密性、商业价值性和保密性。随着人们对商业秘密认识的深入，其在公司中的价值和数量日益提升。一般来说，专利数量越多的公司，商业秘密的数量也会越多。商业秘密的价值现得到普遍认可，被广泛用于公司出资。

商誉，是企业在特定行业中所拥有的良好品质而获得之赞誉。它与企业的声誉、客户关系和经营环境密切相关。商誉是企业的一种资产，是长期良好经营和管理的结果。享有商誉的企业通常是经营有方的老字号，其价值是多种因素长期综合作用的结果。商誉本身具有巨大的财产价值。

五、土地使用权

土地使用权，是指非土地所有人依法对土地进行利用和取得收益的权利。

在中国，土地归国家所有或集体所有，非土地所有人可通过出让或转让方式取得土地使用权。设立公司时，涉及国有土地使用权的，必须作价入股。土地使用权的价值由相关政府土地管理部门评估，并经政府审核批准后，作为核定的土地资产金额。土地使用权作价入股后，由公司享有，原土地使用权人则持有相等价值的股份。

六、股权

股权，是指公司的股东对公司享有的人身和财产权益的一种综合性权利。

股权出资，是指股东将其持有的其他公司的股份或股权，作为投资本公司的资本的一部分。这种出资方式属于非货币出资的一种形式，股东通过转让其在其他企业中所拥有的股权，来满足其对公司出资的义务。

在以股权出资时，股权的价值需要通过依法设定的评估程序来确定。股权的估价应当反映其真实的市场价值，以确保公司的资本真实性和公司其他股东的利益不受损害。此外，股权出资必须符合法律规定，股权本身得是可依法转让的，且不属于法律、行政法规规定不得作为出资的财产范畴。

以股权出资具有一定的优势，它可以实现资产的优化配置，促进公司之间的资源整合和业务协同。然而，这种出资方式也存在一定的风险，如估值过程中可能存在违规操作，股权所在公司的业绩不稳定可能影响股权价值等。对此需要确保合法、合规和具备透明度的前提下进行。

对无形资产的评估作价是复杂的。对无形资产的价值评估，一般分为以下情况：外购的无形资产，根据购入成本和资产的盈利能力评估价值；自创或自有的无形资产，根据形成时的实际成本和资产的盈利能力评估价值；自创或自有未单独计算成本的无形资产，根据资产的盈利能力评估价值。尽管如此，由于无形资产的盈利能力难以预测，其价值的确定仍是一项复杂的工作。

为确保现金和有形资产出资在公司注册资本中的比例，1993年的《公司法》曾规定，以工业产权、非专利技术作价出资的金额不得超过公司注册资本的20%。这一规定，自《公司法》实施之初就存在不同看法，有观点认为这些无形资产往往是公司技术创新和市场竞争力的核心，对公司的长远发展至关重要。限制这类出资方式，可能会削弱企业利用先进技术和创新成果转化为经济效益的能力，进而影响公司的竞争力和整个国家创新体系的健康发展。2023年修订的《公司法》取消了此项规定。此外，一些大陆法系国家的公司法还允许无限责任股东以信用和劳务作为出资。所谓信用出资，是指股东将个人信用供公司使用，并以此作为出资；劳务出资则是指股东以精神和身体劳务抵充出资。值得注意的是，信用不同于商誉，劳务也不同于专有技术。信用是一种极其抽象和不稳定的资产，它受到股东个人行为和外部环境的影响很大。如果股东的个人信用受损，例如因为违约、欺诈或其他负面行为，公司的信誉也会随之受损，进而影响公司的业务和财务状况。此外，信用的价值难以量化，给公司的估值带来不确定性，也为公司的其他债权人设定了隐性风险。劳务出资也存在一定的风险。劳务出资指的是股东以其提供的精神和身体劳务来满足出资义务。这种出资方式的风险在于，劳务的价值难以准确评估，且劳务的提供可能会随着时间的推移而发生变化，比如股东的健康状况或者工作能力的改变都可能影响到其劳务的价值。此外，劳务出资不同于一般的资产出资，一旦股东无法继续提供约定的劳务，公司可能难以找到替代人力资源，可能会影响公司的正常运营。

对此，公司法采取了列举与概括并列的方式，进一步明确了股东的出资范围。《公司法》第四十八条规定："股东可以用货币出资，也可以用实物、知识产权、土地使用权、股权、债权等可以用货币估价并可以依法转让的非货币财产作价出资；但是，法律、行政法规规定不得作为出资的财产除外。"由此可见，只要是法律允许的、依法可以转让的并可以用货币估价的非货币财产，都可以作为股东的出资。这不仅扩大了股东出资的范围，也明确了股东出资范围的界限，便于实际操作，同时可减少因出资范围引起的纠纷。

第二节 公司资本的原则与制度类型

一、公司资本的原则

为确保债权保护和交易安全，大陆法系国家的公司法体系普遍承认公司资本的三项基本原则，包括资本确定原则、资本维持原则和资本不变原则，统称为"资本三原则"。这些原则具有普遍的适用性，有限责任公司和股份有限公司资本制度也均需要遵循。

（一）资本确定原则

资本确定原则要求公司在成立之初就必须在其章程中对资本总额作出确切规定，并且需得到所有股东的全额认缴，否则公司无法成立。该原则在大陆法系国家的公司法中有两层含义：第一，公司资本总额必须明确记载于公司章程中，形成一个具体而确定的数额；第二，公司章程中规定的资本总额在公司成立时必须得到全体股东的认缴。明确的资本总额不仅是公司财务能力的直接体现，也是确定股东责任范围的依据。尽管无限公司股东的责任范围不以其认缴的资本额为限，但明确的资本数额对于无限责任股东明确各自负担的债务数额或比例至关重要。从各国公司法都将注册资本视为章程必备事项的角度出发，资本确定原则可以被视为一项普遍的公司资本原则。该原则能够确保公司资本的真实性和可靠性，防止在公司设立过程中出现的欺诈和投机行为。

(二)资本维持原则

资本维持原则，也称为资本充实原则，指的是公司在其生存期间，应当始终保持与资本额相匹配的财产水平。公司资本不仅是其生存和经营的物质基础，也是对债权人的总体担保。公司运营过程中，因盈亏和财产的无形损耗，实际财产价值可能高于或低于公司资本，使得公司资本实际上变得不稳定。当公司财产价值高于资本时，偿债能力随之增强；但当实际财产价值低于资本时，公司就无法依据资本数额承担财产责任。

资本维持原则，发端于 19 世纪 80 年代法定资本制时代，股东出资一旦投入公司，经过资本公示程序，即构成对债权人的"信托财产"，充当债权人保护的"缓冲地带"。公司应当确保其资产不低于公示的公司资本额，以保证公司资本名实相符。基于此，传统公司法理论奉行"绝对资本维持观"，侧重于以公司资本为中心定义资本维持原则，即资本维持原则指"公司存续过程中必须保持与抽象的公司资本额相当的公司现实资产""公司必须维持相当于资本金、准备金金额的财产""公司资产与资本额应保持一定的相关关系"。①

为避免公司资本减少损害债权人利益，同时也为了避免股东对利润分配的过高要求，确保公司业务活动的正常进行，各国公司法都认可了资本维持原则。在我国公司法中，资本维持原则体现为以下几项具体规定：

1. 禁止抽逃出资

为确保公司资本的真实性和可靠性，我国《公司法》第五十三条第一款规定公司成立后股东不得抽逃出资；第二款和第二百五十三条规定了抽逃出资的民事责任；《刑法》第一百五十九条对此类犯罪行为规定了抽逃出资的刑事责任。

2. 亏损须先予以弥补

根据《公司法》第二百一十条的规定，公司在分配当年税后利润时，应当先提取利润的 10% 列入法定公积金，若法定公积金不足以弥补前年度亏损，则应先用当年利润弥补亏损。

3. 股票发行价格不得低于面值

股票是股份有限公司股份的具体表现，是公司资本的组成部分。《公司法》第一百四十八条规定面额股股票发行价格可以等于或高于票面金额，但不得低于票面金额。

---

① 吴飞飞：《资本维持原则的当下意蕴及其对偿债能力测试的借鉴》，载《政法论坛》2023 年第 4 期，第 148 页。

4. 公司不得收购本公司股票

《公司法》第一百六十二条规定公司不得收购本公司股票，除非存在减少公司注册资本；与持有本公司股份的其他公司合并；将股份用于员工持股计划或者股权激励；股东因对股东会作出的公司合并、分立决议持异议，要求公司收购其股份；将股份用于转换公司发行的可转换为股票的公司债券；上市公司为维护公司价值及股东权益所必需等特定情形。公司法还规定了收购股份后在一定期限内注销或转让的要求。

5. 有限责任公司股东对承担连带责任

《公司法》第五十条规定，若发现股东未按照公司章程规定实际缴纳出资，或者实际出资的非货币财产的实际价额显著低于所认缴的出资额的，应由设立时的其他股东与该股东在出资不足的范围内承担连带责任。

(三)资本不变原则

资本不变原则指出公司资本一旦确定，便不得随意改变。若需增加或减少资本，必须遵循法定程序。资本不变原则并不意味着资本绝对不得改变，实际上在公司运营过程中，由于经营规模变化、经营宗旨改变、股东人数增减等原因，公司资本可能会增加或减少。增资或减资虽然是法律所允许的，但必须遵循非随意性质，确保公司资本的稳定性。资本不变原则与资本维持原则的立法意图基本一致，都旨在防止公司资本总额减少导致公司责任能力缩小，从而加强对债权人利益和交易安全的保护。两者之间有密切联系，资本不变原则是资本维持原则内容的延伸和细化。如果没有资本不变原则的限制，资本维持原则便失去其基础；如果公司可随意增减资本，则资本维持原则也失去实际意义。资本维持原则维持的是公司资本的实质，而资本不变原则维持的是公司资本的形式。

公司资本的三原则是大陆法系国家公司资本制度的核心，主要目的是保护债权人的利益、交易的安全和公司自身的正常发展。尽管随着经济关系和经营方式的变化，公司资本制度不断发展，但资本三原则仍为多数大陆法系国家公司法所承认，并对英美法系国家的公司资本制度产生了显著影响。

二、公司资本制度类型

在长期的发展和实践过程中，西方国家的公司法逐渐形成了三种主要的公司资本制度模式，分别是法定资本制、授权资本制以及折中资本制。

(一)法定资本制

法定资本制，亦称为确定资本制，要求公司在成立之初便在其章程中明确规定公司资本的总额，并且这一总额需要由股东全数认缴，否则公司无法成立。在这种制度下，公司的资本总额是在章程中明确载明并已全部发行的资本，因此，当公司需要增加资本时，必须通过股东大会决议，对章程关于资本数额的条款进行修改，并完成相关的变更登记流程。法定资本制最早由法国和德国公司法创立，并被许多大陆法系国家采纳，成为一种典型的资本制度模式。

(二)授权资本制

授权资本制则在公司设立时规定资本总额需记载于章程中，但并不强制要求发起人全数认缴，仅需确认并缴纳一部分资本总额，公司即可成立。剩余未认定的资本部分，授予董事会根据需要随时发行新股进行募集。由于未认定的资本位于章程记载的资本总额范围内，因此在募集新资本时不需修改章程，也无须执行增资程序。境外，无论大陆法系还是英美法系，授权资本制已得到广泛应用。授权资本制引入后，公司可根据实际情况进行制度选择，并根据制度特点相应调整公司章程以及灵活使用股权激励工具。[①] 这种由英美公司法创立的授权资本制增加了公司资本内容的复杂性，并表现出四种不同的具体形态：

第一种，注册资本，也称为名义资本或核定资本，是指公司根据章程规定有权募集的全部资本。注册资本并不要求发起人或股东全数认缴，它代表的是公司预期的发展规模和政府允许的发行资本上限。因此，授权资本制下的注册资本概念虽与法定资本制相同，但其含义却有本质区别，不应混淆。

第二种，发行资本，是指的是公司已经招募并由股东认购的股本总数。发行资本是股东同意认购的股金总额，但并非股东实际缴纳的资本。在法定资本制的国家中，通常允许股东分期缴纳出资，因此授权资本制下的发行资本基本等同于法定资本制下允许分期缴纳的注册资本。

第三种，实缴资本，也称为实收资本，是指公司通过催缴分派已经收到的来自股东的现金或其他出资的总额。

第四种，储备资本，是指在正常营业范围内始终不得催缴的发行资本保留部分。储备资本只有在公司歇业时，才能根据股东会的特别决议进行催缴，因此也被称为"储备债权"。

法定资本制与授权资本制各有优劣，二者从不同角度考量利弊并存。法定资本制，作为大陆法系国家普遍采用的模式，因其强调公司资本的确定性、稳定性和持续性，以及在公司成立时要求全部注册资本落实到位，具有确保公司资本真实性和可靠性、防止成立过程中的欺诈和投机行为、有效保障债权和交易安全等优点。然而，法定资本制在公司成立后增资时的繁琐程序，如股东会决议、章程变更、登记变更等，也带来了不便。

授权资本制，因其不强制要求发起人全数认缴注册资本，甚至允许仅认定注册资本总额中的一小部分即可成立公司，具有便于公司快速成立的优势。尤其是在增资时，公司可以随时发行新股进行募集，无须变更章程或履行变更登记程序，适应了市场经济对公司决策迅速、高效的要求。但是，授权资本制下公司的实收资本可能非常少，注册资本的实际投资额未能落实到位，资本内容复杂，容易被欺诈行为利用，减弱了对债权人利益的保护。此外，将发行新股的权利完全赋予董事会，对股东权益的保护也不够周全。

两种资本制度的优劣取舍，最终取决于立法者的意图和两大法系不同的司法制度。法定资本制重在保护公司债权人和社会交易安全，体现了社会本位的立法思想；而授权资本制侧重于为投资者和公司提供便利，更多反映了个人本位的立法原则。这些立法指导思想的差异导致了两种资本制度的若干区别。在司法制度方面，采用法定资本制的大陆法系国家，法官的角色是适用既定的成文法律，因此公司法律制度追求严密，公司资本力求确定，以预防潜在问题，确保公司依法运作，避免资本不实对社会经济秩序造成混乱。相对地，在授权资本制的国家，法官在司法判决中具有创设法律的能力，成文法中的漏洞主要

[①] 朱凯超：《〈公司法〉修订中"授权资本制"的应对策略》，载《法制博览》2023 年第 33 期，第 73 页。

通过判例法来弥补。例如，英美司法判例中确认的"公司人格否认原则""公司资本充实原则"等，均是对授权资本制的补充和完善。因此，授权资本制可能引发的问题，在英美法系国家可以通过其独特的司法制度得到解决，至少不会成为社会的"公害"。这一特点正是大陆法系国家所缺乏的，也是某些大陆法系国家效仿英美法却难以取得成效的重要原因之一。

2013 年对《公司法》的修订，明确了授权资本制下的认缴制，但仍然存在一些问题。于是有学者对授权资本制下认缴制的去与留展开了研究。①

（三）折中资本制

正因为法定资本制和授权资本制各有千秋，一些国家在权衡利弊后，选择了折中资本制，也称为认可资本制，这是一种位于法定资本制和授权资本制之间的新型公司资本制度，融合了两者的优点。尽管在不同国家的公司法中，折中资本制的表现形式和具体内容有所差异，但在公司资本的立法技术处理上，主要采取以下几种做法：（1）对公司资本含义进行特别限定。例如，日本在 1950 年修正商法后，虽采用授权资本制，但不将授权股份数称为资本，而是特别规定公司资本指的是已发行面额股份的股款总额及已发行无面额股份的发行价格总额，实质上将公司资本限定为发行资本，而非注册资本，避免了实行纯粹授权资本制可能引起的误解。（2）对授权发行的期限设限。在公司设立时，虽不必将全部资本认足，可以授权董事会随时发行，但这种发行权限需要在一定期限内行使，并且首期发行数额不得少于资本总额的一定比例，如法国规定的 1/2 或日本的 3/4。（3）对授权发行的资本进行特别限定。

> 例如，卢森堡公司法规定，在公司成立时，必须发行全部资本。但在公司成立后增资时，允许存在已授权而未发行的资本，实际上是在公司设立和成立的两个阶段分别采取了两种不同的资本制度，避免了纯粹法定资本制或授权资本制可能带来的弊端。

有的国家在基本实行法定资本制的基础上，也有条件地接受授权资本制。如奥地利公司法规定，公司资本（包括增资）必须全部认购和发行，但在特殊情况下可例外，即附条件增资和授权增资时，允许采取授权资本制。

经过我国多年的公司资本制度实践，1993 年《公司法》规定的资本制度已经不太符合市场经济快速发展的要求，也不太适应现代公司制度的发展，因此需要及时对原有的公司资本制度进行必要的修正。2005 年《公司法》修订了我国的公司资本制度，根据第二十六条和第八十一条的具体规定，可以确认修订后的《公司法》采用的是法定资本制。为了进一步促进中小投资者的创业热情，并充分发挥公司组织在经济活动中的积极作用，我国于2013 年对《公司法》实施了第四次修订。在这次修订中，对资本制度作出的关键调整为：第一，对于非通过募集方式成立的股份有限公司以及 27 种特定的金融机构，这些机构仍然需要遵循注册资本实缴制度。而对于其他类型的公司，注册资本的登记方式由原来的实缴登记制改为了认缴登记制，这一改变旨在简化公司设立的手续。第二，除非有法律、行

---

① 冯果：《论授权之本质下认缴制的去与留》，载《政法论坛》2022 年第 6 期，第 94 页。

政法规或国务院的特别规定对注册资本的最低限额作出约束，否则取消了对其他公司注册资本最低限额的要求，这一措施进一步降低了进入市场的门槛，便利了企业的设立。第三，改革了公司监管体制，减少了对企业自治权的不必要干预。具体而言，公司实收资本不再是工商登记的必备事项，且公司在登记过程中无须提交验资报告，这有助于简化公司成立和运营的程序。第四，建立了市场主体信用信息的公示系统，并完善了信用约束机制。这些措施加强了公司的自我约束和内部管理，同时增强了对市场主体经营行为的监督，旨在确保交易的安全性和市场的公正性。

第三节　出资与转让

一、出资

（一）股东出资的方式

1. 有限责任公司股东出资的多元制度

世界范围内，各国及地区对于有限责任公司股东出资的方式在立法上主要采纳了三种不同的制度。

（1）出资平等主义，该原则也被称作复数主义，其核心在于规定有限责任公司的股东对每一份出资额度应保持一致，股东既可以选择认购单份，也可以认购多份。以日本和法国为例，其公司法均接纳了出资平等主义的原则，如日本有限公司法规定，每份出资的金额应当统一，且不得低于 1000 日元的标准。虽然从形式上看，此种出资方式与股份有限公司的股份类似，但在实质上存在显著差异，例如，表征该出资方式的权利证书为股单，而非股票，且股单不得流通。因此，即便在此情况下，也不能将其与股份有限公司的股份混为一谈，有限责任公司与股份有限公司的区别仍然不可消除。

（2）出资不平等主义，又名单一出资制，该制度下，股东仅可认购单一份出资，但各股东认购的出资额度可以不同。在中国大陆的中外合资企业中，常采取此种单一出资制。我国台湾地区的实践亦相同。此方式的优势在于，股东的出资额度可以根据公司资本需求而灵活调整，方便高效；其劣势则体现在股东行使表决权时的计算较为复杂。

（3）基本出资制，该制度是出资平等主义与出资不平等主义的结合体，规定每位股东只能认购一份出资，且每份出资的金额可以不同，但必须是基本出资额的整数倍。

如《德国有限责任公司法》第五条规定："公司创立时，每位股东只能认购一份出资，每份出资的金额可以不同，但必须是 100 德国马克的整数倍。"此方式既能避免出资平等主义在出资方式上与股份有限公司混淆的问题，也有助于解决出资不平等主义在计算股东表决权时所面临的难题，为我国在确定有限责任公司股东出资方式时提供了可资借鉴的选择。

2. 股份有限公司股东出资的普遍规则

对于股份有限公司股东的出资方式，国际上的立法趋于一致，普遍认可将资本划分为股份，股份汇集构成资本总额。股份作为资本构成的最小单元，不可再分割；股份的外在表现形式为股票，具备流通性。在大陆法系国家，通常由法律明确股份的最低额度，例如德国规定的最低额度为 50 马克，法国为 100 法郎，日本为 50 日元。而一些国家对股份的最低额度没有限制，允许发行股票的公司自主决定。在我国，目前对股份的最低额度也没有限制。综上所述，实际操作中各公司做法不尽相同。

（二）股东出资的缴纳义务

出资是股东最基本的义务，无论是何种类型的公司，股东均必须履行出资义务。在有限责任公司中，资本总额应由所有股东全额认缴，并且出资应以实际财产为限，不得以信用或劳务形式出资。至于出资是否需要一次性缴清，不同国家的立法有所差异。

例如，日本、法国等国家规定有限责任公司的资本总额应由各股东一次性全额缴纳，不得分期缴纳；而德国等国家则允许分期缴纳，但附加了限制性规定，如《德国有限责任公司法》第七条规定，公司成立前，股款缴纳不得少于 1/4；若存在非货币财产出资，则现金出资加上非货币财产出资的总额至少应达到 2.5 万德国马克；若公司仅由一人设立，且现金出资未全部缴清，还需提供相应的担保。对于股份有限公司股东的出资，无论是实行法定资本制还是授权资本制，多数情况下均允许分期缴纳。

在我国，过往的《公司法》实施了严格的资本制度，强调注册资本的足额性和真实性，因此不允许股东分期缴纳出资。有限责任公司的注册资本为公司登记机关登记的全体股东实缴的出资额，股份有限公司的注册资本为公司登记机关登记的实收股本总额。现行《公司法》采纳了法定资本制，允许股东分期缴纳出资，《公司法》第四十七条规定："有限责任公司的注册资本为在公司登记机关登记的全体股东认缴的出资额。全体股东认缴的出资额由股东按照公司章程的规定自公司成立之日起五年内缴足。法律、行政法规以及国务院决定对有限责任公司注册资本实缴、注册资本最低限额、股东出资期限另有规定的，从其规定。"

（三）有限责任公司股东违反出资义务的民事责任

根据我国《公司法》第四十九条第一、二款的规定："股东应当按期足额缴纳公司章程规定的各自所认缴的出资额。股东以货币出资的，应当将货币出资足额存入有限责任公司在银行开设的账户；以非货币财产出资的，应当依法办理其财产权的转移手续。"这是公司法对有限责任公司股东履行出资义务的明确要求。股东如未能遵守出资义务，将依法承担以下责任：

《公司法》第四十九条第三款规定，股东未按期足额缴纳出资的，除应当向公司足额缴纳外，还应当对给公司造成的损失承担赔偿责任。

《公司法》第五十条规定，有限责任公司设立时，股东未按照公司章程规定实际缴纳出资，或者实际出资的非货币财产的实际价额显著低于所认缴的出资额的，设立时的其他股东与该股东在出资不足的范围内承担连带责任。

（四）虚报注册资本、虚假出资和抽逃出资的行政与刑事责任

为确保注册资本的真实性和可靠性，我国公司法和刑法均对"虚报注册资本""虚假出资""抽逃出资"等行为作出了禁止性规定。

1. 虚报注册资本

所谓"虚报注册资本"，指的是在申请公司登记时，通过使用虚假证明文件或其他欺诈手段夸大注册资本数额，以此欺骗公司登记主管机关，获得公司登记的行为。虚报注册资本的具体表现为，实际并无相应资本却谎称其存在，或者申报注册的资本数额超过实际拥有的资本数额。《公司法》第二百五十条规定，对虚报注册资本的公司，处以虚报注册资本金额 5% 以上 15% 以下的罚款；对提交虚假证明文件或采取其他欺诈手段隐瞒重要事实的公司，处 5 万元以上 200 万元以下的罚款；情节严重的，可撤销公司登记或吊销营业执照；对直接负责的主管人员和其他直接责任人员处以 3 万元以上 30 万元以下的罚款。《刑法》第一百五十八条规定，虚报注册资本数额巨大、后果严重或有其他严重情节的，处 3 年以下有期徒刑或拘役，并处或单处虚报注册资本金额 1% 以上 5% 以下的罚金。单位犯罪的，对单位判处罚金，并对其直接负责的主管人员和其他直接责任人员，处三年以下有期徒刑或者拘役。

2. 虚假出资和抽逃出资

"虚假出资"是指公司发起人、股东违反公司法规定，未实际交付货币、实物或未转移财产权便取得股份或出资证明的行为。虚假出资不同于未交股款，前者是无偿取得股份，性质为欺诈；后者既未交股款，也未取得股份，性质属违约。而"抽逃出资"则是指公司发起人、股东在公司成立后，将已出资的财产从公司中转移出去，而继续持有公司股份的行为。抽逃出资的典型情形是股东秘密从公司转移与其出资额相当的财产，同时保留股权。《公司法》第二百五十二条规定，公司的发起人、股东虚假出资，未交付或者未按期交付作为出资的货币或者非货币财产的，由公司登记机关责令改正，可以处以 5 万元以上 20 万元以下的罚款；情节严重的，处以虚假出资或者未出资金额 5% 以上 15% 以下的罚款；对直接负责的主管人员和其他直接责任人员处以 1 万元以上 10 万元以下的罚款。第二百五十三条规定，公司的发起人、股东在公司成立后，抽逃其出资的，由公司登记机关责令改正，处以所抽逃出资金额 5% 以上 15% 以下的罚款；对直接负责的主管人员和其他直接责任人员处以 3 万元以上 30 万元以下的罚款。刑法也对这些行为作出制裁，《刑法》第一百五十九条规定，对虚假出资或抽逃出资数额巨大、后果严重或有其他严重情节的，处 5 年以下有期徒刑，并处或单处虚假出资金额或抽逃出资金额 2% 以上 10% 以下的罚金。单位犯罪的，对单位判处罚金，并对其直接负责的主管人员和其他直接责任人员，处以相应的有期徒刑或拘役。

(五)出资加速到期

2023 年修订的《公司法》第四十九条规定，股东应当按期足额缴纳公司章程规定的各自所认缴的出资额。第五十四条规定，公司不能清偿到期债务的，公司或者已到期债权的债权人有权要求已认缴出资但未届出资期限的股东提前缴纳出资。该规定在公司法层面直接赋予公司和公司债权人主张未届期限的股东加速履行出资的请求权。[①]

二、转让

(一)有限责任公司出资转让

在有限责任公司，股东对其所投入公司的股权进行转让的行为，须遵循一定程序与

---

① 沈子程、董安妍：《股东出资加速到期的冲突化解与制度完善》，载《北京政法职业学院学报》2024 年第 1 期，第 67 页。

规范。

第一，股东间的股权转让可以自由进行，这在全球各公司法制度中均有得到认可。该转让行为通常不触及对股东的信用问题，但可能会引发关于公司控制权的争议。

第二，股东向非股东转让股权时，根据规定必须取得其他股东过半数的同意。具体而言，拟转让股权的股东应当以书面形式通知其他股东，并征求其同意。若其他股东在接到通知之日起30日内未予以答复，则默认为同意转让。在其他股东过半数不同意转让的情况下，为确保股东的出资自由流通，不同意的股东应购买所涉及的股权。如果他们既不同意转让，又不购买，则依法被视为对转让的默认同意。

股权经过股东同意转让后，其他股东在相同条件下享有优先购买权。在判定条件是否相同时，需综合考量股权转让的价格、支付方式、支付期限等多个要素。若多名股东均主张行使优先购买权，则应通过协商确定各自的购买比例，如协商不成，应依照各自在转让时的出资比例行使优先购买权。

股权转让的本质是私权的处置，应当遵循意思自治原则。如果公司章程对股权转让有特别规定，从其规定。除了基于股东自愿的情形外，股权转让还可能因法院的强制执行程序而发生。在此情形下，根据2023年《公司法》的规定，删除有限责任公司股权对外转让"同意权"规则，仅保留股东优先购买权模式下的限制规则无法承载"同意权"所承担的制度功能。但也有观点认为，股权转让具有契约性和组织性双重属性，"同意权"规则能够满足股权转让组织性的要求，也能兼顾股权转让的契约自由主张，具有体系性的制度优势，因而应当予以保留。[①]

股权转让完成后，公司应注销原股东的出资证明书，向新股东发放新的出资证明书，并在公司章程和股东名册中相应修改股东及其出资额的记录。对于公司章程的这类修改，不再需要股东会的表决。

在特定情况下，反对股东会某些决议的股东可以要求公司以合理价格收购其股权。这些情况包括：公司连续五年盈利并符合分配条件却不分配利润；公司发生合并、分立、转让主要财产；公司章程规定的营业期限届满或其他解散事由出现，且股东会决议修改章程以维持公司存续。即便如此，如果股东在股东会决议通过后60日内未能与公司达成收购协议，股东依然有权在决议通过后90日内向人民法院提起诉讼。

在自然人股东死亡之后，除非公司章程有其他规定，其合法继承人可以继承股东资格。

如果有限责任公司的股东在未完全履行出资义务的情况下转让股权，而受让人知道或应当知道这一情况，公司要求该股东履行出资义务时，受让人应承担连带责任。此外，如果公司债权人依据《最高人民法院关于运用〈中华人民共和国公司法〉若干问题的规定（三）》提起诉讼，也可以要求受让人承担连带责任。受让人在承担责任后有权向未履行或未全面履行出资义务的股东追偿，除非当事人有其他约定。

股权转让后，若尚未办理变更登记，原股东仍在名下转让、质押或以其他方式处分股

---

① 王毓莹：《有限公司股权对外转让中"同意权"规则的反思与重构》，载《中国法律评论》2024年第2期，第84页。

权，受让股东可以请求认定处分行为无效。法院可以参照《民法典》第三百一十一条的规定处理此类情况。如果原股东的处分行为导致受让股东损失，受让股东可以要求原股东承担赔偿责任。对于未及时办理变更登记而有过错的董事、高级管理人员或实际控制人，人民法院应予以支持。如果受让股东在未及时办理变更登记方面也有过错，则可以适当减轻上述人员的责任。

（二）股份有限公司出资转让

股份有限公司股东持有的股份可以依法进行转让，但必须遵守一定的条件。股东在转让股份时应当在法律设立的证券交易场所或根据国务院规定的其他方式进行。记名股票的转让可以通过背书等方式进行，并须由公司记录受让人信息于股东名册。在特定时期，如股东大会召开前 20 日或分配股利的基准日前 5 日，不得变更股东名册登记，但法律对上市公司股东名册变更登记有特别规定的情况除外。无记名股票的转让则在股票交付给受让人后立即生效。

公司发起人在公司成立后的 1 年内不得转让持有的股份。公司上市前已发行的股份，自股票在证券交易所上市之日起 1 年内不得转让。公司董事、监事和高级管理人员在任职期间每年转让的股份不得超过其所持股份总数的 25%，并且自公司股票上市交易之日起 1 年内不得转让。这些人员离职后半年内也不得转让其所持股份，公司章程还可以对此类股份转让设定其他限制。

公司本身不得收购自身股份，除非是为了减少注册资本、与持股公司合并、奖励职工股份或应股东要求收购其因持异议而反对公司合并、分立的股份。公司持有自身股份与公司的本质相悖，因此公司法规定了具体的注销或转让期限。

公司不得接受自身股票作为质押权的标的。上市公司的股票应当依照法律、行政法规和证券交易所的交易规则进行上市交易。

第四节　增资与减资

在公司的成长与发展过程中，资本的调整显得尤为重要。尽管公司需遵循资本确定、资本维持和资本稳定三原则，但考虑到公司成立后可能面临的多种客观环境变化，资本恒定静止的状态是不现实的。例如，引进新的生产技术或扩大生产线、投资新的产品研发或市场开拓、通过债务融资增加资本以降低整体资金成本等，公司的资本结构需要根据生产经营状况、市场条件的演变等因素进行相应的增减。

新修订的《中华人民共和国公司法》（以下简称《公司法》）将自 2024 年 7 月 1 日起施行。其中，关于注册资本出资期限等修改受到业内广泛关注和探讨。从"自行决定认缴期限"到"成立起五年内缴足"，新《公司法》背景下，公司合规、合理的治理逻辑如何，应怎样规避减资过程中的风险？对于注册资金没有特殊要求的行业，减资是他们的首选。[①]

[①]　邹臻杰：《〈公司法〉引发多地企业"减资忙"，存量公司如何避险》，载《第一财经日报》2024 年 1 月 11 日，第 A02 版。

一、增资

资本的增加，简称增资，是指公司为了筹措更多的资金、拓宽经营范围，依照法律规定，提高公司资本总额的行为。增资不仅能够增强公司的综合实力和市场信誉，提升公司的经营规模，而且不会对社会交易安全和债权人利益构成威胁。因此，各国公司法对于增资的条件限制相对宽松，公司在需要时都可以依法增加资本。

(一)有限责任公司增资

有限责任公司的增资程序相对于股份有限公司而言，更为简便。根据公司的实际需求，股东大会可以通过代表 2/3 以上表决权的股东同意，做出增资决议。在此过程中，股东对于新增注册资本额享有优先认购权。在我国，有限责任公司的增资既可以按照原有出资比例进行，维持股东间的出资比例不变；也可以通过引入新的股东并增加新的出资额来实现。

(二)股份有限公司增资

股份有限公司的增资程序则较为复杂，特别是在实行法定资本制的股份有限公司中，增资程序更显繁琐。首先需要以特别决议形式通过增资计划，即须有代表 2/3 以上股份总数的股东出席，且出席股东中有 2/3 以上的表决权支持。根据我国公司法的规定，只需出席会议股东所持表决权的半数以上同意即可；其次，公司需修改公司章程；最后，还必须办理相应的变更登记手续。对于实行授权资本制的股份有限公司，上述程序可以省略，董事会的决议即可直接实施增资。

股份有限公司增资的方式主要有三种：第一种是增加股份的数量，即在原有股份总数之外发行新股份。例如，原有股份为 200 万股，每股 20 元，现以每股 20 元的价格新发行 50 万股，公司资本由原来的 4000 万元增至 5000 万元。新增股份既可以由原股东优先认购，也可以向社会公开发行。当向原股东发行新股份时，可以采取原股东额外缴纳股款的方式，也可以将股息或红利转化为股份；而向社会发行新股份时，还可以通过转换可转换公司债券成为股份的方式进行。第二种是增加股份的金额，即在不改变股份总数的前提下，提高每股的金额。这种增资方式仅限于原股东之间进行，不对外公开发行。第三种方式是同时增加股份的数量和每股的金额，采用前两种方法的结合。由于第二、三种方法涉及复杂的股东意愿协调和计算问题，操作起来较为不便，因此实践中多采用第一种方法。需要指出的是，公司成立阶段分期发行的股份不应被视为增资行为。除了上述方法，股份有限公司还可将公积金转为资本，经股东大会决议，按照股东原有股份比例派送新股或增加每股面值。但在将法定公积金转为资本时，保留的公积金余额不得少于注册资本的 25%。

资本的增加不仅关系到股东利益，也直接影响公司资本结构的变动。为了确保增资的合法性和合理性，法律对此设定了一系列限制条件。根据我国《证券法》第十五条的规定，公司公开发行新股应满足以下条件：一是拥有健全并运行良好的组织结构；二是近 3 年平均可分配利润足以支付公司债券 1 年的利息；三是符合国务院规定的其他条件。

对于上市公司非公开发行新股，除了需要满足国务院证券监督管理机构规定的条件外，还必须得到国务院证券监督管理机构的核准。具体规定包括：发行价格不低于定价基准日前 20 个交易日公司股票均价的 80%；发行的股份自发行结束之日起，6 个月内不得转让；控股股东、实际控制人及其控制的企业认购的股份，18 个月内不得转让；募集资金数额不超过项目需要量，募集资金用途符合国家产业政策和有关环境保护、土地管理等法律和行政法规的规定，除金融类企业外，本次募集资金使用项目不得为持有交易性金融资产和可供出售的金融资产、借予他人、委托理财等财务性投资，不得直接或间接投资于以买卖有价证券为主要业务的公司，投资项目实施后，不会与控股股东或实际控制人产生同业竞争或影响公司生产经营的独立性，建立募集资金专项存储制度，募集资金必须存放于公司董事会决定的专项账户；发行将导致上市公司控制权发生变化的，还应当符合中国证监会的其他规定。

二、减资

在公司运营过程中，可能会出现资本过剩或者亏损情况严峻的状况，这时公司可能会考虑采取减少资本总额的措施，这一行为在法律上被称作减资。减资是根据公司生产经营的实际需要，遵循法定的条件与程序进行的。根据资本不变原则，公司通常是不被允许随意减少资本，因为这样的行为可能会危害到社会交易的安全，降低对债权人权益的保障力度。但在某些情形下，如公司设定的资本量过大导致资本过剩，或者公司经营不善、亏损严重到资本额与公司实际资产之间存在巨大差异，此时若仍旧坚持资本不变，则可能导致资本在公司中停滞，不仅不利于社会财富的经济效益最大化，同时资本也无法有效地发挥其作为公司运营物质基础和信用状况标志的作用。因此，法律允许公司依照规定的程序进行减资。实质性减资是由于公司资本过多而引发的，这种情况强调了对公司资本量盲目追求的危害，并要求公司创办人必须根据实际情况合理预估公司资本需求，同时立法机关也应当科学设定各类公司的最低资本额标准，避免不必要的资本过剩现象。

（一）有限责任公司减资

为了维护债权人的权益，通常情况下，有限责任公司不得随意减少资本。不过，一些国家的法律允许有限责任公司减资，但同时也对减资的程序加以严格限制，以确保债权人的利益不受损害。

例如，《德国有限责任公司法》第五十八条规定，在减少资本时，不仅需要股东会的特别决议，而且还必须在规定的报纸上公告 3 次，并召唤债权人向公司申报债权。如果债权人对减资持反对意见，公司则有义务清偿其债权或提供相应的担保。

我国《公司法》同样对有限责任公司减资程序作出了严格规定：减资决议的通过必须由代表 2/3 以上表决权的股东同意。在公司决定减少注册资本时，必须编制详尽的资产负债表和财产清单，并在决议作出后的 10 日内通知债权人，同时在 30 日内在报纸上进行公告。债权人在接到通知书之日起 30 日内，或者在未接到通知书的情况下，自公告之日起 45 日内，有权要求公司清偿债务或提供相应的担保。对于法律规定有最低资本限额的公司，减资后的注册资本不得低于法定的最低注册资本限额。

(二)股份有限公司减资

股份有限公司的减资不仅会缩小了公司的责任范围，影响到公司债权人的利益，还直接关系到股东的权益。因此，股份有限公司的减资决议应当由股东大会作出，并且需要出席股东半数以上的表决权支持。如果减资涉及减少公司发行的任何类型股份的总数，还必须经相关部门审查并同意。在履行法定减资程序方面，股份有限公司需要遵循与有限责任公司相同的规定。

股份有限公司的减资方式有三种，与其增资方式相对应。第一种是减少股份数额，即保持每股金额不变，仅减少股份的总数，如将原有的300万股减少为150万股。这种方式还可以细分为消除股份和合并股份两种小类：消除股份是指取消一部分特定股份，依是否需要股东同意，又可以分为强制消除和任意消除；合并股份则是指将两股或两股以上的股份合并为一股。第二种是减少股份金额，即不改变股份总数，而是降低每股的金额。这种方式又可细分为免除、发还、注销三类：免除是指对尚未缴足股款的股份，免除全部或部分应缴的股款；发还是指对已缴足股款的股份，将部分股款返还给股东；注销则是在公司亏损时，减少每股金额，以此来抵消由股东应补偿的资本亏损。第三种是结合前两种方式，即既减少股份数额，又减少股份金额。

【思考题】

1. 简述资本三原则。
2. 试述有限责任公司的增资。

第六章　公司治理机构

【教学目的和要求】通过学习了解公司的内部治理机构之间的关系，掌握股东会、监事会、董事会以及经理的职权。

【重点和难点】股东会作为公司权力机构对公司的作用；董事会在公司日常管理中的地位；经理对公司日常运营的管理权力。

第一节　股　东　会

一、股东会及种类

（一）股东会的概念

股东会，也称为股东大会，是指由全体股东组成的，决定公司经营管理的重大事项的机构。股东大会是公司最高权力机构，公司的其他机构都由它产生并对它负责。

在公司的治理结构中，股东会作为一种不可或缺的组织机构，具有以下特征：

第一，股东会由全体股东组成。持有任何数额与性质股份的股东均为公司股东会的当然成员，都有权依法出席股东会会议。

第二，股东会是公司的意志形成机构和最高权力机构。公司的意志只能是全体股东的共同意志，而股东会则是股东表达意愿并将分散的意愿汇集起来形成股东集体意志的机构。股东会本身虽非公司对外的代表机构和业务执行机构，但是在公司内部却拥有最高的权力。随着经营管理的专业化，为了保证经营管理层对公司事务的高效决策，公司董事会的权力逐渐加强并相对独立，股东会的权力则相应地受到了一定限制，使公司治理结构由股东会中心主义向董事会中心主义转变。当代公司法对股东会的权力都有明确规定，股东会须在法定范围内行使职权，从而为董事会行使权力预留了较大的空间。

第三，股东会是公司法定的必设但非常设的机构。各国公司立法普遍规定，股东会是公司的必设机构。我国《公司法》明确规定股东会是有限责任公司和股份有限公司的必设机构，但也允许外商投资类的公司不设股东会，而由董事会行使相应的职权。由于股东会权力之行使需要，以会议方式方可召开，因而其并非常设机构。

股东中心主义价值观是公司法的核心原则，是公司治理体系设计的逻辑起点。股东会中心主义治理模式具有正当性与可行性。我国2023年修订的《公司法》应继续确认并夯实股东会的最高权威与终极控制权，扩充股东会法定职权，激活股东会运行机制。①

股东会中心主义治理模式意味着股东会在公司治理体系中处于最高权威地位。股东会是公司权力机构，享有最高决策权与最终控制权；董事会与监事会分别是执行机构、监督机构。"权力机构"特指"最高权力机构"，具有至高无上的权威。董事会、监事会与经理层及其组成人员的董事、监事、高管的公司治理权源于全体股东委托授权，理应对全体股东负责。②

（二）股东会的会议种类

1. 定期股东会议

定期股东会议，又称股东常会、股东年会，是指公司按照法律或章程规定必须召开的股东会议。定期股东会议，在性质上属于例会，除非公司章程有特别规定，通常是一年召开一次。定期股东会议一般在上一会计年度结束之后的一定期限内召开。两次定期股东会议的最长间隔期限一般在 13~15 个月。例如，英国公司法规定为 15 个月，美国许多州公司法规定为 13 月。

2. 临时股东会议

临时股东会议，又称特别股东会议，是指遇有特定情形，在两次普通年会之间不定期召开的全体股东会议。临时股东会议一般为处置公司的突发重大变故而召开。各国公司法通常规定，如有以下情形应当召开临时股东会议：（1）董事会或监事会按照公司章程的规定，认为必要时决定召开；（2）持有法定比例以上股份（出资）的股东提议或请求召开；（3）法院责令召开。

《公司法》第一百一十三条规定：股东会应当每年召开一次年会。有下列情形之一的，应当在两个月内召开临时股东会会议：（1）董事人数不足本法规定人数或者公司章程所定人数的 2/3 时；（2）公司未弥补的亏损达股本总额 1/3 时；（3）单独或者合计持有公司10%以上股份的股东请求时；（4）董事会认为必要时；（5）监事会提议召开时；（6）公司章程规定的其他情形。

二、股东会的召集

（一）召集人

1. 董事长召集

股东会会议由董事会召集，董事长主持；董事长不能履行职务或者不履行职务的，由副董事长主持；副董事长不能履行职务或者不履行职务的，由过半数的董事共同推举一名董事主持。

2. 监事会或股东召集

董事会不能履行或者不履行召集股东会会议职责的，监事会应当及时召集和主持；监

---

① 刘俊海：《论股东会中心主义治理模式的勃兴：评〈公司法（修订草案）〉中股东会的权力机构地位》，载《法学杂志》2023 年第 5 期，第 14 页。

② 刘俊海：《论股东会中心主义治理模式的勃兴：评〈公司法（修订草案）〉中股东会的权力机构地位》，载《法学杂志》2023 年第 5 期，第 15 页。

事会不召集和主持的，连续 90 日以上单独或者合计持有公司 10% 以上股份的股东可以自行召集和主持。

单独或者合计持有公司 10% 以上股份的股东请求召开临时股东会会议的，董事会、监事会应当在收到请求之日起 10 日内作出是否召开临时股东会会议的决定，并书面答复股东。

(二)召集程序

召开股东会会议，应当将会议召开的时间、地点和审议的事项于会议召开 20 日前通知各股东；临时股东会会议应当于会议召开 15 日前通知各股东。

单独或者合计持有公司 1% 以上股份的股东，可以在股东会会议召开 10 日前提出临时提案并书面提交董事会。临时提案应当有明确议题和具体决议事项。董事会应当在收到提案后 2 日内通知其他股东，并将该临时提案提交股东会审议；但临时提案违反法律、行政法规或者公司章程的规定，或者不属于股东会职权范围的除外。公司不得提出提高临时提案股东的持股比例。

公开发行股份的公司，应当以公告方式作出前两款规定的通知。

(三)股东表决权及其行使

股东会不得对通知中未列明的事项作出决议。

股东出席股东会会议，所持每一股份有一表决权，类别股股东除外。公司持有的本公司股份没有表决权。

股东会作出决议，应当经出席会议的股东所持表决权过半数通过。

股东会作出修改公司章程、增加或者减少注册资本的决议，以及公司合并、分立、解散或者变更公司形式的决议，应当经出席会议的股东所持表决权的 2/3 以上通过。

股东会选举董事、监事，可以按照公司章程的规定或者股东会的决议，实行累积投票制①。

股东委托代理人出席股东会会议的，应当明确代理人代理的事项、权限和期限；代理人应当向公司提交股东授权委托书，并在授权范围内行使表决权。

股东会应当对所议事项的决定作成会议记录，主持人、出席会议的董事应当在会议记录上签名。会议记录应当与出席股东的签名册及代理出席的委托书一并保存。

三、股东会的决议

(一)股东会决议的种类

根据是否需要股东特别比例才能通过的决议为标准，可以划分为特别决议和普通决议。

对于修改公司章程、增加或者减少注册资本的决议，以及公司合并、分立、解散或者变更公司形式所作出的决议，属于特别决议，股东会作出应当经出席会议的股东所持表决权的 2/3 以上通过。

---

① 累积投票制，是指股东会选举董事或者监事时，每一股份拥有与应选董事或者监事人数相同的表决权，股东拥有的表决权可以集中使用。

除上述法定或公司章程规定的特别决议事项外，其他的决议事项未普通决议事项，依照公司法和公司章程的规定经出席会议的股东所持表决权过半数通过。

(二)股东会的会议记录

股东会的会议，应当由会议记录人记录，明确记载会议通知的时间和方式，会议召开的方式、时间和地点以及参会人员(是否符合召开会议的股东或股东代表参会人数、比例)，会议议程以及具体的事项，主持人、发言人以及内容，表决内容、表决方式、表决结果，尤其是会议形成的决议结果。会议记录上应当有参会人员的签字并符合会议记录的相关要求。会议记录应当永久保留。

(三)股东会决议的不成立、无效与撤销

1. 公司决议不成立

《公司法》第二十七条规定：有下列情形之一的，公司股东会、董事会的决议不成立：(1)未召开股东会、董事会会议作出决议；(2)股东会、董事会会议未对决议事项进行表决；(3)出席会议的人数或者所持表决权数未达到本法或者公司章程规定的人数或者所持表决权数；(4)同意决议事项的人数或者所持表决权数未达到本法或者公司章程规定的人数或者所持表决权数。

2. 公司决议的无效

股东会作出决议，必须符合法律规定并尊重股东的应有权利。凡是剥夺股东获取红利权的股东会决，或者扣减股东股份的股东会决议，又或者决议内容违反法律、行政法规的无效。

股东可以自决议作出之日起60日内，得请求人民法院宣告该决议无效。

《公司法》第二十五条规定：公司股东会、董事会的决议内容违反法律、行政法规的无效。

3. 公司决议的撤销

《公司法》第二十六条规定：公司股东会、董事会的会议召集程序、表决方式违反法律、行政法规或者公司章程，或者决议内容违反公司章程的，股东自决议作出之日起60日内，可以请求人民法院撤销。但是，股东会、董事会的会议召集程序或者表决方式仅有轻微瑕疵，对决议未产生实质影响的除外。

未被通知参加股东会会议的股东自知道或者应当知道股东会决议作出之日起60日内，可以请求人民法院撤销；自决议作出之日起1年内没有行使撤销权的，撤销权消灭。

4. 不成立、被撤销或者无效的后果

《公司法》第二十八条规定：公司股东会、董事会决议被人民法院宣告无效、撤销或者确认不成立的，公司应当向公司登记机关申请撤销根据该决议已办理的登记。股东会、董事会决议被人民法院宣告无效、撤销或者确认不成立的，公司根据该决议与善意相对人形成的民事法律关系不受影响。

四、股东会的职权

《中华人民共和国公司法》第五十九条规定："股东会行使下列职权：(一)选举和更换董事、监事，决定有关董事、监事的报酬事项；(二)审议批准董事会的报告；(三)审议批准监事会的报告；（四）审议批准公司的利润分配方案和弥补亏损方案；（五）对公司增加或者减少注册资本作出决议；（六）对发行公司债券作出决议；（七）对公司合并、分立、解散、清算或者变更公司形式作出决议；（八）修改公司章程；（九）公司章程规定的其他职权。"

有限责任公司股东会职权的规定，适用于股份有限公司股东会。

第二节　董　事　会

一、董事会及职权

（一）董事会的概念

董事会，是有限责任公司和股份有限责任公司由全体董事组成的业务执行和经营决策机构。

有限责任公司设董事会，其成员为 3 人以上，通常为 3~13 人的单数；股份有限公司设董事会，其成员为 5~19 人的单数。

股东人数较少或者规模较小的有限责任公司，可以设一名执行董事，不设董事会。执行董事可以兼任公司经理。执行董事的职权由公司章程规定。

（二）董事会的职权

《公司法》第六十七条规定："有限责任公司设董事会，本法第七十五条另有规定的除外。董事会行使下列职权：（一）召集股东会会议，并向股东会报告工作；（二）执行股东会的决议；（三）决定公司的经营计划和投资方案；（四）制订公司的利润分配方案和弥补亏损方案；（五）制订公司增加或者减少注册资本以及发行公司债券的方案；（六）制订公司合并、分立、解散或者变更公司形式的方案；（七）决定公司内部管理机构的设置；（八）决定聘任或者解聘公司经理及其报酬事项，并根据经理的提名决定聘任或者解聘公司副经理、财务负责人及其报酬事项；（九）制定公司的基本管理制度；（十）公司章程规定或者股东会授予的其他职权。公司章程对董事会职权的限制不得对抗善意相对人。"

董事会作为企业的最高决策机构，负责制定和监督企业的战略目标，决定着企业的发展方向，是企业治理的基本结构，决定了企业内部治理水平的高低。[1]

董事会是影响企业战略决策的关键所在。[2] 由于股东只不过是出资者或者投资者的另外一个名称，很多股东尤其是上市公司的中小股东并不在企业之中任职，因此也无法控制公司的运作甚至除了公报内容外很难获知公司的相关情况。因此，对于公司的违规行为更是难以抑制。有学者通过对 2011 年至 2019 年中国大陆上市公司为样本展开研究，发现董事会在权威性方面，通过降低代理成本明显遏制了企业违规倾向和恶劣程度。[3]

---

[1]　梁上坤、徐灿宇、王瑞华：《和而不同以为治：董事会断裂带与公司违规行为》，载《世界经济》2020 年第 6 期，第 171 页。

[2]　周浩杰：《企业是影响企业战略决策的关键所在》，载《中国商人》2024 年第 3 期，第 204 页。

[3]　吴坤明：《论董事会权威性是否抑制了企业违规》，载《商业观察》2024 年第 9 期，第 36 页。

二、董事的聘任和解聘

董事(director)，是企业的一种职位名，是指由公司股东(大)会或职工民主选举产生的具有实际权力和权威的管理公司事务的自然人，是公司内部治理的主要力量，对内管理公司事务，对外代表公司进行经济活动。

董事会成员的性别、职业背景、教育水平等个人特征会对企业的创新战略、经营业绩产生不同程度的影响。如果董事会团队结构不合理，由于个人特征的协同程度低，可能会形成董事会断裂带，增加子群体间的冲突与歧视，导致沟通不畅，不利于资源整合和认知互通，从而降低董事会的治理效率。[①]

有限责任公司董事会成员为3人以上，其成员中可以有公司职工代表。职工人数300人以上的有限责任公司，除依法设监事会并有公司职工代表的外，其董事会成员中应当有公司职工代表。董事会中的职工代表由公司职工通过职工代表大会、职工大会或者其他形式民主选举产生。

任命和解除董事都要经过股东(大)会上股东的投票表决。董事会设董事长一人，可以设副董事长。董事长、副董事长的产生办法由公司章程规定。董事任期由公司章程规定，但每届任期不得超过3年。董事任期届满，连选可以连任。

股东会可以决议解任董事，决议作出之日解任生效。

《公司法》第一百二十二条规定：“董事会设董事长一人，可以设副董事长。董事长和副董事长由董事会以全体董事的过半数选举产生。”

三、董事会的会议

(一)董事会会议的种类

董事会会议一般每半年召开一次，遇有特殊情况或者需要也可召开临时董事会。

(二)董事会会议的召集

《公司法》第一百二十二条规定：“董事长召集和主持董事会会议，检查董事会决议的实施情况。副董事长协助董事长工作，董事长不能履行职务或者不履行职务的，由副董事长履行职务；副董事长不能履行职务或者不履行职务的，由半数以上董事共同推举一名董事履行职务。”

(三)董事会会议的决议

董事会决议的表决，应当一人一票。

董事会的议事方式和表决程序，除本法有规定的外，由公司章程规定。

董事会会议应当有过半数的董事出席方可举行。董事会作出决议，应当经全体董事的过半数通过。

(四)董事会会议的记录

董事会应当对所议事项的决定作成会议记录，出席会议的董事应当在会议记录上签名。

[①]　曾辉祥、郑理民、孟双武：《董事会断裂带与企业高质量发展》，载《兰州财经大学学报》2024年第2期，第1页。

四、董事的职责与职权

(一)普通董事的职责与职权

普通董事可出席董事会，并行使表决权，有报酬请求权；在相关文件上签名的权利；行使公司章程规定的其他职权。公司董事有忠实、勤勉义务。

《公司法》第一百四十七条规定："董事、监事、高级管理人员应当遵守法律、行政法规和公司章程，对公司负有忠实义务和勤勉义务。董事、监事、高级管理人员不得利用职权收受贿赂或者其他非法收入，不得侵占公司的财产。"第一百四十八条规定："董事、高级管理人员不得有下列行为：(一)挪用公司资金；(二)将公司资金以其个人名义或者以其他个人名义开立账户存储；(三)违反公司章程的规定，未经股东会、股东大会或者董事会同意，将公司资金借贷给他人或者以公司财产为他人提供担保；(四)违反公司章程的规定或者未经股东会、股东大会同意，与本公司订立合同或者进行交易；(五)未经股东会或者股东大会同意，利用职务便利为自己或者他人谋取属于公司的商业机会，自营或者为他人经营与所任职公司同类的业务；(六)接受他人与公司交易的佣金归为己有；(七)擅自披露公司秘密；(八)违反对公司忠实义务的其他行为。董事、高级管理人员违反前款规定所得的收入应当归公司所有。"第一百四十九条规定："董事、监事、高级管理人员执行公司职务时违反法律、行政法规或者公司章程的规定，给公司造成损失的，应当承担赔偿责任。"

(二)独立董事的职责与职权

独立董事(independent director)，是指不在上市公司担任除董事外的其他职务，并与其所受聘的上市公司及其主要股东、实际控制人不存在直接或者间接利害关系，或者其他可能影响其进行独立客观判断关系的董事。

独立董事制度最早起源于20世纪30年代，其产生的标志是1940年美国颁布的《投资公司法》。该法规定，投资公司的董事会成员中应该有不少于40%的独立人士。其制度设计目的也在于防止控制股东及管理层的内部控制，损害公司整体利益。

20世纪六七十年代以后，西方国家尤其是美国各大公众公司的股权越来越分散，董事会逐渐被以CEO为首的经理人员控制，以至于对以CEO为首的经理人员的监督已严重缺乏效率，内部人控制问题日益严重，人们开始从理论上普遍怀疑现有制度安排下的董事会运作的独立性、公正性、透明性和客观性。继而引发了对董事会职能、结构和效率的深入研究。在理论研究成果与现实需求的双重推动下，美国立法机构及中介组织自20世纪70年代以来加速推进独立董事制度的进程。

独立董事有参与董事会决策、监督管理交易、提议聘用或解聘会计师事务所、提议召开董事会、征集投票权、维护公司整体利益和中小股东权益等权利。独立董事也要履行忠实义务和勤勉义务。

2022年，证监会修订出台《上市公司独立董事规则》，进一步明确独立董事的责权利。证监会发布并于2023年9月4日起施行《上市公司独立董事管理办法》细化独立董事制度各环节具体要求，构建科学合理、互相衔接的规则体系。

据报道，独立董事的年薪因所处的上市公司不同而有异，2020 年最高的年薪达543.08 万元，最低的年薪仅为 300 元；在 1.4 万人次现任独立董事中，有 1.1 万人次领取了 2020 年薪酬，人均年薪 85000 元。[1]

有人收集资料研究，2022 年独立董事相应薪酬水平人数及占比为：0 至 5 万元的占 23.2%，5 万元至 10 万元的占 56.3%。[2]

第三节 监 事 会

一、监事会组成与职权

(一)监事会的组成

有限责任公司设监事会，其成员不得少于 3 人。股东人数较少或者规模较小的有限责任公司，可以设 1 至 2 名监事，不设监事会。

监事会应当包括股东代表和适当比例的公司职工代表，其中职工代表的比例不得低于1/3，具体比例由公司章程规定。监事会中的职工代表由公司职工通过职工代表大会、职工大会或者其他形式民主选举产生。监事会设主席一人，由全体监事过半数选举产生。监事会主席召集和主持监事会会议；监事会主席不能履行职务或者不履行职务的，由半数以上监事共同推举一名监事召集和主持监事会会议。董事、高级管理人员不得兼任监事。

监事的任期每届为 3 年。监事任期届满，连选可以连任。监事任期届满未及时改选，或者监事在任期内辞职导致监事会成员低于法定人数的，在改选出的监事就任前，原监事仍应当依照法律、行政法规和公司章程的规定，履行监事职务。

(二)监事会的职权

监事会、不设监事会的公司的监事行使下列职权：（1）检查公司财务；（2）对董事、高级管理人员执行公司职务的行为进行监督，对违反法律、行政法规、公司章程或者股东会决议的董事、高级管理人员提出罢免的建议；（3）当董事、高级管理人员的行为损害公司的利益时，要求董事、高级管理人员予以纠正；（4）提议召开临时股东会会议，在董事会不履行本法规定的召集和主持股东会会议职责时召集和主持股东会会议；（5）向股东会会议提出提案；（6）依照《公司法》第一百八十九条的规定，对董事、高级管理人员提起诉讼；（7）公司章程规定的其他职权。

监事可以列席董事会会议，并对董事会决议事项提出质询或者建议。监事会、不设监事会的公司的监事发现公司经营情况异常，可以进行调查；必要时，可以聘请会计师事务所等协助其工作，费用由公司承担。

---

① 《10 张图读懂独董：最大 97 岁，年薪最低不足千元 87 人兼任超 4 家公司》，载 21 世纪经济报道：https://baijiahao.baidu.com/s? id=1717741247338289205&wfr=spider&for=pc，2024 年 6 月 1 日访问。
② 陈欣悦：《我国上市公司独立董事薪酬制度问题研究》，载《市场周刊》2024 年第 7 期，第 183 页。

二、监事的任免和履职

监事由股东会(大会)选举产生。

监事会每年度至少召开一次会议，监事可以提议召开临时监事会会议。监事会的议事方式和表决程序，除公司法有规定的外，由公司章程规定。

监事会决议应当经半数以上监事通过。监事会应当对所议事项的决定作成会议记录，出席会议的监事应当在会议记录上签名。

第四节　经　　理

一、经理及其作用

(一)经理的概念

通常情况下，股东不过是投资者，其未必懂得经营；董事，也就是股东的信任之人，也未必懂得经营之道而且董事通常也不会直接参与公司的经营活动，其行使职权通常也就是通过参加董事会对董事会作出的决策进行表态而已。那么，真正深谙经营之道、能够带领经营团队进行拼杀的经理就是第一线的指挥官。

经理，又称职业经理人，起源于美国。1841年，因为两列客车相撞，美国人意识到铁路企业的业主没有能力管理好这种现代企业，应该选择有管理才能的人来担任企业的管理者，世界上第一个经理人就这样诞生了。职业经理人，实际上是将经营管理工作作为其长期的职业，具备一定职业素质和职业能力，并掌握企业经营权的群体。这个群体是流动的，即通常地说"不打东家打西家""谁给的钱多就到哪里去""期限届满就走人"。宽泛地看，职业经理人横向看是分类的，财会、生产管理、技术；纵向看也是分层次的，企业需要各种层次的职业经理人。比如最低层次是能工巧匠型的，上一个层次是管理型的，再上一个层次的将军型的，顶层的则是元帅型的、在一个领域中可带领一帮人来完成一个特定项目甚至引领企业和行业向前发展。因此，也就产生了"猎头公司"①，为组织搜寻高层管理人才和关键技术岗位人才的招募服务的组织。由招募组织支付搜寻和推荐候选人所需的相应的佣金。优点是能够提供专业性、针对性的服务，保密性高，节约时间；缺点是可能存在最终是说服组织雇用某一候选人，而不是为组织找到一个适合所寻找岗位的人的倾向。

经理是指具备良好的品德和职业素养，能够运用所掌握的企业经营管理知识以及所具备的经营管理企业的综合领导能力和丰富的实践经验，在一个所有权和经营权分离的企业中承担法人财产的保值增值责任，全面负责企业经营管理，对法人财产拥有绝对经营权和管理权的职业，由企业在职业经理人市场(包括社会职业经理人市场和企业内部职业经

---

① 猎头，原指割取敌人的头颅作为战利品的人。后来，转引为通过外部招募渠道猎夺人才的活动，即发现、追踪、评价、甄选高级人才的活动。猎头公司是"高级管理人员代理招募机构"的俗称，它们为了获得佣金而采取隐蔽猎取、快速出击的主动竞争方式，为所需高级人才的客户猎取公司在人才市场得不到的高级人才。

人市场)中聘任，而其自身是以受薪、股票期权等为获得报酬主要方式的职业企业经营管理专家。

(二)经理的作用

一个企业能否在竞争中取胜，能否给投资者应有的投资回报，起决定性作用的就是经理。

常言道，一个企业的胜利，往往是全体员工努力、是所有优点集聚发挥效能的结果；一个企业的失败，往往可以归结到经理的失败。

如果是大股东个人兼任董事长和总经理，这种三个身份兼于一身的情况下，作为总经理就有了很大的权力，其个人的思想也很容易最后上升成为公司的意志。但是，如果总经理是由董事会另行聘任而非董事长兼任的情况下，因公司的股东会一年通常只召开一次股东会议，董事会一年通常也就召开两次会议。董事会通过会议贯彻落实股东会的决议，董事会的决议最终由经理来贯彻落实。因此，总经理的临时决断和用人以及具体的策略，就成为了决定公司成败的关键。在这个股东会、董事会、总经理的三层权力结构之中，如果董事会仅仅是被动地听命于股东会、总经理仅仅是被动地听命于董事会，而且凡事请示汇报，在商场如战场的争分夺秒的厮杀下，很可能就会失去战机。为了解决这个难题，一些国际化的大型企业赋予经理更大的自主权，使其享有董事会的某些决策权力，因此使用了"CEO"这个称谓，即享有部分董事会权力的经理。在中国，这个称谓译为"首席执行官"。

首席执行官向公司的董事会负责，而且往往就是董事会的成员之一。CEO 的职权主要有：任免经理人员、执行董事会的决议、主持公司的日常业务活动、经董事会授权对外签订合同或处理业务。通常，CEO 领导下的执行班子，包括总经理、副总经理、各部门经理、总法务经理、总会计师、总工程师等。

伴随着"首席执行官"词语被广泛运用，又出现了"首席财务官"(CFO)[1]、"首席法务官"(CLO)[2]、"首席合规官"(CCO)[3]、"首席知产官"(CIPO)[4]、"首席信息官"(CIO)、"首席技术官"(CTO)、"首席行政官"(CAO)、"首席人力资源官"(CHO)、

---

[1] CFO(Chief Financial Officer)，又称"总会计师"，负责统管公司的财务、会计、投资、融资、投资关系等。

[2] CLO(Chief Legal Officer)又称为"总法务官"或者"总法律顾问"，是对同龄公司法务工作的最高行政长官，向 CEO 汇报工作并对董事会负责，一般都列席公司董事会并成为董事会成员。CLO 作为一种新兴的公司治理制度，其理论框架必然建立在诸多法学、管理学和经济学的基础理论之上，其中最主要的包括委托代理、公司治理、合规遵循、风险控制等理论。

[3] CCO(Chief Compliance Officer)，是一个监视和管理组织内部，负责全面领导公司合规管理体系建设与运行合规问题的公司高级官员，是企业核心管理层成员。根据 2022 年 10 月 1 日起实施的《中央企业合规管理办法》的规定，央企必须设立"合规委员会"并应当结合实际设立首席合规官。

[4] CKO(Chief Knowledge Officer)，是指公司内部专门负责知识管理的行政官员。

"首席市场官"（CMO）、"首席品牌官"（CBO）、"首席文化官"（CCO）、"首席开发官"（CDO）等。

二、经理的选任与解聘

有限责任公司可以设经理（或者总经理），由董事会决定聘任或者解聘。

经理，由董事会选聘或解聘，与公司签订劳动合同。通常，除了工资以外，董事会还与之达成绩效分配的协议。

人才流动是常见的。在经济环境不理想的状况下，股东为了得到期盼的红利，会不断地向董事会施加压力，因此职业经理人也可能由于业绩不好、压力大、任职期限届满、任务完成、内部人员选边站队、被猎头看中等因素而频繁离职。据悉，特斯拉高管每年的工作流动率为44%。[①]

三、经理的职权与薪酬

经理对董事会负责，行使下列职权：（1）主持公司的生产经营管理工作，组织实施董事会决议；（2）组织实施公司年度经营计划和投资方案；（3）拟订公司内部管理机构设置方案；（4）拟订公司的基本管理制度；（5）制定公司的具体规章；（6）提请聘任或者解聘公司副经理、财务负责人；（7）决定聘任或者解聘除应由董事会决定聘任或者解聘以外的负责管理人员；（8）董事会授予的其他职权。公司章程对经理职权另有规定的，从其规定。经理列席董事会会议。

职业经理人的薪酬待遇往往是引起社会广泛关注的话题。过去，曾经有著名国企的负责人因为不满足年薪几万元的待遇，在即将退出管理层之前为退休后的生活着想而出现了贪腐的行为，最终被判刑。

> 经东方财富Choice统计，2022年A股最赚钱高管是"三一重能"（688349）董事、总经理、核心技术人员李某，其当年从公司获得税前报酬总额高达5497.89万元，平均日赚15万元。除了李某之外，A股也有不少董事长、总经理、董秘等高管的吸金能力不俗，日赚上万元的还有581人。而2022年领取薪酬最低的则是达某控股董事长孙某某，其当年从公司获取税前的报酬仅800元。达某控股证代王某在接受北京商报记者采访时表示，董事长孙某某已自愿放弃领取薪酬，800元系春节过节费。经计算，在财务总监中，年薪超千万的仅一人、年薪超365万元的财务总监则有65人，在A股公司董事长、总经理、财务总监、董秘等人群中合计有582人日赚上万元。诚然，也有A股公司中的不少高管薪酬很低，在同行业水平以下，一般这类企业经营不善，公司高管都自愿从公司处不领薪酬或者领取很低的薪酬，为的是减轻公司的

---

① 《特斯拉高管又跳槽了！内部压力过大，离职率高达44%》，载腾讯网：https://new.qq.com/rain/a/20230609A09NV800，2024年6月1日访问。

人力成本压力, 从而缓解公司的经营压力。①

国企高官的薪酬一直也是人们重点关注的问题。② 2024 年初网上公布的所有中央企业一把手的薪资竟然都不超过 100 万元。这意味着这些中央企业的高层管理者, 包括中石化、中海油等副部级职位的一把手, 均没有超过 100 万元年薪的标准。这对于地位如此高而且拥有丰厚利润的企业来说, 让人不可理解。中石油、中石化、国家电网等中央企业是营利的主力军, 它们的净利润超过了绝大多数企业。例如, 中石油仅在 2022 年就创造出了 1494 亿元的巨额净利润, 而华为、阿里巴巴以及联想等企业的净利润皆不及中石油。然而, 中国林业集团公司的一把手的年薪不到 40 万元, 成为最低。③

【思考题】

1. 简述股东会的召集程序。
2. 董事会的职权有哪些?

---

① 《日赚 15 万谁问鼎 A 股"年薪王"》, 载北京商报: https: //baijiahao. baidu. com/s? id = 1764977060230190417&wfr = spider&for = pc, 2024 年 6 月 1 日访问。

② 《央国企董事长 2023 年"工资条"公开: 13 家国企董事长薪酬超 400 万元, 紫金矿业最高》, 载腾讯网: https: //new. qq. com/rain/a/20240430A09NR200, 2024 年 6 月 1 日访问。

③ 《96 家央企"一把手"工资曝光! 没有一人超 100 万, 最低的是……》, 载搜狐网: https: //www. sohu. com/a/749981808_161795, 2024 年 6 月 1 日访问。

第七章 公司组织过程

【教学目的和要求】通过学习了解公司设立的具体要求和过程、公司登记、公司章程的主要内容、公司变更以及终止的法律效果。

【重点和难点】公司法人人格否定制度；法定代表人的代表效力。

第一节 公司设立

一、公司设立概述

(一)公司设立的概念

公司设立，是指公司设立人依照法定的条件和程序，为组建公司并取得法人资格而必须采取和完成的法律行为。

公司设立不同于公司的设立登记，后者仅是公司设立行为的最后阶段；公司设立也不同于公司成立，后者不是一种法律行为，而是设立人取得公司法人资格的一种事实状态或设立人设立公司行为的法律后果。

(二)公司设立行为的性质

公司设立的实质是一种法律行为，属于法律行为中的多方法律行为，但一人有限责任公司和国有独资公司的设立行为属于单方法律行为。

二、公司设立的具体制度

(一)设立方式

公司设立的方式基本为两种，即发起设立和募集设立。

1. 发起设立

发起设立，又称"同时设立"或"单纯设立"，是指由发起人认购公司应发行的全部股份而设立公司的方式。

有限责任公司只能采取发起设立的方式，由全体股东出资设立。股份公司也可以采用发起设立的方式。《公司法》第九十一条规定，股份有限公司的设立，可以采取发起设立或者募集设立的方式。

2. 募集设立

募集设立，是指由发起人认购公司应发行股份的一部分，其余股份向社会公开募集或者向特定对象募集而设立公司的方式。

(二)设立条件

1. 主体条件

有限责任公司由 50 名以下股东出资设立。

设立股份有限公司,应当有 2 人以上 200 人以下为发起人,其中须有半数以上的发起人在中国境内有住所。

2. 资本条件

股份有限公司采取发起设立方式设立的,注册资本为在公司登记机关登记的全体发起人认购的股本总额。在发起人认购的股份缴足前,不得向他人募集股份。股份有限公司采取募集方式设立的,注册资本为在公司登记机关登记的实收股本总额。法律、行政法规以及国务院决定对股份有限公司注册资本实缴、注册资本最低限额另有规定的,从其规定。

3. 组织条件

发起人制定公司章程,建立符合法律要求的组织机构。

4. 行为条件

有限责任公司,由股东约定具体人承办公司筹办事务。

股份有限公司发起人承担公司筹办事务。发起人应当签订发起人协议,明确各自在公司设立过程中的权利和义务。

(三)设立程序

股东认足公司章程规定的出资后,由全体股东指定的代表或者共同委托的代理人向公司登记机关报送公司登记申请书、公司章程等文件,申请设立登记。

三、发起人与设立中公司

(一)发起人

公司发起人,又称公司创办人,是指负责筹建公司的人。一般情况下,公司发起人必须是一个与公司注册过程有关的人或与筹集资本有关的人。

《公司法》第四十二条规定:"有限责任公司由 50 个以下股东出资设立。"第九十二条规定:"设立股份有限公司,应当有 1 人以上 200 人以下为发起人,其中应当有半数以上的发起人在中华人民共和国境内有住所。"

(二)发起人协议

发起人协议,是指发起人之间就设立公司事项所达成的明确彼此之间权利义务关系的书面文件。

发起人协议,一般包括以下内容:拟设立公司的名字;拟设立公司的经营范围;股本总额;各发起人认购的份额;各发起人权利义务;公司筹办事项;违约责任;协议的修改与终止;争议解决方式。

(三)设立中公司

1. 概念

设立中公司是伴随着现代公司设立程序日益复杂、设立行为更具有独立性而出现的一个新概念。大陆法系学者通常认为设立中的公司,是自开始制定章程时起,至公司设立登记完成之前的公司雏形。

2. 法律地位

作为依照《公司法》及相关公司法规的规定着手进行公司成立的各种准备工作过程中形成的特殊组织，它是以有效的公司设立合同为基础，将公司发起人联系起来，并建立其相应的权利义务关系而形成的未来公司之雏形。

关于设立中公司的法律性质，即其能否在法律上作为一个独立的民事主体并享有特定的权利并且承担特定的义务，公司法理论至今没有一个统一而明确的认识。学者在理论认识上各不相同，主要有以下四种观点：第一种，合伙说。公司设立发起人在公司成立前为合伙人，发起人所形成的团体为合伙，由发起人对该团体的债务负无限连带责任。第二种，无权利能力之社团说。设立中公司为将成立之公司的前身和基础，则其应具有社团属性，但尚未取得法人资格，不具有权利能力。第三种，非法人团体说。设立中公司是一种非法人团体，是为了某种合法目的而联合为一体的，可以享有一定的权利和承担义务，其财产受法律保护。第四种，具有自身特性的非法人团体说。设立中公司是一种具有自身特性的非法人团体。在设立公司的活动中具有相对独立性，具有有限的法律人格。作为公司的雏形，在接受了股东出资之后已经有相应的财产承担责任；建立了相应的组织机构之后，已经具有了行为能力和意思能力，能够以团体的意思去从事一定行为。根据《公司登记管理条例》第三条第一款的规定："公司经登记机关依法核准登记，领取《企业法人营业执照》，方取得企业法人资格。"在登记完成之前，它尚未取得独立的法人资格，为非法人组织。

四、公司设立瑕疵与救济

(一)概念

公司设立瑕疵，是指公司在设立过程中未能全部满足公司法关于公司设立要求的条件而存在的瑕疵。公司设立瑕疵，主要表现在以下几个方面：

1. 股东瑕疵

股东瑕疵，是指股东不符合公司法作为股东条件要求的状况。一是股东人数不符合要求，二是股东缺乏相应的民事行为能力。

2. 资金瑕疵

资金瑕疵，是指股东在认缴出资额方面不符合公司法关于股东出资方面要求的状况，包括股东出资不足、出资价值不实、出资形式不符合要求等。

3. 章程瑕疵

章程瑕疵，是指公司章程的制作或者内容方面不符合公司法要求的状况。主要表现有：未对公司章程必须记载的事项进行记载，如未对公司股东的权利予以明确的规定，则是章程的其他方面的内容不合法。

(二)救济模式

如果公司设立的瑕疵足以影响到公司设立无效或者被撤销的，经过无效认定或撤销程序，已经设立的公司将被认定为自始不存在。

对于公司设立所出现的瑕疵，公司股东或者公司的高管又或者相关的利害关系人均可以要求公司或者相关人员进行补正。无论是何种瑕疵，只要是属于可补正的事项，通过修改和补正之后，不影响公司的合法存在。如果相关人员或者公司拒绝补正，受瑕疵影响的利害关系人可提起相关的诉讼处理。

(三)公司设立无效之诉

公司设立无效之诉，是指因公司设立程序不合法或基于违法目的而导致公司设立无效时，相关人可以向法院申请撤销该公司的合法地位的诉讼。公司设立无效之诉一般由公司设立时在法律上具有合法利益的人提起。

公司设立无效之诉一般涉及以下的情形：(1)公司设立程序不合法。公司设立程序未经依法审批、注册资本不合法或未按照法定程序缴纳注册资本等违反法律或行政法规的规定的情形。(2)基于违法目的设立公司。如规避法律法规、逃避债务或金融监管等。(3)公司设立时存在重大误导。公司设立时存在虚假宣传或其他误导行为，误导他人设立公司或参与股权投资，或者存在其他与公司设立有关的诈骗、强迫、威胁或利用其他不正当手段等违法行为的情形。

五、公司人格与能力

(一)公司人格

1. 概念

公司人格，是指公司一经合法成立，其本身就是法律所认可的拟制"人"，它具有完全的民事权利能力和行为能力，不隶属于任何个人、团体。

2. 公司人格的表现

公司人格，主要表现在：第一，公司是独立于其他成员的法律主体；第二，公司的财产与其成员的财产相分离；第三，公司具有独立的权利能力和行为能力；第四，公司独立责任与成员的有限责任相区别。

公司人格的构成要素主要有：独立财产、独立意志、独立名称、独立责任。

3. 公司人格否定

公司人格，就是公司作为一个独立的民事主体，是独立于其成员的法律实体，它有独立的名称、独立的意思、独立的财产，对外可以自己的名义起诉和应诉，并以自己全部财产对公司债务承担独立的责任。其核心问题就是公司的财产与其成员的财产相分离。

公司人格否认，又称公司法人人格否认或"刺破公司面纱""揭开公司面纱"，是指公司股东滥用公司法人独立地位和股东有限责任来逃避债务，严重损害债权人利益时，债权人可以越过公司的法人资格，直接请求滥用公司人格的股东或实际控制人对公司债务承担连带责任的法律制度。

公司人格制度的原意，就是当公司依法成立，即与投资者的财产相隔离。但是，现实中确有人滥用公司人格独立的制度，以逃避责任甚至损害公司债权人的利益及社会公共利益。在某些国家的经典判例中，公司人格否认被具体描述为"作为一般规则，在没有相反的充分理由出现时，公司被视为一个法律实体(即独立的法人)，而当法律实体的概念被用于妨害公共利益，使违法行为合法化，保护欺诈或为犯罪行为辩护时，法律将视公司为多数人的联合"。因此，公司人格否定制度的实质是：如果公司独立人格被滥用，那么该公司将不再被视为一个独立民事主体，而是沦为股东或实际控制人非法牟利的工具。

股东滥用公司法人独立地位的表现主要有：一是不当(过度)控制，如子公司完全听命于母公司而成为了母公司的牵线木偶。二是事务或财务混同，如公司与股东或者母公司与子公司的财务混同。三是组织机构混同，例如"一套班子多块牌子"，董事兼任等。四是滥用公司形式，如股东利用公司形态逃避合同或法律义务等。《公司法》第二十一条规定："公司股东应当遵守法律、行政法规和公司章程，依法行使股东权利，不得滥用股东权利损害公司或者其他股东的利益。公司股东滥用股东权利给公司或者其他股东造成损失的，应当承担赔偿责任。"第二十二条规定："公司的控股股东、实际控制人、董事、监事、高级管理人员不得利用关联关系损害公司利益。违反前款规定，给公司造成损失的，应当承担赔偿责任。"第二十三条规定："公司股东滥用公司法人独立地位和股东有限责任，逃避债务，严重损害公司债权人利益的，应当对公司债务承担连带责任。股东利用其控制的两个以上公司实施前款规定行为的，各公司应当对任一公司的债务承担连带责任。只有一个股东的公司，股东不能证明公司财产独立于股东自己的财产的，应当对公司债务承担连带责任。"

(二)公司的能力与法定代表人

1. 公司的权利能力

公司的权利能力，是指公司享有民事权利、承担民事义务的资格。公司的权利始于登记成立，终于解散后清算结束。

2. 公司的行为能力

公司的行为能力，是指公司在经营范围内基于自己的意思表示，以自己的行为独立行使权利和承担义务的能力。

作为民事主体的自然人的行为能力根据其年龄和精神状态可以分为无民事行为能力、限制民事行为能力、完全民事行为能力三种。但是，公司在取得权利能力的同时取得了完全的行为能力，只不过是其行为能力要与其登记的经营范围相适应。

3. 公司法定代表人

公司法定代表人，是指依照法律规定代表公司行使职权的签字人。由于其是法律直接规定能够代表公司意思表达之人，因此其个人的签字视为与加盖公司公章具有同等的法律效力。

《公司法》第十条规定："公司的法定代表人按照公司章程的规定，由代表公司执行公司事务的董事或者经理担任。担任法定代表人的董事或者经理辞任的，视为同时辞去法定代表人。法定代表人辞任的，公司应当在法定代表人辞任之日起三十日内确定新的法定代表人。"第十一条规定："法定代表人以公司名义从事的民事活动，其法律后果由公司承受。公司章程或者股东会对法定代表人职权的限制，不得对抗善意相对人。法定代表人因执行职务造成他人损害的，由公司承担民事责任。公司承担民事责任后，依照法律或者公司章程的规定，可以向有过错的法定代表人追偿。"第三十五条规定："公司申请变更登记，应当向公司登记机关提交公司法定代表人签署的变更登记申请书、依法作出的变更决议或者决定等文件。公司变更登记事项涉及修改公司章程的，应当提交修改后的公司章程。公司变更法定代表人的，变更登记申请书由变更后的法定代表人签署。"

《市场主体登记管理条例》第十二条规定，"有下列情形之一的，不得担任公司、非公司企业法人的法定代表人：（1）无民事行为能力或者限制民事行为能力；（2）因贪污、贿赂、侵占财产、挪用财产或者破坏社会主义市场经济秩序被判处刑罚，执行期满未逾5年，或者因犯罪被剥夺政治权利，执行期满未逾5年；（3）担任破产清算的公司、非公司企业法人的法定代表人、董事或者厂长、经理，对破产负有个人责任的，自破产清算完结之日起未逾3年；（4）担任因违法被吊销营业执照、责令关闭的公司、非公司企业法人的法定代表人，并负有个人责任的，自被吊销营业执照之日起未逾3年；（5）个人所负数额较大的债务到期未清偿；（6）法律、行政法规规定的其他情形。"

2023年版《公司法》关于法定代表人的规定较之以往更加体系化，并有望基本解决困扰公司实践的诸多难题，但其中亦存在不完全规范，有些实践难题能否解决尚需进一步探讨。[①]

第二节　公司登记

一、公司登记概述

（一）公司登记的概念

公司登记，是将公司应予公示的事项向有关主管机关进行登记的活动。公司登记包括了设立登记、撤销登记、变更登记、解散登记等。

（二）登记的要求

根据《公司法》第二十九条、第三十条以及第三十一条的规定，设立公司，应当依法向公司登记机关申请设立登记；法律、行政法规规定设立公司必须报经批准的，应当在公司登记前依法办理批准手续。申请设立公司，应当提交设立登记申请书、公司章程等文件，提交的相关材料应当真实、合法和有效；申请材料不齐全或者不符合法定形式的，公司登记机关应当一次性告知需要补正的材料。申请设立公司，符合设立条件的，由公司登记机关分别登记为有限责任公司或者股份有限公司；不符合本法规定的设立条件的，不得登记为有限责任公司或者股份有限公司。

二、公司登记的效力

（一）公司成立

《市场主体登记管理条例》第三条规定："市场主体应当依照本条例办理登记。未经登记，不得以市场主体名义从事经营活动。法律、行政法规规定无需办理登记的除外。"一般情况下公司须经登记以后，公司才成立。

（二）变更事项生效

经过变更登记，原来的登记事项将发生变更，以变更登记的事项作为今后的依据。

---

① 《新〈公司法〉上的法定代表人制度的创新与不足》，载《上海政法学院学报（法治论坛）》2024年第2期，第35页。

(三)公司终止

《中华人民共和国市场主体登记管理条例》第三十一条规定："市场主体因解散、被宣告破产或者其他法定事由需要终止的，应当依法向登记机关申请注销登记。经登记机关注销登记，市场主体终止。市场主体注销依法须经批准的，应当经批准后向登记机关申请注销登记。"

三、公司登记的监管

(一)公示

任何单位和个人不得伪造、涂改、出租、出借、转让营业执照。

公司应当将营业执照置于住所或者主要经营场所的醒目位置。从事电子商务经营的公司应当在其首页显著位置持续公示营业执照信息或者相关链接标识。

公司应当按照国家有关规定公示年度报告和登记相关信息。

(二)分类监管

登记机关应当根据公司的信用风险状况实施分级分类监管。

(三)监督检查及公开结果

登记机关应当采取随机抽取检查对象、随机选派执法检查人员的方式，对公司登记事项进行监督检查，并及时向社会公开监督检查结果。

登记机关对市场公司涉嫌违反法律规定的行为进行查处，可以行使下列职权：(1)进入公司的经营场所实施现场检查；(2)查阅、复制、收集与公司经营活动有关的合同、票据、账簿以及其他资料；(3)向与公司经营活动有关的单位和个人调查了解情况；(4)依法责令公司停止相关经营活动；(5)依法查询涉嫌违法的公司的银行账户；(6)法律、行政法规规定的其他职权。

(四)行政处罚

对于未经设立登记从事经营活动，或者提交虚假材料或采取其他欺诈手段隐瞒重要事实取得市场主体登记的，又或者虚假出资、未办理变更登记等违法行为，公司登记机关和市场监督管理部门可依法对其施予行政处罚。

第三节　公司章程

一、公司章程及特性

(一)公司章程的概念

公司章程，是指公司依法制定的，规定公司名称、住所、经营范围、经营管理制度等重大事项的基本文件，也是公司必备的规定公司组织及活动基本规则的书面文件。

(二)公司章程的特性

1. 法定性

公司章程的法律地位、主要内容及修改程序、效力都由法律强制规定，任何公司都不得违反。公司章程是公司设立的必备条件之一，无论是设立有限责任公司还是设立股份有限公司，都必须由全体股东或发起人订立公司章程，并且必须在公司设立登记时提交公司登记机关进行登记。

2. 真实性

公司章程记载的内容必须是客观存在的、与实际相符的事实。

3. 自治性

公司章程是公司依法自行制定的一种行为规范，体现了公司股东的意思。公司章程作为公司最高效力的规章制度，其效力及于公司和相关当事人，由公司自己执行而通常无须施加国家强制力实施。公司章程作为公司内部规章，是公司的宪章，但其效力仅及于公司和相关当事人，而不具有普遍的约束力。

4. 公开性

对股份有限公司而言，公司章程的内容不仅要对投资人公开，还要对包括债权人在内的一般社会公众公开。

（三）公司章程的制定与修改

1. 公司章程的制定

有限责任公司章程由股东共同制定，经全体股东一致同意，由股东在公司章程上签名盖章。

股份有限公司章程由发起人制定，经出席创立大会的认股人所持表决权的半数以上通过。

2. 公司章程的修改

有下列情形之一的，公司应当修改章程：（1）《公司法》或有关法律、行政法规修改后，章程规定的事项与修改后的法律、行政法规的规定相抵触；（2）公司的情况发生变化，与章程记载的事项不一致；（3）股东大会决定修改章程。

有限责任公司修改公司章程，必须经代表 2/3 以上表决权的股东通过。股份有限公司修改公司章程，必须经出席股东大会的股东所持表决权的 2/3 以上通过。

二、公司章程的内容

有限责任公司章程应当载明下列事项：（1）公司名称和住所；（2）公司经营范围；（3）公司注册资本；（4）股东的姓名或者名称；（5）股东的出资方式、出资额和出资时间；（6）公司的机构及其产生办法、职权、议事规则；（7）公司法定代表人；（8）股东会会议认为需要规定的其他事项。股东应当在公司章程上签名、盖章。

股份有限公司章程应当载明下列事项：（1）公司名称和住所；（2）公司经营范围；（3）公司设立方式；（4）公司股份总数、每股金额和注册资本；（5）发起人的姓名或者名称、认购的股份数、出资方式和出资时间；（6）董事会的组成、职权和议事规则；（7）公司法定代表人；（8）监事会的组成、职权和议事规则；（9）公司利润分配办法；（10）公司的解散事由与清算办法；（11）公司的通知和公告办法；（12）股东大会会议认为需要规定的其他事项。

三、公司章程的效力及救济

(一)公司章程的效力

1. 时间效力

公司章程从公司成立到公司终止,一直有效。

2. 对人的效力

公司章程一经生效,即发生法律约束力。公司章程的社团规章特性,决定了公司章程的效力及于公司及股东成员,同时对公司的董事、监事、经理具有约束力。《公司法》第五条规定:"设立公司应当依法制定公司章程。公司章程对公司、股东、董事、监事、高级管理人员具有约束力。"第一百七十九条规定:"董事、监事、高级管理人员应当遵守法律、行政法规和公司章程。"第一百八十条规定:"董事、监事、高级管理人员对公司负有忠实义务,应当采取措施避免自身利益与公司利益冲突,不得利用职权牟取不正当利益。董事、监事、高级管理人员对公司负有勤勉义务,执行职务应当为公司的最大利益尽到管理者通常应有的合理注意。"

(二)违法的公司章程之纠正

1. 提议修改

如果发现公司章程存在着违法之处,股东、董事、监事以及公司的其他高级管理人员可以向公司董事会或者监事会提出,要求通过一定的程序进行修改。

2. 无效之诉

如果股东认为公司章程的内容违法侵害到了自己的权利,可通过协商等方式解决,协商不成的,可以向人民法院提起诉讼要求认定公司章程的某个条款无效。

3. 向行政机关要求责令修改

由于公司章程提交给市场主体登记机关备案,该机关有审核的权利和义务,相关当事人也可直接向市场主体登记机关反映,要求其责令公司修改。

第四节　公司变更

一、公司组织形式的变更

(一)概念

公司组织形式变更,简称为公司形式变更,是指在不中断公司法人资格的情况下,变更公司的组织形式,使之变为另一种类型的公司的法律行为和程序。

变更的情形主要有无限公司与两合公司之间的形式变更、有限责任公司与股份有限公司之间的形式变更、资合公司与人合公司之间的形式变更、非公司与公司之间的变更、不同所有制公司之间的变更等。

(二)条件

符合法律的规定,且形成公司股东会决议。

(三)程序

公司组织形式的变更,首先应当拟定变更方案,通过变更决议、编制资产负债表和财产目录;其次应当提交符合法定变更,尤其是新形式所需的材料;如果涉及增加资本的需依法满足规定的条件和按照相应的程序办理公开募集股份手续;最后是办理变更登记手续。

(四)法律效果

为了减轻交易成本和避免繁琐的清算手续,原则上,在性质相近的公司之间的变更可通过变更登记进行处理。变更后,公司按照新组织形式对外开展活动并承担相应的责任。

二、公司的合并

(一)公司合并的概念

公司合并,是指两个或两个以上的公司依照公司法规定的条件和程序,通过订立合并协议,共同组成一个公司的法律行为。

(二)公司合并的形式

公司的合并,可分为吸收合并和新设合并两种形式。

吸收合并,又称存续合并,是指通过将一个或一个以上的公司并入另一个公司的方式而进行公司合并的一种法律行为。

新设合并,是指两个或两个以上的公司以消灭各自的法人资格为前提而合并组成一个公司的法律行为。

例如,世界最大的两家轨道交通装备制造商——"中国北车"和"中国南车"于2014年合并成为"中国中车股份有限公司"。[1]

(三)公司合并的程序

公司合并,应当由合并各方签订合并协议,并编制资产负债表及财产清单。公司应当自作出合并决议之日起10日内通知债权人,并于30日内在报纸上公告。债权人自接到通知书之日起30日内,未接到通知书的自公告之日起45日内,可以要求公司清偿债务或者提供相应的担保。

(四)公司合并的法律效果

吸收合并的,并入的公司解散,其法人资格消失;接受合并的公司继续存在,并办理变更登记手续。

新设合并的,原有各方公司的法人资格均告消失;新组建公司办理设立登记手续取得法人资格。

公司合并时,合并各方的债权、债务,应当由合并后存续的公司或者新设的公司承继。

三、公司的分立

(一)公司分立的概念

公司分立是指原有的一个公司分成两个或两个以上独立公司的法律行为。

---

[1] 《中国南车北车合并 变身"中国中车"》,载中国政府网:https://www.gov.cn/xinwen/2014-12/31/content_2798737.htm,2024年6月1日访问。

(二)公司分立的分类

1. 存续分立

派生分立，是指在保留本公司的基础上，另外派生出一个或两个以上的公司的分立过程。本公司继续存在但注册资本减少，原股东在本公司、新公司的股权比例可以不变。在实践中，总公司为了实现资产扩张，降低投资风险，往往把其分公司改组成具有法人资格的全资子公司。此时总公司亦转化为母公司，母公司仅以其投资额为限对新设子公司债务负有限责任。

2. 解散分立

解散分立，是指一个公司分散为两个以上公司，本公司解散并设立两个以上新的公司的分立过程。

(三)公司分立的程序及要求

第一，董事会拟订分立方案报股东大会作出决议。公司分立方案由董事会拟订并提交股东大会讨论决定；股东大会作出分立决议，必须经出席会议的股东所持表决权的 2/3 以上通过。

第二，由分立各方，即原公司股东就分立的有关具体事项订立协议。

第三，依法办理有关审批手续。股份有限公司分立，必须经国务院授权的部门或者省级人民政府批准。

第四，呈报并处理债权、债务等各项分立事宜。公司分立，如需政府管理部门批准的，应获得批准。《公司法》第一百七十二条规定："国有独资公司不设股东会，由履行出资人职责的机构行使股东会职权。履行出资人职责的机构可以授权公司董事会行使股东会的部分职权，但公司章程的制定和修改，公司的合并、分立、解散、申请破产，增加或者减少注册资本，分配利润，应当由履行出资人职责的机构决定。"应当编制资产负债表及财产清单。公司应当自作出分立决议之日起十日内通知债权人，并于 30 日内在报纸上公告。《公司法》第二百二十二条规定："公司分立，其财产作相应的分割。公司分立，应当编制资产负债表及财产清单。公司应当自作出分立决议之日起十日内通知债权人，并于三十日内在报纸上或者国家企业信用信息公示系统公告。"

第五，依法办理变更登记手续。因分立而存续的公司，其登记事项发生变化的，应当申请变更登记；因分立而解散的公司，应当申请注销登记；因分立而新设立的公司，应当申请设立登记。公司应当自分立决议或者决定作出之日起 45 日后申请登记。《公司法》第三十四条规定，公司登记事项发生变更的，应当依法办理变更登记。公司登记事项未经登记或者未经变更登记，不得对抗善意相对人。

(四)公司分立的法律效果

《公司法》第二百二十三条规定："公司分立前的债务由分立后的公司承担连带责任。但是，公司在分立前与债权人就债务清偿达成的书面协议另有约定的除外。"

四、公司并购与控制权转让

(一)公司并购

公司并购，又称企业并购(Mergers and Acquisitions，M&A)，是指公司法人在平等自愿、等价有偿基础上，以一定的经济方式取得其他法人产权的兼并与收购行为。公司并购，属于企业进行资本运作和经营的一种主要形式，包括兼并和收购两层含义、两种方式，主要包括公司合并、资产收购、股权收购三种形式。

公司作为一个资本组织，必然谋求资本的最大增值，公司并购作为一种重要的投资活动，产生的动力主要来源于追求资本最大增值的动机，以及源于竞争压力等因素，但是就单个公司的并购行为而言，又会有不同的动机和在现实生活中不同的具体表现形式，不同的企业根据自己的发展战略确定并购的动因。

公司并购的形态有：(1)横向并购，是指同属于一个产业或行业，或产品处于同一市场的公司之间发生的并购行为，可以扩大同类产品的生产规模、降低生产成本、消除竞争、提高市场占有率。(2)纵向并购，是指生产过程或经营环节紧密相关的公司之间的并购行为，可以加速生产流程、节约运输、仓储等费用。(3)混合并购，是指生产和经营彼此没有关联的产品或服务的企业之间的并购行为，主要目的是分散经营风险、提高企业的市场适应能力。

2010年9月《国务院关于促进企业兼并重组的意见》出台，明确了进一步贯彻落实重点产业调整和振兴规划，做强做大优势企业。以汽车、钢铁、水泥、机械制造、电解铝、稀土等行业为重点，推动优势企业实施强强联合、跨地区兼并重组、境外并购和投资合作，提高产业集中度，促进规模化、集约化经营，加快发展具有自主知识产权和知名品牌的骨干企业，培养一批具有国际竞争力的大型企业集团，推动产业结构优化升级。

继申通、圆通、韵达通过借壳相继在A股上市后，顺丰也终于通过与明德控股置换股权的方式，于2017年2月24日在深交所借壳上市。上市当天，顺丰控股市值已达2300亿元，超过了众多老牌上市公司。①

2023年10月中央金融工作会议明确基调，加快建设金融强国将是贯穿未来资本市场发展的主题。2024年年初，证监会明确提出要提高对重组估值的包容性，将进一步优化重组"小额快速"审核机制，支持"两创"公司并购同行业或上下游、与主营业务具有协同效应的优质标的，支持上市公司之间的吸收合并，鼓励上市公司通过并购重组提高质量。

(二)公司控制权转让

公司控制权，是指排他性的公司决策权。控制权来源于所有权，但随着现代公司股权高度分散，各股东对公司不具有绝对控股的优势，衍生出公司所有权与控制权分离的模式，公司的实际控制权按照公司章程的规定掌握在不同人的手中。

公司有股东会、董事会、经理三级机构，而三级机构又有不同的职权。正常情况下，按占股比例行使表决权是控制公司的最主要形态。但是，《公司法》第六十六条规定："股东会会议由股东按照出资比例行使表决权；但是，公司章程另有规定的除外"，第六十七条规定："股东会的议事方式和表决程序，除本法有规定的外，由公司章程规定"，第七十三条规定："董事会的议事方式和表决程序，除本法有规定的外，由公司章程规定"，结合关于董事"公司章程规定的其他职权"以及"公司章程对经理职权另有规定的，从其规

① 《借壳上市完成顺丰控股今日登陆深交所股价涨逾9%》，载云财经网：https://www.yuncaijing.com/news/id_8117263.html，2024年6月1日访问。

定"的内容分析，公司在日常的经营管理方面的实际控制权的设置，也可能是灵活多样的。理论上，公司的控制权，可以从股权、股东会、董事会、董事长、管理层、法定代表人等多个层面来设置，股东会和董事会会议，只不过是落实公司控制权的重要手段而已。

按照公司法的规定，股东会会议由股东按照出资比例行使表决权。因此，在股东按照出资比例行使表决权的情况下，只有在持股达到67%才可能形成控制2/3以上表决权，才会对公司的重大事项享有决定权。

公司控制权转让，实际上是公司股权的转让达到了使受让人对公司重大事项享有决定权的状态。

如果公司控制权未能较好地设置，就容易出现接控制权而一意孤行或者因势均力敌而出现公司僵局。

所谓公司僵局，是指公司在存续运行中由于股东、董事之间矛盾激化而处于僵持状态，导致股东会、董事会等公司机关不能按照法定程序作出决策，从而使公司陷入无法正常运转，甚至瘫痪的状况。

公司僵局产生的制度性土壤是公司内部中公司决策和管理所实行的是多数决制度。股东会、董事会和监事会通过任何决议都需要至少代表半数的表决权或人数的同意，对于股东大会增加资本、减少资本、分立合并、解散或变更公司形式以及修改公司章程等特别决议事项须代表2/3以上的表决权同意，有的公司章程甚至规定了更高的表决多数。在股东表决权对等化、各方股东派任的董事人数基本相当或相同之情形下，一旦股东或董事之间发生了矛盾和冲突升级，甚至完全对抗，任何一方可能都无法形成公司法和公司章程所要求的表决多数，公司的各项决议无法通过，公司的僵局状态由此形成。

公司僵局不但市公司运行陷于瘫痪，股东预期的投资目的无法实现，导致公司业务递减和效益下降、损害公司客户和员工利益。

因此，《公司法》允许公司章程作出特别约定，按照"约定优于法定"的精神处理，有利于预防和破解公司僵局，以保证公司能够正常运行。诚然，公司法也保留了最后的一种司法解决公司僵局的手段，即《公司法》第二百三十一条规定："公司经营管理发生严重困难，继续存续会使股东利益受到重大损失，通过其他途径不能解决的，持有公司全部股东表决权百分之十以上的股东，可以请求人民法院解散公司。"

> 甲公司成立，A 与 B 为甲公司股东，各占 50% 股权。B 任法定代表人和执行董事，A 任总经理兼监事。甲公司章程规定，股东按股权比例行使表决权，股东会决议需经代表二分之一以上表决权股东通过，公司解散等特殊事项决议需经三分之二以上通过，监事有权提议召开临时股东会。A、B 两股东矛盾深化，任何事情均无法达成一致。A 向人民法院起诉要求解散公司，最终二审支持了原告的诉请。股东间矛盾无法调和导致公司僵局，在满足公司法规定的情况下，可以解散公司，经营亏损不是解散公司的必要条件。[①]

---

① 《最高人民法院指导性案例：公司僵局解散公司不以公司经营亏损为条件》，载搜狐网：https：//www.sohu.com/a/742996847_121828338，2024 年 6 月 1 日访问。

第五节 公司终止

一、公司终止与解散

(一)公司终止

1. 概念

公司终止,是指公司根据法定程序彻底结束经营活动并使公司的法人资格归于消灭的事实状态和法律结果。

导致公司终止的原因有很多,包括公司经营期限届满、解散、破产等。在竞争日益白热化的今天,无论是生产、销售的实体经营模式,还是上市公司的资金运作模式,一旦失去了竞争力,就很容易被淘汰。

日本的第一盏白炽灯、第一台电风扇、第一台水轮发电机、第一台电动冰箱与洗衣机、第一台晶体管电视,奠定了日后笔记本电脑的标准形态全球第一台笔记本电脑 T1100 的制造商——有 18 万名员工、声名赫赫的巨无霸公司东芝,在经历了 148 年(1875 年成立)、上市 74 年后于 2023 年 10 月 12 日却突然宣布退市了。[1]

常言道"胜败乃兵家常事",谁能够跟随市场的脉搏跳动,谁才是王者。

诺基亚公司成立于 1865 年,总部位于芬兰埃斯波。诺基亚公司最早其实是以伐木、造纸为主业的工业企业,但是随着全球通信技术的发展,诺基亚投身于通信领域成为一家著名的手机制造商,从 1996 年开始诺基亚手机便连续 15 年占据手机市场份额 TOP1 的宝座;到了 2003 年诺基亚 1100 机型已经在全球累计销售超过了 2 亿台。诺基亚手机被冠为"性价比之王""功能机战神",其机身性能更是被广大网友交口称赞。2010 年前后,全球智能机迎来大爆发,诺基亚当时因未能及时跟进而黯然退出手机市场。但公司 2022 年第三季度的财报数据显示,其最大的收入来源就是旗下的 5G 通信服务专利技术,利润达到了 6.58 亿欧元、折合人民币约 47 亿元,净利润也达到了 30 亿元人民币。诺基亚早已迈出前瞻性的一步,开始着手布局 6G 时代的专利技术,为下一个生存期做好了准备。[2]

2. 公司终止的原因

---

① 《百年制造业巨头一度资不抵债!上市 74 年,日本东芝年底退市》,载央视财经:https://baijiahao. baidu. com/s? id=1779633701291024503&wfr=spider&for=pc,2024 年 6 月 1 日访问。

② 《一个季度狂赚 47 亿:"死掉"的诺基亚,是如何重生的?》,载北向财经:https://baijiahao. baidu. com/s? id=1752711878192419445&wfr=spider&for=pc,2024 年 6 月 1 日访问。

(二)公司解散

1. 概念

公司解散，是指已经成立的公司，因公司章程或者法定事由出现而停止公司的对外经营活动，并开始公司的清算，处理未了结事务从而使公司法人资格消灭的法律行为。

根据公司解散是否属于自愿，公司的解散可分为：(1)任意解散事由(如营业期限届满、公司章程规定的其他解散事由出现、股东会决议解散、公司因合并或分立而解散)；(2)强制解散事由(行政机关决定解散、行政机关责令关闭、被吊销营业执照等)；(3)司法解散事由(公司僵局)。

2. 公司解散的原因

《公司法》第二百二十九条规定："公司因下列原因解散：(1)公司章程规定的营业期限届满或者公司章程规定的其他解散事由出现；(2)股东会决议解散；(3)因公司合并或者分立需要解散；(4)依法被吊销营业执照、责令关闭或者被撤销；(5)人民法院依照本法第二百三十一条的规定予以解散。"

二、公司解散清算的方式与程序

(一)公司解散清算的概念

公司解散清算，是公司因经营期满，或者因经营方面的其他原因致使企业不宜或者不能继续经营时，自愿或被迫宣告解散而进行的清算活动。

除因合并、分立而解散外，在其他解散的情形下，公司均需进行清算。通过清算，结束解散公司的既存法律关系，分配剩余财产，从而最终消灭其法人资格。

无论一个公司过去曾经是多么的"辉煌"，亦无论其法定代表人如何的"光鲜"，只要企业断了现金流、出现了资不抵债、不能清偿到期债务，公司可能就会一夜间"崩盘"。

某房企，曾是中国房地产业界的"巨无霸"，但其债务黑洞总额竟然高达2.4万亿，堪称我国史上最大的破产案。该房企其中合约负债6039.8亿元后，其他负债约1.78万亿元。6000多亿元的合约负债，基本上就是业主们付给该企业的购房款。以在三四线城市50万元一套计算，意味着该企业有120万套房子等待交付。按照买房需要掏空三个家庭(夫妻、双方的父母)来计算，这120万套房子背后关联到360万个家庭，大约是1000万人。[①]

某某园作为中国最大的房企，在地产市场上有着举足轻重的地位。其销售额占全国房企销售额的10%以上，其土地储备占全国土地储备的5%以上。但2023年上半年，该公司就曾预计亏损450亿~550亿元。该公司的总负债高达1.6万亿，其中有息负债超过3000亿元。在资金紧张和销售下滑的双重夹击下，该公司能否渡过难关，

---

① 《史上最大破产案诞生？至少波及1000万人》，载腾讯网：https://new.qq.com/rain/a/20240206A00MPV00，2024年6月1日访问。

引发了社会的广泛关注。[①]

(二)解散清算的方式

通常，公司自行决定进行清算的，应当依法组成清算组进行清算。《公司法》第二百三十二条规定："公司因本法第二百二十九条第一款第一项、第二项、第四项、第五项规定而解散的，应当清算。董事为公司清算义务人，应当在解散事由出现之日起十五日内组成清算组进行清算。清算组由董事组成，但是公司章程另有规定或者股东会决议另选他人的除外。清算义务人未及时履行清算义务，给公司或者债权人造成损失的，应当承担赔偿责任。"第二百三十三条规定："公司依照前条第一款的规定应当清算，逾期不成立清算组进行清算或者成立清算组后不清算的，利害关系人可以申请人民法院指定有关人员组成清算组进行清算。人民法院应当受理该申请，并及时组织清算组进行清算。"第二百三十七条规定："清算组在清理公司财产、编制资产负债表和财产清单后，发现公司财产不足清偿债务的，应当依法向人民法院申请宣告破产。人民法院受理破产申请后，清算组应当将清算事务移交给人民法院指定的破产管理人。"

> 从 1993 年到 2019 年的二十多年时间里，某航空集团公司从单一的地方航空运输企业发展成为一家知名的跨国企业集团，集团旗下控股的航空公司就高达 14 家，集团有参与管理的机场达到 13 家，飞机近 900 架，年收入高达 6000 多亿人民币，曾在 2019 年中国民营企业 500 强榜单中仅次于华为而位列第二位。但在 2021 年 1 月底，海南省高级人民法院向其发出了破产重组的通知书，到了 2021 年 3 月的时候，最终裁定对某航集团进行合并重整。重组后海航集团被一拆为四：金融板块、机场板块、商业及航空板块和其他板块。[②]

(三)解散清算的程序

《公司法》第二百三十六条规定："清算组在清理公司财产、编制资产负债表和财产清单后，应当制订清算方案，并报股东会或者人民法院确认。公司财产在分别支付清算费用、职工的工资、社会保险费用和法定补偿金，缴纳所欠税款，清偿公司债务后的剩余财产，有限责任公司按照股东的出资比例分配，股份有限公司按照股东持有的股份比例分配。清算期间，公司存续，但不得开展与清算无关的经营活动。公司财产在未依照前款规定清偿前，不得分配给股东。"

(四)公司解散的效力

《公司法》第二百三十九条规定："公司清算结束后，清算组应当制作清算报告，报股东会或者人民法院确认，并报送公司登记机关，申请注销公司登记。"

---

① 《×××若倒下，产生的连锁反应，到底有多可怕?》，载腾讯网：https：//new.qq.com/rain/a/20230813A07ATK00/，2024 年 6 月 1 日访问。
② 《中国第二大民企"倒了"，集团被拆分，创始人"净身出户"》，载网易网：https：//www.163.com/dy/article/GNGUH0TO053970AR.html，2024 年 6 月 1 日访问。

第三编　期货和衍生品法与证券法

第八章　期货和衍生品法

【教学目的和要求】通过本章的学习，识记期货交易和衍生品交易的概念和法律特征，理解期货交易参与者的种类及职责，掌握期货交易和衍生品交易的基本规则。了解期货市场监管的方式和手段，掌握现代监管的相关理念。

【重点和难点】期货和衍生品交易的定义；期货交易法律关系；我国期货法律体系；期货交易的参与主体；期货经营机构的特殊义务；期货和衍生品交易规则；期货市场监管

第一节　期货和衍生品法概述

一、期货交易及其法律特征

（一）期货交易的相关概念

期货交易始于远期交易，随后出现了期货交易和期权交易，现在正发展出其他金融衍生品交易，从而形成了期货交易、期权交易及其他金融衍生品交易三种形态。[1] 狭义上的期货交易被称为期货合约交易，是指以期货合约为交易标的的买卖活动。广义上的期货交易既包括以期货合约和期权合约为标的的买卖活动，还包括远期合约交易，以及其他金融衍生品交易。

期货合约，是指由期货交易所统一制定的、在将来某一特定时间和地点交割一定数量标的物的标准化合约。因此，根据期货合约所对应的现货为标准划分，期货合约包括商品期货合约、金融期货合约及其他期货合约。[2]

期权合约，是指规定买方有权在将来某一时间以特定价格买入或者卖出约定标的物（包括期货合约）的合约。[3]

远期合约，是指买卖双方约定，在将来某个指定的时间，按照约定价格买入或卖出某种产品的合约，其属于非标准化合约，通常在场外市场进行。

其他金融衍生品合约主要是掉期或互换合约，是指买卖双方在未来某一时期相互交换

---

[1] 牛建高、杨亮芳、王千红等主编：《金融学》，东南大学出版社 2021 年版，第 328 页。

[2] 薛克鹏主编：《经济法学》，中国政法大学出版社 2018 年版，第 465 页。

[3] 冯果、余猛：《期货交易与赌博的法律关系之辨》，载《中国法律评论》2021 年第 2 期，第 195 页。

某种资产的合约，较为常见的是货币互换合约和利率互换合约。[1]

(二)我国期货交易的含义

根据《中华人民共和国期货和衍生品法》(以下简称《期货和衍生品法》)第三条的规定，期货交易是指以期货合约或者标准化期权合约为交易标的的交易活动。

衍生品交易，是指期货交易以外的，以互换合约、远期合约和非标准化期权合约及其组合为交易标的的交易活动。[2]

> 自 2022 年 8 月 1 日《期货和衍生品法》施行以来，截至 2023 年 8 月底，中国共上市期货期权品种 121 个，较 2018 年底增加 60 个；目前已有 46 个商品、股指期货及期权产品面向 QFII/RQFII(合格境外机构投资者/人民币合格境外机构投资者)开放交易。日益丰富的期货和期权品种体系进一步扩大了期货和衍生品市场服务实体经济的深度和广度。[3]

(三)期货交易的基本原则

《期货和衍生品法》第六至第八条规定了期货和衍生品市场活动需遵循的基本原则：

1. 公开、公平、公正的原则

公开原则是指期货交易和衍生品交易活动应当依法披露，保障交易者知悉市场信息并作出交易决策。如针对期货交易，《期货和衍生品法》第十一条第一款规定采用公开的集中交易方式或者国务院期货监督管理机构批准的其他方式进行；第二十五条规定，收费项目、收费标准和管理办法应当公开；第八十八条第一款规定，期货交易场所应当实时公布期货交易即时行情，并按交易日制作期货市场行情表，予以公布；第八十九条第二款规定，因突发性事件导致期货交易结果出现重大异常，按交易结果进行结算、交割将对期货交易正常秩序和市场公平造成重大影响的，期货交易场所可以按照业务规则采取取消交易等措施，并应当及时向国务院期货监督管理机构报告并公告。针对衍生品交易，第三十六条规定，国务院授权的部门、国务院期货监督管理机构应当建立衍生品交易报告库，对衍生品交易标的、规模、对手方等信息进行集中收集、保存、分析和管理，并按照规定及时向市场披露有关信息。此外，第一百零五条第一款还要求国务院期货监督管理机构维护市场公开、公平、公正；第一百一十一条规定，国务院期货监督管理机构制定的规章、规则和监管工作制度应当依法公开，依据调查结果对期货违法行为作出的处罚决定也应当公开；第一百一十二条要求当事人承诺制度下，国务院期货监督管理机构中止或者终止调查的，应当按照规定公开相关信息。公开原则的要求，与保护商业秘密、个人信息等要求并不矛盾，第五十五条规定：期货经营机构、期货交易场所、期货结算机构、期货服务机构及其工作人员应当依法为交易者的信息保密，不得非法买卖、提供或者公开交易者的信息；期货经营机构、期货交易场所、期货结算机构、期货服务机构及其工作人员不得泄露

---

[1] 王婷婷、李婕、李尚桦等主编：《金融法学》，中国政法大学出版社 2021 年版，第 454 页。

[2] 《期货和衍生品法》第三条。

[3] 邱海峰：《中国期货市场发展显成效》，载《人民日报海外版》2023 年 9 月 12 日，第 3 版。

所知悉的商业秘密。公平原则强调的是期货市场和衍生品市场的各个参与者在法律地位上平等，在期货交易和衍生品交易中有平等机会，公平竞争。公平原则与对普通交易者的侧重保护并不矛盾，如第五十一条对普通交易者与期货经营机构发生纠纷时的举证责任倒置作了规定，第五十六条对普通交易者的强制调解请求权作了规定，这些制度安排体现了公平原则的实质要求。公正原则是指在期货交易和衍生品交易活动中适用统一的制度和行为规则，公正地对待各方当事人。期货市场和衍生品市场各方参与者同样受到法律的保护，违法行为同样受到法律制裁。[①]

2. 禁止欺诈、操纵市场和内幕交易行为的原则

诚实信用原则既是民事活动的基本原则，也是市场经济活动的基本要求。参与市场经济活动的主体行使权利、履行义务应当讲诚实、重诺言、守信用，不得以欺诈蒙骗等有悖于诚实信用原则的方法从事市场经济活动。在期货交易和衍生品交易活动中，违背诚实信用原则实施欺诈、内幕交易和操纵市场的行为，破坏市场的公平竞争，扭曲市场正常的供求关系，损害交易者的合法权益，扰乱期货市场和衍生品市场正常秩序，危害市场健康发展，必须予以禁止。

3. 自愿、有偿、诚实信用的原则

期货交易和衍生品交易属于民事活动。按照《民法典》的相关规定，民事主体在民事活动中的法律地位一律平等；民事主体从事民事活动，应当遵循自愿原则，按照自己的意思设立、变更、终止民事法律关系；民事主体从事民事活动，应当遵循诚信原则，秉持诚实，恪守承诺。期货交易和衍生品交易活动的当事人，应当遵守民法的基本原则，在相关活动中遵循平等、自愿、有偿、诚信的基本原则。

4. 集中统一监督管理原则

随着我国期货市场的快速发展，交易品种、交易规模和交易者数量不断增加和扩大，为维护期货市场公开、公平、公正，防范系统性风险，维护交易者合法权益，促进期货市场健康发展，由国务院期货监督管理机构对全国期货市场实行集中统一监管是非常必要的。

(四)期货交易的法律关系

1. 期货交易的主体

期货交易的主体包括期货交易者、期货交易所、期货经营者、监管组织等。

期货交易者，即买入或卖出期货和期权合约的当事人，可称之为买方或卖方，或统称为买卖双方或交易双方。由于期货交易者必须通过期货经营机构，才能从事期货合约的买卖，因而，期货经营机构将期货交易者称为客户。

期货交易所，也即期货市场组织者，是指依法经批准设立，制定期货和期权标准化合约，组织该标准化合约上市交易，提供期货合约成交和交收服务的期货交易场所。

按照《期货和衍生品法》的规定，期货交易应当在依法设立的期货交易所或者国务院期货监督管理机构依法批准组织开展期货交易的其他期货交易场所，采用公开的集中交易

---

① 王瑞贺、方星海主编：《中华人民共和国期货和衍生品法释义》，法律出版社 2022 年版，第 12 页。

方式或者国务院期货监督管理机构批准的其他方式进行。禁止在期货交易场所之外进行期货交易。衍生品交易，可以采用协议交易或者国务院规定的其他交易方式进行。[1]

期货经营者是接受期货交易者的委托，为期货交易者办理期货和期权合约的成交、清算、交收等服务的专业经营者。

按照期货交易的一般规则，能够进入期货交易所从事期货交易的，仅限于期货交易所认可的期货经营者。期货交易者从事期货交易时，必须委托期货经营者，才能从事证券交易所组织的期货交易。[2]

2. 期货交易的客体

期货交易的客体是期货合约、期权合约、互换合约、远期合约和非标准化期权合约。

期货合约，是指期货交易场所统一制定的、约定在将来某一特定的时间和地点交割一定数量标的物的标准化合约。

期权合约，是指约定买方有权在将来某一时间以特定价格买入或者卖出约定标的物（包括期货合约）的标准化合约。

互换合约，是指约定在将来某一特定时间内相互交换特定标的物的金融合约。

远期合约，是指期货合约以外的，约定在将来某一特定的时间和地点交割一定数量标的物的金融合约。

非标准化期权合约，是指根据交易双方的需求进行个性化定制，约定买方有权在将来某一时间以特定价格买入或者卖出约定标的物（包括期货合约）的非标准化合约。

3. 期货交易的内容

期货交易的内容，是指期货交易买方和卖方的权利。期货合约不同于期权合约，期货合约和期权合约的买方、卖方的权利义务有区别。

（1）期货合约交易的内容。期货合约载明了在未来某个时间，以约定价格买入或卖出标的物的内容，期货交易者在买入期货合约时，相当于做出了在未来某个时间、以约定价格买入标的物的承诺；期货交易者在卖出期货合约时，相当于做出了在未来某个时间，以约定价格卖出标的物的承诺。

（2）期权合约交易的内容。按照期权合约的通常规则，期权合约的买方在支付权利金后，即取得在未来特定期限内依照特定价格和数量等条件，买入或卖出约定的标的物的权利；期权合约的卖方根据买方的要求，应当承担依约履行的义务，或者按照双方约定结算差价。[3]

二、期货交易立法

（一）期货交易的立法模式

1. 单独立法模式

单独立法模式是单独制定期货法或者期货交易法规制期货交易关系。例如美国国会制

---

① 《期货和衍生品法》第十一条。
② 《商法学》编写组：《商法学》（第二版），高等教育出版社 2022 年版，第 313~314 页。
③ 《商法学》编写组：《商法学》（第二版），高等教育出版社 2022 年版，第 315 页。

定的《期货交易法》以及新加坡制定的《证券期货法》和《商品交易法》。

2. 与证券交易合并立法模式

合并立法模式是合并规范证券和期货的交易规则的立法模式。例如我国香港地区专门制定了《证券与期货条例》。

3. 金融商品统一立法模式

统一立法模式顾名思义，就是将有关金融商品交易的规则纳入统一的法律文件中。日本和韩国均曾采用单独立法模式，现在则将期货交易规则纳入《金融商品交易法》或《资本市场统一法》。

(二)我国期货交易立法

我国期货交易立法模式是单独立法模式，目前，直接调整期货交易的专门规范主要有：

1. 法律

2022 年 4 月 20 日，十三届全国人大常委会第三十四次会议表决通过《中华人民共和国期货和衍生品法》，自 2022 年 8 月 1 日起施行。[1]

1990 年，郑州粮食批发市场开业，拉开了中国期货市场发展的序幕；1993 年，第八届全国人大常委会将"期货交易法"列入立法规划一类项目；1994 年 8 月，形成"期货交易法"第一次草稿；1999 年 6 月 2 日，《期货交易管理暂行条例》发布，于2007 年 4 月 15 日废止；2003 年，第十届全国人大常委会将"期货交易法"列入立法规划二类项目；2007 年 3 月 6 日，《期货交易管理条例》发布；2007 年 6 月，形成"期货交易法"第二次草稿。第十一届全国人大常委会将"期货法"列入立法规划二类项目；2013 年 9 月，第十二届全国人大常委会将"期货法"列入立法规划二类项目；2015 年 6 月，形成"期货交易法"第三次草稿；2017 年 11 月 3 日，第十二届全国人大财政经济委员会第六十八次全体会议审议并原则通过了《期货法(草案)》。[2] 第十三届全国人大常委会将"期货法"列入立法规划二类项目；2020 年 11 月 11 日，第十三届全国人大财政经济委员会第四十四次全体会议审议并原则通过了《期货法(草案)》；2021 年 4 月 26 日，第十三届全国人大常委会第二十八次会议对《期货法(草案)》进行初次审议；2021 年 10 月 20 日，第十三届全国人大常委会第三十一次会议进行第二次审议，正式改名为《期货和衍生品法(草案)》。[3] 2022 年 4 月 18 日，第十三届全国人大常委会第三十四次会议进行第三次审议；2022 年 4 月 20 日，第十三届全国人大常委会第三十四次会议以 137 票赞成、1 票弃权、0 票反对表决通过了《中华人民共和

---

[1]　吴晓璐：《期货法 8 月 1 日起施行开启我国期货市场发展新篇章》，载《证券日报》2022 年 4 月 21 日，第 A03 版。

[2]　王健、张国胜：《〈期货和衍生品法〉：期货与衍生品市场法治建设的里程碑》，载《中国证券期货》2022 年第 2 期，第 6 页。

[3]　吴晓璐：《期货法 8 月 1 日起施行开启我国期货市场发展新篇章》，载《证券日报》2022 年 4 月 21 日，第 A03 版。

国期货和衍生品法》。

证监会表示，本次期货法制定，以习近平新时代中国特色社会主义思想为指导，贯彻落实中央关于完善资本市场基础制度建设的决策部署，以服务实体经济、防控金融风险、深化金融改革为出发点和落脚点，坚持市场化、法治化、国际化方向，全面系统规定了期货市场和衍生品市场各项基础制度，为打造一个规范、透明、开放、有活力、有韧性的资本市场提供了坚强的法治保障，具有非常重要而又深远的意义。①

期货法统筹考虑期货市场和衍生品市场，将衍生品交易纳入法律调整范围，充分吸收二十国集团在全球金融危机后达成的加强衍生品监管的共识，借鉴国际成熟市场经验，确立了单一主协议、终止净额结算、交易报告库等衍生品交易基础制度，并授权国务院制定具体管理办法。②

2. 行政法规

有关期货交易的行政法规主要是国务院于 2007 年颁布的《期货交易管理条例》，该条例分别于 2012 年和 2017 年进行了修订。

3. 司法解释

规范期货交易的司法解释有《最高人民法院关于审理期货纠纷案件若干问题的规定》《最高人民法院关于审理期货纠纷案件若干问题的规定(二)》。

4. 部门规章

中国证监会发布的关于期货市场的文件主要有：《期货交易所管理办法》《期货公司监督管理办法》《期货从业人员管理办法》《股票期权交易试点管理办法》等。

5. 自律规范

期货业协会发布的自律性规范有：《期货公司执行金融期货投资者适当性制度管理规则》《期货公司互联网开户规则》《期货公司互联网开户操作指南》等。

6. 期货交易规则

期货交易规则主要是由各期货交易所制定的，通常他们根据《期货交易管理条例》和相关规范性文件，制定了适用于本期货交易所的交易规则。

第二节　期货交易主体

一、期货交易者

期货交易者是指为了自己的利益，委托具有期货经纪业务资格的期货交易所会员，从事期货交易并自行承担期货交易损失和收益的自然人、法人和非法人组织。

我国现行法规称其为"期货投资者"，期货经营机构通常将向其申请开户的期货交易

① 《证监会细解期货法六大重点　强调维护金融安全》，载中国经济网：http://m.cnhubei.com/content/2022-04/21/content_14681648.html，2024 年 6 月 1 日访问。

② 吴晓璐：《期货法：开启我国期货市场发展新篇章》，载《中国外资》2022 年第 9 期，第 67 页。

者称为"客户"。

（一）资格

1. 消极资格

根据《期货交易管理条例》第二十五条，下列单位和个人不得从事期货交易，期货公司不得接受其委托为其进行期货交易：

（1）国家机关和事业单位；

（2）国务院期货监督管理机构、期货交易所、期货保证金安全存管监控机构和期货业协会的工作人员；

（3）证券、期货市场禁止进入者；

（4）未能提供开户证明材料的单位和个人；

（5）国务院期货监督管理机构规定不得从事期货交易的其他单位和个人。

2. 特殊资格

境外交易者符合条件可以直接在期货交易所从事境内特定品种的期货交易。直接入场交易的境外交易者应当具备下列条件：

（1）所在国（地区）具有完善的法律和监管制度；

（2）财务稳健，资信良好，具备充足的流动资本；

（3）具有健全的治理结构和完善的内部控制制度，经营行为规范；

（4）期货交易所规定的其他条件。

（二）种类

1. 自然人交易者与单位交易者

自然人交易者在实践中受到的特殊保护更多一些。例如，自然人投资者保证金损失在10万元以上的部分，按照90%的比例补偿；机构投资者保证金损失在10万元以上的部分，按照80%的比例补偿。[①]

2. 普通交易者和专业交易者

根据财产状况、金融资产状况、交易知识和经验、专业能力等因素，交易者可以分为普通交易者和专业交易者。专业交易者的标准由国务院期货监督管理机构规定。普通交易者与期货经营机构发生纠纷的，期货经营机构应当证明其行为符合法律、行政法规以及国务院期货监督管理机构的规定，不存在误导、欺诈等情形。期货经营机构不能证明的，应当承担相应的赔偿责任。[②]

3. 境内交易者与境外交易者

根据规定，境内交易者从事的交易品种相较于境外交易者限制较少。境外交易者只能从事境内特定品种的期货交易，且境内特定品种的期货交易实行交易者适当性制度。

4. 套期保值者、套利者与投机者

根据期货交易者的交易目的可以将交易者分为套期保值者、套利者和投机者。套期保值者，是指通过在期货市场上买卖与现货价值相等但交易方向相反的期货合约，来规避现

---

① 《期货投资者保障基金管理办法》第二十一条。

② 《期货和衍生品法》第五十一条。

货价格波动风险的机构或个人。套利者，是指利用期货市场和现货市场（期现套利）、不同的期货市场（跨市套利）、不同的期货合约（跨商品套利）或者同种商品不同交割月份（跨期套利）之间出现的价格不合理关系，通过同时买进卖出以赚取价差收益的机构或个人。①投机者，是指专门在期货市场上买卖期货合约，即看涨时买进、看跌时卖出以获利的机构或个人。②

二、期货经营机构

期货经营机构，是指接受期货交易者委托，为期货交易者办理期货交易的组织。

通常认为，期货经营机构只能是公司，不得采用独资企业或合伙企业的组织形式。

(一)期货公司的特殊性

1. 设立

期货公司的设立，除了遵循《期货和衍生品法》《期货交易管理条例》的规定外，还应遵循《公司法》的规定：最低注册资本限额不少于 1 亿元，且应当为实缴货币资本；主要股东及实际控制人必须有较好的盈利能力和良好信誉；须批准。国务院期货监督管理机构应当自受理期货公司设立申请之日起 6 个月内依照法定条件、法定程序和审慎监管原则进行审查，作出核准或者不予核准的决定，并通知申请人；不予核准的，应当说明理由。

据中国期货业协会数据显示，截至 2022 年 3 月末，全国共有 150 家期货公司，分布在 31 个辖区，前 3 个月，期货公司共实现营业收入 98.14 亿元，同比增长 5.86%，其中，手续费收入 69.04 亿元，占比 70.35%；共实现净利润 26.52 亿元，同比增长 22.39%。③

2. 治理

期货公司必须有健全的风险管理和内部控制制度。必须设置首席风险官、风险控制以及合规审查部门或岗位。在报告义务上，期货公司在其公司管理层受到处罚、风险监管指标不符合规定、客户重大违约等情形下，期货公司应当书面通知公司股东，并报告期货监督管理机构。④

3. 期货业务

期货公司经国务院期货监督管理机构核准可以从事下列期货业务：

期货经纪；期货交易咨询；期货做市交易；其他期货业务。

期货公司从事资产管理业务的，应当符合《证券投资基金法》等法律、行政法规的规

---

① 《在期货交易中要学会维护自身权益》，载中国经济网，http://views.ce.cn/view/society/201003/19/t20100319_1218460.shtml，2024 年 6 月 1 日访问。

② 赵新娥：《试析股指期货交易特点与投资策略》，载《财会月刊》2009 年第 2 期，第 34 页。

③ 吴晓璐：《期货法 8 月 1 日起施行开启我国期货市场发展新篇章》，载《证券日报》2022 年 4 月 21 日，第 A03 版。

④ 《期货交易管理条例》第二十一条。

定。未经国务院期货监督管理机构核准，任何单位和个人不得设立或者变相设立期货公司，经营或者变相经营期货经纪业务、期货交易咨询业务，也不得以经营为目的使用"期货""期权"或者其他可能产生混淆或者误导的名称。[①]

4. 营业禁止

根据规定，禁止期货经营机构从事下列损害交易者利益的行为：

向交易者作出保证其资产本金不受损失或者取得最低收益承诺；与交易者约定分享利益、共担风险；违背交易者委托进行期货交易；隐瞒重要事项或者使用其他不正当手段，诱骗交易者交易；以虚假或者不确定的重大信息为依据向交易者提供交易建议；向交易者提供虚假成交回报；未将交易者交易指令下达到期货交易场所；挪用交易者保证金；未依照规定在期货保证金存管机构开立保证金账户，或者违规划转交易者保证金；利用为交易者提供服务的便利，获取不正当利益或者转嫁风险；其他损害交易者权益的行为。

(二)期货公司的特殊义务

期货公司从事的业务不包括自营业务，主要是期货经纪、资产管理和投资咨询业务。期货交易者与期货公司存在委托和受委托的关系，委托关系的核心是信任。

1. 资金和交易安全保障义务

在资金安全方面，客户保证金存贮于在商业银行开立的期货结算资金账户内，期货公司不得通过现金收付或公司内部划转的方式办理出入金。

在交易安全方面，期货公司应当按照客户委托下达交易指令，并按照时间优先原则进行申报。期货公司应当在传递交易指令前对客户账户资金和持仓进行验证，并在每日结算后向客户提交交易结算报告，供客户确认。

2. 客户利益优先原则

期货公司不得从事自营业务；应当实行期货交易者适当性管理制度，应当遵守诚实信用原则，不得欺诈或误导客户，不得为了增加手续费收入而误导客户从事期货交易。

3. 风险揭示义务

期货公司在为客户办理业务之前，应当向客户提供风险说明书，并应当向客户解释期货交易的风险。对于以互联网方式下达交易指令的客户，期货公司应当对互联网交易风险进行特别提示。

党的二十大报告提出，支持中小微企业发展，深化简政放权、放管结合、优化服务改革。

> "支持中小微企业创新发展，事关经济社会发展全局和人民群众切身利益，也是高质量发展的题中应有之义。"中小微企业是就业的主要渠道、经济发展的生力军、创新的重要源泉，也是社会经济活力的重要来源。支持中小微企业发展对于扩大社会就业、优化经济结构、增强国民经济整体活力具有重要意义。
>
> 国务院办公厅《关于进一步加大对中小企业纾困帮扶力度的通知》进一步提出，推动期货公司为中小微企业提供风险管理服务，助力中小微企业运用期货套期保值工

[①]　《期货和衍生品法》第六十三条。

具应对原材料价格大幅波动风险。①

4. 客户信息保密义务

期货公司必须建立健全的客户信息保密规则，不得泄露和违法利用客户的信息，还必须加入期货业信息安全防护体系，提升信息系统安全运行的水平。

三、期货交易场所

期货交易场所是为期货交易提供专门的场所和设施，组织和监督期货交易，维护市场的公平、有序和透明，实行自律管理的组织。

(一)特点

(1)不以营利为目的。期货交易所属于不以营利为目的的组织。

(2)依法设立。设立、变更和解散期货交易所，应当由国务院期货监督管理机构批准。设立期货交易所应当制定章程。期货交易所章程的制定和修改，应当经国务院期货监督管理机构批准。②

(3)履行法定职责。期货交易所的法定职责包括以下：提供交易的场所、设施和服务；设计期货合约、标准化期权合约品种，安排期货合约、标准化期权合约品种上市；对期货交易进行实时监控和风险监测；依照章程和业务规则对会员、交易者、期货服务机构等进行自律管理；开展交易者教育和市场培育工作；国务院期货监督管理机构规定的其他职责。

期货交易场所不得直接或间接参与期货交易。未经国务院批准，期货交易场所不得从事信托投资、股票投资、非自用不动产投资等与其职责无关的业务。③

(4)实行自律管理。期货交易所还应当制定并实施期货交易所的交易规则及其实施细则，发布市场信息，监管会员及其客户、指定交割仓库、期货保证金存管银行及期货市场其他参与者的期货业务，承担查处违规行为的职责等。④

(二)类型

1. 金融期货交易所与商品期货交易所

金融期货交易所交易基于金融工具的期货合约，包括股指期货、国债期货等。中国金融期货交易所(CICF)作为专门的金融期货交易所，为各种金融期货产品提供交易服务。商品期货交易所主要交易实物商品，如农产品、能源、金属等。例如，东京工业品交易所(TOCOM)主要交易能源和贵金属期货，而东京粮食交易所(TGM)专注于农业期货。在中国，大连商品交易所(DCE)、上海期货交易所(上海期货交易所)和郑州商品交易所(郑州商品交易所)也是商品期货交易所的例子，每个交易所都交易不同的商品期货，如有色金属、煤炭、化工产品等。

---

① 张田苗：《"对症下药"解困境多管齐下送"福利"》，载《期货日报》2021年12月10日第4版。
② 《期货和衍生品法》第八十条。
③ 《期货和衍生品法》第八十五条。
④ 《期货交易所管理办法》第八条。

2. 会员制期货交易所与公司制期货交易所

会员制期货交易所和公司制期货交易所的主要区别体现在组织结构、法律责任、资金来源以及设立目的方面。具体如下：

(1)组织结构方面：会员制期货交易所通常是由全体会员共同出资组建的非营利法人，而公司制期货交易所则是由若干股东共同出资组建的以营利为目的的企业法人。

(2)法律责任方面：在会员制交易所中，会员除了分担经费和出资缴纳的款项外，不承担交易中的任何其他责任；相反，在公司制交易所中，股东除了缴纳股金外，还需要对交易所承担有限责任。[1]

(3)资金来源方面：会员制交易所的资金主要来源于会员缴纳的资格金等，其每年开支均从当年盈利和会员每年上缴的年会费中取得，而盈余部分并不作为红利分给会员，相比之下，公司制交易所的资金则来源于股东本人，且只要交易所盈利，就可以将利润作为红利在出资人中进行分配。[2]

(4)设立目的方面：会员制法人主体以公共利益为设立目的，公司制法人主体以利润为设立目的，利润分配给股东。

总的来说，会员制期货交易所和公司制期货交易所各有特点，它们通过不同的组织结构和运营方式为期货市场提供服务。

3. 专业期货交易所和兼业期货交易所

专业期货交易所是只提供期货交易服务的交易所。兼业期货交易所主要提供商品或证券现货上市交易，同时提供部分期货品种上市交易的交易所，例如上海证券交易所。

四、期货结算机构

(一)概念

期货结算机构是指依法设立，为期货交易提供结算、交割服务，实行自律管理的法人。

(二)类型

(1)独立型。独立型的期货结算结构是独立于期货交易所的期货结算机构。

(2)附属型。附属型的期货结算结构是附属于期货交易所的结算机构。

(3)证券结算机构。经国务院期货监督管理机构批准从事与证券业务相关的期货交易结算、交割业务的证券结算机构。

我国现有四家期货交易所均在期货交易所内部设立了专门的结算部门，负责办理本期货交易所的期货交易结算事务。我国现有的独立结算机构是中国证券登记结算有限责任公司，目前仅受托为上海、深圳证券交易所以及股份转让系统有限公司提供结算服务。

(三)职责

(1)组织期货交易的结算、交割；

---

[1]　蔡丽楠：《中英存托凭证发行法律制度差异性研究——基于沪伦通视角》，载《当代金融研究》2021年第2期，第114页。

[2]　王湘淳：《论我国期交所组织形式的选择》，载《河北法学》2018年第6期，第153页。

（2）按照章程和业务规则对交易者、期货经营机构、期货服务机构、非期货经营机构结算参与人等进行自律管理；

（3）办理与期货交易的结算、交割有关的信息查询业务；

（4）国务院期货监督管理机构规定的其他职责。

五、期货服务机构

(一)概念

期货服务机构是为期货交易提供支持和辅助功能的组织，主要包括会计师事务所、律师事务所、资产评估机构、期货保证金存管机构、交割库、信息技术服务机构等机构。

(二)职责

1. 会计师事务所、律师事务所、资产评估机构

会计师事务所、律师事务所、资产评估机构等期货服务机构接受期货经营机构、期货交易场所、期货结算机构的委托出具审计报告、法律意见书等文件，应当对所依据的文件资料内容的真实性、准确性、完整性进行核查和验证。

2. 交割库

交割库包括交割仓库和交割厂库等。交割库为期货交易的交割提供相关服务，应当符合期货交易场所规定的条件。期货交易场所应当与交割库签订协议，明确双方的权利和义务。

3. 提供信息技术系统服务的机构

为期货交易及相关活动提供信息技术系统服务的机构，应当符合国家及期货行业信息安全相关的技术管理规定和标准，并向国务院期货监督管理机构备案。国务院期货监督管理机构可以依法要求信息技术服务机构提供前款规定的信息技术系统的相关材料。

第三节　期货交易和衍生品交易制度

一、期货交易制度

(一)期货及期权新品种上市实行注册制

《期货与衍生品法》明确期货及期权新品种上市实行注册制，改变了过去国务院多部委联席审批制。这样，新品种上市的时间和流程将大幅缩短，进一步打开期货市场服务实体经济的空间。

《期货与衍生品法》第十七条规定：期货合约品种和标准化期权合约品种的上市应当符合国务院期货监督管理机构的规定，由期货交易场所依法报经国务院期货监督管理机构注册。期货合约品种和标准化期权合约品种的中止上市、恢复上市、终止上市应当符合国务院期货监督管理机构的规定，由期货交易所决定并向国务院期货监督管理机构备案。

(二)期货交易实行账户实名制

交易者进行期货交易的,应当持有证明身份的合法证件,以本人名义申请开立账户。任何单位和个人不得违反规定,出借自己的期货账户或者借用他人的期货账户从事期货交易。

(三)保证金制度

1. 概念

保证金是期货市场中的一种风险管理工具,是指作为信用担保预先交付的资金,用于保障合约的履行。

在期货交易中,期货交易者需要将其交易的期货合约价值的一定比例作为保证金支付给期货经营机构,期货经营机构作为期货交易所的结算会员,也要按照其交易的期货合约价值的一定比例,向期货交易所缴纳期货交易保证金。

保证金的形式包括现金,国债、股票、基金份额、标准仓单等流动性强的有价证券,以及国务院期货监督管理机构规定的其他财产。以有价证券等作为保证金的,可以依法通过质押等具有履约保障功能的方式进行。

期货结算机构、结算参与人收取的保证金的形式、比例等应当符合国务院期货监督管理机构的规定。[1]

保证金只能用于结算和保证履约。保证金通常适用于狭义期货交易的概念,交易者进行标准化期权合约交易的,卖方应当缴纳保证金,买方应当支付权利金。

期货交易所向会员和期货公司向客户收取的保证金,应当与自有资金分开,存入专用账户。[2]

　　根据《期货交易所管理办法》第六十七条规定,期货交易所可以接受部分有价证券充抵保证金,主要包括:经期货交易所认定的标准仓单,可流通的国债,中国证监会认定的其他有价证券。

2. 分类

(1)会员保证金与客户保证金

会员保证金,是指作为期货交易所会员的期货经营机构向期货交易所缴纳的保证金。

客户保证金,是指期货交易者向其委托交易的期货经营机构缴纳的保证金。客户保证金应当等于或高于会员保证金,但不得少于会员保证金。

(2)初始保证金与维持保证金

初始保证金,是指交易者在下单买卖期货合约时必须存入的最低履约保证金。

维持保证金是期货交易所对会员、会员对客户保证金余额的最低要求。当余额低于最低要求时,将发出追加保证金的通知。

---

① 《期货和衍生品法》第二十二条。
② 宋晓明、周帆、沙玲:《〈关于审理期货纠纷案件若干问题的规定(二)〉的理解与适用》,载《人民司法》2011年第3期,第29页。

（3）结算保证金与交易保证金

结算保证金，又称结算准备金，是期货交易所会员预先存入专门结算账户的资金，用于交易结算。这是未被期货合约占用的保证金。

交易保证金，是期货交易所会员在期货交易所专用结算账户中存放的、确保期货合约履行的资金，是已被期货合约占用的保证金。[①]

3. 法律性质

期货保证金是一种具有特殊目的设定的担保财产，不能归属一般意义上的担保。

（1）期货保证金属于缴纳者的财产，是归会员所有的，通常在会员办理交易结算时使用，不得将其另作他用。

（2）期货保证金属于预缴的资金。预先缴纳的保证金，均应存放于缴纳者在期货经营机构或期货交易所开立的保证金账户内。

（3）期货保证金是限定交易量的指标。一旦确定了保证金数额，也就确定了期货交易者的交易规模。如果保证金数额低于事先确定的比例，应认定为透支交易。

（4）期货合约的价值属于担保交收的资金。期货公司为债务人的，人民法院不得冻结、划拨专用结算账户中未被期货合约占用的用于担保期货合约履行的最低限额的结算准备金；期货公司已经结清所有持仓并清偿客户资金的，人民法院可以对结算准备金依法予以冻结、划拨。[②]

（四）当日无负债结算制度

当日无负债结算制度是期货交易中的一种风险控制机制，确保交易账户的损益在每个交易日结束时及时、真实地反映出来。

当日无负债结算制度，通常被称为"逐日盯市"，是期货市场中一种重要的风险管理手段。具体来说：

（1）每日结算。每个交易日结束后，交易所会根据当日的结算价格来结算所有合约的盈亏情况。

（2）保证金调整。根据结算结果，交易所会在交易者的保证金账户上进行相应的增减，盈余部分划入贷方账户，亏损则计入借方。

（3）净额一次划转。对应收应付的款项实行净额一次划转，即在一天的交易结束后，将所有应收应付的资金进行抵消，只结算净额，以减少资金转移的频次和数量。

（4）风险控制。这一制度有助于实时监控和控制市场参与者的风险暴露，确保他们有足够的资金支持其持仓头寸。

（5）与股票区别。与股票市场不同，期货交易由于杠杆效应，风险更大，因此需要通过当日无负债结算制度来及时管理和控制风险。

因此，当日无负债结算制度是期货交易中一个非常重要的环节，它通过每日的盈亏结算和保证金调整，为交易所和交易者提供了一个清晰、透明的财务状况，从而有效地管理和控制了市场风险。

---

① 吴庆宝：《期货交易民事责任总体概括与规定》，载《期货日报》2003 年 7 月 2 日，第 1 版。

② 最高人民法院于 2003 年发布的《关于审理期货纠纷案件若干问题的规定》第六十条。

(五)持仓限额与大户持仓报告制度

1. 持仓限额制度

持仓限额制度是期货市场中一种重要的风险管理工具。持仓限额制度，也称为位置限制，是由交易所制定的规则，旨在限制会员或客户在单一合约中可以持有的投机性头寸的数量。以下是该制度的关键点：

(1)防止市场操纵。通过限制可以持有的合约数量，持仓限额制度有助于防止个人或机构通过控制大量合约来操纵市场价格。

《期货和衍生品法》第十二条规定："任何单位和个人不得操纵期货市场或者衍生品市场。禁止以下列手段操纵期货市场，影响或者意图影响期货交易价格或者期货交易量：(一)单独或者合谋，集中资金优势、持仓优势或者利用信息优势联合或者连续买卖合约；(二)与他人串通，以事先约定的时间、价格和方式相互进行期货交易；(三)在自己实际控制的账户之间进行期货交易；(四)利用虚假或者不确定的重大信息，诱导交易者进行期货交易；(五)不以成交为目的，频繁或者大量申报并撤销申报；(六)对相关期货交易或者合约标的物的交易作出公开评价、预测或者投资建议，并进行反向操作或者相关操作；(七)为影响期货市场行情囤积现货；(八)在交割月或者临近交割月，利用不正当手段规避持仓限额，形成持仓优势；(九)利用在相关市场的活动操纵期货市场；(十)操纵期货市场的其他手段。"

(2)风险分散。此制度鼓励投资者分散其投资组合，而不是过度集中在特定合约上，从而降低市场整体风险。

(3)提高市场稳定性。通过减少大量头寸的集中持有，持仓限额制度有助于维持市场的稳定和秩序。

(4)配合大户报告制度。当会员或客户的持仓达到一定数量时，他们必须向交易所报告其持仓情况，这有助于交易所更好地监控市场动态。

此外，这种制度通常与保证金要求、日交易保证金调整和其他风险管理措施结合使用，以确保市场的健康运行。

2. 大户持仓报告制度

大户持仓报告制度是一项重要的交易风险控制措施，旨在防止市场操纵和监控大额持仓情况。大户持仓报告制度是期货市场中用于控制交易风险的一种监管机制。该制度要求当交易所会员或客户的某品种持仓合约的投机头寸达到交易所规定的持仓报告标准时，必须向交易所报告其资金情况、头寸情况等信息。[1]

(六)交易结果恒定

依照期货交易场所依法制定的业务规则进行的交易，不得改变其交易结果，除非有《期货和衍生品法》第八十九条第二款所列情形，即因突发性事件导致期货交易结果出现

---

[1]　郁士祥：《关于玉米进入期货市场进行试点的几点建议》，载《中国粮食经济》2001年第7期，第15页。

重大异常，按交易结果进行结算、交割将对期货交易正常秩序和市场公平造成重大影响的，期货交易场所可以按照业务规则采取取消交易等措施，并应当及时向国务院期货监督管理机构报告并公告。

二、衍生品交易制度

(一)衍生品交易者适当性管理

金融机构开展衍生品交易业务，应当依法经过批准或者核准，履行交易者适当性管理义务，并应当遵守国家有关监督管理规定。

(二)单一协议及主协议备案

衍生品交易采用主协议方式的，主协议、主协议项下的全部补充协议以及交易双方就各项具体交易作出的约定等，共同构成交易双方之间一个完整的单一协议，具有法律约束力。

在《期货和衍生品法》颁布之前，行业广泛使用的 ISDA 协议、NAFMII 协议和 SAC 协议，都有相应条款明确单一协议机制，但其约定仍然仅是交易双方之间的民事约定，不能对抗《企业破产法》等法律的不同规定。《期货和衍生品法》以立法方式认可单一协议，防止破产管理人利用《企业破产法》第十八条规定，在主协议项下对衍生品交易行使"拣选履行权"，为终止净额结算奠定了坚实基础。

(三)建立衍生品交易报告库

国务院授权的部门、国务院期货监督管理机构应当建立衍生品交易报告库，对衍生品交易标的、规模、对手方等信息进行集中收集、保存、分析和管理，并按照规定及时向市场披露有关信息。

(四)衍生品履约保障机制

进行衍生品交易，可以依法通过质押等方式提供履约保障。

目前，衍生品交易市场履约保障文件分为两种，转让式履约保障文件和质押式履约保障文件，如中国银行间交易商协会于 2009 年开发制定了《中国银行间市场金融衍生产品交易转让式履约保障文件》(2009 年版)和《中国银行间市场金融衍生产品交易转让式履约保障文件》。转让式履约保障文件属于主协议的一部分，而质押式履约保障文件则构成主协议的信用支持从合同即担保合同，法律上两者存在本质上的不同，故《期货和衍生品法》第三十四条只明确规定了"质押等方式提供履约保障"，未对转让式履约保障作任何规定。[①]

(五)终止净额结算

衍生品交易，由国务院授权的部门或者国务院期货监督管理机构批准的结算机构作为中央对手方进行集中结算的，可以依法进行终止净额结算；结算财产应当优先用于结算和

---

① 陈贵：《期货和衍生品法衍生品相关条文的法理解读和对行业影响》，载《上海法学研究》集刊 2022 年第 3 卷，第 15 页。

交割，不得被查封、冻结、扣押或者强制执行；在结算和交割完成前，任何人不得动用。依法进行的集中结算，不因参与结算的任何一方依法进入破产程序而中止、无效或者撤销。[①]

第四节　期货市场监管

一、自律管理

(一)概念

自律监管，是指期货交易所及期货业协会等自律组织实施的监管，有时也包括期货经营机构在内部实施的各项控制措施。

自律组织的监管依据，除了包括法律的授权以外，主要是自律组织制定的组织章程、会员管理规则、风险管理规则、交易规则等。

(二)特征

期货市场自律管理的特征主要体现在以下几个方面：

(1)组织基础。自律管理通常由行业协会或商会等组织来实施，这些组织是期货交易场所自律管理功能得以形成的组织基础。

(2)规则制定。期货交易所在自律管理中扮演着"立法者"的角色，通过制定和执行交易规则、商业惯例来保障交易的效率和安全。

(3)惩戒标准。自律管理还包括制定惩戒标准，对违反交易规则的行为进行惩罚，以维护市场的公平性和秩序。

(4)自愿合作。自律管理基于市场参与者的自愿合作，这种自我约束和自我管理的方式是传统期货市场的一个重要特征。

(5)风险管理。自律组织还负责信用风险的集中管理和缓释机制，在这方面可能存在一些挑战，如市场整体交易成本较高和系统性风险的管理问题。

(6)监管补充。自律管理在一定程度上受到政府监管机构的影响，例如在中国，自律管理的规定和规范程序文件仍然可以看到"一行三会"监管的影子。

(7)行业发展。自律管理还致力于促进行业的健康发展，通过各种措施来支持现货生产商和贸易商的风险需求。

(8)国民经济角色。随着期货市场在国民经济中扮演的"安全网"角色日益重要，自律管理的作用也越来越受到重视。

期货市场的自律管理是一个复杂的体系，它不仅包括规则的制定和执行，还涉及风险管理、行业促进以及与政府监管的互动。自律管理的有效性对于期货市场的稳定运行和健康发展至关重要。

(三)组织形式

我国现有的自律组织包括期货交易所和期货业协会。期货业协会作为全国期货业的自

---

① 《期货和衍生品法》第三十五条和第三十七条。

律性组织，承担了投资者教育、期货交易参与者的行为引导作用，负责期货从业资格考试，制定了诸如《期货从业人员管理规则》《期货行业诚信准则》等多部自律规则。

二、行政监管

(一)概念

行政监管是指由政府或政府授权的机构对期货市场进行监督和管理，确保市场的公平、公正和透明，保护投资者利益，维护市场秩序。

在我国，证监会同时承担了证券市场和期货市场的监管职能。证监会同时承担证券和期货市场的监管职能，能够更好地协调证券市场与期货市场监管的关系。

(二)监管依据

国务院期货监督管理机构对期货市场实施监督管理，享有依法制定规章和规则、依法行使审批权、依法监督期货交易活动和市场参与者活动、制定和实施从业人员资格认定标准、监督信息公开以及查处违法行为等职责。行政监管机关在履行监管职责时，既要遵循依法行政原则和比例原则等实体法原则，还要遵守程序正当和行政公开等程序法原则。[①]

监管过程中可以采取现场检查、调查取证、询问相关当事人、查阅和复制有关资料、封存文件和资料、查询有关单位的保证金账户和银行账户等。在调查操纵期货市场、内幕交易等重大期货违法行为时，经国务院期货监督管理机构主要负责人批准或者其授权的其他负责人批准，可以限制被调查事件当事人的交易，但限制的时间不得超过 3 个月；案情复杂的，可以延长 3 个月。[②]

(三)法律责任

期货市场行政监管法律责任是指违反法律法规的单位和个人应承担的法律后果，主要由证监会等监管机构依法实施。

具体来说，期货市场行政监管法律责任包括但不限于以下方面：

(1)违规行为。对于违反期货市场相关法律法规的行为，如操纵市场、内幕交易、发布虚假信息等，监管机构可以采取行政处罚措施，如警告、罚款、没收违法所得等。

(2)监管措施。监管机构还可以采取一系列监管措施，如责令改正、暂停业务、撤销许可等，以维护市场的正常秩序和投资者的合法权益。

(3)民事责任。在某些情况下，违法行为可能导致对他人造成损害，此时违法者可能需要承担相应的民事赔偿责任。

(4)刑事责任。对于严重违法行为，如诈骗、挪用客户资金等，不仅会承担行政责任，还可能涉及刑事责任，被追究刑事处罚。

(5)诚信记录。一些违法行为还会被记入诚信档案，影响当事人在金融市场的信用评级和业务开展。

期货市场行政监管法律责任是一个综合性的概念，涵盖了多个方面的内容。它旨在通过严格的法律制度和有效的监管措施，确保期货市场的稳定运行和投资者的合法权益得到

---

① 《期货交易管理条例》第四十六条。
② 《期货和衍生品法》第一百零六条。

保护。

党的二十大报告强调了期货市场对外开放的重要性，并通过实际行动推动了期货市场的国际化，以促进市场的健康发展和风险管理能力的提升。

中国证监会副主席方星海在一次活动中指出，期货市场的对外开放步伐越来越坚定，全面开放的格局已经基本形成。这一点从郑州商品交易所引入境外交易者参与菜籽油、菜籽粕、花生期货及期权交易的举措中可以看出。这些境内特定品种的开放，是期货市场国际化进程的重要步骤，有助于提升中国期货市场的国际影响力和竞争力。

值得一提的是，期货交易在现代经济体系中扮演着重要角色，它不仅为企业提供了风险管理的工具，还为投资者提供了多样化的投资渠道。随着期货市场的进一步开放和发展，预计将吸引更多的国内外参与者，增强市场的流动性和深度，同时也会对相关行业产生积极的影响。[1]

范某某与银建期货经纪有限责任公司天津营业部期货交易合同纠纷再审案[2]。根据《期货交易管理条例》第三十四条第二款的规定，期货公司采取强行平仓措施必须具备三个前提条件：一是客户保证金不足；二是客户没有按照要求及时追加保证金；三是客户没有及时自行平仓。期货公司违反上述规定和合同约定强行平仓，导致客户遭受损害的，应依法承担相应的责任。

【思考题】

1. 期货公司的特殊性体现在哪些方面？
2. 期货交易所的特点有哪些？
3. 简述期货交易规则。
4. 期货市场与证券市场的监管有何区别？

---

① 《第一财经社论：制度型开放需要在软硬环境上做文章》，载第一财经：https：//finance. sina. com. cn/review/jcgc/2022-10-25/doc-imqqsmrp3757789. shtml，2024 年 6 月 1 日访问。

② 最高人民法院(2010)民提字第 111 号。

第九章 证 券 法

【教学目的和要求】通过本章的学习，识记证券的概念和特征，理解证券法基本原则对证券法律实务的指导意义。学习证券发行的条件、程序和相关法律规则。了解证券市场典型违法行为的类型，掌握证券市场监管的方式和手段，以及监管机构的职能。

【重点和难点】证券法的基本原则；股票与债券的联系与区别；证券市场主体；证券发行的种类；证券发行核准；证券承销；证券上市；证券交易；证券法律责任。

第一节 证券与证券法概述

一、证券概述

(一)概念

广义上的证券，指记载并代表一定权利的凭证。

> 例如：股票、债券、汇票、本票、支票、提单、仓单、车船票、机票、入场券、存折、邮票等。

狭义的证券，是指资金需求者为了筹措中长期资金而向社会公众发放，由社会公众购买且能对一定的收益拥有请求权的投资凭证。[1] 我国目前证券市场上的证券主要包括股票、公司债券、存托凭证以及国务院依法认定的其他证券。

(二)法律特征

第一，证券属于投资权利证书。证券作为证权证券，其记载了投资者的权利。

第二，证券具有风险性。"股市有风险，投资需谨慎"，投资不同的证券，风险是不同的。

第三，证券是一种面值均等的权利证书。证券在其票面上标明金额，通常同一种证券所标明的金额是相等的。[2]

---

① 郑伟：《股权众筹平台的风险及其防范的法律问题研究》，载《北京金融评论》2017 年第 4 期，第 196 页。

② 贾翱主编：《金融法》，人民邮电出版社 2017 年版，第 276 页。

第四，证券是一种可转让的权利证书。证券的具有可转让性是证券生命力的体现。[1]

(三)分类

第一，根据经济功能的不同，可以将证券分为货币证券、资本证券、商品证券。货币证券是代替货币进行支付、结算，主要指商业票据，由票据法调整。[2] 资本证券是代表投资人的投资权利、有权获取资本性收益的证券，如股票、债券(见表9.1)。商品证券是有权领取特定商品的证券，主要指提单、仓单，由《民法典》合同编调整。

第二，根据持券人享有权利的性质不同，可以将证券分为股票、债券、存托凭证、投资基金证券、资产支持证券、其他衍生金融工具等。[3]

《证券法》第二条规定，受我国证券法规制的证券类型包括股票、公司债券、存托凭证、政府债券、证券投资基金份额、资产支持证券、资产管理产品以及国务院依法认定的其他证券。[4]

表9.1　　　　　　　　　　　　股票和债券的区别

项目	股　　票	债　　券
发行主体	股份公司	有限公司、股份公司
法律定性	股权凭证，持有者是股东，享有股东权利	债权凭证，持有者是债权人，享有债权
收益及风险	价格波动大，风险大	债务人到期还本付息，风险小

(四)证券市场

1. 概念

证券市场是金融市场的重要组成部分，其主要为股票、债券、投资基金份额等有价证券的发行和交易提供交易场所。由于筹集的资金通常用于固定资产投资，因此证券市场也被称为"资本市场"。[5]

2. 组成

证券市场包含三个要素，即市场主体、市场客体、市场组织方式。其中，市场主体通常是指资金的需求者和供给者，还包括提供各种金融服务的参与者。市场客体是指在交易活动中，以一定形式明确双方权利义务的书面文件，如股票、债券等。市场组织方式主要有两种：场内交易和场外交易。

---

① 《商法学》编写组：《商法学(第二版)》，高等教育出版社2022年版，第254页。

② 刘少军：《"法定数字货币"流通的主要问题与立法完善》，载《新疆师范大学学报(哲学社会科学版)》2021年第42卷第1期，第117页。

③ 林文学、付金联、周伦军：《〈关于审理证券市场虚假陈述侵权民事赔偿案件的若干规定〉的理解与适用》，载《人民司法》2022年第7期，第44页。

④ 《证券法》第二条。

⑤ 韩海涛著：《当代世界思潮历史主题探究》，中国人民大学出版社2020年版，第286页。

二、证券法概述

(一)概念

证券法是关于证券募集、发行、交易、服务以及对证券市场进行监督管理的法律规范的总称。[①]

《证券法》于 1998 年 12 月 29 日第九届全国人民代表大会常务委员会第六次会议通过，2004 年进行了第一次修正，2005 年第一次修订，2013 年第二次修正，2014 年第三次修正，2019 年进行了第二次修订。

(二)调整对象

证券法的调整对象为证券关系，通常主要包括证券的募集、发行与交易，证券的监督管理和证券相关的其他活动所产生的关系。

(三)原则

证券法的基本原则主要包括："三公"原则，即公开、公平、公正原则；自愿、有偿、诚实信用原则；禁止欺诈、内幕交易和操纵证券市场的行为原则，简称为"三禁"原则；分业经营、分业管理原则；国家实行统一监督管理原则；国家审计监督原则等，其中最重要的为"三公"原则。[②]

1. 公开原则

公开原则又称信息披露制度，其在证券法律制度上，主要表现为强制公开信息，包括发行公开、上市公开、上市后持续公开、收购信息公开等。

证监会《上市公司信息披露管理办法》第十二条规定：上市公司应当披露的定期报告包括年度报告、中期报告和季度报告，凡是对投资者作出投资决策有重大影响的信息，均应当披露。

证监会《上市公司信息披露管理办法》第二十二条规定：发生可能对上市公司证券及其衍生品种交易价格产生较大影响的重大事件，投资者尚未得知时，上市公司应当立即披露，说明事件的起因、目前的状态和可能产生的影响。

2. 公平原则

公平原则要求给予各方平等进入市场的机会，各方可以根据公平的交易规则参与证券市场，公平原则赋予投资者同等机会以获取证券信息。

3. 公正原则

公正原则是指证券监督管理机构及其他组织和人员应充分运用法律，采取有效措施，

---

① 《商法学》编写组：《商法学(第二版)》，高等教育出版社 2022 年版，第 256 页。
② 《证券法》第三至七条。

对证券市场的违法犯罪活动进行制止和查处，以确保投资者得到公正地对待。①

　　党的二十大报告提出"坚决维护国家安全和社会稳定"，聚焦到证券行业，是要守住不发生系统性金融风险底线。合规稳健经营是证券行业长足发展的根基，也是证券公司业务拓展和创新发展的基础。②

(四)体系与结构
1. 体系
(1)国家立法机关制定的《公司法》《证券法》及其他有关证券的法律；
(2)国家行政机关及其部门制定的行政法规规章；
(3)地方立法机关与行政部门制定的法规规章；
(4)证券业协会、证券交易所制定的自律规章。
2. 结构
《证券法》主要包括 14 章，第 1 章总则，第 2 章证券发行，第 3 章证券交易，第 4 章上市公司的收购，第 5 章信息披露，第 6 章投资者保护，第 7 章证券交易场所，第 8 章证券公司，第 9 章证券登记结算机构，第 10 章证券服务机构，第 11 章证券业协会，第 12 章证券监督管理机构，第 13 章法律责任，第 14 章附则。

第二节　证券市场主体

一、证券交易所

(一)概念及其法律特征
1. 概念
证券交易所是依法设立，为证券集中交易提供场所和设施，组织和监督证券交易，实行自律管理的法人。
证券交易所既不直接买卖证券，也不决定证券价格，而只为买卖证券的当事人提供场所和各种必要的条件及服务。③
2. 法律特征
(1)章程。设立证券交易所必须制定章程。证券交易所章程的制定和修改，必须经国务院证券监督管理机构批准。
(2)费用收入。
①证券交易所可以自行支配的各项费用收入，应当首先用于保证其证券交易场所和设

---

① 刘宪权：《我国证券市场法律调整的新思路》，载《投资理论与实践》1995 年第 3 期，第 20 页。
② 《党的二十大报告在深圳金融企业中反响热烈　服务实体经济　维护金融安全》，深圳商报：http：//news.sohu.com/a/593750810_121010226，2024 年 6 月 1 日访问。
③ 《证券法》第九十六条。

施的正常运行并逐步改善。

②实行会员制的证券交易所的财产积累归会员所有，其权益由会员共同享有，在其存续期间，不得将其财产积累分配给会员。

（3）组织结构。实行会员制的证券交易所设理事会、监事会。证券交易所设总经理一人，由国务院证券监督管理机构任免。①

（二）组织形式

1. 会员制

会员制证券交易所的特点：成员是会员、不以营利为目的、会员是从事证券业务的证券公司或证券商、每一会员分配给交易席位、表决权相等。

2. 公司制

公司制证券交易所是以营利为目的的企业法人，由银行、证券公司、投资信托公司等各类商事组织共同出资建立起来的股份有限公司，投资者参与公司的决策，但不得委派自己的股东、职员或雇员直接担任证券交易所的高级职员，以确保交易所的公正性，越来越多的国家和地区采用这种形式。②

（三）职责

1. 提供证券交易的场所、设施和服务

证券交易所的首要职责就是为证券交易提供集中交易场所，并根据情况提供必要的电子交易平台等交易设施。

2. 制定和修改证券交易所的业务规则

证券交易所的这一职责关于整个交易秩序和交易主体的利益，在制定或修改业务规则时，应当确保制定的规则符合法律、行政法规以及部门规章的要求。

3. 证券发行及上市的审核，决定证券终止上市和重新上市

证券交易所需建立有效的风险管理体系，及时发现并处理市场运行中的风险问题。

4. 提供非公开发行证券转让服务

非公开发行的公司债券，可以申请在证券交易所、全国中小企业股份转让系统、机构间私募产品报价与服务系统、证券公司柜台转让。

5. 组织、监督证券交易活动

证券交易所负责组织证券的买卖活动，确保交易的顺利进行，并对交易过程进行监督，以维护交易秩序。

因不可抗力、意外事件、重大技术故障、重大人为差错等突发性事件而影响证券交易正常进行时，为维护证券交易正常秩序和市场公平，证券交易所可以按照业务规则采取技术性停牌、临时停市等处置措施，并应当及时向国务院证券监督管理机构报告。因突发事件导致证券交易结果出现重大异常，按交易结果进行交收对证券交易正常秩序和市场公平造成重大影响的，证券交易所按照业务规则可以采取取消交易、通知证券登记结算机构暂缓交收等措施，并应当及时向国务院证券监督管理机构报告并公告。证券交易所对其依照

---

① 《证券法》第九十九条至第一百零二条。
② 王建文著：《证券法研究》，中国人民大学出版社2021年版，第574页。

《证券法》第一百一十一条规定采取措施造成的损失，不承担民事赔偿责任，但存在重大过错的除外。[①]

6. 对会员进行监督

证券交易所通过制定和执行一系列规则和制度，对会员及其交易行为进行自律管理，保证交易的公平、公正和透明。

7. 对证券上市交易公司及相关信息披露义务人进行监管

证券交易所要求上市公司和会员按照规定披露相关信息，以便投资者做出明智的投资决策。

8. 对证券服务机构为证券上市、交易等提供服务的行为进行监管

证券交易所需要采取措施预防和处理市场操纵、内幕交易等违法违规行为，维护市场的稳定和健康发展。

9. 管理和公布市场信息

证券交易所通过不断改进交易机制和服务，吸引更多的参与者，促进资本市场的发展和完善。

10. 开展投资者教育和保护

证券交易所可能会提供相关的教育和培训服务，帮助投资者增强投资知识和风险意识。证券交易所通过各种措施保护投资者的合法权益，如设立投资者教育基金、投资者服务中心等。

11. 证券监督管理机构赋予的其他职能

总的来说，证券交易所的职责是多方面的，它不仅是证券交易的平台，也是市场监管者，同时还承担着促进市场发展、保护投资者权益等重要角色。通过这些职责的履行，证券交易所确保了证券市场的健康运行和持续发展。[②]

二、证券公司

(一)概述

证券公司主要是经批准从事证券经营业务的公司。根据《公司法》和《证券法》，其组织形式主要为有限责任公司或股份有限公司，个人与合伙组织不能经营证券业务。

证券公司可以设立分支机构，集中统一管理。

(二)证券公司的设立条件

根据《证券法》第一百一十八条规定证券公司的设立应当具备下列条件，并经国务院证券监督管理机构批准：

(1)有符合法律、行政法规规定的公司章程。

(2)主要股东及公司的实际控制人具有良好的财务状况和诚信记录，最近3年无重大违法违规记录。

(3)有符合《证券法》规定的公司注册资本。

---

① 《证券法》第一百一十一条。
② 《证券交易所管理办法》第七条。

《证券法》第一百二十一条规定：证券公司经营《证券法》第一百二十条第一款第(1)项至第(3)项业务的，注册资本最低限额为人民币5000万元；经营《证券法》第一百二十条第一款第(4)项至第(8)项业务之一的，注册资本最低限额为人民币1亿元；经营《证券法》第一百二十条第一款第(4)项至第(8)项业务中两项以上的，注册资本最低限额为人民币5亿元。证券公司的注册资本应当是实缴资本，国务院证券监督管理机构根据审慎监管原则和各项业务的风险程度，可以调整注册资本最低限额，但不得少于前述规定的限额。

(4)董事、监事、高级管理人员、从业人员符合(证券法)规定的条件。

(5)有完善的风险管理与内部控制制度。

(6)有合格的经营场所、业务设施和信息技术系统。

(7)法律、行政法规和经国务院批准的国务院证券监督管理机构规定的其他条件。

未经国务院证券监督管理机构批准，任何单位和个人不得以证券公司名义开展证券业务活动。

(三)业务范围

根据《证券法》第一百二十条规定，证券公司的业务范围主要包括：证券经纪；证券投资咨询；与证券交易、证券投资活动有关的财务顾问；证券承销与保荐；证券融资融券；证券做市交易；证券自营；其他证券业务。

证券公司经营证券资产管理业务的，应当符合《证券投资基金法》等法律、行政法规的规定。除证券公司外，任何单位和个人不得从事证券承销、证券保荐、证券经纪和证券融资融券业务。证券公司从事证券融资融券业务，应当采取措施，严格防范和控制风险，不得违反规定向客户出借资金或者证券。

(四)业务规则

1. 业务经营规则

(1)业务风险隔离制度：要求证券公司建立有效的风险管理和内部控制机制，确保不同业务之间的风险得到适当隔离。

(2)证券自营规则：明确证券公司在进行自营交易时应遵守的规则，包括不得利用未公开信息进行交易等。

(3)自主经营的权利：证券公司有权根据市场情况自主决定经营活动，但需在法律法规允许的范围内。

(4)客户资金的管理：规定证券公司必须对客户资金实行专户管理，不得挪用客户资金。

(5)委托书的设置与保管：要求证券公司妥善保管客户的委托记录，确保委托的真实性和完整性。

(6)办理委托事宜要求：证券公司在办理客户委托买卖证券时，应确保操作的透明性和公正性。

2. 注意事项

(1)禁止接受客户的全权委托。证券公司不得接受客户全权委托管理资产的请求，以防止利益冲突。

(2)禁止对客户作出收益或赔偿的承诺。为了维护市场的公平性，证券公司及其工作人员不得向客户承诺固定的收益或赔偿。

(3)禁止私下接受客户委托。证券交易应在公开透明的平台上进行,证券公司及其工作人员不得违反规定私下接受客户的委托。

(4)证券公司的责任。明确了证券公司在业务活动中应当承担的法律责任,包括对客户资料的保密义务和对违规行为的处罚等。

(5)独立经营原则。证券公司应当做好财务、人员、经营场所等的隔离工作,保持独立经营,以防止业务交叉带来的风险。

三、证券登记及结算机构

(一)概念

证券登记结算机构,是指为证券交易提供集中的登记、存管与结算服务的不以营利为目的的法人。证券登记结算采取全国集中统一的运营方式。①

根据《证券法》的规定,我国的登记结算机构是中央登记结算公司。

(二)职能

(1)登记职能,是指证券登记结算机构具有记录并确定当事人证券账户、证券持有情况及相关权益的职责与功能。

(2)存管职能,是指证券登记结算机构代为保管证券持有人的证券的职责与功能。

(3)结算职能,是指证券登记结算机构具有协助证券交易的双方相互交付证券与价款的职责与功能。②

(三)业务规则

(1)账户管理:证券登记结算机构负责为投资者开立、变更和注销证券账户,为证券公司开立、变更和注销结算账户。同时,还需要对账户进行日常管理,确保账户信息的准确性和完整性。

(2)登记:证券登记结算机构负责对证券的发行、上市、交易、非交易过户等事项进行登记,包括证券的初始登记、变更登记、退出登记等。

(3)结算:证券登记结算机构负责组织和实施证券市场的结算业务,包括资金结算和证券交割。资金结算是指将买卖双方的资金进行划转,实现资金的支付和收取;证券交割是指将买卖双方的证券进行划转,实现证券的交付和接收。

(4)清算:证券登记结算机构负责对证券市场的交易进行清算,计算买卖双方的应收应付款项,并将清算结果通知相关参与主体。

(5)风险管理:证券登记结算机构需要建立完善的风险管理制度,对市场参与者的信用风险、市场风险、操作风险等进行有效管理,确保市场的稳定运行。

(四)风险防范

证券结算是证券市场的高风险活动,这种风险来自信用风险、技术故障、操作失误以及不可抗力等因素。

---

① 《证券法》第一百四十五条。
② 《商法学》编写组:《商法学》(第二版),高等教育出版社 2022 年版,第 268 页。

证券结算风险基金是指证券登记结算机构依法设立的用于补偿证券登记结算机构损失的一种基金，风险基金的资金来源有两方面：一部分资金是从证券登记结算机构的业务收入和收益中提取的；另外一部分是由证券公司按证券交易业务量的一定比例缴纳的。[①]

四、证券服务机构

(一)证券投资咨询机构

证券投资咨询机构，也称"证券投资顾问机构"，是指依法设立的以营利为目的，向证券投资者或者证券客户提供证券投资分析、预测或者建议的经济组织。

(二)证券资信评级机构

证券资信评估机构是依法设立的以评价证券质量、确定证券投资价值为目的的经济组织。

资信评估机构是承担特殊责任的一种社会咨询服务机构。该机构不从事证券的发行和交易，而只是向证券投资者和证券市场提供某种证券的信用评级结果。

证券资信评估机构具有中立性和非单一性的特征。

(三)其他证券交易服务机构

1. 会计师事务所

会计师事务所作为证券交易服务机构之一，其涉及的证券业务主要是指证券、期货相关机构的财务报表审计、净资产验证、实收资本(股本)的审验、盈利预测审核、内部控制审计、前次募集资金使用情况专项审核等业务。[②]

2. 律师事务所

律师事务所及律师在证券市场中主要通过提供法律咨询、起草必要的文件、出具法律意见书等方式发挥作用。律师的参与一定程度上对证券市场法治化起到推动作用。

律师事务所及其律师从事证券业务必须遵循有关法律规定。律师证券业务主要包括在股票发行、上市中的法律事务，上市公司在配股中的法律事务，上市公司的组建、改造、并购及经营中的法律事务。[③]

五、证券业协会

(一)性质

证券业协会，也被称为"证券业同业公会"，是以证券业自律管理为宗旨，依法成立的具有法人资格的非营利性的自律组织。

证券业协会包括全国性证券业协会和地方性证券业协会两种。

(二)职责

根据《证券法》第一百六十六条规定，证券业协会的职责主要包括：教育和组织会员

[①]　曾娟：《新三板市场后台结算体系的共性及特点》，载《多层次资本市场研究》2020年第3期，第72页。

[②]　赵中孚主编、邢海宝副主编：《商法通论》(第七版)，中国人民法学出版社2021年版，第337页。

[③]　《商法学》编写组：《商法学》(第二版)，高等教育出版社2022年版，第271页。

及其从业人员遵守证券法律、行政法规，组织开展证券行业诚信建设，督促证券行业履行社会责任；依法维护会员的合法权益，向证券监督管理机构反映会员的建议和要求；督促会员开展投资者教育和保护活动，维护投资者合法权益；制定和实施证券行业自律规则，监督、检查会员及其从业人员行为，对违反法律、行政法规、自律规则或者协会章程的，按照规定给予纪律处分或者实施其他自律管理措施；制定证券行业业务规范，组织从业人员的业务培训；组织会员就证券行业的发展、运作及有关内容进行研究，收集整理、发布证券相关信息，提供会员服务，组织行业交流，引导行业创新发展；对会员之间、会员与客户之间发生的证券业务纠纷进行调解；证券业协会章程规定的其他职责。

（三）内部管理

我国《证券法》第一百六十四条规定：证券公司应当加入证券业协会，除了证券公司外，证券登记结算机构、证券交易服务机构及其人员也可成为证券业协会的会员。因此，证券公司是证券业协会的会员。

我国《证券法》采取的是自愿入会与强制入会相结合的办法。

证券业协会的权力机构是会员大会，由全体会员组成。会员大会有权决定协会的重大问题。这些重大问题包括制定和修改章程、选举理事会理事、审查理事会工作报告、确定会费的收取标准等。理事会作为证券业协会的常设机构，主要负责执行协会章程和会员大会的各项决议。为了保证协会的正常运行，理事会应当将理事的任期、职权及工作程序等在章程中作出具体规定。[①]

第三节　证券发行与承销

一、证券发行

（一）概念

证券发行，是指发行人为筹集资金，根据法定条件和程序向投资者募集资金，并交付证券的行为。证券发行既为资本的需求者提供募集资金的渠道，又为资本的供应者提供投资的场所。因此，证券发行市场，通常被称为"一级市场"。

（二）分类

1. 根据证券品种分类

根据证券品种及发行主体的不同，可以分为公司发行的股票、债券等，金融机构发行的股票、债券等，政府发行的国债、国库券等。

2. 根据发行对象分类

根据发行对象不同可以分为公开发行和非公开发行。公开发行即公募，是发行者向不特定的社会公众广泛出售证券的行为。非公开发行即私募，面向少数特定的投资者发行证券的行为。

《证券法》第九条：有下列情形之一的，为公开发行：

---

① 《商法学》编写组：《商法学（第二版）》，高等教育出版社 2022 年版，第 274 页。

（1）向不特定对象发行证券；

（2）向特定对象发行证券累计超过 200 人，但依法实施员工持股计划的员工人数不计算在内；

（3）法律、行政法规规定的其他发行行为。

《证券法》并没有对非公开发行的条件和程序进行规定，只是要求非公开发行证券不得采用广告、公开劝诱和变相公开方式。[1]

非公开发行涉及的对象范围较窄，其发行条件和程序也相对简化，一般不需要经过有关部门批准，发行成本较低。

3. 根据发行目的分类

根据发行目的不同，可分为设立发行和增资发行。

设立发行又可分为发起设立发行和募集设立发行。发起设立发行，即全体发起人认购首期发行股份总额的全部。募集设立发行，部分股份由发起人认购，其余招募社会公众认购。

增资发行包括有偿增资发行和无偿增资发行。有偿增资发行，由投资者出资认购（如果向原有的股东发售称为"配股"）。无偿增资发行，由公司的公积金或盈余转为资本，发行对象通常是公司的原有股东（"送红股"）。

4. 根据发行是否借助证券发行中介机构分类

根据发行是否借助中介机构，可将证券发行分为直接发行和间接发行。直接发行的证券发行人不借助中介机构即证券承销机构，其由自己承担发行风险，办理发行事宜。此种方式发行费用低廉，但要求发行者经营业绩优良并有较高知名度。[2] 间接发行的发行人应委托证券承销机构发行证券，具体参见证券承销内容。

我国的债券发行可以采取直接发行方式，是否选择直接发行方式由发行人自行决定。我国的股票发行必须采取间接发行的方式进行。

5. 根据发行价格与证券票面金额或贴现金额的关系分类

根据发行价格与证券票面金额或贴现金额的关系可将证券发行分为平价发行、溢价发行和折价发行。平价发行又称面值发行，是指证券发行价格与票面金额相同的发行。溢价发行是指证券发行价格高于票面金额的发行，折价发行是指证券发行价格低于票面金额的发行。[3]

我国法律仅允许股票平价发行和溢价发行，不允许折价发行。溢价发行的价格由发行人与负责证券承销的证券公司协商确定。

---

[1] 谢黎伟：《互联网金融视角下的知识产权融资》，载《北京航空航天大学学报（社会科学版）》2020 年第 33 卷第 6 期，第 95 页。

[2] 姚瑶：《股权众筹领投人道德风险的形成机理与制度纾解》，载《南方金融》2018 年第 5 期，第 79 页。

[3] 盛洪昌、于丽红主编：《证券投资学》，东南大学出版社 2014 年版，第 293 页。

6. 根据发行地点分类

根据发行地点的不同可分为国内发行与国外发行。国内发行包括国库券、保值公债以及人民币普通股等的发行。国外发行如外国债券的发行。

（三）条件

就股票发行而言，因实践中股份有限公司采取募集设立的方式很少，因而，大部分发行都是针对公司设立后，为扩充公司资本而进行的新股发行。其中，由于首次公开发行新股（简称"IPO"）具有较强的专业性、技术性，涉及众多投资者的利益，并关系证券市场的稳定，因而成为各国证券法规定的重点。[1]

《证券法》第十二条规定：公司首次公开发行新股，应当符合下列条件：（1）具备健全且运行良好的组织机构；（2）具有持续经营能力；（3）最近三年财务会计报告被出具无保留意见审计报告；（4）发行人及其控股股东、实际控制人最近三年不存在贪污、贿赂、侵占财产、挪用财产或者破坏社会主义市场经济秩序的刑事犯罪；（5）经国务院批准的国务院证券监督管理机构规定的其他条件。

《证券法》第十五条规定：公开发行公司债券，应当符合下列条件：（1）具备健全且运行良好的组织机构；（2）最近三年平均可分配利润足以支付公司债券一年的利息；（3）国务院规定的其他条件。

根据我国法律的规定，公司债券发行主体的范围较股票发行主体的范围广泛，凡满足上述条件的公司原则上均可发行公司债券。

（四）保荐制度

保荐制度又称保荐人（sponsor）制度，源于英国，是指发行人公开发行证券时，根据法律规定应当聘请保荐人负责证券发行的推荐和辅导，核实发行人发行文件中所载资料是否真实、准确、完整，协助发行人建立严格的信息披露制度，并承担风险防范责任的制度。[2]

我国的保荐制度适用于两种情况：

第一，公开发行股票、可转换为股票的公司债券，依法采取承销方式的。

若申请发行一般的（非可转换为股票的）公司债券，不需要采用保荐制度。因为一般的公司债券在发行时设有担保，并且发行人到期还本付息，债券持有人的利益可以得到保障，因此无须采用保荐制度。[3]

第二，公开发行法律、行政法规规定实行保荐制度的其他证券。

证券发行的保荐人包括保荐机构和保荐代表人。从事保荐工作的人必须是经中国证监会注册登记并列入保荐机构、保荐代表人名单的证券经营机构和个人，保荐人应当遵守业

① 《商法学》编写组：《商法学》（第二版），高等教育出版社2022年版，第274页。

② 何雁、孟庆玺、李增泉：《保代本地关系网络的违规治理效应：来自IPO的经验证据》，载《会计研究》2020年第11期，第72页。

③ 郭晓宇：《证券法修订草案七大新看点》，载《法制日报》2005年8月24日，第007版。

务规则和行业规范，诚实守信，勤勉尽责，对发行人的申请文件和信息披露资料进行审慎核查，督导发行人规范运作。[1]

我国实行"双重"保荐制度，保荐机构和保荐代表人都要承担保荐职责。

保荐人的资格及保荐人的职责在 2017 年 12 月 7 日生效的《证券发行上市保荐业务管理办法》作出了具体规定。职责可以分为以下四个方面：对发行人首次公开发行股票并上市前进行辅导；审慎核查发行资料并作出独立判断，依法出具推荐文件；公开承诺及承担的工作；证券发行上市后持续督导义务。

(五)审核

证券发行审核是指证券监督管理机构依法对政府债券以外的证券发行进行审查，决定是否同意发行人发行证券的一种法律制度。

1. 核准制

核准制是指证券发行必须符合法律规定证券发行的实质条件才予以核准发行。其优势有信息公开化、降低投资者的风险等，其弊端为限制新兴行业、投资者判断依赖、增加证券机构的工作量和发行人的成本。核准制比较符合安全原则。

2. 注册制

法律不限定证券发行的实质条件，证券发行人只需依法申报注册，即可公开发行证券。对投资者自身素质和证券市场环境要求较高。注册制比较符合效率原则。证监会应当自受理证券发行申请文件之日起 3 个月内，依照法定条件和法定程序作出予以注册或者不予以注册的决定。

党的二十大报告强调了全面实行股票发行注册制的重要性，这是资本市场全面深化改革的关键一步。注册制的推广旨在简化股票发行的程序，提高市场效率，同时也要求有更加严格的信息披露和市场监管。全面注册制的实施标志着中国资本市场向成熟市场体系又迈进了一大步。为了配合全面注册制的改革，证监会及各大证券交易所发布了一系列制度规则，涵盖了发行条件、注册程序、保荐承销、重大资产重组、监管执法、投资者保护等多个方面。这些规则的制定和实施，旨在确保市场的公平性、透明性和效率性。[2]

(六)信息公开

此处信息公开主要是在证券发行阶段做到公开，具体来讲，在证券公开发行前，为了

---

[1] 《商法学》编写组：《商法学》(第二版)，高等教育出版社 2022 年版，第 275 页。

[2] 《二十大之后的金融改革：资本市场与转型金融》，载网易网：https://www.163.com/dy/article/HR7OL7RT0534U9MZ.html，2024 年 6 月 1 日访问。

让投资人更全面地了解发行的信息，发行人应当公告公开发行的募集文件，同时将该文件放置于指定场所便于公众查阅。

1. 作用

（1）公开发行公司的资信、资产负债情况及经营状况等便于投资者投资。

（2）确保所有投资者都能平等地获得信息，防止操纵市场、内幕交易等不公平现象的发生。

（3）有利于规范发行公司的行为，使发行公司受到公众的监督，保证发行公司在规范的轨道上运行。

2. 预披露制度

《证券法》第二十条规定，发行人申请首次公开发行股票的，在提交申请文件后，应当按照国务院证券监督管理机构的规定预先披露有关申请文件。[1]

3. 公开的内容

证券发行需披露的信息主要是指募集文件的内容。募集文件主要包括招股说明书、配股说明书、公司债券募集办法等。上述文件的内容和格式由中国证券监督管理委员会和国务院授权部门明确规定。[2]

信息的公开就是指募集文件的公告或置备于指定的场所供公众查阅。

（七）募集资金投向和使用

公司对公开发行股票所募集资金，必须按照招股说明书或者其他公开发行募集文件所列资金用途使用；改变资金用途，必须经股东大会作出决议。擅自改变用途，未作纠正的，或者未经股东大会认可的，不得公开发行新股。[3]

公开发行公司债券筹集的资金，必须按照公司债券募集办法所列资金用途使用；改变资金用途，必须经债券持有人会议作出决议。公开发行公司债券筹集的资金，不得用于弥补亏损和非生产性支出。[4]

《证券法》第十七条对违反法律规定改变公开发行公司债券所募资金用途的行为，将不得再次公开发行公司债券进行规定。

二、证券承销

（一）概念

证券承销又称间接发行，是指发行人委托证券公司（主承销商）向证券市场上不特定的投资人公开销售股票、债券及其他投资证券的活动。[5]

---

[1] 游文丽、崔杰：《浅论如何保证上市公司信息披露真实性》，载《生产力研究》2012年第9期，第72页。

[2] 李凤雨：《我国证券市场信息披露的现状、问题与对策》，载《金融发展研究》2012年第10期，第81页。

[3] 《证券法》第十四条。

[4] 《证券法》第十五条。

[5] 王建文著：《证券法研究》，中国人民大学出版社2021年版，第574页。

(二)方式

1. 证券代销

证券代销是指证券公司代表发行人发售证券，如果在承销期结束时还有未售出的证券，则将这些证券全部退还给发行人。在证券代销中，发行人与承销商之间建立的是委托代理关系。代销过程中，未售出证券的所有权归发行人所有，承销商仅是受委托办理证券销售事务。证券发行的风险基本上是由发行人自行承担，未售出的证券，承销商不承担责任。代销方式只适用于具有较高声誉或信用等级、充分的市场信息并相信证券可以在短期内顺利销售的发行人。

股票发行采用代销方式，代销期限届满，向投资者出售的股票数量未达到拟公开发行股票数量70%的，为发行失败。发行人应当按照发行价并加算银行同期存款利息返还股票认购人。

2. 证券助销

证券助销指是指承销商按照承销合同约定，在约定的承销期限后，为保证发行人募集资金利用计划顺利实施，将剩余证券买进(余额承销)，或将剩余金额出借给发行人。发行人与承销者之间先是委托代理关系，在承销期满后，才可能转为证券的买卖关系或借贷关系。

3. 证券包销

证券包销指证券公司将发行人的证券按照协议全部购入或者在承销期结束时将售后剩余证券全部自行购入的承销方式。包销实际是证券买卖关系，证券包销协议签订后，证券的所有权即从发行人转移给承销商。证券包销又可分为全额包销和余额包销。发行人风险较代销方式要小。当承销期内不能全部售出证券时，所剩证券或由承销商购买。承销商承担着或然的风险，故包销费、助销费高于代销费。[①]

4. 承销团承销

承销团承销也被称为"联合承销"，是指两个以上的证券公司组成承销团接受发行人的委托向社会公开发售证券。

承销团成员根据分工及承担责任的不同，可分为主承销商和分销商。主承销商通过竞标或者协商的方式确定；分销商参与承销，通过合同确定与主承销商的关系。

(三)承销合同

1. 定义

承销合同是指证券发行人与证券承销商即证券公司之间就证券销售达成的一种法律协议。

2. 法律特征

证券承销合同是申请发行证券的必备文件之一，我国《证券法》第二十八条规定，证券公司承销证券，应当同发行人签订代销或包销协议。第三十一条规定，承销期限最长不得超过90日。

---

① 曹潇、周明主编：《证券投资分析》，中国政法大学出版社2021年版，第338页。

为深入贯彻党的二十大精神，解决资本市场资源配置失衡的问题，建议股债结合双管齐下，从扩大实体经济融资、扶持中小企业融资发展、强化民企融资支持等角度提高直接融资能力。与此同时，持续完善跨境投融资渠道，推动金融高水平对外开放，提升我国资本市场的国际影响力。

党的二十大后，科创板的市场化发行承销制度将被复制并推广至主板，同时进行优化和完善。这一系列的改革措施有助于提升发行承销的效率和公平性，同时也促进了规则体系的整合优化①。

第四节　证券上市与交易

一、证券上市

(一)概念
证券上市是指经证券交易所审核，已公开发行的证券获准在证券交易所挂牌交易。

(二)上市条件
在 2019 年修订《证券法》以前，明确规定了股票上市的标准以及债券上市的标准，但 2019 年经修订的《证券法》将上述标准予以删除，仅在第四十七条规定，"申请证券上市交易，应当符合证券交易所上市规则规定的上市条件"。易言之，证券上市的标准完全由证券交易所制定，法律不再做强制性规定。但由于证券上市毕竟影响到市场上不特定的公众投资者利益，进而影响投资者对证券市场的信心，因此，证券交易所制定的证券上市条件中，应当对发行人的经营年限、财务状况、最低公开发行比例和公司治理、诚信记录等提出要求。②

1. 股票上市条件

一般而言，股票的上市条件应当包括以下四个方面：(1)前提条件：股票已经公开发行。(2)公司股本总额达到最低要求。(3)公司股权结构具有公众性。只有股权结构足够分散、持股人数众多，方可在证券市场上产生足够的交易量，进而促进证券市场价格发现功能和资源配置功能的发挥；同时，持股分散也有利于防止证券市场上的操纵行为。(4)诚信经营财务规则符合要求。这直接关涉证券投资者的切身利益，如果公司有财务造假行为，会直接影响投资者对公司的投资价值判断。当然，不同的证券交易所、不同的上市板块会有各自具体的标准和条件。证券发行人只有达到上市准入门槛，方可挂牌交易。

2. 公司债券上市条件

公司债券的上市条件，通常而言需要满足如下三个方面的要求：(1)债券经有权部门审核并依法完成发行。(2)债券持有人符合交易所投资者适当性管理规定。(3)证券交易

---

① 《聚焦高质量发展核心任务深化资本市场改革　从党的二十大报告看资本市场发展》，载中国金融新闻网：https://www.financialnews.com.cn/zq/zj/202211/t20221117_259577.html，2024 年 6 月 1 日访问。
② 《商法学》编写组：《商法学(第二版)》，高等教育出版社 2022 年版，第 274 页。

所规定的其他上市条件，如公司债券的期限、公司债券的实际发行额等。

(三)上市程序

1. 股票上市程序

第一，提交上市申请。公司如需股票上市交易，必须向证券交易所提交申请。政府债券的上市交易由证券交易所根据国务院授权部门的决定安排，无须履行申请审核程序。公司应按所选证券交易所的要求提交相关申请材料。

第二，上市审核。证券交易所接到上市申请后，将依法进行自主审核，拥有独立的上市核准权，并决定是否同意该证券上市。

第三，签署上市协议。按照惯例，上市申请人需与证券交易所签订上市协议，明确各自的权利和义务。上市公司承诺接受证券交易所的管理，并承担协议或交易所自律规则规定的义务，其证券有权在交易所集中交易市场挂牌买卖。

第四，公告上市。股票上市申请经证券交易所同意并签署上市协议后，公司需在规定期限内公告相关文件，并将文件置于指定场所供公众查阅。

第五，挂牌交易。

2. 公司债券上市程序

第一，申请核准。公司申请其发行的公司债券上市交易，应向证券交易所提交申请，由证券交易所依法审核并签订上市协议。申请时需提交以下文件：债券上市申请书、有权部门审核同意债券发行的文件、发行人申请债券上市的决议、公司章程、公司营业执照复印件、债券募集说明书、财务报告和审计报告、资信评级报告、法律意见书、债券持有人会议规则、受托管理协议、担保等增信措施文件、发行公告等债券发行文件、上市公告书、债券实际募集数额证明文件，以及证券交易所要求的其他文件。对于可转换为股票的公司债券，还需提交保荐人的上市保荐书。

第二，公告上市。公司债券上市申请经证券交易所审核同意后，公司需在规定期限内公告相关文件，并将申请文件置于指定场所供公众查阅。

3. 政府债券上市程序

由于政府债券的特殊性，其信用度高，由财政担保，发行方式、时间、对象和还款期限均由政府财政部门具体规定，因此证券交易所的发行及上市审查可被豁免。证券交易所根据国务院授权部门的决定安排政府债券上市交易。

(四)退市制度

终止上市即摘牌或退市，属于退市机制，是规范市场结构、优胜劣汰和保障投资者整体利益的机制。它和证券入市制度一样，有助于提高上市公司的整体质量，改善发行交易环境，从而从根本上保障广大投资者的利益。

现行《证券法》取消了股票暂停上市制度，实施严格的终止上市制度。终止上市，是指上市证券丧失在证券交易所挂牌交易的资格，不得在证券交易所挂牌上市。一般包括三种：自动终止、出现法定事由而监管机构或证交所决定终止、上市公司申请终止。①

---

① 张丹、车梅媛、曹越：《注册制对上市公司多元退市渠道的影响》，载《时代金融》2023年第9期，第34页。

1. 股票退市

股票终止上市后，为了保护投资者的利益，股票发行人可以委托有资格的证券公司代办股票转让，股票可以在全国股份转让系统中交易。上市证券被终止上市后，符合规定条件的，可以重新申请上市。

2. 公司债券退市

公司债券终止上市交易的常见情形有：（1）债券到期；（2）公司有重大违法行为，经查实后果很严重；（3）未按照公司债券募集办法履行义务，经查实后果严重；（4）公司情况发生重大变化，不符合公司债券上市条件；（5）公司债券所募集资金不按照核准用途使用，限期内未能消除；（6）公司解散或被宣告破产等。①

二、证券交易

（一）概念与特征

1. 概念

证券交易，是指对投资者认购的已经依法发行的证券进行买卖的行为。证券交易市场，被称为"二级市场"。

证券交易是证券转让的一种。证券转让除了证券交易以外，还有赠与、继承等。

2. 特征

（1）证券交易是一种具有财产价值的特定权利的买卖。证券交易不仅仅是有一定价值的财产的买卖，而且是与财产相关的权利的买卖，如股票上的股权、债券中的债权等。

（2）证券交易是一种标准化合同的买卖。由于每一种证券的面值设计是一致的，所代表的权利内容也是一致的，因此证券具有标准化合同的性质，当事人买卖证券时除了可以选择品种数量和价格以外，其他均须依统一的规则进行。

（3）证券交易是一种已依法发行并经投资者认购的证券买卖。无论是证券内容还是证券形式，都是经法定的主管部门审查认可的，证券已经依法发行且已经到达原始投资者手中。②

（二）分类

1. 从交易场所的角度

证券交易场所可分为集中交易市场和分散交易市场。

集中交易市场是指证券在交易所进行公开、集中买卖的交易场所，这是证券流通的主要方式和证券交易的核心。集中交易市场的优点包括提高交易效率、降低交易成本、增加市场透明度和流动性。同时，由于交易的集中性，也便于监管机构进行监管，从而保护投资者的利益。然而，集中交易市场也可能存在一些缺点，如系统风险，即当交易所系统出现问题时，可能会影响整个市场的运行。分散交易市场，也称为场外交易市场（OTC 市场），是通过各种独立的交易平台进行的证券交易，不局限于单一的物理场所。

① 《商法学》编写组：《商法学（第二版）》，高等教育出版社 2022 年版，第 283 页。
② 刘晋松：《试析证券交易制度》，载《内蒙古科技与经济》2006 年第 13 期，第 65 页。

2. 从买卖双方交易主体结合方式

从买卖双方交易主体结合方式来分析，包括议价交易和竞价交易。

议价交易是指买卖双方通过一对一的面谈，以讨价还价的方式达成交易。这种方式在保密性上通常更高，因为交易是在有限的参与者之间进行的。议价交易常见于场外交易市场，其中交易的产品往往具有更高的个性化和定制化。此外，议价交易在处理大宗交易时更为灵活，买卖双方可以直接协商价格和交易条件。

竞价交易是一种价格由市场上所有参与者的买卖指令共同决定的交易方式。在这种机制下，价格是通过投资者提交的买卖订单进行撮合而形成的，遵循价格优先和时间优先的原则。竞价交易制度通常应用于集中交易市场，如股票交易所，它确保了市场的公开性和公平性。由于交易是在众多买家和卖家中进行的，所以市场流动性较高，并且交易成本相对较低。

3. 从达成交易的方式

达成交易的方式有直接交易和间接交易，间接交易也称委托交易。

直接交易是买卖双方在没有中介的情况下直接进行交易谈判，完成交易后自行清算和交割。这种交易方式常见于场外市场，例如股票买卖双方可以直接洽谈，达成交易后由双方自行处理后续的清算交割过程。

间接交易主要指买卖双方通过中介机构(如经纪人或交易所)进行交易。在这种情况下，投资者将交易指令委托给经纪人，由经纪人在交易所内进行撮合交易。交易所中的经纪人制度就是一个典型的间接交易例子。

4. 从交割期限和投资方式

根据交割期限和投资方式不同可分为现货交易、期货交易、期权交易、信用交易和回购。

现货交易是指买卖双方以自己真正拥有的资金和证券进行交易，买卖成交后双方在很短的时间内进行交割，卖方交付证券，买方交付资金；期货交易，是指交易双方成交后，在远期按协议数量、价格等条件进行证券交割和清算；证券期权交易，是指当事人约定在一定时间内，以特定价格买进或卖出指定证券，或者放弃买进或卖出指定证券的交易；信用交易，广义上是指现货交易之外的交易；狭义上则限于保证金交易或融资融券交易，即投资者向经纪人申请并提供保证金，在买进证券时由经纪人提供贷款，在卖出证券时由经纪人借给证券。[①]

(三)一般规则

1. 非法发行的证券不得买卖

根据《证券法》第三十五条，证券交易当事人依法买卖的证券，必须是依法发行的证券。严格的监管规定是为了更好地保护广大投资者的利益，维护良好的金融市场秩序。

2. 转让期限有限制性规定的证券在期限内不得买卖

《公司法》及《证券法》对公司的发起人、上市公司董事、监事、高级管理人员所持股票的转让有限制性规定，这种规定主要是为了防止以上人员利用自己具有的优势地位和资

---

① 赵中孚、邢海宝主编：《商法通论(第七版)》，中国人民大学出版社 2021 年版，第 301~302 页。

源从而谋取利益，影响金融市场的秩序。

3. 证券从业人员买卖证券的禁止或限制

证券交易所、证券公司和证券登记结算机构的从业人员，证券监督管理机构的工作人员以及法律、行政法规禁止参与股票交易的其他人员，在任期或者法定期限内，不得直接或者以化名、借他人名义持有、买卖股票，不得收受他人赠送的股票，任何人在成为上述所列人员时，其原已持有的股票，必须依法转让。①

4. 证券交易必须在法定的交易场所进行

对于公开发行的证券，因涉及的人数众多、影响范围广，为了保护投资者的合法权益，保证其流动性，应当在证券交易所上市交易或者在国务院批准的其他全国性证券交易场所交易。对于非公开发行的证券，现行法律规定了多元化的交易途径。

5. 证券交易可采取多种方式

证券交易的方式可采用集中竞价交易、大宗交易、做市商交易、协议交易等。

6. 证券交易的标的种类

证券交易的标的可以是现货、期货甚至期权等。

7. 证券交易应当遵守保密义务

证券交易场所、证券公司、证券登记结算机构、证券服务机构及其工作人员应当依法为投资者的信息保密，不得非法买卖、提供或者公开投资者的信息。

证券交易场所、证券公司、证券登记结算机构、证券服务机构及其工作人员不得泄露所知悉的商业秘密。②

8. 证券交易的收费必须合理

证券交易费用一般均指证券交易当事人应当缴纳的除税收之外的各项费用。从我国目前来看，证券交易费用主要包括以下三项：（1）发行公司需支付的上市费用；（2）投资者需支付的佣金、开户费、委托手续费等；（3）证券商需支付的入场费，即进入证券交易所从事自营或代理买卖证券业务，应向证券交易所支付的有关费用。③

9. 短线交易的禁止及上市公司的归入权

上市公司董事、监事、高级管理人员、持有上市公司股份5%以上的股东在法定期限内不得进行反向操作，反向操作所得收益归公司所有。所谓反向操作，是指上市公司董事、监事、高级管理人员、持有上市公司股份5%以上的股东，将其所持有的该公司的股票在买入后6个月内卖出，或者在卖出后6个月内又买入的行为。④

证券法将股东、董监高短线交易收入归入权扩大到其配偶、父母、子女持有的账户和利用他人账户。

---

① 《证券法》第四十条。
② 《证券法》第四十一条。
③ 赵万一、刘小玲：《对完善我国短线交易归入制度的法律思考》，载《法学论坛》2006年第5期，第72页。
④ 《商法学》编写组：《商法学（第二版）》，高等教育出版社2022年版，第288页。

(四)程序

1. 名册登记与开设账户

投资者在相关机构开设证券账户和资金账户，完成开户手续后，就与证券登记结算公司形成证券账户关系，与证券公司形成资金账户关系。证券登记结算公司和证券公司都成为投资者的托管人。

2. 委托

开立资金账户时，投资者需要与证券公司签订指定交易协议书和委托交易协议书，授权证券公司买卖证券。

3. 成交

确定是否成交，以交易所指定的登记结算公司发送的结算数据为准。证券公司申报竞价成交后，买卖合同成立，任何一方不得反悔。

4. 结算与过户

证券买卖成交后，买卖双方对其交易进行清算，根据清算结果，卖方向买方交付证券，买方向卖方交付资金。证券过户手续由证券交易所的电脑过户系统一次完成。

三、上市公司收购

(一)上市公司收购的概念及法律特征

1. 上市公司收购的概念

上市公司收购是指投资者依法定程序公开收购股份有限公司已经发行上市的股份达到一定比例，以实现对该公司控股或兼并意图的行为。

实施收购行为的投资者称为收购人，作为收购目标的上市公司称为被收购公司。

2. 上市公司收购的特点

(1)被收购公司是股票公开上市的股份有限公司，因而其股份掌握在众多的投资者手中。

(2)收购人既可以是企业法人，也可以是自然人。在实践中，收购人是法人企业的占多数。

(3)收购人须在市场上从多个投资者那里批量购进股份。例如，仅从个别投资者手中购买股份，一般不应称为收购。

(4)收购人收购股份的最终目的不仅仅是投资，而是追求对于目标公司的控制。

3. 确立上市公司收购制度的意义

(1)有利于加速资本集中，促进股票在市场上的加速流动。

(2)优化资源配置，改善产业结构，使资源得到有效的利用。

(3)增强企业活力，对上市公司的管理层形成经营上的压力。

(二)上市公司收购的方式

1. 协议收购

采取协议收购方式的，收购人可以依照法律、行政法规的规定同被收购公司的股东以协议方式进行股份转让。

以协议方式收购上市公司时，达成协议后，收购人必须在3日内将该收购协议向国务院证券监督管理机构及证券交易所作出书面报告，并予公告。在公告前不得履行收购协议。

2. 要约收购

要约收购也称公开收购，指收购人通过向某一上市公司所有股东发出公开收购要约的方式，以实现对该公司控股或兼并。

（1）适用条件：①通过证券交易所的证券交易，投资者持有或者通过协议、其他安排与他人共同持有一个上市公司已发行的有表决权股份达到 30% 时，继续进行收购的，应当依法向该上市公司所有股东发出收购上市公司全部或者部分股份的要约。②对被收购方所有股东一视同仁。收购要约提出的各项收购条件，适用于被收购公司的所有股东；上市公司发行不同种类股份的，收购人可以针对不同种类股份提出不同的收购条件。

（2）公告。依照前述规定发出收购要约，收购人必须公告上市公司收购报告书。

（3）要约收购期限：①收购要约约定的收购期限不得少于 30 日，并不得超过 60 日。②期限内交易限制。采取要约收购方式的，收购人在收购期限内，不得卖出被收购公司的股票，也不得采取要约规定以外的形式和超出要约的条件买入被收购公司的股票。[1]

（4）撤销及变更：①不得撤销。在收购要约确定的承诺期限内，收购人不得撤销其收购要约。②更改需公告且符合法定情形。

收购人需要变更收购要约的，应当及时公告，载明具体变更事项，且不得存在下列情形：降低收购价格；减少预定收购股份数额；缩短收购期限；国务院证券监督管理机构规定的其他情形。

（三）上市公司收购的规则

1. 权益公开规则

通过证券交易所的证券交易，投资者持有或者通过协议、其他安排与他人共同持有一个上市公司已发行的有表决权股份达到 5% 时，应当在该事实发生之日起 3 日内，向国务院证券监督管理机构、证券交易所作出书面报告，通知该上市公司，并予公告，在上述期限内不得再行买卖该上市公司的股票，但国务院证券监督管理机构规定的情形除外。[2]

2. 台阶规则

证券法对举牌上市公司的收购行为做出了明确的规定：举牌上市公司以 5% 为界限履行报告和公告义务；每增加或减少 1% 的公告义务；每增加或减少 5% 持续报告和公告义务。对违法超比例举牌上市公司限制超比例部分 36 个月不得行使表决权。

法律设置"台阶规则"的目的在于，控制大股东买卖股票的节奏，让上市公司及其大股东的有关信息作广泛传播和充分的消化，使投资者有时间慎重考虑作出继续持有或立即售出的选择。[3]

3. 强制要约规则

通过证券交易所的证券交易，投资者持有或者通过协议、其他安排与他人共同持有一

---

① 刘晋松：《浅析上市公司的收购》，载《前沿》2006 年第 5 期，第 44 页。

② 《证券法》第六十三条。

③ 刘晋松：《浅析上市公司的收购》，载《前沿》2006 年第 5 期，第 44 页。

个上市公司已发行的有表决权股份达到 30% 时，继续进行收购的，应当依法向该上市公司所有股东发出收购上市公司全部或者部分股份的要约。

收购上市公司部分股份的要约应当约定，被收购公司股东承诺出售的股份数额超过预定收购的股份数额的，收购人按比例进行收购。①

4. 终止上市规则

终止上市规则要求，收购要约的期限届满，被收购公司的股权分布不符合上市条件的，该上市公司的股票就应当由证券交易所依法终止上市。

5. 强制接受规则

收购期限届满，被收购公司股权分布不符合证券交易所规定的上市交易要求的，该上市公司的股票应当由证券交易所依法终止上市交易；其余仍持有被收购公司股票的股东，有权向收购人以收购要约的同等条件出售其股票，收购人应当收购。

收购行为完成后，被收购公司不再具备股份有限公司条件的，应当依法变更企业形式。②

6. 转让股份限制规则

证券法限制倒壳卖壳行为，上市公司收购完成后 18 个月不得转让。

第五节　投资者保护制度

一、证券公司的适当性义务

(一)证券公司的义务

证券公司向投资者销售证券、提供服务时，应当按照规定：

(1)充分了解投资者的基本情况、财产状况、金融资产状况、投资知识和经验、专业能力等相关信息。

(2)如实说明证券、服务的重要内容，充分揭示投资风险。

(3)销售、提供与投资者上述状况相匹配的证券、服务。

(4)证券公司违反上述规定导致投资者损失的，应当承担相应的赔偿责任。

(二)投资者应提供真实信息

投资者在购买证券或者接受服务时，应当按照证券公司明示的要求提供以上所列真实信息；拒绝提供或者未按照要求提供信息的，证券公司应当告知其后果，并按照规定拒绝向其销售证券、提供服务。

二、征集股东权利

上市公司董事会、独立董事、持有 1% 以上有表决权股份的股东或者投资者保护机构，可以作为征集人。自行或者委托证券公司、证券服务机构，公开请求上市公司股东委

---

① 《证券法》第六十五条。
② 《证券法》第七十四条。

托其代为出席股东大会，并代为行使提案权、表决权等股东权利。

禁止以有偿或者变相有偿的方式公开征集股东权利。

公开征集股东权利违反法律、行政法规或者国务院证券监督管理机构有关规定，导致上市公司或者其股东遭受损失的，应当依法承担赔偿责任。

三、先行赔付制度

发行人因欺诈发行、虚假陈述或者其他重大违法行为给投资者造成损失的，发行人的控股股东、实际控制人、相关的证券公司可以委托投资者保护机构，就赔偿事宜与受到损失的投资者达成协议，予以先行赔付。

先行赔付后，可以依法向发行人以及其他连带责任人追偿。

四、代表人诉讼

(一)适用范围

投资者提起虚假陈述等证券民事赔偿诉讼时，诉讼标的是同一种类，且当事人一方人数众多的，可以依法推选代表人进行诉讼。

(二)法院公告，登记参加

对按照规定提起的诉讼，可能存在有相同诉讼请求的其他众多投资者的，人民法院可以发出公告，说明该诉讼请求的案件情况，通知投资者在一定期间向人民法院登记；法院作出的判决、裁定，对参加登记的投资者发生效力。

(三)特殊的代表人诉讼

投资者保护机构受 50 名以上投资者委托，可以作为代表人参加诉讼；投资者保护机构为证券登记结算机构确认的权利人依照前述规定向人民法院登记，但投资者明确表示不愿意参加该诉讼的除外。

第六节　证券市场监管

证券监督管理体制是指一国范围内以证券法为基础而构成的证券监督管理体系、层次结构、功能模式以及运行机制的统一体。

世界各国主要分为自律型管理体制和集中型管理体制。我国证券法确立的证券监督管理体制属于集中型管理体制一类。

一、证券市场自律管理

证券市场自律管理是指市场参与者自我约束的一种管理机制，它依据证券法律、行政法规进行，并作为行政监管的补充。具体包括以下几个方面：

(1)交易所的管理。证券交易所作为一线监管者，拥有对证券账户出现重大异常交易情况时限制交易的权力，并对证券的上市交易申请行使审核权。此外，当上市公司或债券发行公司出现法定情形时，交易所还有权决定终止其股票或债券的上市交易。

(2)自律组织的作用。自律管理组织如中国证券业协会(中证协)负责制定行业规则，监督会员遵守法律法规和行业规范，促进资本市场的健康发展。中证协通过自律、服务、传导的职责定位，构建起覆盖行业机构、证券从业人员和证券业务活动的自律管理工作体系。①

证券市场自律管理是一个多层次、多方面的管理体系，它不仅涉及交易所的直接监管，还包括自律组织的间接监管，以及对市场参与者行为的规范。这种管理机制对于维护市场秩序、保护投资者权益、促进市场健康发展具有重要意义。

二、证券市场行政监管

证券市场行政监管是指国务院证券监督管理机构依法对中国证券市场实行集中统一监管，以维护证券市场秩序、保护投资者合法权益、促进证券市场的和谐健康发展。

证券市场行政监管通常包括以下几个方面：

（1）制定法规。监管机构会制定相关的法律法规，比如《证券法》，这是证券市场行政监管的法律基础。

（2）市场监管。监管机构会对市场参与者的行为进行监督，确保其遵守市场规则和法律法规。

（3）执法检查。监管机构会定期或不定期地对证券公司、上市公司等进行检查，以确保其合规经营。

（4）行政处罚。对于违反市场规则的行为，监管机构可以采取行政处罚措施，如出具警示函、罚款、吊销执照等。

（5）风险预警。监管机构会对市场的风险状况进行评估，并及时发布风险预警，引导投资者理性投资。

（6）信息披露。监管机构要求上市公司等市场主体按照规定披露信息，以保证信息的透明度和公正性。

（7）投资者教育。监管机构还会通过各种渠道对投资者进行风险教育和市场知识的普及。

（8）跨部门协作。证券市场的监管往往需要多个政府部门之间的协作，如央行、财政部等，以形成监管合力。

（9）国际合作。在全球化的背景下，监管机构还需要与国际组织和其他国家的监管机构合作，共同打击跨境违法违规行为。

总的来说，证券市场行政监管是一个复杂的系统工程，需要法律、经济、管理等多方面的知识支持，以及监管机构的专业性和高效性。通过有效的行政监管，可以保障证券市场的健康稳定发展，维护广大投资者的利益。

为了落实党中央、国务院关于独立董事制度改革的要求，推动形成更加科学的独立董事制度体系，提高上市公司质量，上海证券交易所对《上海证券交易所股票上市

---

① 杨毅：《中政协：更好发挥自律管理作用　健全证券行业治理体系》，载《金融时报》2020 年 9 月 10 日第 7 版。

规则》进行了修订，充分借鉴了试点注册制在信息披露、持续监管、退市等方面的改革经验，以适应全面实行注册制的需求。[1]

三、证券违法责任承担

（一）虚假陈述行为及其法律责任

1. 虚假陈述的样态

虚假陈述指信息披露义务人违反证券法律规定，在证券发行或者交易过程中，对重大事件作出违背事实真相的虚假记载、误导性陈述，或者在披露信息时发生重大遗漏、不正当披露信息的行为。[2]

具体样态有：（1）虚假记载，是指信息披露义务人在披露信息时，将不存在的事实在信息披露文件中予以记载的行为。（2）误导性陈述，是指虚假陈述行为人在信息披露文件中或者通过媒体，作出使投资人对其投资行为发生错误判断并产生重大影响的陈述。（3）重大遗漏，是指信息披露义务人在信息披露文件中，未将应当记载的事项完全或者部分予以记载。（4）不正当披露，是指信息披露义务人未在适当期限内或者未以法定方式公开披露应当披露的信息。[3]

2. 虚假陈述的责任主体

理论上，违反证券法律关于信息披露的规定的，其行为都属违法，行为人都要承担相应的民事责任。现行《证券法》关于虚假陈述民事责任主体，采用"信息披露义务人"的概念，不限于发行人、上市公司，将保荐人、承销的证券公司的"直接责任人员"纳入民事责任主体范围。

3. 虚假陈述的归责原则

由于证券信息的风险主要是信息披露义务人的证券发行或上市引起的，而且信息披露义务人直接提供信息，熟悉其经营状况，具有控制信息的优势，对于专业性、技术性很强的证券活动，投资者举证能力较弱，所以应当适用无过错原则，加重信息披露义务人的责任。

根据《证券法》，发行人的控股股东、实际控制人、监事、高级管理人员和其他直接责任人员以及保荐人、承销的证券公司及其直接责任人员，证券服务机构有虚构陈述行为的，其归责原则为过错推定情形，必须由以上主体证明自己勤勉尽责，没有过错才免责。

4. 虚假陈述的法律责任

（1）民事责任。进行虚假陈述，给投资者造成损失的，应当承担赔偿责任。

（2）行政责任。主要包括责令改正、罚款、警告、暂停或者取消其发行、上市资

---

① 《上交所发布〈上海证券交易所股票上市规则（2023 年 8 月修订）〉的通知》，载中国证券网：https：//news.cnstock.com/news，bwkx-202308-5101724.htm，2024 年 6 月 1 日访问。

② 刘光洪：《关于证券市场虚假陈述民事赔偿制度中的几个问题》，载《2005 年湖南省证券法制研究资本市场改革与发展研讨会论文专辑》，第 8 页。

③ 《最高人民法院关于审理证券市场虚假陈述侵权民事赔偿案件的若干规定》第四条。

格等。

（3）刑事责任。涉及的罪名主要有欺诈发行证券罪；违规披露、不披露重要信息罪；提供虚假证明文件罪；出具证明文件重大失实罪。

（二）内幕交易行为及其法律责任

1. 内幕信息

证券交易活动中，涉及发行人的经营、财务或者对该发行人证券的市场价格有重大影响的尚未公开的信息，为内幕信息。①

2. 内幕信息知情人

内幕人员，包括内幕信息的知情人以及非法获取内幕信息的人。

证券交易内幕信息的知情人包括：

（1）发行人及其董事、监事、高级管理人员；

（2）持有公司5%以上股份的股东及其董事、监事、高级管理人员，公司的实际控制人及其董事、监事、高级管理人员；

（3）发行人控股或者实际控制的公司及其董事、监事、高级管理人员；

（4）由于所任公司职务或者因与公司业务往来可以获取公司有关内幕信息的人员；

（5）上市公司收购人或者重大资产交易方及其控股股东、实际控制人、董事、监事和高级管理人员；

（6）因职务、工作可以获取内幕信息的证券交易场所、证券公司、证券登记结算机构、证券服务机构的有关人员；

（7）因职责、工作可以获取内幕信息的证券监督管理机构工作人员；

（8）因法定职责对证券的发行、交易或者对上市公司及其收购、重大资产交易进行管理可以获取内幕信息的有关主管部门、监管机构的工作人员；

（9）国务院证券监督管理机构规定的可以获取内幕信息的其他人员。②

证券交易内幕信息的知情人和非法获取内幕信息的人，在内幕信息公开前，不得买卖该公司的证券，或者泄露该信息，或者建议他人买卖该证券。持有或者通过协议、其他安排与他人共同持有公司5%以上股份的自然人、法人、非法人组织收购上市公司的股份，证券法另有规定的，适用其规定。

3. 内幕交易行为的法律责任

（1）民事责任。因内幕交易行为给投资者造成的损失，行为人应当承担赔偿责任。

（2）行政责任。主要包括责令非法行为人依法处理非法持有的证券、没收违法所得、罚款、警告等。

（3）刑事责任。涉及的罪名主要有内幕交易罪。

（三）操纵证券市场行为及其法律责任

1. 操纵证券市场的手段

（1）单独或合谋连续买卖；（2）与他人串通，以事先约定的时间、价格和方式相互进

---

① 《证券法》第五十二条。

② 《证券法》第五十一条。

行证券交易；（3）在自己实际控制的账户之间进行证券交易；（4）不以成交为目的，频繁或者大量申报并撤销申报；（5）利用虚假或者不确定的重大信息，诱导投资者进行证券交易；（6）对证券、发行人公开作出评价、预测或者投资建议，并进行反向证券交易；（7）利用其他相关市场活动操纵市场；（8）其他操纵市场的行为。[①]

2. 操纵证券市场的法律责任

（1）民事责任。因操纵证券市场给投资者造成的损失，行为人应当承担赔偿责任。

（2）行政责任。主要包括责令行为人依法处理非法持有的证券、没收违法所得、罚款、警告等。

（3）刑事责任。涉及的罪名主要有操纵证券、期货市场罪，情节严重的，将判处有期徒刑、拘役、罚金等刑事责任。

（四）欺诈客户行为及其法律责任

1. 欺诈客户的样态

欺诈客户行为，是指证券公司及其从业人员在证券交易中违背客户的真实意愿，侵害客户利益的行为。具体表现在：（1）违背客户的委托为其买卖证券；（2）不在规定时间内向客户提供交易的确认文件；（3）未经客户的委托，擅自为客户买卖证券，或者假借客户的名义买卖证券；（4）为牟取佣金收入，诱使客户进行不必要的证券买卖；（5）其他违背客户真实意思表示，损害客户利益的行为。[②]

2. 欺诈客户的法律责任

（1）民事责任。证券公司及其从业人员实施以上行为给客户造成的损失，应当承担赔偿责任。

（2）行政责任。证券监管部门将同时给以警告，没收违法所得，罚款。情节严重的，将暂停或撤销相关业务许可。

　　二十大报告提出了加快发展方式绿色转型的要求，证券公司在履行社会责任、服务绿色发展和实现"双碳"目标方面将发挥重要作用。这意味着证券公司在未来的发展中，不仅要关注经济效益，还要注重环境保护和社会责任的履行。二十大报告中提出的关于证券发行与交易的改革措施，旨在推动中国资本市场的现代化进程，提高市场的效率和透明度，同时也强调了资本市场在促进绿色转型和支持可持续发展方面的责任。这些改革将为投资者提供更加公平、高效的投资环境，为上市公司提供更高质量的发展平台。[③]

　　TCL 李东生"乌龙指"事件——"短线交易"案
　　2020 年 9 月 2 日，上市公司 TCL 科技（000100）公告：

---

① 《证券法》第五十五条。
② 《证券法》第五十七条。
③ 《深交所发布〈深市上市公司环境信息披露白皮书〉，推动上市公司加快发展方式绿色转型》，载网易网：https：//www.163.com/dy/article/HRHMOVQ80519QIKK.html，2024 年 6 月 1 日访问。

　　×××科技集团股份有限公司于今日收到了公司大股东李东生先生《关于误操作×××》科技股票的致歉声明：2020年9月1日13点03分，李东生先生委托的交易服务人员因证券代码输入错误导致误操作，卖出×××科技（000×××.SZ）股票500万股，成交金额35909839.00元，该交易服务人员于同日下午14点48分买回上述500万股公司股票，成交金额35764669.91元。

　　分析：依据《证券法》第四十四条的规定，上市公司持股5%以上股份的股东、董事、监事、高级管理人员，将其持有的该公司的股票在买入后6个月内卖出，或者在卖出后6个月内又买入，由此所得收益归该公司所有，公司董事会应当收回其所得收益。按照"最高卖价减去最低买价"的从严计算方法，即该次买入股票5000000股最低价7.14元/股小于本次卖出股票最高价7.20元/股，计算所得收益为5000000股×（7.20元/股-7.14元/股），即300000元；上述所得收益300000元作为本次短线交易的获利金额，将全数上交公司所有，由于股票交易产生的全部费用由李东生先生个人承担，李东生先生因本次误操作给公司和市场带来的不良影响，向公司和广大投资者致以诚挚歉意。为杜绝类似情况再次发生，李东生先生已收回账户管理权并由其本人自主管理。①

　　公司将进一步要求全体董事、监事、高级管理人员及持有公司5%以上股份的股东加强对《证券法》《深圳证券交易所股票上市规则》《上市公司董事、监事和高级管理人员所持本公司股份及其变动管理规则》等相关法律法规和规范性文件的学习，并要求相关人员严格遵守有关规定。②

【思考题】

1. 证券法的"三公原则"有何意义？
2. 证券发行核准制与证券发行注册制有何区别？
3. 证券监管的必要性和有效性？
4. 证券市场中的违法行为有哪些？分析其构成及责任承担？

---

　　①　周欢：《突然抛售TCL3590多万元股票？》，载《南方日报》2020年9月3日，第A07版。

　　②　《TCL李东生再发文还原卖股事件始末，曾接受采访称"要敬畏市场"》，载中国经济网：http：//www.ce.cn/cysc/zgjd/kx/202009/02/t20200902_35653685.shtml，2024年6月1日访问。

第四编　票　据　法

第十章　票　据　立　法

【教学目的和要求】通过本章的学习，了解票据与票据法，了解票据权利与票据行为，掌握票据抗辩规则并熟悉失票救济措施。

【重点和难点】票据法上的票据关系与非票据关系；涉外票据的法律适用；票据权利的取得；票据的伪造与变造；票据行为的构成要件；票据抗辩规则；失票救济措施。

第一节　票据与票据法

一、票据概述

（一）票据的概念

票据作为办理支付结算和现金收付的重要依据，是市场交易中常用的重要支付工具之一。关于票据的法律概念，目前仍没有一个统一的、公认的定义。从立法上看，德国、法国、瑞士、日本等国家的票据立法，大多将汇票、本票规定在一项法律中，将支票规定在另一项法律中，学者称此种立法方式为"分离主义"立法例。这里的"票据"概念仅指汇票和本票，支票属于另外一种有价证券。英国、美国等国家的票据立法，大多将汇票、本票、支票等统一规定在同一项法律中，这种立法方式被称为"包括主义"立法例。但是，英美票据立法中并没有票据的总概念。《票据法》第二条第二款规定："本法所称票据，是指汇票、本票和支票。"

从学理上分析，票据的概念有广义和狭义之分。广义的票据包括各种有价证券和凭证，如股票国库券、企业债券、发票、提单等；狭义的票据，即我国票据法中规定的票据包括汇票、本票和支票，是指由出票人依法签发的，约定自己或委托他人在见票时或指定的日期向收款人或持票人无条件支付一定金额的有价证券。其中，本票仅指银行本票，支票包括现金支票和转账支票。汇票包括银行汇票和商业汇票，而商业汇票根据承兑主体不同分为银行承兑汇票和商业承兑汇票。

（二）票据的特征

1. 票据是金钱债权证券

有价证券依其所代表的财产权利的性质不同，可分为物权证券、债权证券和股权证券。票据所表示的权利是以一定金额的给付为标的的债权，故称为债权证券。又因票据所保障的权利仅限于对一定数量的金钱的请求权，不能是劳务或者实物请求权。因此，票据是金钱债权证券。

2. 票据是无因证券

票据上的法律关系是一种单纯的金钱支付关系，权利人享有票据权利只以持有符合票据法规定的有效票据为必要。至于票据赖以发生的原因，在所不问。即使原因关系无效或有瑕疵，均不影响票据的效力。所以，票据权利人在行使票据权利时，无须证明给付原因，票据债务人也不得以原因关系对抗善意第三人。

3. 票据是完全有价证券

完全有价证券与不完全有价证券是根据证券权利与证券本身的关系不同对有价证券的划分。证券权利的发生、转移和行使都以证券的存在为必要的证券为完全有价证券；证券权利的转移或行使以证券的存在为必要，而证券权利的发生不以证券的存在为必要的证券为不完全有价证券，如股票、公司债券、仓单等。票据作为完全有价证券，其权利的发生必须作成票据，其权利的转移必须交付票据，其权利的行使必须出示票据。

4. 票据是文义证券

票据上所载权利义务的内容必须严格按照票据上所载文义确定，不允许依据票据记载以外的事实，对行为人的意思，作出与票据所载文义相反的解释，或者对票据所载文义进行补充或变更。即使票据的书面记载内容与票据的事实相悖，也必须以该记载事项为准。如，当票据上记载的出票日与实际出票日不一致时，必须以票据上记载的出票日为准。

5. 票据是设权证券

票据权利的产生必须首先做成证券。在票据做成之前，票据权利是不存在的。票据权利是随着票据的做成同时发生的。没有票据，就没有票据权利。

6. 票据是要式证券

票据法律法规严格地规定了票据的制作格式和记载事项。不按票据法及相关法规的规定进行票据事项的记载，就会影响票据的效力甚至会导致票据的无效。此外，在票据上所为的一切行为，如出票、背书、承兑、保证、付款、追索等，也必须严格按照票据法规定的程序和方式进行，否则无效。

7. 票据是流通证券

票据的一个基本功能就是流通。它较民法上的一般财产权利，流通方式更加灵活简便。票据上的权利，经背书或单纯交付即可让与他人，无须依民法有关债权让与的有关规定。一般说来，无记名票据，可依单纯交付而转让；记名票据，须经背书交付才能转让。

(三)票据的功能

1. 汇兑功能

票据可以作为异地支付的手段使用。在商业交易中，双方当事人往往分处不同的地方甚至不同的国家，因此，经常会在异地之间兑换或转移金钱。如果一方向对方输送大量的现金，不仅非常麻烦，而且极不安全。但使用票据，以票据的转移代替实际的金钱的转移，则可以大大减少输送金钱的麻烦和风险。特别是现代国际贸易，利用票据的汇兑功能进行国际结算，以减少现金的往返运送，从而降低风险，节约费用。

2. 支付功能

票据最简单、最基本的作用就是作为支付手段，代替现金的使用。用票据代替现金作为支付工具，既可以避免携带大量现金的不安全性，又可以避免清点现钞可能产生的错误和所花费的时间。以票据作为商品交换活动中的主要支付手段，既是商品经济发展的需要，也是商品经济发展到较高阶段的表现。

3. 信用功能

信用功能是票据的核心功能。现代商品交易中，信用交易是大量存在的。卖方通常不能在交付货物的同时，获得价金的支付。如果这时买方向卖方签发票据，就可以将挂账信用转化为票据信用，把一般债权转化为票据债权，使得权利外观明确、清偿时间确定、转让手续简便，以获得更大的资金效益。同时，贴现制度的存在又使得持票人可以提前将票据转化为现金，将商业信用进一步转化为银行信用。票据的信用功能，已成为票据最主要的功能，在商品经济发展中，发挥着巨大的作用。

4. 结算功能

结算功能又叫债务抵销功能。简单的结算就是互有债务的双方当事人各签发一张票据给对方，待两张票据都届到期日即可抵销债务，差额部分，仅一方以现金支付。复杂的结算是通过票据交换制度完成的。通过票据交换所，将到期票据相互抵销。

5. 融资功能

融资功能就是利用票据筹集、融通或调度资金。这一功能主要是通过票据贴现完成的。即通过对未到期票据的买卖，使持有未到期票据的持票人通过出售票据获得现金。一般说来，各国的商业银行均经营票据的贴现业务，中央银行则经营票据的再贴现业务。银行经营贴现业务的目的就是向需要资金的企业提供资金。

二、票据法概述

(一)票据法的概念

票据法，是指规范票据制度以及各种票据关系的法律。票据法有广义和狭义之分。广义的票据法，是指各个法律部门中关于票据规定的总合，即除票据专门立法以外，还包括民法、刑法、诉讼法、破产法、税法等法律中有关票据的一切规定。因此，民法中关于民事法律行为、代理、质押的规定，刑法中关于伪造、变造有价证券罪的规定，民事诉讼法中关于票据诉讼及公示催告、除权判决的规定，破产法中关于票据当事人受破产宣告的规定，税法中关于票据印花税的规定等，都属于广义的票据法。狭义的票据法，则指有关票据的专门立法。它是规定票据的种类、形式和内容，明确票据当事人之间的权利义务，调整因票据而发生的各种社会关系的法律规范。票据法的性质属于私法，是传统商法的重要组成部分。

(二)票据法的历史沿革

近代的票据法，起初是在欧洲中世纪末期的商习惯法的基础上形成和发展起来的。由当时商人团体的规章、惯例以及商人裁判所的判例组成。随着中央集权国家的逐渐形成，这种习惯也随之演变为成文法。最初出现成文法或制定法形式的票据法是包括在 1673 年法国路易十四时期的《陆上商事条例》中关于票据的规定。[①] 法国大革命后，1807 年的《法国商法典》中包括汇票与本票的规定。1865 年，随着银行制度的发展，法国又制定了支

---

① 赵威著：《票据权利研究》，法律出版社 1997 年版，第 25 页。

票法。

在 20 世纪 30 年代以前，世界上存在着三大票据法系，即法国法系、德国法系和英国法系。法国法系的最大特点是将汇票、本票主要作为汇兑工具，且不对票据关系和票据基础关系作分离，即不承认票据的无因性。德国法系注重票据的信用功能和流通功能，为此将票据关系与票据基础关系相分离，使票据成为无因证券。德国法系后来成为欧洲大陆法系的代表，影响日渐扩大。英国法系影响及于整个普通法系国家，注重票据的信用作用、流通作用和无因性，强调对正当持票人的保护，[①] 但与德国法系重视形式相比更重视实际。在立法体例上，法国法系和德国法系都将汇票和本票统一立法，此外还单独制定一部支票法，而英国法系则采用汇票、本票、支票三票合一的立法形式。

第一次世界大战以后，国际联盟着手重新推动因战争而中断的票据法国际统一运动。1930 年和 1931 年，国际联盟在瑞士日内瓦先后召开国际票据法统一会议，分别通过了《统一汇票本票法公约》《统一支票法公约》等一系列票据法公约，统称为"日内瓦票据公约"。公约主要以德国票据法系为基础，签署或参加公约的国家基本上是大陆法系国家，包括德国、法国及绝大多数欧洲大陆国家，还有日本及部分拉丁美洲国家。至此，在国际上形成了日内瓦统一票据法系。然而，英国和美国没有派代表参加日内瓦会议，也一直拒绝参加这些公约，仍然坚持自己的票据法传统。所以，直到今天，世界上仍然存在着日内瓦统一票据法系和英美票据法系这两大票据法系。

1988 年 12 月，联合国第 43 次大会通过了《联合国国际汇票和国际本票公约》，该公约共有 9 章 90 条。根据第 89 条第一项规定，该公约须经至少 10 个国家送交批准文件或者加入文件以后，才能生效。根据《国际汇票本票公约》的规定，该公约在适用范围上仅适用于"国际票据"，而只有作为国际贸易结算手段的使用和出票地、付款地或收款人所在地中至少有两地不在一个国家境内的票据才为国际票据；并且，该公约在法律效力上不具有强制施行的效力，只有任意性效力，即由出票人或承兑人自行选择，决定是否适用该公约。

(三)我国的票据立法

我国古代虽然很早就使用了票据(如飞钱、交子)，但并未正式产生票据法。[②] 我国正式的票据立法是在清朝末期。清王朝和北洋政府曾经起草过多部票据法草案，但都没有公布。1928 年，南京国民政府草拟了新的票据法草案，于 1929 年 10 月 30 日公布施行。这是中国历史上第一部正式的票据法，后几经修订，至今仍在我国台湾地区适用。1949 年，中华人民共和国成立后，旧中国的票据法同其他旧法一起被废除。1988 年 12 月，中国人民银行颁发了《银行结算办法》。该办法规定在全国推行银行汇票、商业汇票、银行本票和支票，并规定个人可以使用支票，在此基础上，1997 年 9 月 19 日中国人民银行重新制定了《支付结算办法》。1995 年 5 月 10 日，第八届全国人民代表大会常务委员会第十三次会议审议通过了现行的《票据法》，自 1996 年 1 月 1 日起施行，并于 2004 年 8 月 28 日第

① 林国民编著：《外国民商法》，人民法院出版社 1996 年版，第 224 页。
② 高春平：《论中国古代信用票据飞钱、交子、会票、票号的发展演变》，载《经济问题》2007 年第 1 期，第 125 页。

十届全国人大常委会第十一次会议修订。中国人民银行于 1997 年 8 月 21 日发布《票据管理实施办法》。2009 年 10 月 16 日中国人民银行发布《电子商业汇票业务管理办法》。2000 年 2 月 24 日最高人民法院通过并于 2020 年 12 月 23 日修正《关于审理票据纠纷案件若干问题的规定》(以下简称《票据法司法解释》)。

(四)票据法的特征

1. 强行性

由于票据具有较强的流通性,不仅涉及直接进行票据授受的特定当事人,而且涉及经票据流通间接取得票据而加入票据关系的不特定第三人。所以,票据关系的设定、变更或消灭,均以法律的规定为行为准则,票据的内容由法律直接规定,不允许当事人加以变更,除法律另有规定的以外,一般也不承认当事人约定的优先效力。票据法首先规定了票据只有三种——汇票、本票和支票,除此之外,任何银行、单位和个人不得创设新的票据形式;其次,票据是严格的要式证券,票据行为也是严格的要式行为。违反法定方式的票据及票据行为一律无效。

2. 技术性

票据是作为金钱支付和运用手段而创造出来的,必须具有严密而精巧的技术解决方法。票据法中的许多规定,如票据形式的严格规定、关于票据行为无因性的规定、背书连续的规定、抗辩切断的规定以及付款责任的规定等,都是为了保证票据使用的安全、确保票据的流通和付款,从方便合理的角度出发,由立法者专门设计出来的,而不是基于一般的道德理念,或者遵循一般的法律原则而规定的。就这一点来说,票据法类似于交通法规,具有较强的技术性。

3. 国际统一性

票据的产生,就始于国际贸易。而国际贸易的不断扩大,更使得各国间票据法的统一成为一种需要。目前,不少国家的票据法正逐步趋于统一,国际社会也在谋求票据法的统一。

三、票据法上的法律关系

(一)票据法上的票据关系

票据法上的票据关系是指当事人基于票据行为而产生的票据权利义务关系。其中,票据的持有人(持票人)享有票据权利,对在票据上签名的票据债务人可以主张行使票据法规定的相关权利。票据上签名的票据债务人负担票据责任(即票据义务),依自己在票据上的签名按照票据上记载的文义承担相应的义务。票据关系当事人较复杂,一般包括出票人、收款人、付款人、持票人、承兑人、背书人、被背书人、保证人等。不同的当事人之间基于不同的票据行产生不同的票据关系,如因出票行为而产生出票人与收款人的关系、收款人与付款人的关系;因汇票的承兑行为而产生持票人与承兑人的关系;因背书行为而产生背书人与被背书人的关系;因保证行为而产生保证人与持票人的关系以及保证人与被保证人及其前手的关系等。在各种票据关系中,出票人、持票人、付款人三者之间的关系是票据的基本关系。

(二)票据法上的非票据关系

票据法上的非票据关系，是指由票据法所规定的，与票据行为或票据关系有关的，但不是基于票据行为而存在的法律关系。根据我国票据法的规定，票据法上的非票据关系主要有三种：

1. 利益返还关系

《票据法》为了实现票据的流通功能，保障票据流通的安全性，给票据权利规定了短期的消灭时效，并对票据权利的行使规定了严格的形式要件。在这种情况下，持票人稍有疏忽，未遵守这些规定，就有可能丧失票据权利，而使自己遭受损失。在持票人丧失权利受到损失的同时，票据的出票人或承兑人则可能因此获得利益。为此，《票据法》第十八条规定，持票人因超过票据权利时效而丧失票据权利的，仍享有民事权利，可以请求出票人或者承兑人返还其与未支付的票据金额相当的利益。这就在持票人与出票人或承兑人之间形成了利益返还关系。

2. 票据返还关系

只有持有票据才能享有票据权利，这是由票据是完全有价证券的特性所决定的。但是在实际生活中并不排除票据权利人丧失票据的情形。如票据被他人以非法手段取得；付款人支付票据金额后未收回票据和被追索人清偿票据金额而未收回票据。在这种情况下，票据虽然仍由他人占有，但该占有人并非该票据的合法持有者。因此，我国《票据法》第十二条规定，以非法手段或出于恶意而取得票据者不得享有票据权利。丧失票据或已履行票据义务的人就享有票据返还的请求权，即要求不当占有票据者返还票据。

3. 损害赔偿关系

无论是票据权利的行使还是票据义务的履行，均须遵守法定的规则。如果票据关系主体不遵守法定规则，就要承担因此而造成的损害赔偿责任。《票据法》规定的损害赔偿责任主要有三种：一是在行使票据追索权时，追索权人没有在规定期间内及时将追索一事通知其前手而给前手造成的损害，追索权人应承担损害赔偿责任；二是当承兑人或付款人在拒绝承兑或拒绝付款的情形下，而未出具拒绝证明或者退票理由书的，该承兑人或付款人应承担由此产生的损害赔偿责任；三是对实施伪造、变造票据的人，虽然可以根据票据文义性的特点不承担票据责任或依票据变造规则承担相应的票据责任，但应承担因伪造、变造票据而产生的损害赔偿责任。

(三)票据基础关系

票据只要具备票据法规定的条件，票据权利就能发生。但在票据关系形成前，当事人之间必然存在着某种法律关系，如票据当事人之间的买卖关系、资金付受关系、票据预约关系等。由于这些关系是票据关系赖以产生的基础，因此，一般又称之为票据关系的基础关系。票据基础关系一般分为三种：票据原因关系、票据资金关系以及票据预约关系。

1. 票据原因关系

票据原因关系是指授受票据的直接当事人之间基于授受票据而产生的法律关系。票据原因关系与票据关系原则上是分离的，两者互相独立，即使票据原因不存在、无效、被撤销，票据记载的内容与票据原因不符，也不影响持票人的票据权利。票据作为无因证券的特性主要产生于此。当然在特殊情况下，票据原因关系与票据关系也存在着一定的牵连关系。这种牵连关系只能发生于直接当事人之间，基于公平和诚实信用的原则而产生。我国票据法规定的牵连关系主要体现在三种情形下：一是票据债务人可以对不履行约定义务的与自己有直接债权债务关系的持票人进行抗辩；二是无对价而取得票据的持票人，不能享有优于前手的权利，要受前手原因关系的牵连；三是持票人明知前手的票据关系中存在着原因关系的抗辩，但仍取得票据的，前手原因关系的抗辩可以延续用来对抗该知情的持票人。票据法有关票据原因关系与票据关系相牵连的规定，称为票据无因性的例外规则。

2. 票据资金关系

票据资金关系指汇票出票人和付款人、支票出票人与付款银行或其他资金义务人所发生的法律关系。即出票人之所以委托付款人进行付款的原因。一般说来，资金关系的存在或有效与否，均不影响票据的效力。出票人不得以已向付款人提供资金为由拒绝履行其追索义务；付款人也不因得到资金而当然地成为票据债务人，作为汇票来说，付款人的承兑行为才是其承担票据债务的法定条件。

3. 票据预约关系

票据预约关系指票据当事人在授受票据之前，就票据的种类、金额、到期日、付款地等事项达成协议而产生的法律关系。即当事人之间授受票据的合同所产生的法律关系。它实际上是沟通票据原因和票据行为的桥梁。但该合同仅为民事合同，当事人不履行票据预约合同所产生的权利义务仅构成民法上的债务不履行，不属于票据法规范的对象。

四、票据关系的当事人

票据关系当事人，也称票据关系的主体，是指享有票据权利与承担票据义务的人。在票据关系中，由于票据行为的多样性，反映在实施行为的主体上也呈现出多样性。因此，一般将票据关系当事人分为基本当事人与非基本当事人。在汇票和支票关系中，基本当事人一般包括三种：出票人、收款人和付款人；而在本票关系中的基本当事人仅包括两种：出票人和收款人，付款人与出票人为同一人。非基本当事人所涉及的主体比较多，如在背书关系中就有背书人与被背书人；保证关系中有保证人与被保证人；承兑关系中有承兑申请人与承兑人；付款关系中有持票人与付款人；追索关系中有追索权人和被追索人等。

其中，出票人是指签发票据并将票据交付于收款人，从而创设票据权利的人。汇票和支票关系中的出票人负有担保票据承兑和付款的责任；本票关系中的出票人负有直接付款的义务。因此，出票人是票据关系中的义务主体。

收款人，是指记名票据上最初的持票人，亦即出票人在票据中明确记载的权利人。收款人是票据关系中的权利主体。

持票人，是指依法实际持有票据的人。收款人是最初的持票人。如果该票据依法转让，则受让人就是持票人，享有票据权利。持票人是票据关系中的权利主体。

付款人，是指票据中记载的承担付款义务的人。在汇票和支票关系中，付款人只承担可能付款的责任；在本票关系中，付款人应现实地承担付款责任。

背书人，是指运用背书的技术规则，将票据转让给他人的人。背书人先是持票人，背书转让后即负有担保票据权利实现的责任。因此，背书人是票据关系的义务主体。

被背书人，是指经背书人的背书转让行为而取得票据的人。如果被背书人不再转让票据，他就是最后的持票人，属于票据关系中的权利主体。

承兑人，是指在汇票关系中表示愿意在票据到期日无条件付款的付款人。在汇票关系中，付款人是可能的义务主体，而承兑人是现实的付款义务主体。

保证人，是指由原有票据义务人之外的第三人，记载于票据中，并愿意为某一票据义务人担保履行票据义务的人。

被保证人，是指保证人所担保的对象。被保证人必须是票据中的义务主体。

追索权人，是指票据持有人在向付款人或承兑人主张权利得不到实现时，向票据中其他义务主体主张权利的人。

被追索人，是指受追索权人追索的一切票据义务人，包括背书人、保证人、出票人等。

五、涉外票据的法律适用

涉外票据是指在票据关系上具有一定涉外因素的票据。它通常在地域上或当事人上涉及两个或两个以上的国家，也可以称为国际票据。我国《票据法》明确规定，涉外票据是指出票、背书、承兑、保证、付款等行为中，既有发生在我国境内又有发生在我国境外的票据。对于涉外票据，该法第九十五条规定的适用原则是：（1）优先适用国际条约。凡我国缔结或者参加的国际条约同我国票据法有不同规定的，适用国际条约的规定。但是，我国声明保留的条款除外。（2）适用国际惯例。我国票据法和我国缔结或者参加的国际条约没有规定的，可以适用国际惯例。

我国票据法根据通常的法律冲突的处理原则，对涉外票据在当事人的行为能力、票据行为方式以及票据权利行使与保全等方面发生法律冲突时，分别规定了相应的准据法。

第一，票据债务人的民事行为能力，适用其本国法律。票据债务人的民事行为能力，依照其本国法律为无民事行为能力或者为限制民事行为能力而依照行为地法律为完全民事行为能力的，适用行为地法律。

第二，汇票、本票出票时的记载事项，适用出票地法律。支票出票时的记载事项适用出票地法律，经当事人协议，也可以适用付款地法律。

第三，票据的背书、承兑、付款和保证行为，适用行为地法律。

第四，票据追索权的行使期限，适用出票地法律。

第五，票据的提示期限、有关拒绝证明的方式、出具拒绝证明的期限，适用付款地法律。

第六，票据丧失时，失票人请求保全票据权利的程序，适用付款地法律。

河北某有限责任公司是一家韩资企业，2024年6月10日，该公司在石家庄受让了一张以新加坡某银行为付款银行的汇票，公司经理张某携带该汇票赴新加坡办理业务途中在中国香港不慎将该汇票丢失。

问：失票人威达有限责任公司请求保全票据权利适用什么地方的法律？

第二节　票据权利和票据行为

一、票据权利

票据权利，是指持票人向票据债务人请求支付票据金额的权利，包括付款请求权和追索权。付款请求权，是指持票人对主债务人所享有的、依票据而请求支付票据所载金额的权利。付款请求权是第一次请求权，具有主票据权利的性质，持票人必须首先向主债务人行使第一次请求权，而不能越过它直接行使追索权。追索权，指在付款请求权未能实现时发生的、持票人对从债务人所享有的、请求偿还票据所载金额及其他有关金额的权利。追索权的行使以持票人第一次请求权未能实现为前提，相对于付款请求权来说，是一种二次权利。

(一)票据权利的取得

票据权利的取得，也称票据权利的发生。票据权利以持有票据为依据，行为人合法取得票据，即取得了票据权利。当事人取得票据的情形主要有：(1)出票取得，出票人的出票行为完成后，其相对人即通过票据的交付而实现占有票据，从而成为原始取得票据的权利人。(2)转让取得，当持票人将票据转让给相对人时，该相对人即为新的持票人，取得票据权利。票据的转让一般以背书方式实现，但对无记名票据交付也可实现票据权利的转让。(3)依法取得，指依据票据法及其他相关法律的规定，可以取得票据权利的情形。如通过税收、继承、主体的合并或分立等都会产生票据权利主体的变更，从而实现新的票据权利主体的产生。(4)善意取得，即持票人从无处分权人手中以相当对价取得票据，且持票人在取得该票据时并无恶意或无重大过失。

行为人依法取得票据权利，必须注意以下几个问题：一是票据的取得，必须给付对价，即应当给付票据双方当事人认可的相对应的代价。无对价或无相当对价取得票据的，不享有票据权利。二是因税收、继承、赠与可以依法无偿取得票据的，不受给付对价的限制。但是，所享有的票据权利不得优于其前手。三是因欺诈、偷盗、胁迫、恶意取得票据或因重大过失取得不符合法律规定的票据的，不得享有票据权利。

甲公司与乙公司长期从事服装经销业务。2024年3月31日，双方经过详细核对，书面确认相互之间的往来账目已完全结清。但4月20日，甲公司又向乙公司签发了一张金额为10万元的支票。乙公司持该支票到银行转账时，银行以出票日期不规范而退票。之后，乙公司持票要求甲公司付款。甲公司认为，乙公司取得该支票没有对价关系，因此不享有票据权利。乙公司称，该票据是甲公司经理李某因私人感情而支付给乙公司经理陈某的。支票文义记载明确，甲公司应当付款。乙公司因甲公司不付款而诉至法院。本案涉及票据取得的基础关系和对价问题。只有支付对价取得的票据权利，才是完全的票据权利，否则，票据权利是受限制的。

问：本案中，甲公司是否可以乙公司取得票据没有对价行为而拒绝付款？

(二)票据权利的行使和保全

票据权利的行使，是指票据权利人向票据债务人提示票据，请求实现票据权利的行为，如请求承兑、提示票据请求付款、行使追索权等。持票人行使票据权利，应当按照法定程序在票据上签章，并出示票据。票据权利的保全，是指票据权利人为防止票据权利的丧失而实施的行为，如为防止付款请求权与追索权因时效而丧失，采取中断时效的行为；为防止追索权丧失而请求作成拒绝证明的行为等。

票据权利人为了防止票据权利丧失，在人民法院审理、执行票据纠纷案件时，可以请求人民法院依法对票据采取保全措施或者执行措施。根据票据法司法解释的规定，经当事人申请并提供担保，对具有下列情形之一的票据，可以依法采取保全措施和执行措施：(1)不履行约定义务，与票据债务人有直接债权债务关系的票据当事人所持有的票据；(2)持票人恶意取得的票据；(3)应付对价而未付对价的持票人持有的票据；(4)记载有"不得转让"字样而用于贴现的票据；(5)记载有"不得转让"字样而用于质押的票据；(6)法律或者司法解释规定有其他情形的票据。票据法规定，持票人对票据债务人行使票据权利，或者保全票据权利，应当在票据当事人的营业场所和营业时间内进行，票据当事人无营业场所的，应当在其住所进行。

(三)票据权利的消灭

票据权利的消灭是指因发生一定的法律事实而使票据权利不复存在。票据权利消灭之后，票据上的债权债务关系也随之消灭。

依我国票据法的规定，票据权利消灭的情形主要有：

1. 票据时效届满

根据《票据法》第十七条的规定，票据权利在下列期限内不行使而消灭：第一，持票人对票据的出票人和承兑人的权利，自票据到期日起 2 年。见票即付的汇票、本票，自出票日起 2 年。第二，持票人对支票出票人的权利，自出票日起 6 个月。第三，持票人对前手的追索权，自被拒绝承兑或被拒绝付款之日起 6 个月。第四，持票人对前手的再追索权，自清偿日或被提起诉讼之日起 3 个月。该时效不同于民法典中的诉讼时效。

2. 票据权利保全手续欠缺

按照票据法的一般规定，持票人如果没有按照法律规定的期限提示票据，就会丧失对出票人以外其他前手的追索权。因此，持票人欲行使追索权，必须按期提示票据，同时还必须依法取得拒绝证书或其他相关证据，以证明自己按期主张过权利及权利得不到实现或无法行使。如果持票人没有履行上述行为，则会导致票据权利的消灭。

3. 履行付款义务

《票据法》第六十条规定，付款人依法足额付款后，全体票据债务人的责任解除。因此，履行付款义务导致票据权利的绝对消灭。

4. 履行清偿义务

清偿义务发生于追索关系中。《票据法》第七十二条规定，被追索人依法清偿债务后，其责任解除。因此，被追索人履行清偿义务后，追索权人对被追索人及其后手的票据权利归于消灭。

持票人的票据权利还可以由其他原因而消灭。如因善意取得，原持票人的票据权利归于消灭；因票据债权被抵销、混同、提存而消灭；法院对票据依法作出除权判决，则该票据权利也归于消灭等。

(四)票据权利的瑕疵

票据的瑕疵，是指影响票据效力的行为。其性质属于票据行为上的瑕疵，如票据的伪造、变造、更改与涂销分别为票据行为的主体、内容、方式上存在的瑕疵。票据瑕疵与票据形式欠缺不同。票据形式欠缺是指票据不具备法定的形式要件，此种票据当然无效，且这种无效对任何人都可主张；而票据的瑕疵则是在票据形式之外存在一定问题，票据并非因此当然无效，也并非对任何人均可主张无效。

1. 票据的伪造

票据的伪造是指假冒他人名义或虚构人的名义而进行的票据行为，包括票据的伪造和票据上签章的伪造。前者是指假冒他人或虚构人的名义进行出票行为，如在空白票据上伪造出票人的签章或者盗盖出票人的印章而进行出票；后者是指假冒他人名义进行出票行为之外的其他票据行为，如伪造背书签章、承兑签章、保证签章等。票据的伪造行为是一种扰乱社会经济秩序、损害他人利益的行为，在法律上不具有任何票据行为的效力。由于其自始无效，故持票人即使是善意取得，对被伪造人也不能行使票据权利。对伪造人而言，由于票据上没有以自己名义所作的签章，因此也不承担票据责任。但是，如果伪造人的行为给他人造成损害的，应承担民事责任，构成犯罪的，还应承担刑事责任。

根据票据法的规定，票据上有伪造签章的，不影响票据上其他真实签章的效力。持票人依法提示承兑、提示付款或行使追索权时，在票据上真实签章人不能以票据伪造为由进行抗辩。

甲公司为支付货款，向乙公司签发一张以 A 银行为承兑人、金额为 100 万元的银行承兑汇票。A 银行作为承兑人在汇票票面上签章，郑某在汇票上以乙公司为被保证人，进行了票据保证的记载并签章。甲公司将汇票交付给乙公司工作人员孙某。孙某将该汇票交回乙公司后，利用公司财务管理制度的疏漏，将汇票暗中取出，并伪造乙公司财务专用章和法定代表人签章，将汇票背书转让给与其相互串通的丙公司。丙公司随即将该汇票背书转让给丁公司，用于支付房屋租金，丁公司对于孙某伪造汇票之事不知情。丁公司于汇票到期日向 A 银行提示付款。A 银行在审核过程中发现汇票上的乙公司签章系伪造，故拒绝付款。丁公司遂向丙公司、乙公司和郑某追索，均遭拒绝。后丁公司知悉孙某伪造汇票之事，遂向其追索，亦遭拒绝。

问：该案中，乙公司、郑某及孙某是否应当承担票据责任？

2. 票据的变造

票据的变造是指无权更改票据内容的人，对票据上签章以外的记载事项加以变更的行为。例如，变更票据上的到期日、付款日、付款地、金额等。构成票据的变造须符合以下条件：(1)变造的票据是合法成立的有效票据；(2)变造的内容是票据上所记载的除签章以外的事项；(3)变造人无权变更票据的内容。

有些行为与票据的变造相似，但不属于票据的变造：(1)有变更权限的人依法对票据进行的变更，这属于有效变更，不属于票据的变造；（2）在空白票据上经授权进行补记的，由于该空白票据欠缺有效成立的条件，此等补记只是使票据符合有效票据的条件，不属于票据的变造；（3）变更票据上的签章的，属于票据的伪造，而不属于票据的变造。

票据的变造应依照签章是在变造之前或之后来承担责任。《票据法》第十四条第三款规定，票据上其他记载事项被变造的，在变造之前签章的人，对原记载事项负责；在变造之后签章的人，对变造之后的记载事项负责；不能辨别是在票据被变造之前或者之后签章的，视同在变造之前签章。

同时，尽管被变造的票据仍为有效，但是，票据的变造是一种违法行为，所以变造人的变造行为给他人造成经济损失的，应对此承担赔偿责任，构成犯罪的，应承担刑事责任。

另外，银行以善意且符合规定和正常操作程序的要求，对伪造、变造的票据的签章以及需要交验的个人有效身份证件进行了审查，未发现异常情况而支付金额的，对出票人或付款人不再承担受托付款的责任，对持票人或收款人不再承担付款的责任。

3. 票据的更改和涂销

票据的更改和涂销是指将票据上的签名或其他记载事项加以更改或涂抹消除的行为。

《票据法》第九条规定，票据金额、日期、收款人名称任何人不得更改，更改会导致票据无效。根据《票据法》司法解释的规定，更改银行汇票的实际结算金额，也会导致票据无效。对票据上的其他记载事项如付款人名称、付款日期、付款地、出票地等，原记载人可以更改，更改时只需签章证明即可。

权利人故意所为票据的涂销行为就其实质来说就是票据内容的更改，应发生上述票据更改的法律后果。权利人非故意所为的涂销，涂销行为无效，票据依其未涂销时的记载事项发生法律效力；非权利人所为的票据涂销行为，发生票据伪造、变造的法律后果。

> 甲签发一张支票给乙，金额为人民币 5000 元。乙将支票背书给丙。丙将票据金额由 5000 元更改为 50000 元，但从表面上看不出金额更改过，随后背书转让给丁，丁又背书给戊。戊向付款银行请求付款，因为支票空头，付款银行不予付款，遂向甲、乙行使追索权，背书时 5000 元的责任。甲则认为金额更改的票据为无效票据，拒绝付款。本案中，应当认定金额更改的票据为无效票据，还是应当适用票据变造规则？

二、票据行为

（一）票据行为的概念和特点

票据行为是指票据当事人以发生票据债务为目的、以在票据上签章为权利义务成立要件的法律行为。我国《票据法》认定的票据行为，汇票包括出票、背书、承兑、保证；本票包括出票、背书、保证；支票包括出票和背书。不同的票据所涉及的票据行为是不同的，有些票据行为是汇票本票、支票共有的行为，如出票、背书，而有的只是某一种票据所独有的行为，如承兑是汇票所独有的行为。

票据行为具有以下特点:

1. 要式性

票据行为是典型的要式行为,票据法对各种票据行为规定了严格的行为方式;对每一种票据行为,均规定了该行为的记载内容、书写格式、书写位置、签章要求等。只有符合这些行为规则,才能认定票据行为有效。

2. 无因性

票据是无因证券,票据行为与票据的基础关系相分离,只要该票据行为在形式上有效,即可产生相应的法律效力。

3. 文义性

票据行为的内容完全以票据上记载的文义为准,即使票据上记载的文字与实际情况不符,仍应以文字记载为准。不允许票据当事人以票据文字以外的事实或证据,对票据上的文字记载作变更或者补充。

丙公司通过背书转让的方式取得了甲公司为出票人、乙公司为收款人、A 银行为付款人、出票日期为 2023 年 10 月 1 日、票面金额为 40 万元的转账支票一张。丙公司于 2023 年 10 月 10 日向 A 银行提示付款。甲公司却向 A 银行提出异议,认为 2023 年 10 月 1 日为国家法定假日,本公司实际上于 2023 年 9 月 30 日下午放假,并统一安排全体员工去某风景区旅游,绝对不可能在 2023 年 10 月 1 日签发这张支票,该支票实际的签发日期应是 2023 年 9 月 29 日,丙公司已超过法定提示付款的期限,因此,要求 A 银行拒绝付款。甲公司为此提供了公司放假通知、飞机票、景区门票、住宿发票和公司财务人员的证言等相应证据。

问:该支票的出票日期应当是哪一天?

4. 独立性

各行为人在同一票据上各自所为的票据行为,依其在票据上所载文义独立发生效力,互不发生影响。换言之,票据行为无效,不影响其他票据行为的效力。如无民事行为能力人或者限制民事行为能力人在票据上签章的,其签章无效,但不影响其他签章的效力;没有代理权而以代理人名义在票据上签章的,应当由签章人承担票据责任。

(二)票据行为构成要件

票据行为是一种民事法律行为,必须符合民事法律行为成立的一般条件。同时票据行为又是特殊的要式民事法律行为,必须具备票据法规定的特别要件。票据行为的成立,必须符合以下条件:

1. 行为人必须具有票据行为能力

票据行为能力是指行为人可以通过自己的票据行为取得票据上的权利和承担票据上的义务的资格。票据法规定,无民事行为能力人或者限制民事行为能力人在票据上签章的,其签章无效。也就是说,具备完全民事行为能力的自然人才具有票据行为能力。法人的票据行为能力一般不受限制。

2. 行为人的意思表示必须真实

票据法规定,以欺诈、偷盗或者胁迫等手段取得票据的,或者明知有前列情形,出于恶意取得票据的,不得享有票据权利。这一规定表明,尽管票据的形式符合法定条件,但从事票据行为的意思表示不真实或存在缺陷,票据持有人也不得享有票据上的权利。

3. 票据行为的内容必须符合法律、法规的规定

票据法规定,票据活动应当遵守法律、行政法规,不得损害社会公共利益。凡违背法律的规定而进行的行为将不能取得票据行为的法律效力。需要明确的是,这里所指的合法主要是指票据行为本身必须合法,即票据行为的进行程序、记载的内容等合法,至于票据的基础关系涉及的行为是否合法,则与此无关。例如,当事人发出票据是基于买卖关系,如果该买卖关系违反法律、法规而无效,则不影响票据行为的有效性。

4. 票据行为必须符合法定形式

(1)关于签章。签章是票据行为生效的一个重要条件。《票据法》第七条规定:"票据上的签章,为签名、盖章或者签名加盖章。"即行为人在票据上签章,可以采用签名、盖章或者签名加盖章的其中方式之一。

票据上的签章是票据行为表现形式中绝对应记载的事项,如无该项内容,票据行为即为无效。依托电子商业汇票系统以数据电文形式制作的电子票据,票据当事人在电子票据上的签章,为该当事人可靠的电子签名。

票据法规定,法人和其他使用票据的单位在票据上的签章,为该法人或者该单位的盖章加其法定代表人或者其授权的代理人的签章。

《票据法司法解释》第四十一条和《支付结算办法》第二十三条,就票据的签章要求作出了详尽的规定:银行汇票的出票人在票据上的签章和银行承兑汇票的承兑人的签章,应为该银行汇票专用章加其法定代表人或其授权的代理人的签名或者盖章;商业汇票的出票人在票据上的签章,为该法人或者该单位的财务专用章或者公章加其法定代表人、单位负责人或者其授权的代理人的签名或者盖章;银行本票的出票人在票据上的签章,应为该银行本票专用章加其法定代表人或者授权的代理人的签名或者盖章;单位在票据上的签章,应为该单位的财务专用章或者公章加其法定代表人或其授权的代理人的签名或者盖章;个人在票据上的签章,应为该个人的签名或者盖章;支票的出票人和商业承兑汇票的承兑人在票据上的签章,应为其预留银行的签章。

根据《票据法司法解释》第四十二条的规定,银行汇票、银行本票的出票人以及银行承兑汇票的承兑人在票据上未加盖规定的专用章而加盖该银行的公章,支票的出票人在票据上未加盖与该单位在银行预留签章一致的财务专用章而加盖该出票人公章的,签章人应当承担票据责任。

在票据上的签名,应当为该当事人的本名。《票据管理实施办法》第十六条规定,该本名是指符合法律、行政法规以及国家有关规定的身份证件上的姓名。根据《票据法司法解释》第四十六条和《支付结算办法》第二十四条的规定,出票人在票据上的签章不符合规定的,票据无效;承兑人、保证人在票据上的签章不符合规定的,或者无民事行为能力人、限制民事行为能力人在票据上签章的,其签章无效,但不影响其他符合规定签章的效力;背书人在票据上的签章不符合规定的,其签章无效,但不影响其前手符合规定签章的

效力。

（2）关于票据记载事项。票据记载事项分为绝对记载事项、相对记载事项、任意记载事项、不生票据上效力记载事项、无益记载事项和有害记载事项。绝对记载事项是指票据法明文规定必须记载的，如无记载，票据或票据行为即为无效的事项；相对记载事项是指某些应该记载而未记载，适用票据法有关规定而不使票据或票据行为失效的事项；任意记载事项是指票据法规定由当事人任意记载、一经记载即发生票据上效力的事项；不生票据上效力记载事项是指在票据上记载《票据法》及《支付结算办法》规定事项以外的不具有票据上效力，但在直接当事人间发生其他法律上效力的事项；无益记载事项是指行为人记载的不发生任何法律效力，被视为无记载的事项；有害记载事项是指票据法禁止记载的，一旦记载会导致票据无效或者票据行为无效的事项。

由于票据种类、票据行为的不同，记载的事项也不一样。各类票据出票必须绝对记载的内容包括：票据种类的记载，即汇票、本票、支票的记载；票据金额的记载，票据法规定票据金额以中文大写和数码同时记载，两者必须一致，两者不一的票据无效；票据收款人的记载，收款人是票据到期收取票款的人，并且是票据的初始权利人，因此，票据必须记载这一内容，否则票据即为无效；年、月、日的记载，一般是指出票年、月、日的记载，它是判定票据权利义务的发生、变更和终止的重要标准，因此票据须将此作为必须记载的事项，否则票据即为无效。

《票据法》第九条规定："票据金额、日期、收款人名称不得更改，更改的票据无效。"有关人员在进行票据行为时，必须严格审查这三项内容是否有过更改。如果确属记载错误或需要重新记载的，只能由出票人重新签发票据。在前述情形下，付款人或者代理人对此类票据付款的，应当承担责任。

（三）票据行为的代理

1. 代理概述

票据行为作为一种法律行为，可以由代理人代理进行。《票据法》规定，票据当事人可以委托其代理人在票据上签章，并应当在票据上表明其代理关系。票据行为的代理必须具备以下条件：（1）票据当事人必须有委托代理的意思表示。该种授权委托一般以书面形式，即授权委托书的方式为宜。（2）代理人必须按被代理人的委托在票据上签章。代理人在行使代理权时，必须在票据上签章。如果代理人未在票据上签章，则不产生票据代理的效力。（3）代理人应在票据上表明代理关系，即注明"代理"字样或类似的文句。符合上述条件的，该票据行为的代理对被代理人产生法律效力，其后果由被代理人承担。

2. 无权代理与越权代理

无权代理是指行为人没有被代理人的授权而以代理人名义在票据上签章的行为。《票据法》规定，没有代理权而以代理人名义在票据上签章的，应当由签章人承担票据责任，即签章人应承担向持票人支付票据金额的义务。

越权代理是指代理人超越代理权限而使被代理人增加票据责任的代理行为。《票据法》规定，代理人超越代理权限的，应当就其超越权限的部分承担票据责任。

第三节 票据抗辩与失票救济

一、票据抗辩

(一)票据抗辩的概念

票据抗辩,是指票据债务人对票据债权人的请求,提出相应的事实或理由予以对抗,并以此拒绝履行票据债务的行为。其中,票据债务人所提出的合法事实或理由,称为抗辩事由;票据债务人依法所享有的对抗持票人而拒绝履行票据债务的权利,称为票据抗辩权。

(二)票据抗辩的种类

票据抗辩依抗辩事由和抗辩效力的不同,分为对物的抗辩和对人的抗辩。

1. 对物的抗辩

对物的抗辩是指因票据本身所存在的事由而发生的抗辩。对物的抗辩的抗辩事由来自票据这一"物"本身,基于票据的无因性、文义性,它对任何持票人都可以主张,并且与票据当事人之间的关系无关,又称为绝对的抗辩和客观的抗辩。

其主要包括以下情形:第一,票据行为不成立而为的抗辩,如票据应记载的内容有欠缺;票据债务人无行为能力;无权代理或超越代理权进行票据行为;票据上有禁止记载的事项(如付款附有条件,记载到期日不合法);背书不连续;持票人的票据权利有瑕疵(如因欺诈、偷盗、胁迫、恶意、重大过失取得票据)等。第二,依票据记载不能提出请求而为的抗辩,如票据未到期、付款地不符等。第三,票据载明的权利已消灭或已失效而为的抗辩,如票据债权因付款、抵消、提存、免除除权判决、时效届满而消灭等。第四,票据权利的保全手续欠缺而为的抗辩,如应作成拒绝证书而未作等。第五,票据上有伪造、变造情形而为的抗辩。

2. 对人的抗辩

对人的抗辩,又称相对抗辩或主观抗辩,是指一切票据债务人或特定票据债务人可以对抗特定债权人的抗辩。人的抗辩只能对抗特定的持票人,如果持票人有所变更,则此种抗辩就会受到影响。换言之,在人的抗辩中,票据债务人对抗某一个持票人的抗辩事由不能同时用来对抗其他持票人。这是因为此种抗辩系基于当事人间的特别关系而产生或者基于债权人方面的原因而产生。人的抗辩可分为下列两种:

(1)一切票据债务人可以对抗特定票据债权人的抗辩。此种抗辩主要有:①以欺诈、胁迫、偷盗等方式恶意取得票据的抗辩;②持票人欠缺或丧失受领能力的抗辩,如持票人被宣告破产、票据债权被法院扣押禁止付款等;③持票人欠缺形式上的受领票据金额的资格。如背书不连续所产生的抗辩。

(2)特定的票据债务人可以对抗特定持票人的抗辩。此种抗辩发生在特定的票据债权人和债务人之间,主要是基于直接当事人之间的原因关系。其主要表现有:①基于原因关系的抗辩。在直接当事人之间,票据债务人可以原因关系非法、不存在或无效,来对抗票据债权人的付款请求;例如,甲签发一张票据给乙而购买商品,甲就可以以乙未交货,不具有对价为由向乙主张抗辩。为此,《票据法》第十三条规定:"票据债务人可以对不履行约定义务的与自己有直接债权债务关系的持票人，进行抗辩。"②欠缺对价的抗辩。《票据法》第十条第二款规定，票据的取得，必须给付对价，即应当给付票据双方当事人认可的相对应的代价。这就是说，持票人必须通过支付对价方能取得票据权利，如若欠缺对价，与持票人有直接交易关系的票据债务人便可以此为由行使抗辩权。但是，根据《票据法》第十一条的规定，因税收、继承、赠与而无偿取得票据的，不受给付对价的限制。即在此情况下取得的票据，虽未支付相对应的代价，但持票人的权利仍是合法有效的。对于其他票据债务人而言，只能以"持票人取得票据欠缺对价不能享有优于前手的权利"为由进行抗辩。③欠缺交付的抗辩。出票、背书等票据行为均以票据的交付为成立要件，如未经交付，出票人、背书人可以此为由对抗持票人，但不能对抗善意第三人。④禁止背书所引起的抗辩。出票人禁止背书的，该票据即失去流通性，如有收款人以外的人向出票人主张票据权利，出票人可以记载了"禁止背书"为由进行抗辩。背书人禁止背书的，由于其仅对直接后手负票据责任，所以，如有间接后手向其追索，该背书人可以禁止背书为由进行抗辩。

（三）票据抗辩的限制

在票据抗辩中，物的抗辩是基于票据本身的原因而发生的，是客观的、绝对的，可以对抗任何票据债权人，因此，物的抗辩不存在限制。所谓票据抗辩的限制，主要针对人的抗辩而言，是指票据债务人与出票人或持票人前手之间存在的抗辩事由，不能用于对抗持票人的票据权利请求，又称票据抗辩切断制度。实际上，就是将票据抗辩中人的抗辩限制于直接当事人之间，不允许特定人之间的抗辩扩大到其他人之间的票据法律关系中去，即票据流转至直接当事人以外的人后，直接当事人之间的抗辩原则上切断，不能用以对抗任何非直接当事人。票据法之所以对人的抗辩进行限制，目的在于保护正当持票人或善意取得人的票据权利，保障票据的流通。

票据法中对票据抗辩的限制主要表现在：

第一，票据债务人不得以自己与出票人之间的抗辩事由对抗持票人。如果票据债务人（如承兑人、付款人）与出票人之间存在抗辩事由（如出票人与票据债务人存在合同纠纷；出票人存入票据债务人的资金不够等），则该票据债务人不得以此抗辩事由对抗持票人。

第二，票据债务人不得以自己与持票人的前手之间的抗辩事由对抗持票人。例如，票据债务人与持票人的前手（如背书人、保证人等）存在抵消关系，而持票人的前手将票据转让给了持票人，票据债务人就不能以其与持票人的前手存在抗辩事由而拒绝向持票人付款。

第三，凡是善意的、已付对价的正当持票人可以向票据上的一切债务人请求付款不受前手权利瑕疵和前手相互间抗辩的影响。如持票人不知道其前手取得票据存在欺诈、偷盗、胁迫、重大过失等情形，并已为取得票据支付了相应的代价，那么票据债务人不能以持票人的前手存在权利瑕疵而对抗持票人。

持票人因税收、继承、赠与依法无偿取得票据的，由于其享有的权利不能优于其前手，故票据债务人可以对持票人前手的抗辩事由对抗该持票人。

某房地产有限责任公司从某贸易进出口公司购进 2000 吨水泥，总价款 50 万元。水泥运抵后，房地产公司为进出口公司签发一张以房地产公司为出票人和付款人、以进出口公司为收款人的，三个月后到期的商业承兑汇票。一个月后，进出口公司从另一公司购进木材一批，总价款 545000 元。进出口公司就把房地产有限责任公司开的汇票背书转让给另一公司，余下的 45000 元用支票方式支付完毕后，房地产公司发现 2000 吨水泥中有一半质量不合格，双方发生纠纷。汇票到期时，另一公司把汇票提交房地产公司要求付款，房地产公司拒绝付款，理由是进出口公司供给的水泥不合格，不同意付款。

问：房地产有限责任公司是否可以拒绝付款？

二、失票救济

票据丧失，是指持票人非出于本人的意愿而丧失对票据的占有。票据丧失依票据是否现实存在可分为绝对丧失和相对丧失两种。绝对丧失是指票据作为一种物已不存在，如票据被烧毁、撕毁等；相对丧失是指持票人将票据丢失或被他人盗窃等。

票据为完全有价证券，其权利的转移和行使均以票据的存在为必要。票据丧失后，持票人便不能或暂时不能行使票据权利。在票据绝对丧失的情况下，没有被他人冒领或被他人善意取得的可能性。但对于票据的相对丧失来说，则有被他人冒领或被他人善意取得的风险。为了恢复因票据丧失而受损害的票据权利人的利益，保障交易的安全和善意取得人的权利，各国票据法都规定了票据丧失的补救制度。

票据权利与票据紧密相连，如果票据丧失，票据权利的实现就会受到影响。由于票据丧失并非出于持票人的本意，《票据法》规定了票据丧失后的三种补救措施，即挂失止付、公示催告和普通诉讼。

(一)挂失止付

挂失止付是指失票人将票据丧失的情况通知付款人并由接受通知的付款人暂停支付的一种方法。《票据法》规定，票据丧失，失票人可以及时通知票据的付款人挂失止付，但是，未记载付款人或者无法确定付款人及其代理付款人的票据除外。在票据实务中，已承兑的商业汇票、支票、填明"现金"字样和代理付款人的银行汇票以及填明"现金"字样的银行本票丧失，可以由失票人通知付款人或者代理付款人挂失止付。未填明"现金"字样和代理付款人的银行汇票以及未填明"现金"字样的银行本票丧失，不得挂失止付。

失票人需要挂失止付的，《支付结算办法》第四十九条的规定，应填写挂失止付通知书并签章。挂失止付通知书应当记载下列事项：(1)票据丧失的时间、地点、原因；(2)票据的种类、号码、金额、出票日期、付款日期、付款人名称、收款人名称；(3)挂失止付人的姓名、营业场所或者住所以及联系方法。付款人或者代理付款人收到挂失止付通知书后，查明挂失票据确未付款时，应立即暂停支付。如果付款人与取款人恶意串通，或者由于付款人的过失，在挂失止付后付款人支付该票据款项的，应对其付款行为承担责任即仍应对失票人承担付款责任。

挂失止付并不是票据丧失后票据权利补救的必经程序，而只是一种暂时的预防措施，最终要通过申请公示催告或提起普通诉讼来补救票据权利。需注意的是，根据《票据管理实施办法》的规定，付款人或者代理付款人自收到挂失止付通知之日起 12 日内没有收到人民法院的止付通知书的，自第 13 日起，挂失止付通知书失效。但是，如果付款人或者代理付款人在收到挂失止付通知书前，已经依法向持票人付款的，不再接受挂失止付。

（二）公示催告

公示催告是指人民法院根据失票人的申请，以公告的方法，告知并催促利害关系人在指定期限内向人民法院申报权利，如不申报权利，人民法院即依法作出宣告票据无效的判决的补救办法。

《民事诉讼法》规定，按照规定可以背书转让的票据持有人，因票据被盗、遗失或者灭失，可以向票据支付地的基层人民法院申请公示催告。因此，可以背书转让的票据丧失的，失票人可以申请公示催告。一般票据均属于这个范围，只有较少的例外。例如，填明"现金"字样的银行汇票、银行本票和现金支票不得背书转让，因此这些票据不能申请公示催告。可以申请公示催告的失票人，是指在丧失票据占有以前的最后合法持票人，也就是票据所记载的票据权利人。出票人已经签章的授权补记的支票丧失后，持票人也可以申请公示催告。出票人已经签章但未记载代理付款人的银行汇票丧失后，失票人可依法向付款人即出票银行所在地人民法院申请公示催告。超过付款提示期限的票据丧失以后，失票人申请公示催告的，人民法院应当依法受理。

根据《票据法》第十五条的规定，如果失票人未向付款人发出挂失止付通知，可以随时申请公示催告；如果失票人已经向付款人发出挂失止付通知，则应当在通知挂失止付后 3 日内，申请公示催告。

公示催告申请书应当载明下列内容：（1）票面金额；（2）出票人、持票人、背书人；（3）申请的理由、事实；（4）通知票据付款人或者代理付款人挂失止付的时间；（5）付款人或者代理付款人的名称、通信地址、电话号码等。

人民法院收到公示催告的申请后，应当立即审查，并决定是否受理。经审查认为符合受理条件的，通知予以受理，并同时通知支付人停止支付。认为不符合受理条件的，7 日内裁定驳回申请。付款人或者代理付款人收到人民法院发出的止付通知，应当立即停止支付，直至公示催告程序终结。非经发出止付通知的人民法院许可擅自解付的，不得免除票据责任。

法院在受理后的 3 日内发出公告催促利害关系人申报权利。公告应当在全国性报纸或者其他媒体上刊登，并于同日公布于人民法院公告栏内。人民法院所在地有证券交易所的，还应当同日在该交易所公布。公示期间不得少于 60 日，且公示告期间届满日不得早于票据付款日后 15 日。在申报期届满后、判决作出之前，利害关系人申报权利，法院应当通知其向法院出示票据，并通知公示催告申请人在指定的期间查看该票据。公示告申请人申请公示催告的票据与利害关系人出示的票据不一致的，应当裁定驳回利害关系人的申报。在申报权利的期间无人申报权利，或者申报被驳回的，申请人应当自公示催告期间届满之日起 1 个月内申请作出除权判决。逾期不申请除权判决的，终结公示催告程序。裁定终结公示催告程序的，应当通知申请人和支付人。判决公告之日起，公示催告申请人有权依据除权判决向付款人请求付款。利害关系人因正当理由不能在判决前向人民法院申报的，自知道或者应当知道判决公告之日起一年内，可以向作出判决的人民法院起诉。

公示催告期间，转让票据权利的行为无效。在公示催告期间，以公示催告的票据质押、贴现，因质押、贴现而接受该票据的持票人主张票据权利的，人民法院不予支持，但公示催告期间届满以后人民法院作出除权判决以前取得该票据的除外。

　　某商厦从纺织品进出口公司购进一批羊毛衫。商厦向进出口公司开具了109万元货款的汇票，汇票付款人为工商银行某分行，付款期限为出票后30天。进出口公司业务员夏某拿到汇票后，声称不慎于第五日遗失。进出口公司随即向工商银行某分行所在地区人民法院申请公示催告。人民法院接到申请后第二天即受理，并通知了付款人停止支付。第三天发出公告，限利害关系人在公告之日起三个月内到人民法院申报。如果没有人申报，人民法院将根据申请人的申请，宣告票据无效。后来袁某持汇票到人民法院申报，并声称汇票是用50万元从业务员夏某手里买的。人民法院接到申报后，裁定终结公示催告程序，并通知品进出口公司和工商银行某分行。于是，进出口公司向人民法院起诉。

　　问：以上做法正确吗？为什么？

（三）普通诉讼程序

失票人在丧失票据后，可以直接向法院提起民事诉讼，请求法院判令票据债务人向其支付票据金额。普通民事诉讼是对公示催告制度的完善和补充。根据《最高人民法院关于审理票据纠纷案件若干问题的规定》第三十四条至第三十八条的规定，采用普通诉讼程序进行失票救济的情形主要有四种：（1）失票人请求补发票据遭拒绝而提起的诉讼；（2）失票人请求票据债务人付款而提起的诉讼；（3）失票人请求确认票据实际持有人为非法持有票据而提起的诉讼；（4）失票人请求非法票据持有人返还票据而提起的诉讼。

票据丧失后，失票人在票据权利时效届满以前请求出票人补发票据，或者请求债务人付款，在提供相应担保的情况下因债务人拒绝付款或者出票人拒绝补发票据提起诉讼的，由被告住所地或者票据支付地人民法院管辖。失票人因请求出票人补发票据或者请求债务人付款遭到拒绝而向人民法院提起诉讼的，被告为与失票人具有票据债权债务关系的出票人、拒绝付款的票据付款人或者承兑人。

失票人向人民法院提起诉讼的，除向人民法院说明曾经持有票据及丧失票据的情形外，还应当提供担保，担保的数额应当相当于票据载明的金额。

【思考题】

1. 票据有哪些特征？
2. 票据法上的票据关系与非票据关系有哪些？
3. 涉外票据的适用规则有哪些？
4. 票据权利的取得方式有哪些？
5. 简述票据伪造及变造的适用规则。
6. 简述票据行为的构成要件。
7. 简述票据抗辩规则。
8. 失票救济措施有哪些？

第十一章 汇 票

【教学目的和要求】通过本章的学习，了解汇票的概念与特征，了解汇票的出票、背书、贴现、承兑、保证与付款等制度，掌握汇票追索权的行使规则。

【重点和难点】汇票的特征与种类；汇票出票的记载事项；汇票背书的连续性；汇票贴现、承兑、保证与付款的基本规则；汇票追索权行使的原因及条件。

第一节 汇票概述

一、汇票的概念

汇票是指由出票人签发，委托付款人在见票时或者在指定日期无条件支付确定的金额给收款人或持票人的票据。在各种票据中，汇票是涉及当事人较多、关系比较复杂的一种票据；同时，在票据立法技术上，通常对有关汇票的规定比较详尽，而有关本票、支票的规定，则采用准用汇票若干规定的做法。

二、汇票的特征

(1)汇票关系中有三个基本当事人。出票人、付款人和收款人。其中出票人和付款人为票据义务人，收款人为票据权利人。

(2)汇票是委托他人进行支付的票据。汇票的出票人仅仅是签发票据的人，不是票据的付款人，他必须另行委托付款人支付票据金额。所以说汇票是委托证券，而非自付证券。

(3)需要由付款人进行承兑。汇票通常都需要由付款人进行承兑，以确认其愿意承担绝对的付款义务。在付款人未承兑时，汇票上所载的付款人并无绝对的付款义务。

(4)汇票是在见票时或者指定的到期日无条件支付给持票人一定金额的票据。汇票不以见票即付为限，许多汇票有一定的到期日，体现了汇票的信用功能。

(5)汇票对于当事人特别是出票人和付款人，没有特别的限制，既可以是银行，也可以是公司、企业或个人。

三、汇票的种类

(一)银行汇票和商业汇票

根据汇票出票人的不同可将其分为银行汇票和商业汇票。银行汇票是出票银行签发的，由其在见票时按照实际结算金额无条件支付给收款人或者持票人的票据(见图 11-1)。银行汇票的出票银行为银行汇票的付款人。银行汇票一般由汇款人将款项交存当地银行，由银行签发给汇款人持往异地办理转账结算或支取现金。单位、个体经济户和个人需要使用各种款项，均可使用银行汇票。银行汇票可以用于转账，填明“现金”字样的银行汇票也可以用于支取现金。银行汇票的提示付款期限自出票日起 1 个月。商业汇票是出票人签发的，委托付款人在指定日期无条件支付确定的金额给收款人或者持票人的票据。商业汇票的出票人为银行以外的企业或其他组织，其付款人可以是银行，也可以是银行以外的企业或其他组织。由银行承兑的，称为银行承兑汇票(见图 11-2)；由银行以外的付款人承兑的，称为商业承兑汇票(见图 11-3)。纸质商业汇票的付款期限，最长不得超过 6 个月；电子商业汇票为定日付款票据，自出票日起至到期日止最长不得超过 1 年。商业汇票的提示付款期限，自汇票到期日起 10 日。

中国工商银行
银行汇票　2　00000000
出票日期（大写）　年　月　日
代理付款行：　行号：
收款人：
出票金额　人民币（大写）
实际结算金额　人民币（大写）　亿 千 百 十 万 千 百 十 元 角 分
申请人：　账号：
出票行：　行号：
备注：
凭票付款
出票行签章
密押：
多余金额　千 百 十 万 千 百 十 元 角
复核　记账
提示付款期限自出票之日起壹个月
此联代理付款行付款后作联行往帐借方凭证附件

图 11-1　票据票样：银行汇票

银行承兑汇票　2　00000000
出票日期（大写）　年　月　日
出票人全称
出票行账号
付款行全称
收款人　全称　账号　开户银行
出票金额　人民币（大写）　亿 千 百 十 万 千 百 十 元 角 分
汇票到期日（大写）
承兑协议编号
付款行　行号　地址
本汇票请你行承兑，到期无条件付款。
出票人签章
本汇票已经承兑，到期日由本行付款。
承兑行签章
承兑日期　年　月　日
备注：
密押
复核　记账

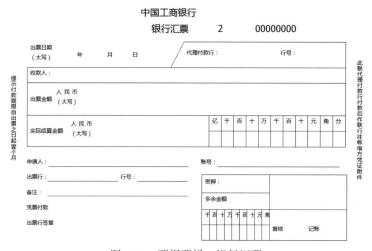

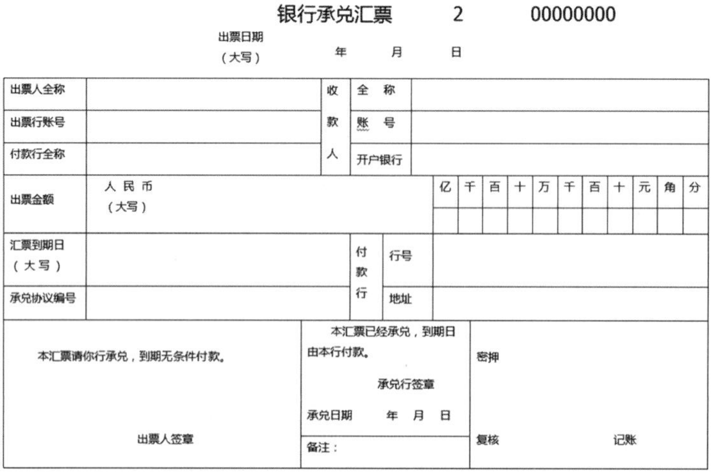

图 11-2　票据票样：银行承兑汇票

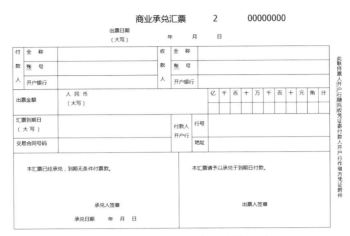

图 11-3 票据票样：商业承兑汇票

（二）即期汇票和远期汇票

根据汇票指定的到期日的不同可将其分为即期汇票和远期汇票。即期汇票是指见票即行付款的汇票，包括注明：见票即付的汇票、到期日与出票日相同的汇票以及未记载到期日的汇票(以提示日为到期日)。远期汇票是指约定一定的到期日付款的汇票，包括定期付款汇票、出票后定期付款汇票和见票后定期付款汇票。我国《票据法》规定汇票既可以是即期汇票也可以是远期汇票。在实际的票据使用过程中，银行汇票均为即期汇票，商业汇票多为远期汇票。

（三）记名汇票、指示汇票和无记名汇票

根据汇票记载权利人的方式的不同可将其分为记名汇票、指示汇票和无记名汇票。记名汇票也称抬头汇票，即出票人载明收款人的姓名或名称的汇票；指示汇票与记名汇票一样，该种汇票除记载收款人姓名或名称，并且附加"或其指定人"字样；无记名汇票就是指在汇票上不记载收款人的姓名或名称，或只记载"付来人"字样，但持票人可以记载自己或他人为收款人，使之转化为记名汇票。

（四）光单汇票和跟单汇票

根据汇票付款是否需要附随其他单据，汇票可以分为光单汇票和跟单汇票。光单汇票是在进行付款时无须附随其他单据的汇票，也就是《票据法》规定的通常的汇票。跟单汇票又称信用汇票、押汇汇票，是需要附随提单、仓单、保险单、装箱单、商业发票等单据，才能进行付款的汇票。

我国票据法并未特别区分光单汇票和跟单汇票。在国内贸易中，一般均为光单汇票并依票据法的规定为无条件支付的汇票。仅在国际贸易中，才依据有关的国际条约或者国际惯例，使用跟单汇票。

四、汇票的当事人

汇票法律关系是典型的票据法律关系，其成立必须具备票据法律关系的基本当事人，即：出票人、付款人和收款人。

(一)汇票的出票人

出票人是指签发汇票的人。出票是最基本的票据行为，它要求行为人必须具有一定的行为能力。我国《票据法》明确规定，出票人必须具有完全民事行为能力，无民事行为能力或限制民事行为能力人的出票行为应由其法定代理人或监护人代理。

(二)付款人

付款人是指履行汇票支付责任的人。银行汇票的付款人是参加"全国联行往来"的银行；商业汇票的付款人是商品交易活动中接收货物的当事人或与出票人签订承兑委托协议的银行。

(三)收款人

收款人是指汇票上记载的享有票据权利的人。任何人都可以作为银行汇票的收款人。但作为商业汇票的收款人则要求较为严格，《支付结算办法》规定，商业汇票只能用于各企业单位之间合法的商品交易活动，禁止签发无商品交易的汇票。

第二节 汇票的出票

一、汇票出票的概念

汇票的出票，又称汇票的发票、汇票的签发、汇票的发行，是指出票人签发票据并将其交付给收款人的票据行为。出票是最基本的、主要的票据行为，是创设票据的行为。没有出票也就没有背书、承兑、保证等附属的票据行为。出票由作成票据和交付票据两项行为构成。作成票据，是指出票人依照《票据法》的规定，在票据上记载法定内容并签名或盖章的行为。交付票据，则是指出票人依据自己的本意将作成的票据实际交给他人占有的行为。

汇票的出票人在为出票行为时，必须与付款人具有真实的委托付款关系，并且具有支付汇票金额的可靠资金来源；汇票的出票人不得签发无对价的汇票用以骗取银行或者其他票据当事人的资金。由于汇票是出票人委托付款人向持票人支付票据金额的一种委付证券，故出票人与付款人之间必须存在真实的支付委托关系，即出票人与付款人之间必须存在事实上的资金关系或者其他的债权债务关系。与此同时，出票人在出票时，必须确保在汇票不承兑或不获付款时，具有足够的清偿能力。汇票的签发必须给付对价，即出票人不得与其他当事人相互串通，利用签发没有对价的承兑汇票通过转让、贴现来骗取银行或其他票据当事人的资金。

二、汇票出票的记载事项

汇票是要式证券，出票是要式行为，因此，汇票出票必须依据票据法的规定记载一定的事项，符合法定的格式。根据不同记载事项对汇票效力的不同影响，可以将汇票出票的记载事项分为以下四类：

(一)绝对必要记载事项

根据《票据法》第二十二条规定，汇票的绝对必要记载事项包括七个方面的内容，如果汇票上未记载其中内容之一的，汇票无效。

1. 表明"汇票"的字样

通常情况下，"汇票"字样已统一印制在票据用纸上，出票人无须自行记载。该条实际上是要求出票人必须使用统一格式的汇票单据，包括银行汇票、银行承兑汇票和商业承兑汇票三种。出票人应该依据收款人的合同选择汇票的种类。

2. 无条件支付的委托

汇票是出票人委托他人进行付款的票据。为增强票据的流通性和付款的确定性，使这种委托关系变得单纯，就不得附条件，如果票据在付款上附有条件的话，就会导致票据无效。同样，无条件支付的文句通常也无须出票人自行记载，而是事先印制在汇票的相应位置上。

3. 确定的金额，是指汇票上记载的金额必须是固定的数额

在记载汇票金额时，首先，应确定货币的种类，当汇票金额以外币为单位记载时，按照付款日的市场汇价，以人民币支付。但当事人另有约定的，从其约定。金额不得采用最高或最低额的记载方式，也不得采用选择式的记载方式，更不得记载未定金额。根据《票据法》第八条规定，如果汇票金额以中文大写和数码同时记载，则两者必须一致。两者不一致的，票据无效。

在实践中，银行汇票记载的金额有汇票金额和实际结算金额。汇票金额是指出票时汇票上应该记载的确定金额；实际结算金额是指不超过汇票金额，而另外记载的具体结算的金额。汇票上记载有实际结算金额的，以实际结算金额为汇票金额。如果银行汇票记载汇票金额而未记载实际结算金额，并不影响该汇票的效力，而以汇票金额为实际结算金额。实际结算金额只能小于或等于汇票金额，如果实际结算金额大于汇票金额的，实际结算金额无效，以汇票金额为付款金额。收款人受理申请人交付的银行汇票时，应在出票金额以内，根据实际需要的款项办理结算，并将实际结算金额和多余金额准确、清晰地填入银行汇票解讫通知的有关栏内。未填明实际结算金额和多余金额或实际结算金额超过出票金额的，银行不予受理。

4. 付款人名称

付款人是指出票人在汇票上记载的委托支付汇票金额的人。汇票上未记载付款人，则汇票无效。

5. 收款人名称

收款人是指出票人在汇票上记载的受领汇票金额的最初票据权利人。我国票据法不允许签发无记名汇票，汇票上应将收款人名称作为应记载的绝对事项，以利于汇票的转让和流通，减少发生纠纷。

6. 出票日期

出票日期是指出票人在汇票上记载的签发汇票的日期。出票日期在法律上具有重要的作用，可以确定出票后定期付款汇票的付款日期、见票即付汇票的付款提示期限、见票后定期付款汇票的承兑提示期限；确定利息起算日；确定某些票据权利的时效期限；确定保证成立的日期；判定出票人在出票时的行为能力状态以及代理人的代理权限状态等。

由于票据是文义证券，所以汇票上记载的出票日，不必一定为实际出票日。但出票日

期不得为公历上没有的日期(如 2 月 30 日)，也不能晚于汇票的付款日期，否则汇票无效。

7. 出票人签章

出票人是通过其签章，确实地加入票据法律关系中，承担票据义务的。同时票据签章还是对票据上记载的出票人和实际出票人进行同一性认定的依据。所以，汇票上的其他记载事项无须出票人本人亲自完成，但其签章则必须由本人完成(签名)或授权他人代为完成(盖章)。

商业汇票上出票人的签章，为该法人或该单位的财务专用章加其法定代表人、单位负责人或者其授权的代理人的签名或盖章；银行汇票上出票人的签章和银行承兑汇票上承兑人的签章，为该银行汇票专用章及其法定代表人或者其授权的代理人的签名或盖章；银行汇票的出票人以及银行承兑汇票的承兑人在票据上未加盖规定的专用章而加盖该银行的公章，签章人应当承担票据责任。

(二)相对必要记载事项

相对必要记载事项是指在出票时应当予以记载，但如果未作记载，可以通过法律的直接规定来补充确定的事项。未记载该事项并不影响汇票本身的效力，汇票仍然有效。根据我国票据法的规定，相对必要记载事项包括付款日期、付款地、出票地。

1. 付款日期

付款日期又称到期日，是指汇票权利人行使权利和汇票债务人履行义务的日期。付款日期是确定履行汇票义务时间的依据，因此，一般应当在汇票上明确记载。但是付款日期的欠缺，并不影响票据的效力。《票据法》第二十三条第二款规定："汇票上未记载付款日期的，为见票即付。"具体付款日期，可以记载为定日付款、出票后定期付款或者见票后定期付款。

2. 付款地

付款地，是指汇票债务人履行汇票义务的地点。汇票付款地的确定具有多方面的意义。如确定持票人行使付款请求权的地域、确定支付货币的种类、拒绝证明的作成方式、管辖法院的确定等都由付款地作为依据，因此，应在汇票上明确记载。如果没有记载，《票据法》第二十三条第三款规定："汇票上未记载付款地的，付款人的营业场所、住所或者经常居住地为付款地。"

3. 出票地

出票地，是指出票人在发行汇票时形式上所记载的出票地点。汇票是文义证券，出票地以记载为准，而不以实际出票地为准。汇票上记载出票地，主要是为了确定出票行为的准据法，因此，一般应当在汇票上明确记载。《票据法》第二十三条第四款规定："汇票上未记载出票地的，出票人的营业场所，住所或者经常居住地为出票地。"

(三)任意记载事项

任意记载事项，是指出票人可以自由选择是否记载的事项，但是一经记载，即发生票据法上的效力。如《票据法》第五十九条第二款规定："汇票当事人对汇票支付的货币种类另有约定的，从其约定。"因此，汇票上对何种货币的记载也属于任意记载事项。再如，出票人在汇票上记载"不得转让"字样的，汇票不得转让。票据的出票人在票据上记载"不得转让"字样，票据持有人背书转让的，背书行为无效。背书转让后的受让人不得享有票据权利，票据的出票人、承兑人对受让人不承担票据责任。

(四)不得记载事项

这是指出票人在出票时不得记载的事项，即使记载也不发生票据法上和其他法上的效力。如根据《票据法》第二十六条规定，出票人签发汇票后，即承担保证该汇票承兑和付款的责任。如果出票人违反此项规定，在汇票上记载了"免除担保承兑和免除担保付款"，则该项记载无效，汇票的效力并不因此受影响。

三、汇票出票的效力

出票是创设票据的行为，一经完成即对汇票当事人产生票据法上的权利与义务，对出票人、付款人、持票人均产生一定的效力。

(一)对出票人的效力

出票人签发汇票后，即承担保证该汇票承兑和付款的责任。在汇票得不到承兑或者付款时，应当向持票人清偿有关的金额和费用。所谓担保承兑，是指出票人保证其签发的汇票能够获得承兑，如果持票人在请求承兑时遭到拒绝，出票人就必须向持票人负偿还责任。所谓担保付款，是指出票人保证持票人到期能够获得付款，如果汇票到期不能获得付款，出票人就必须向持票人负偿还责任。

(二)对收款人的效力

出票人作成汇票并将汇票实际交付给收款人后，收款人便取得了汇票上的权利，包括付款请求权和追索权。不过，在付款人对汇票进行承兑之前，收款人的付款请求权尚处于不确定状态，仅仅是一种期待权。只有在付款人承兑以后，该期待权才成为现实权。

(三)对付款人的效力

出票人的出票行为是单方法律行为，出票行为对付款人的效力是使付款人取得对汇票承兑和付款的资格。付款人是否对汇票进行承兑或付款由自己决定。一旦付款人对汇票进行了承兑，就成为承兑人，是汇票的债务人，必须对汇票付款。付款人不对汇票作承兑的，就不负任何票据上的付款义务。

第三节　汇票的背书

一、汇票背书的概念与特征

(一)汇票背书的概念

背书，是指持票人以转让汇票权利或授予他人一定的汇票权利为目的，在汇票背面或粘单上记载有关事项并签章的票据行为。我国票据法规定持票人可以将汇票权利转让给他人或者将一定的汇票权利授予他人行使，持票人行使此项权利时，应当背书并交付汇票。

(二)汇票背书的特征

票据上的权利是一种表现为有价证券的特殊债权，其权利与证券相结合。因此，票据权利的转让不同与一般债权的转让，具有自己的特殊性。

第一，背书是一种附属的票据行为，必须在基本的票据行为完成后才能进行，亦即背书只能在已经作成并交付的汇票上才能为之。如果出票行为因欠缺某一绝对记载事项而无效，则背书行为亦无效，但背书行为无效并不影响出票行为的效力。

第二，背书是由持票人单方所为的票据行为。背书是由背书人独立进行的，在依背书而将票据权利转让时，背书人无须通知票据债务人或者经其同意。但汇票被拒绝付款或者超过付款提示期限的，不得背书转让；背书转让的，背书人应当承担汇票责任。

第三，背书是要式行为。从技术要求上讲，背书必须由背书人在汇票的背面或者粘单上签名或盖章。

第四，背书以转让汇票权利或者授予他人一定的票据权利为目的。

第五，背书人实施背书行为后，不得退出票据关系。背书转让时，转让人（背书人）并不退出票据关系，而是由先前的票据权利人转变为票据义务人，并对票据受让人承担担保付款或担保承兑的责任。

二、汇票背书的记载事项及背书连续性

（一）汇票背书的记载事项

背书是一种要式行为，必须符合法定的形式，即其必须作成背书并交付，才能有效成立。背书应当在票据背面或粘单上完成，票据凭证不能满足背书人记载的需要时可以加附粘单，粘贴于票据上，粘单上的第一记载人应当在汇票与粘单的粘接处签章。背书应记载的事项内容包括：

1. 背书签章和背书日期的记载

背书由背书人签章并记载背书日期。背书未记载日期的，视为在汇票到期日前背书。

2. 被背书人名称的记载

汇票以背书转让或者以背书将一定的票据权利授予他人行使时，必须记载被背书人名称。如果背书人不作成记名背书，即不记载被背书人名称，而将票据交付他人的，持票人在票据被背书人栏内记载自己的名称与背书人记载具有同等法律效力（见图11-4）。

图11-4　票据背书

（二）汇票背书的连续性

背书连续，是指在票据转让中，转让汇票的背书人与受让汇票的被背书人在汇票上的签章依次前后衔接。《票据法》第三十一条规定，以背书转让的汇票，背书应当连续。持票人以背书的连续，证明其汇票权利；非经背书转让，而以其他合法方式取得汇票的，依

法举证，证明其汇票权利。

以背书转让的汇票，背书应当连续。如果背书不连续，付款人可以拒绝向持票人付款，否则付款人自行承担责任。

背书连续主要是指背书在形式上连续，如果背书在实质上不连续，如有伪造签章等，付款人仍应对持票人付款。但是，如果付款人明知持票人不是真正票据权利人则不得向持票人付款，否则应自行承担责任。

对于非经背书转让，而以其他合法方式取得票据的，如继承，不涉及背书连续的问题。只要取得票据的人依法举证，表现其合法取得票据的方式，证明其汇票权利，就能享有票据上的权利。

> 甲签发汇票一张，汇票上记载收款人为乙、金额为 20 万元、付款人为某建设银行支行，汇票到期日为 2024 年 4 月 1 日。乙取得票据以后，将其背书转让给丙，丙没有背书转让给丁，属于空白背书，丁再背书转让给乙，乙再背书转让给戊，戊再背书转让给己。己要求付款银行某建设银行支行付款时，被以背书不具连续性为由拒绝付款。
>
> 问：此背书是否连续？

三、汇票背书的种类

(一)转让背书与非转让背书

转让背书，是指持票人以转让汇票权利为目的而为的背书；非转让背书，是指持票人非以转让汇票权利为目的，而是以授予他人一定的汇票权利为目的而为的背书。转让背书是通常意义上的背书，非转让背书主要有质押及委托收款背书。

(二)一般背书与特殊背书

一般背书与特殊背书是以背书所作的记载以及背书的目的不同而作的分类。一般背书是指以转让票据权利为目的，背书人在汇票背面或粘单上记载背书的意思，被背书人的名称并签章的背书。而特殊背书则是指背书人不记载被背书人的名称以及作出特殊限制的背书。包括：出票人的限制背书、禁止转让背书、回头背书、空白背书、附条件背书、分别背书和部分背书以及期后背书等。

1. 出票人的限制背书

如果出票人在汇票上记载"不得转让"字样，则该汇票不得转让。对于记载"不得转让"字样的票据，其后手以此票据进行贴现、质押的，通过贴现、质押取得票据的持票人主张票据权利的，人民法院不予支持。实践中只要表明了禁止背书的含义，如"禁止背书""禁止转让"等字样，也是有效的。依此规定，如果收款人或持票人将出票人作禁止背书的汇票转让的，该转让不发生票据法上的效力，出票人和承兑人对受让人不承担票据责任。

2. 禁止转让背书

禁止转让背书，是指背书人在票据上记载"不得转让"字样，从而对转让的票据权利给予一定限制的背书。背书人可以在汇票上记载"不得转让"或类似字样。背书人的禁止背书是背书行为的一项任意记载事项，背书人在汇票上记载"不得转让"字样，其后手再背书转让的，原背书人对其后手的被背书人不承担保证责任。禁止转让票据可以产生对人抗辩切断以及防止偿还金额增大的效力。但禁止转让背书并不因此而失去可背书性。禁止转让背书的背书人只是依其背书而将自己的担保限制在直接被背书人的范围以内，保留对背书人的抗辩权，对于此后的后手受让人，则不承担任何担保责任。

3. 回头背书

回头背书是指以先前已经在票据上签名的出票人、背书人等票据债务人为被背书人的背书。回头背书具有一般背书的效力，并不因被背书人是先前的票据债务人而使该票据权利归于消灭，只是在权利担保的效力上有所不同。《票据法》第六十九条规定，持票人为出票人的，对其前手无追索权。持票人为背书人的，对其后手无追索权。被背书人是出票人的，由于他是最终的追索义务人，事实上是不能行使追索权的，只有在汇票已经承兑的情况下，才可以向承兑人行使追索权；回头背书的被背书人是先前的背书人的，这时，他既是票据的债务人，又是票据的权利人，他要对其后手承担担保责任，所以也就不能向他们行使追索权。

4. 空白背书

空白背书，是指不记载被背书人名称的背书。《日内瓦统一汇票本票法公约》规定背书可以是空白的，仅由背书人签名即可。但是，我国的《票据法》规定背书必须记载被背书人名称，未记载被背书人名称的，持票人在背书栏记载自己的名称具有与背书人记载同等的法律效力。

5. 附条件背书

《票据法》第三十三条第一款规定，背书不得附有条件，背书时附条件的，所附条件不具有汇票上的效力。显然，附条件背书是一种不得记载事项，且为无益记载。背书附条件和付款附条件具有完全不同的法律效力，付款附条件的，票据无效，任何人均不得以此票据主张任何票据权利；背书附条件的，票据依然有效，背书也依然有效，只是所附条件不产生票据法上的效力。

无担保背书，也称免责背书，也是一种附条件背书，是指在票据上特别记载，对票据承兑或者票据的付款不承担担保责任的背书。这种免除不仅对其直接的受让人免除担保责任，同时对其后的所有后手受让人均不承担担保责任。显然这种记载无效。

6. 分别背书和部分背书

分别背书是指将票据金额分别转让给不同的被背书人的背书；部分背书是指将票据金额的一部分进行转让的背书。分别背书和部分背书均是一种不得记载事项。根据《票据法》第三十三条第二款的规定，将汇票金额的一部分转让的背书或将汇票金额分别转让给二人以上的背书无效。所以，分别背书和部分背书，背书无效，票据权利不发生转移。

7. 期后背书

期后背书是指在票据被拒绝承兑、被拒绝付款或者超过付款提示期限时所为的背书。根据《票据法》第三十六条的规定，期后背书应当属于无效背书，不能发生一般背书的效力，而只具有通常的债权转让的效力。但期后背书的背书人仍须承担票据责任。

是否为期后背书的判断标准是票据上记载的背书日期，对该背书日期是否确实为实际的背书日期，持票人不负举证责任。当票据上未记载背书日期时，依据票据法的规定，推定是在期限内所为。

四、委托收款背书和质押背书

委托收款背书和质押背书属非转让背书，具有自己的特殊性。

第一，委托收款背书，是指持票人以行使票据上的权利为目的，而授予被背书人以代理权的背书。该背书方式不以转让票据权利为目的，而是以授予他人一定的代理权为目的，其确立的法律关系不属于票据上的权利转让与被转让关系，而是背书人（原持票人）与被背书人（代理人）之间在民法上的代理关系，该关系形成后，被背书人可以代理行使票据上的一切权利。在此情形下，被背书人只是代理人，而未取得票据权利，背书人仍是票据权利人。

票据法规定，背书记载"委托收款"字样的，被背书人有权代背书人行使被委托的汇票权利。但是，被背书人不得再以背书转让汇票权利。被背书人因委托收款背书而取得代理权后，可以代为行使付款请求权和追索权，在具体行使这些权利的过程中，还可以请求作成拒绝证明、发出拒绝事由通知、行使利益偿还请求权等，但不能行使转让票据等处分权利，否则，原背书人对后手的被背书人不承担票据责任，但不影响出票人、承兑人以及原背书人的前手的票据责任。

第二，质押背书，是指持票人以票据权利设定质权为目的而在票据上作成的背书。背书人是原持票人，也是出质人，被背书人则是质权人。质押背书确立的是一种担保关系，即在背书人（原持票人）与被背书人之间产生一种质押关系，而不是一种票据权利的转让与被转让关系。因此，质押背书成立后，即背书人作成背书并交付，背书人仍然是票据权利人，被背书人并不因此而取得票据权利。但是，被背书人取得质权人地位后，在背书人不履行其债务的情况下，可以行使票据权利，并从票据金额中按担保债权的数额优先得到偿还。如果背书人履行了所担保的债务，被背书人则必须将票据返还背书人。

质押背书与其他背书一样，也必须依照法定的形式作成背书并交付。《票据法》规定，质押时应当以背书记载"质押"字样，但如果在票据上记载质押文句表明了质押意思的，如"为担保""为设质"等，也应视为其有效。如果记载"质押"文句的，其后手再背书转让或者质押的，原背书人对后手的被背书人不承担票据责任，但不影响出票人、承兑人以及原背书人的前手的票据责任。被背书人依法实现其质权时，可以行使汇票权利。这里所指的汇票权利包括付款请求权和追索权，以及为实现这些权利而进行的一切行为，如提示票据、请求付款、受领票款、请求作成拒绝证明、进行诉讼等。

以汇票设定质押时，出质人在汇票上只记载了"质押"字样而未在票据上签章的，或者出质人未在汇票、粘单上记载"质押"字样而另行签订质押合同、质押条款的，不构成票据质押。此外，贷款人恶意或者有重大过失从事票据质押贷款的，质押行为无效。

表 11-1 中的背书，涉及质押及委托收款，请判断其背书是否连续。

表 11-1

被背书人：乙公司	被背书人：P 银行	被背书人：丙公司	被背书人：丙公司开户银行
甲公司签章	乙公司签章质押	乙公司签章	丙公司签章委托收款

五、汇票背书的效力

由于转让背书与非转让背书的目的不同，因此，产生的法律效力也不同。就一般转让背书而言，产生的效力有四个方面：

(一)权利移转效力

一般转让背书本来就是以转让汇票权利为目的的票据行为，因此，背书成立后，汇票上的一切权利便由背书人移转给被背书人，被背书人取代背书人成为汇票权利人。

(二)权利担保效力

权利担保效力是指背书人对被背书人及其后手负有担保承兑和担保付款的责任。如果被背书人(持票人)请求承兑或请求付款遭到拒绝，就可以向背书人行使追索权。此外，背书人不仅对其直接后手承担这种担保责任，而且对全体后手都负此责任(禁止转让背书除外)。背书的权利担保效力使汇票作为信用证券的功能得以充分发挥。

(三)权利证明效力

权利证明效力，也称资格授予效力，是指持票人所持汇票上的背书，只要具有形式上的连续性，票据法就推定其为正当的汇票权利人而享有汇票上的一切权利。背书的权利证明效力还体现在：汇票债务人对于背书不连续的持票人的付款具有免除责任的效力；如果汇票债务人主张背书连续的持票人不是真正的权利人，应负举证责任。

(四)抗辩切断效力

所谓的抗辩切断，是指票据经过了背书后，背书人作为票据的债务人便不得以自己同持票人前手的抗辩事由对抗持票人。当该票据权利依票据法规定的转让方式进行转让时，该抗辩事由不随之而转移，票据债务人不得以之对抗后手票据权利人，也称之为抗辩排除。规定抗辩切断制度的目的主要在于使票据权利受让人与其前手的法律地位相脱离，确保其作为票据权利人的地位从而保障票据流通的安全性。

汇票的承兑人(B)已承兑后，不得以其与出票人(A)之间存在的抗辩事由(如未得到 A 提供的资金)，来对抗持票人(C)。因为 A 未提供资金，与 B 之间的关系属于票据基础关系，C、B 之间的关系则属于票据关系(付款人 B 承兑后即成为承兑人，负有绝对的票据付款责任)。此时 B 的抗辩应限于与出票人之间，承兑人 B 不得以之对抗出票人 A 以外的其他持票人。

又如：出票人 A 向 B 购买货物，签发一张一个月后付款的汇票予 B，付款到期时 B 没有按照合同约定交货，但 B 已将汇票转让与 C。届时 C 持票请求付款时，出票人 A 不得以自己与 C 的前手 B 之间因未依约交货而对 C 进行抗辩。

第四节　汇票的贴现、承兑、保证与付款

一、汇票的贴现

(一)汇票贴现的概念

票据贴现是指在持票人需要资金时，将持有的未到期商业汇票，通过背书的方式转让给银行，银行在票据金额中扣除贴现利息后，将余款支付给贴现申请人的票据行为。贴现既是一种票据转让行为，又是一种银行授信行为。银行通过接受汇票而给持票人短期贷款，汇票到期时，银行就能通过收回汇票金额而冲销贷款。如果银行到期不获票据付款，则可以向汇票的所有债务人行使追索权。

票据贴现就其性质而言是银行的一项授信业务，银行实际上是通过贴现的方式给持票人以贷款。但与一般贷款不同的是，由于贴现银行是通过背书方式取得票据的票据权利人，所以出票人、收款人、背书人、承兑人和保证人均对该贷款(票据金额)承担连带责任，这样，最大限度地保证了这种短期贷款的资金安全。

按照支付结算办法有关贴现期限以及贴现利息计算的规定，并根据贴现率计算出贴现利息和实付贴现金额。其计算办法是：

贴现利息＝汇票金额×贴现天数×(月贴现率÷30 天)

实付贴现金额＝汇票金额－贴现利息

(二)再贴现和转贴现

再贴现是指票据到期前，贴现银行向中央银行背书转让票据，中央银行扣除再贴现利息后，将余额支付给贴现银行的一种票据行为。转贴现是贴现银行向其他商业银行背书转让票据的票据行为。两者均为票据尚未到期，贴现银行基于资金的需要，而向中央银行或其他商业银行转让票据权利的行为。

(三)汇票贴现的限制

第一，出票人在票据上记载"不得转让"字样，其后手以此票据进行贴现的，通过贴现取得票据的持票人不享有票据权利。

第二，背书人在票据上记载"不得转让"字样，其后手以此票据进行贴现的，原背书人对后手的被背书人不承担票据责任。

第三，商业汇票的持票人向非其开户银行申请贴现，与向其开户银行申请贴现具有同等的法律效力。但是，持票人有恶意或者与贴现银行恶意串通的除外。

二、汇票的承兑

(一)承兑的概念

承兑是指汇票付款人承诺在汇票到期日支付汇票金额的票据行为。承兑是汇票特有的制度。付款人承兑汇票后，作为汇票承兑人，便成为汇票的主债务人，应当承担到期付款的责任。

(二)汇票承兑的程序和记载事项

1. 提示承兑

提示承兑,是指汇票持票人向汇票上记载的付款人出示汇票,并要求付款人在票据上表示在票据到期时愿意对票据付款的行为。提示是由汇票的持票人向汇票上记载的付款人现实地出示票据,其目的是请求付款人同意到期付款;承兑则是汇票上的付款人所作的同意到期付款的意思表示。我国《票据法》规定,持票人进行提示承兑时,应在汇票上载明的付款人的营业场所和营业时间内进行;付款人无营业场所时,则应在其住所进行。持票人应当在规定期限内进行提示,《票据法》第四十条规定,汇票未按照规定期限提示承兑的,持票人丧失对其前手的追索权。具体说来,对于定日付款和出票后定期付款的汇票,持票人应当在汇票到期日前向付款人提示承兑;对于见票后定期付款的汇票,应在出票日后 1 个月内为承兑提示。

2. 承兑的记载事项

承兑是要式法律行为,必须由承兑人签章并在汇票正面记载相应的事项。这些记载事项包括:

(1)绝对必要记载事项。《票据法》第四十二条第一款规定:"付款人承兑汇票的,应当在汇票正面记载'承兑'字样和承兑日期并签章;见票后定期付款的汇票,应当在承兑时记载付款日期。"在见票后定期付款的汇票中,由于承兑日期关系到汇票到期日的确定和计算,因此,付款人必须记载承兑日期。

(2)相对必要记载事项。《票据法》第四十二条第二款和第四十一条第一款规定,汇票上未记载承兑日期的,以持票人提示承兑之日起的第三日为承兑日期。

(3)不得记载事项。付款人在承兑时,不得记载与汇票的性质或承兑的特性相违背的事项。例如,《票据法》第四十三条规定:"付款人承兑汇票,不得附有条件;承兑附有条件的,视为拒绝承兑。"

3. 承兑或拒绝承兑

持票人按照提示承兑期间向付款人提示汇票请求承兑时,付款人应当在一定时间内作出承兑或不承兑的决定。《票据法》第四十一条第一款规定:"付款人对向其提示承兑的汇票,应当自收到提示承兑的汇票之日起三日内承兑或拒绝承兑。"付款人在三日内未作表示的,视为拒绝承兑。

(三)汇票承兑的效力

付款人承兑汇票并将汇票交还给持票人后,承兑即发生法律效力。付款人承兑汇票后,应当承担到期付款的责任。付款人一经承兑汇票,对付款人、持票人、出票人和背书人都会产生一定的效力。

1. 对付款人的效力

付款人承兑汇票后,便成为承兑人,对汇票债务承担第一位的或主要的责任。付款人的这种责任具有绝对性,除非汇票权利因时效届满而消灭,否则不受其他因素的影响,特别是不受付款人是否已经从出票人处接受资金的影响。承兑人的这种绝对付款责任主要表现在以下三个方面:一是对持票人来说,无须考虑承兑人与出票人之间是否现实存在资金关系;二是承兑人到期不付款时,不仅应承担票据金额的支付,而且要承担迟延付款的利息及追索费用;三是在持票人未按时提示付款时,即使已超过提示付款期限,而使追索权消灭,也不影响对于承兑人的权利。

2. 对持票人的效力

付款人承兑之前,汇票上的付款记载对付款人没有约束力,持票人所享有的付款请求权为期待权,是一种不确定的权利。付款人一经承兑,则持票人的付款请求权就变成现实的权利,以承兑人的责任为保障。

3. 对出票人和背书人的效力

出票人和背书人在汇票尚未承兑前,可能要承担前期追索的责任,即汇票未得到承兑时,持票人可以向出票人或前手行使追索权。

2024年3月12日,贸易公司与有限责任公司签订了一单购销合同,贸易公司卖给有限责任公司一批手提电脑,交货期为4月1日,合同总价款为250万元,用银行承兑汇票结算,有限责任公司应当在合同签订后开出汇票,2个月后付款。有限责任公司在合同签订后开出汇票,并且在自己的开户银行某工商银行申请承兑,承兑日期为6月1日。汇票承兑以后,有限责任公司将汇票交给贸易公司。

贸易公司拿到汇票以后,为了马上得到资金,立即向自己的开户银行某农业银行申请贴现。农业银行向工商银行查询,回答是"承兑真实,有效"。于是,某农业银行办理了贴现,将200万元贴现款转到贸易公司的账户上。

后来,贸易公司货源出现问题,无货可以提供。有限责任公司见不到货物,经过调查发现,贸易公司根本没有货物,也没有准备继续履行合同的意思。有限责任公司立即通知某商业银行,合同有欺诈嫌疑,要求拒绝付款。工商银行又通知农业银行,以该承兑汇票所依据的合同是欺诈合同,合同无效。承兑也无效,拒绝对该汇票付款。

贴现银行,即农业银行声称经查询,工商银行确认"承兑真实,有效",所以,承兑银行,即工商银行必须承担到期付款义务。

双方协商未果,起诉到法院。

问:(1)工商银行是否可以以购销合同有欺诈嫌疑,合同应该属于无效合同为由,主张该银行承兑汇票无效?(2)该案应当如何处理?

三、汇票的保证

(一)汇票保证的概念

汇票保证是指汇票债务人以外的他人充当保证人,担保票据债务履行的票据行为。当被担保的票据债务人不能履行票据义务时,保证人承担向票据权利人支付款项的义务。保证的作用在于加强持票人票据权利的实现,确保票据付款义务的履行,促进票据流通。汇票保证是一种担保法律关系,属于保证担保方式,但其与民法上的保证担保有较大的不同,其成立、生效、保证性质、担保范围等适用票据法的规定,而不适用《民法典》的规定。

(二)汇票保证的当事人

保证的当事人为保证人与被保证人。保证人必须是由汇票债务人以外的他人担当。已成为票据债务人的，不得再充当票据上的保证人。此外，保证人应是具有代为清偿票据债务能力的法人、其他组织或者个人。国家机关、以公益为目的的事业单位、社会团体不得为保证人；但是经国务院批准为使用外国政府或者国际经济组织贷款进行转贷，国家机关提供票据保证的除外。票据保证无效的，票据的保证人应当承担与其过错责任相应的民事责任。

被保证人是指票据关系中已有的债务人，包括出票人、背书人、承兑人等。票据债务人一旦由他人为其提供保证，其在保证关系中就被称为被保证人。

(三)汇票保证的记载事项

在办理保证手续时，保证人必须在汇票或粘单上记载下列事项：(1)表明"保证"的字样；(2)保证人名称和住所；(3)被保证人的名称；(4)保证日期；(5)保证人签章。其中，"保证"的字样和保证人签章为绝对记载事项，被保证人的名称、保证日期和保证人住所为相对记载事项。保证人在汇票或者粘单上未记载被保证人的名称的，已承兑的汇票，以承兑人为被保证人；未承兑的汇票，以出票人为被保证人。保证人在汇票或者粘单上未记载保证日期的，以出票日期为保证日期。同时，保证不得附有条件，附有条件的，不影响对汇票的保证责任。即汇票保证如果附有条件，保证依然有效，所附条件视为无记载，无论条件成就与否，保证人均须承担保证责任。保证人为出票人、承兑人保证的，应将保证事项记载于汇票的正面；保证人为背书人保证的，应将保证事项记载于汇票的背面或粘单上。

(四)汇票保证的效力

保证行为一经成立，即对票据中的当事人发生效力。保证的基本效力，是担保被保证票据债务的履行，因此，在保证人、票据权利人和被保证人之间，票据保证将发生一定的票据责任或享受一定的票据权利。

1. 保证人的责任

《票据法》第四十九条规定，保证人对合法取得汇票的持票人所享有的汇票权利，承担保证责任。但是，被保证人的债务因汇票记载事项欠缺而无效的除外。票据法第五十条还规定，被保证的汇票，保证人应当与被保证人对持票人承担连带责任。汇票到期后得不到付款的，持票人有权向保证人请求付款，保证人应当足额付款。

(1)同一责任。保证人就票据债务来说，与被保证人承担的是同一责任，与被保证人的责任完全相同。

(2)独立责任。作为票据行为，汇票保证具有独立性和无因性。保证人承担的保证责任独立于被保证的票据债务，被保证的票据债务即使因实质性原因无效(因汇票形式欠缺无效的除外)，也不影响保证责任的成立。如当被保证的票据债务人签名是伪造的或者为无权代理时，该票据债务人无须承担票据责任。但对为该票据债务人作保证的保证人来说，仍应依其保证行为承担票据保证责任。

(3)连带责任。保证人的责任是连带责任。而且票据保证人的连带责任是一种法定连带责任而非补充责任，所以，对于票据保证人来说，不享有民法一般保证中保证人的催告抗辩权或先诉抗辩权。

2. 共同保证人的责任

在共同保证关系中，共同保证人对票据债务亦负连带责任，即使共同保证人之间并无共同保证的意思，也不影响他们承担连带责任。

3. 保证人的追索权

《票据法》第五十二条的规定，保证人清偿汇票债务后，可以行使持票人对被保证人及其前手的追索权。

乙商贸有限公司向甲公司出售了50万元的货物一批，甲公司开出了50万元的定日付款商业承兑汇票一张，付款人为远大公司。汇票上有A、B公司的保证签章，其中A公司担保30万元，B公司担保20万元。乙公司收到汇票后将其转让给丙公司以支付货款。然而汇票还未到期，远大公司就因违法被行政管理机关责令终止业务，丙公司遂向乙公司行使追索权，乙公司以票据上存在保证人为由拒绝付款。

问：乙公司应否承担票据责任？A、B公司关于担保责任的划分是否有效？如果无效，二者该如何承担责任？

四、汇票的付款

(一)汇票付款的概念

汇票付款有广义与狭义两种解释，广义的票据付款，泛指票据债务人依票据而对权利人所进行的一切金钱支付，既包括付款人或承兑人在票据到期时对持票人所进行的支付，即一次支付，也包括追索义务人在发生追索时，对追索权利人所进行的支付，以及票据保证人对持票人所进行的支付，即二次支付。而狭义的票据付款，则仅指汇票上记载的付款人或承兑人在票据到期时对持票人所进行的票据金额的支付。这里的汇票付款，是指消灭汇票关系的狭义付款。

(二)付款的程序

付款的程序包括提示付款与支付票款。

1. 提示付款

提示付款是指持票人向付款人或承兑人出示票据，请求付款的行为。《票据法》第五十三条规定，持票人应当按照下列期限提示付款：(1)见票即付的汇票，自出票日起1个月内向付款人提示付款；(2)定日付款、出票后定期付款或者见票后定期付款的汇票自到期日起10日内向承兑人提示付款。

我国《票据法》规定的各项期限的计算，适用《民法典》关于计算期间的规定。按月计算期限的，按到期月的对日计算；无对日的，月末日为到期日。如果汇票期限的最后一日为法定休假日的，到期日可以顺延至假期后的第一个正常营业日。

持票人未按照票据法规定的期限提示付款的，在作出说明后，承兑人或者付款人仍应当继续对持票人承担付款责任。也就是说，对于付款人和承兑人来说，持票人是否在票据法规定的提示付款期限内提示付款，其效力并无实质区别。只是对于背书人，持票人未在法定期限内提示付款，则会丧失对背书人的追索权。

提示付款人应为合法持票人。持票人也可以委托代理人进行提示。《票据法》第五十三条第三款规定，通过委托收款银行或者通过票据交换系统向付款人提示付款的，视同持票人提示付款。

2. 支付票款

持票人向付款人进行提示付款后，付款人无条件地在当日按票据金额足额支付给持票人。我国票据法采用付款人即时足额付款原则，不允许付款人延期付款、部分付款。

在支付票款的过程中，持票人必须向付款人履行一定的手续，持票人获得付款的应当在汇票上签收，即在票据的正面签章，表明持票人已经获得付款，并将汇票交给付款人。

付款人或者代理付款人在付款时应当履行审查义务，即应当审查持票人提示的汇票背书是否连续，并应审查提示付款人的合法身份证明或者有效证件。该等审查义务仅限于汇票格式是否合法，即汇票形式上的审查，而不负责实质上的审查。对诸如背书的真伪、持票人是否为真正权利人等实质要件则没有审查的义务。

如果付款人或者其代理付款人以恶意或者有重大过失付款的，应当自行承担责任。此外，如果付款人对定日付款、出票后定期付款或者见票后定期付款的汇票在到期日前付款，应由付款人自行承担所产生的责任。在持票人不是票据权利人时，对于真正的票据权利人并不能免除其票据责任，而对由此造成损失的，付款人只能向非正当持票人请求赔偿。

如果汇票金额为外币的，应按照付款日的市场汇价，以人民币支付。汇票当事人对汇票支付的货币种类另有约定的，从其约定。

(三) 付款的效力

付款人依法足额付款后，全体汇票债务人的责任解除。付款人依照票据文义及时足额支付票据金额之后，票据关系随之消灭，汇票上的全体债务人的责任予以解除。但是，如果付款人付款存在瑕疵，即未尽审查义务而对不符合法定形式的票据付款，或其存在恶意或者重大过失而付款的，则不发生上述法律效力，付款人的义务不能免除，其他债务人也不能免除责任。

2024 年 4 月 1 日，G 市煤炭(集团)有限责任公司与该市 AST 公司订立了一份购销合同。合同约定：由 G 市煤炭(集团)有限责任公司供给 AST 公司煤炭一批，价值人民币 128 万元。2 日，AST 公司签发了一张以其开户银行为付款人、以 G 市煤炭(集团)有限责任公司为收款人、票面金额为 128 万元、见票后 30 天付款的商业汇票，并将汇票交付 G 市煤炭(集团)有限责任公司。4 月 27 日，G 市煤炭(集团)有限责任公司持该汇票向 AST 公司的开户银行提示承兑，该银行经审查后同意承兑，在汇票上作了相应的记载后，交还 G 市煤炭(集团)有限责任公司。5 月 3 日，G 市煤炭(集团)有限责任公司财务室被盗，由于当日为假日，财务室无人值班，故直至 5 月 8 日财务室工作人员上班时，才发现财务室被盗，并向公安机关报案。经查明，除被盗走现金 5 万余元外，另有汇票、支票 13 张失窃，票面总金额约 396 万元，其中包括该已经承兑的汇票。8 日下午，G 市煤炭(集团)有限责任公司将汇票被盗的情况通知

AST 公司的开户行。开户行告知 G 市煤炭(集团)公司,该汇票已于上午经人向其提示付款,并已足额支付,对此银行不承担责任。

经多次交涉无果,G 市煤炭(集团)有限责任公司以该银行为被告向法院起诉,以银行审查有过错为由要求其承担付款责任。

问:该案应当如何处理?

第五节　汇票的追索权

一、汇票追索权的概念

汇票追索权,是指持票人在汇票到期未获付款或期前未获承兑或有其他法定原因时,在依法行使或保全汇票权利后,向其前手请求偿还汇票金额、利息及其他法定款项的一种票据权利。汇票追索权是汇票上的第二次权利,是为补充汇票上的第一次权利即付款请求权而设立的。持票人只有在行使第一次权利未获实现时才能行使第二次权利。如果持票人的付款请求权得以实现,则追索权随之消灭。汇票追索权的当事人为追索权人和被追索人。追索权人,包括最后持票人和已为清偿的汇票债务人。最后持票人是汇票上唯一的债权人,在其所持汇票逾期前未获承兑或有其他法定原因无从请求承兑或到期未获付款时,有权行使追索权。其他汇票债务人被持票人追索而清偿债务后,享有与持票人同一权利,可以向自己的前手行使再追索权。被追索人,是指追索权人行使追索权所针对的义务人,包括出票人、背书人和其他债务人。

二、汇票追索权行使的原因

(一)期前追索权的原因

根据《票据法》第六十一条第二款的规定,对于定日付款的汇票、出票后定期付款的汇票以及见票后定期付款的汇票,在汇票到期日前,发生下列情形之一时,持票人可以行使追索权:(1)汇票被拒绝承兑的;(2)承兑人或者付款人死亡、逃匿的;(3)承兑人或者付款人被依法宣告破产的或者因违法被责令终止业务活动的。所以,在票据到期前,持票人即可行使追索权,而无须待票据到期。

(二)期后追索权的原因

汇票到期后,如果汇票的付款人、承兑人或者代理付款人拒绝支付;或者付款人提示付款时,汇票上所载的付款场所不存在、付款人不存在或下落不明,无法进行提示,因而无法获得付款时,持票人可以行使追索权。

三、汇票追索权行使的条件

在已发生汇票到期时被拒绝付款,或者到期日前被拒绝承兑等情况时,并不能确定地发生追索权。追索权的行使,必须具备相应的条件,即持票人行使追索权必须履行一定的保全手续而不致使追索权丧失。该保全手续包括:在法定提示期限提示承兑或提示付款;

在不获承兑或不获付款时，在法定期限内作成拒绝证明，以及将拒绝事由通知其前手等三项。

(一)提示承兑或提示付款

定日付款、出票后定期付款以及见票后定期付款的汇票都应进行提示承兑。对提示承兑和提示付款都必须在有效期间内进行，持票人未按照票据法规定提示承兑和提示付款的，原则上丧失对其前手的追索权。

(二)作成拒绝证明

拒绝证明是指由法律规定的，对持票人依法提示承兑或提示付款而被拒绝，或无法提示承兑或提示付款这一事实具有证据效力的文书。由于追索权是持票人向其前手行使的，因此，被追索的前手必须知道持票人已依法提示承兑或提示付款而遭拒绝，进而确定持票人是否对自己享有追索权。作成拒绝证明，就是为了证明持票人已为提示而未获承兑或未获付款，或因其他法定原因无从提示的客观事实。因此，作成拒绝证明是保全追索权手续的一项重要程序，也是持票人行使追索权的一个重要步骤。拒绝承兑人或拒绝付款人分别为拒绝证明的作成义务人。对于拒绝证明具体应包括的内容，我国票据法未作规定，《支付结算办法》第四十一条规定为：(1)被拒绝承兑、付款的票据种类及其主要记载事项；(2)拒绝承兑、付款的事实依据和法律依据；(3)拒绝承兑、付款的时间；(4)拒绝承兑人、拒绝付款人的签章。

根据我国《票据法》的规定，退票理由书也属于拒绝证明的一种。退票理由书，是指承兑人或付款人或付款人委托的付款银行出具的，记载不承兑或不付款理由的书面证明。退票理由书的记载事项应与拒绝证明相同。承兑人、付款人或者代理付款银行直接在汇票上记载提示日期、拒绝事由、拒绝日期并盖章，也是拒绝证明的形式之一，可起到证明持票人已行使其权利而无结果的作用，可代替拒绝证明。

承兑人或者付款人出具的拒绝证明，是对拒绝承兑或者拒绝付款一事最直接、最便利的证明方式。为使持票人能够确实获得拒绝证明，票据法特别将出具拒绝证明规定为承兑人或付款人的一项义务，违反该义务时，应承担由此而产生的民事责任。

另外，在有些情况下，可以用其他证明文件来代替拒绝证明。《票据法》第六十三条规定，因承兑人或者付款人死亡、逃匿或者其他原因，持票人不能取得拒绝证明的，其他有关的证明也可以作为拒绝证明。根据《票据管理实施办法》的规定，这种证明主要包括：(1)医院或者有关单位出具的承兑人、付款人死亡的证明；(2)司法机关出具的承兑人、付款人逃匿的证明；(3)公证机关出具的具有拒绝证明效力的文书。

《票据法》第六十四条第一款规定，承兑人或者付款人被人民法院依法宣告破产的，人民法院的有关司法文书具有拒绝证明的效力。《票据法》第六十四条第二款规定，承兑人或者付款人因违法被责令终止业务活动的，有关行政主管部门的处罚决定具有拒绝证明的效力。

《票据法》第六十五条规定持票人不能出示拒绝证明、退票理由书或者未按照规定期限提供其他合法证明的，丧失对其前手的追索权。但是，承兑人或者付款人仍应当对持票人承担责任。

（三）拒绝事由的通知

《票据法》第六十六条规定，持票人应当自收到被拒绝承兑或被拒绝付款的有关证明之日起 3 日内，将被拒绝事由书面通知其前手；其前手应当自收到通知之日起 3 日内书面通知其再前手；持票人也可以同时向各票据债务人发出书面通知。这是追索权行使的附带条件。持票人发出追索通知的起算日为其收到拒绝证明之日，收到追索通知的背书人及其保证人发出再追索通知的起算日为其收到追索通知之日。而如果持票人将通知按照法定地址或约定地址邮寄的，无论追索义务人是否收到或是否按时收到，均视为已经发出通知，发出时间以邮寄时间为准。

书面通知应记明汇票的主要记载事项，并说明该汇票已被退票。主要记载事项包括出票人、背书人、保证人以及付款人的名称和地址、汇票金额、出票日期、付款日期等。汇票退票的说明主要是指汇票不获承兑或者不获付款的原因。

持票人未按规定期限进行通知的，仍可行使追索权，但是因延期通知给其前手或者出票人造成损失的，应负赔偿责任。只是赔偿金额以票据金额为限。

四、追索与再追索

（一）追索义务人的责任及追索方式

《票据法》第六十八条第一款规定，汇票的出票人、背书人、承兑人和保证人对持票人承担连带责任。他们均为追索义务人，对持票人承担无条件给付汇票全部金额的责任。

持票人可以不按照汇票债务人的先后顺序，对其中任何一人、数人或者全体行使追索权。持票人对票据债务人中的一人或者数人已经进行追索的，对其他票据债务人仍可以行使追索权。但是，持票人为出票人的，对其前手无追索权；持票人为背书人的，对其后手无追索权。

（二）再追索

被追索人清偿债务后，与持票人享有同一追索权利，可以再向其他汇票债务人行使追索权，直至汇票上的债权债务关系因履行或其他法定原因而消灭为止。

（三）追索与再追索金额

持票人行使追索权，可以请求被追索人支付的金额和费用包括：被拒绝付款的汇票金额；汇票金额自到期日或者提示付款日起至清偿日止，按照中国人民银行规定的利率计算的利息；取得有关拒绝证明和发出通知书的费用。由此可见，作为追索权标的的追索金额，通常比作为付款请求权标的的票据金额要大。

被追索人在依前述内容向持票人支付清偿金额及费用后，可以向其他汇票债务人行使再追索权，请求其他汇票债务人支付相应的金额和费用，包括已清偿的全部金额，即为满足其后手（包括持票人或者其他追索权人）的追索权而支付的全部金额；前项金额自清偿日起至再追索日止，按照中国人民银行规定的利率计算的利息；发出通知书的费用，即指被追索人在追索过程中发生的费用。

（四）清偿金额的受领

持票人或行使再追索权的被追索人在接受清偿金额时，应当履行相应的义务，交出汇票和有关拒绝证明，并出具所收到利息和费用的收据。如果持票人或行使再追索权的被追索人拒绝履行该等义务的，被追索人即可拒绝清偿有关金额和费用。

　　2024年2月10日，甲公司为支付货款向乙公司签发了一张由丙公司承兑的汇票，汇票金额为80万元，到期日为2024年8月10日。2024年3月10日，乙公司为购买设备，将该汇票背书转让给丁公司，并请求戊公司提供保证。戊公司在汇票上注明"保证""被保证人为乙公司""以乙公司付费为条件"后签章。

　　2024年3月25日，乙公司收到设备后发现不符合合同约定的标准，遂向丁公司发出解除合同的书面通知，2024年3月26日，丁公司为支付工程款将该汇票背书转让给己公司并注明"不得转让"。

　　2024年4月15日，己公司向庚公司采购一批原材料，合同约定发货后十日内付款，庚公司要求提供担保。己公司在该汇票上标明"质押"字样后背书给庚公司。庚公司发货十日后，己公司一直未付款。

　　2024年8月11日，庚公司向丙公司提示付款，丙公司以资金不足为由，告知庚公司一个月后付款。庚公司遂向所有前手及戊公司发出追索通知。戊公司以乙公司未向其付费为由拒绝承担保证责任。丁公司以在汇票上注明"不得转让"为由拒绝承担票据责任。乙公司以与丁公司的合同已经解除为由拒绝承担票据责任。

　　问：庚公司可以向谁行使追索权？

【思考题】

1. 我国汇票有哪些种类？
2. 简述汇票出票的绝对必要记载事项。
3. 汇票背书有哪些种类？
4. 简述汇票背书的效力。
5. 什么是汇票的贴现？
6. 简述汇票承兑的效力。
7. 简述汇票保证的效力。
8. 简述汇票的付款程序。
9. 简述汇票追索权行使的条件。

第十二章　本票与支票

【教学目的和要求】通过本章的学习，了解本票与支票，了解本票的出票与见票规则，掌握支票的出票与付款制度。

【重点和难点】本票出票的记载事项；本票的见票；支票出票的记载事项；空白支票与空头支票；支票的付款。

第一节　本　　票

一、本票的概念与特征

(一)本票的概念

本票是出票人签发的，承诺自己在见票时无条件支付确定的金额给收款人或者持票人的票据。本票作为票据的一种，同样具有支付功能和信用功能。

(二)本票的特征

第一，本票是票据的一种，具有一切票据所共有的性质，是无因证券、设权证券、文义证券、要式证券、金钱债权证券、流通证券等。

第二，本票是自付证券，它是由出票人自己对收款人支付并承担绝对付款责任的票据。这是本票和汇票、支票最重要的区别。在本票法律关系中，基本当事人只有出票人和收款人，债权债务关系相对简单。

第三，无须承兑。本票在很多方面可以适用汇票法律制度，但是由于本票是由出票人本人承担付款责任，无须委托他人付款，所以，本票无须承兑就能保证付款。

二、本票的种类

依照不同的标准，可以对本票作不同分类，例如记名本票、指示本票和不记名本票；远期本票和即期本票；银行本票和商业本票等。在我国，本票仅限于银行本票且为记名本票和即期本票。

银行本票是银行签发的，承诺自己在见票时无条件支付确定的金额给收款人或者持票人的票据(见图12-1)。单位和个人在同一票据交换区域需要支付各种款项，均可以使用银行本票。根据《支付结算办法》的规定，银行本票可以用于转账，注明"现金"字样的银行本票可以用于支取现金。同时，该办法规定，本票的申请人或收款人是单位的，不能申请签发现金本票。申请人和收款人均为个人时，才能申请现金银行本票。银行本票分为定额银行本票和不定额银行本票。定额银行本票面额为 1000 元、5000 元、1 万元和 5 万元四种。

图 12-1　票据票样：本票

三、本票的出票

（一）本票出票的概念

本票的出票，从形式上看与汇票的出票一样，都是指出票人作成票据，并将票据交付给收款人的基本票据行为。但从内容上看，本票的出票则与汇票不同。汇票的出票是出票人委托付款人向收款人支付一定金额的票据行为，而本票的出票则是指出票人表示自己承担支付本票金额债务的票据行为。

《票据法》第七十五条规定，本票的必要记载事项包括：（1）表明"本票"的字样；（2）无条件支付的承诺；（3）确定的金额；（4）收款人名称；（5）出票日期；（6）出票人签章。付款地和出票地是相对必要记载事项。如果本票上未记载付款地，则出票人的营业场所为付款地；如果本票上未记载出票地，则出票人的营业场所为出票地。

（二）本票出票的效力

本票出票的效力，是指出票人签发本票后承担的责任以及收款人因此享有的权利。对出票人来说，出票人必须承担对本票持票人的付款责任。出票人的这种付款责任是第一次责任，出票人是第一债务人或主债务人。这种付款责任是一种无条件的责任，本票一届到期日，出票人必须对持票人付款，对此不得附加任何条件。这种付款责任也是一种绝对责任。出票人的付款义务不因持票人对其权利的行使或保全手续的欠缺而免除。根据《票据法》第七十九条规定，本票的持票人未按照规定的期限提示见票的，虽然丧失对其前手的追索权，但仍然可以向出票人行使追索权。

四、本票的见票制度

本票见票，是指持票人在法律规定的期限内，向本票出票人提示票据请求支付票据金额的行为。本票无须承兑，因而不存在汇票上的提示承兑；本票出票人自始即为主债务人，因而也不存在见票即付汇票上的提示付款。可以说，见票规则是本票所具有的，不同于汇票上的提示承兑、提示付款的一种特别制度。

本票是出票人承诺于见票时无条件付款的票据。因此，见票也就成为出票人履行付款义务的一项条件。为使持票人及时行使票据权利，防止因票据债务长期存在而给出票人带来心理负担，我国票据法对持票人的提示见票规定了一定的期间限制，即本票自出票日起，付款期限最长不得超过 2 个月。因而，持票人应在法定的提示见票期限内，向出票人请求付款。

本票的持票人未按照规定期限提示本票的，丧失对出票人以外的前手的追索权。持票人超过提示付款期限不获付款的，在票据权利时效内向出票银行作出说明，并提供本人身份证件或单位证明，可持银行本票向出票银行请求付款。

本票的出票人是票据上的主债务人，对持票人负有绝对付款责任。除票据时效届满而使票据权利消灭或者要式欠缺而使票据无效外，并不因持票人未在规定期限内向其行使付款请求权而使其责任得以解除。因此，持票人仍对出票人享有付款请求权，只是丧失对背书人及其保证人的追索权。

> 甲出具一张银行本票给乙，乙将该本票背书转让给丙，丁作为乙的保证人在票据上签章。丙又将该本票背书转让给戊，戊作为持票人未按规定期限向出票人提示本票。
>
> 问：根据票据法律制度的有关规定，戊可以向谁行使追索权？

五、汇票规则的准用

本票和汇票相比，除了不具有承兑、拒绝承兑证明等特征外，其他各项制度与汇票均相同。因此，各国票据立法为了避免法律条款的重复，一般都以汇票的规则为中心内容。对于本票，除另有规定外，其他有关制度都适用或准用汇票的规定。

《票据法》第八十条规定，本票的背书、保证、付款行为和追索权的行使，除本章规定外，适用本法第二章有关汇票的规定。本票的出票行为，除本章规定外，适用本法第二十四条关于汇票的规定。由于本票为即期票据，汇票中的贴现、承兑等制度是不适用的。

第二节 支 票

一、支票的概念与特征

(一)本票的概念

支票是出票人签发的，委托办理支票存款业务的银行或者其他金融机构在见票时无条件支付确定的金额给收款人或者持票人的票据。票据法理论认为，汇票属于信用证券而具有信用功能，同时也具有支付功能；而支票则仅为单纯的支付证券，不具有信用功能，只具有支付功能。

(二)支票的特征

第一，支票是票据的一种，和汇票、本票一样具有票据所具有的共同特征。

第二，票据法对支票付款人的资格有严格限制，仅限于银行或其他金融机构，不能是其他法人或自然人。

第三，支票是见票即付的票据。不像汇票有即期和远期之分，支票只能是即期的，因为支票是支付证券，其主要功能在于代替现金进行支付。

第四，支票的无因性，受到一定限制。《票据法》第八十七条规定，支票的出票人签发支票不得超过其付款时在付款人处实有的存款金额。超过其实有存款金额的，为空头支票。禁止签发空头支票。

二、支票的种类

(一)记名支票、无记名支票和指示支票

以支票上权利人的记载方式为标准，可以分为记名支票、无记名支票和指示支票。支票一般为记名，但我国票据法并未将支票的收款人名称作为法定绝对必要记载事项。《票据法》第八十四条未将支票的收款人名称作为法定绝对必要记载事项。而第八十六条规定，支票上未记载收款人名称的，经出票人授权，可以补记。这说明我国是承认无记名支票的，而指示支票则是在支票上记载"特定人或其指定的人"为权利人，这种票据应以背书方式转让，出票人、背书人不得作"禁止转让"的记载。

(二)普通支票、现金支票和转账支票

以支票的支付方式为标准，可以将支票分为普通支票、现金支票(见图 12-2)和转账支票(见图 12-3)。支票正面印有"现金"字样的为现金支票，现金支票只能用于支取现金。支票正面印有"转账"字样的为转账支票，转账支票只能用于转账，不得支取现金。支票上未印有"现金"或"转账"字样的为普通支票，普通支票可用于支取现金，也可用于转账。在普通支票左上角划两条平行线的，为划线支票，划线支票只能用于转账，不得支取现金。

(三)一般支票和变式支票

以支票当事人是否兼任为标准，可以分为一般支票和变式支票。一般支票是指出票人、收款人、付款人分别为三个不同的主体。支票的三方当事人中的任何两方当事人发生资格重合时，这种支票称为变式支票。变式支票又分为对己支票(出票人自己为付款人)、指己支票(出票人自己为收款人)、付受支票(付款人也是收款人)。《票据法》第八十六条第四款规定，出票人可以在支票上记载自己为收款人。这就是变式支票的一种，即指己支票。

图 12-2 票据票样：现金支票

图 12-3　票据票样：转账支票

三、支票的出票

(一)支票出票的概念

支票的出票，是指出票人作成票据，并将票据交付给收款人的票据行为。支票出票人是在经批准办理支票业务的银行机构开立可以使用支票的存款账户的单位和个人。其签发支票必须具备一定的条件：(1)开立账户。开立支票存款账户，申请人必须使用其本名，并提交证明其身份的合法证件。(2)存入足够支付的款项。开立支票存款账户和领用支票，应当有可靠的资信，并存入一定的资金。(3)预留印鉴。开立支票存款账户，申请人应当预留其本名的签名式样和印鉴。

(二)支票的记载事项

《票据法》第八十四条规定，支票必须记载下列事项：(1)表明"支票"的字样；(2)无条件支付的委托；(3)确定的金额；(4)付款人名称；(5)出票日期；(6)出票人签章。这些事项属于支票的绝对必要记载事项，未记载这些事项之一的，支票无效。支票上的金额，可以是在出票时就已确定而记载，也可以在出票后再行确定而补记。《票据法》第八十五条规定，支票上的金额可以由出票人授权他人补记，支票在未补记前不得使用。也就是说，在支票金额未补记之前，收款人不得背书转让、提示付款。

支票的付款地和出票地属于支票的相对必要记载事项。未记载付款地的，付款人的营业场所为付款地；未记载出票地的，出票人的营业场所、住所或者经常居住地为出票地。支票的相对记载事项中无付款日期，支票限于见票即付，不得另行记载付款日期。另行记载付款日期的，该记载无效。

另外，《票据法》第八十六条第一款规定："支票上未记载收款人名称的，经出票人授权，可以补记。"据此，收款人名称属于任意记载事项，出票人可以记载，也可以不记载。例如，甲公司签发支票给乙公司，但是未记载收款人。乙公司为支付货款，直接将支票交付给丙公司未作任何记载。丙公司将自己的名称记载为收款人后，持票向付款人主张票据权利。甲公司、乙公司的行为，均符合票据法。也就是说，就支票而言，我国《票据法》承认了转让背书之外的这种票据权利转让方式。此外，出票人可以在支票上记载自己为收款人。

我国《票据法》中规定的金额空白和收款人名称空白的支票均为空白支票。空白支票，又称空白授权支票，是指在支票出票时，对若干必要记载事项未进行记载，即完成签章并予以交付，而授予他人补记，经补记后才使其有效成立的支票。作为支票出票的一项例外，我国《票据法》规定了有关签发空白支票的规则，而在汇票和本票规则中，则未规定此项规则。从票据的严格要式性原则来说，这种空白支票在外观上可能构成无效票据，但由于其后由他人进行补记，因而空白支票并非无效票据，而仅仅为未完成票据，一经补记完成，即为有效票据。

（三）出票的其他法定条件

支票的出票行为取得法律上的效力，必须依法进行，除须按法定格式签发票据外还须符合其他法定条件。这些法定条件包括：

（1）禁止签发空头支票出票人签发的支票金额超过其付款时在付款人处实有的存款金额的，为空头支票。支票的出票人签发支票的金额不得超过付款时其在付款人处实有的存款金额。《票据管理实施办法》第三十一条规定，签发空头支票或者签发与其预留的签章不符的支票，不以骗取财物为目的的，由中国人民银行处以票面金额5%但不低于1000元的罚款。签发空头支票的，持票人有权向出票人要求支付支票金额2%的赔偿金。同时我国《刑法》第一百九十四条也规定票据诈骗罪，通过签发空头支票或者与其预留印鉴不符的支票骗取财物构成犯罪，依法承担刑事责任。

（2）签发支票应当正确。支票的出票人不得签发与其预留本名的签名式样或者印鉴不符的支票，使用支付密码的，出票人不得签发支付密码错误的支票。

（3）符合规定。签发现金支票和用于支取现金的普通支票，必须符合国家现金管理的规定。

（四）出票的效力

出票人作成支票并交付之后，对出票人产生相应的法律效力。我国《票据法》规定出票人必须按照签发的支票金额承担保证向该持票人付款的责任。这一责任包括两项：一是出票人必须在付款人处存有足够可处分的资金，以保证支票票款的支付；二是当付款人对支票拒绝付款或者超过支票付款提示期限的，出票人应向持票人当日足额付款。

四、支票的付款

支票的付款，是指付款人根据持票人的请求向其支付支票金额，以消灭支票关系的行为。

（一）支票的提示付款期限

持票人在请求付款时，必须为付款提示。支票的持票人应当自出票日起10日内提示付款；异地使用的支票，其提示付款的期限由中国人民银行另行规定。超过提示付款期限提示付款的，付款人可以不予付款。付款人不予付款的，出票人仍应当对持票人承担票据责任。持票人超过提示付款期限的，并不丧失对出票人的追索权，出票人仍应当对持票人承担支付票款的责任。

（二）付款

付款人在支付支票金额之前，应当审查支票背书的连续，并审查提示付款人的合法身份证明或者有效证件。支票付款人的这一审查义务，原则上与汇票付款人的审查义务相同，即仅需审查票据形式上的要件。但是，由于支票出票人在开立支票存款账户时必须使用本名，而且预留了本名的签名式样和印鉴。因此，付款人在支付金额时，还必须对支票上的签名或印鉴是否与预留签名和印鉴相符进行审查。持票人在提示期间内向付款人提示票据，付款人在对支票进行审查之后，如未发现有不符规定之处，即应向持票人付款。出票人在付款人处的存款足以支付支票金额时，付款人应当在当日足额付款。

(三)付款责任的解除

付款人依法支付支票金额的，对出票人不再承担受委托付款的责任，对持票人不再承担付款的责任。但是，付款人以恶意或者有重大过失付款的除外。这里所指的恶意或者有重大过失付款是付款人在收到持票人提示的支票时，明知持票人不是真正的票据权利人，支票的背书以及其他签章系属伪造，或者付款人不按照正常的操作程序审查票据等情形。在此情况下，付款人不能解除付款责任，由此造成损失的，由付款人承担赔偿责任。

> 甲公司为支付货款，签发了一张以同城的乙银行为付款人、以丙公司为收款人的转账支票。丙公司在出票日之后的第 14 天向乙银行提示付款。乙银行告知丙公司超出支票提示付款期限。
>
> 问：该情形下，丙公司应如何保护自己的权利？

五、汇票规则的准用

我国《票据法》以汇票的规定为其主要内容。对支票与汇票相同的内容，票据法采用了与本票相同的转致适用汇票规定的立法技术。我国《票据法》关于支票对汇票规则的准用主要集中在出票、背书、付款、追索权等方面。《票据法》第九十三条规定，支票的背书、付款行为和追索权的行使，除本章规定外，适用本法第二章有关汇票的规定。支票的出票行为，除本章规定外，适用本法第二十四条、第二十六条关于汇票的规定。可见，汇票的贴现、承兑及保证等制度是不适用支票的。

【思考题】

1. 我国本票的种类有哪些？
2. 简述本票的记载事项。
3. 我国支票的种类有哪些？
4. 简述支票的记载事项。
5. 分析空白支票与空头支票的不同。

第五编　保　险　法

第十三章 保险立法

【教学目的和要求】通过学习理解保险法的基本概念和基本原则，能够：

(1)掌握保险法的基本概念和定义，包括风险的定义、保险的定义及其构成要素。

(2)理解保险法的地位、渊源以及体例，包括保险合同法、保险业法、保险特别法和社会保险法等内容。

(3)熟悉保险合同的基本原则，如诚实信用原则、保险利益原则、损失补偿原则和近因原则等。

【重点和难点】保险法的定义；保险合同的基本原则。

第一节 保险法概述

一、保险的概念

在进行保险法研究之初，必须首先厘清保险的概念。继而，在此之前，应当明确界定所谓的"险"即风险为何物。

(一)风险的定义

风险(risk)，是指未来不确定性下可能发生的损失或不利后果。《说文解字》写道："险，阻难也。"古汉字的"险"由"阜""佥"组合而成，意味着被重重大山阻碍，不易通过。如果说山川之壑体现了险的程度或烈度，那么风的存在为险增加了不确定性。风是一种因气压分布不均匀而产生的空气流动的现象，与有形物不同，它具有看不见摸不着但又客观上存在的特点。因此，"风险"二字把未来发生某一不确定事件的可能性，这个事件可能带来损失或者其他负面后果的意思恰如其分地诠释了出来。

随着人们对风险种类、后果等认识能力的提高，逐渐形成和发展了风险管理科学，反过来促使人们对风险有了新的认识。起初，风险被视为一种尽力避免或转移的负面威胁。随着时间的推移，人们认识到风险未必是不好的，如运用得当，可能会带来机遇。这一转变促使风险管理不仅关注于防范损失，更着眼于如何平衡风险与收益，实现更有效的资源配置。

(二)保险的定义

在面对不可预知的潜在的损失时，个人和企业均需采取措施管理风险，允许风险的承担者以转嫁方式来保障自身利益，以缓解可能的负面影响。作为风险管理的一种重要的制度安排，保险的内涵被有多种学说的主张，主要可以分为两大类：损失说和非损失说。

1. 损失说

损失说，也称为损害说，是从损失补偿的角度来阐释保险的本质。这一学说可以细分为损失赔偿说、损失分担说和危险转嫁说。损失赔偿说认为保险是一种补偿合同，其目的在于对投保人所遭受的损失或危险予以经济上的补偿。英国的马歇尔和德国的马修斯都是这一学说的代表人物。他们认为，保险是一种赔偿合同，保险人承诺在发生约定的危险时，负责赔偿投保人的损失。这种观点在海上保险法中得到了体现。然而，这一学说将保险与赔偿损失等同起来，忽略了人寿保险和其他人身保险的特殊性。[1] 损失分担说强调多数人的互助合作，认为保险的本质在于分摊损失。德国华格纳提出，保险是多数人分担少数不幸者损失的经济补偿制度。[2] 这一观点认为，保险的运作使得处于同一危险中的多数人共同承担少数人的损失，从而实现风险的社会化分散。然而，华格纳将自保也纳入保险范畴，在逻辑上存在矛盾。危险转嫁说从危险处理的视角出发，认为保险的性质在于将被保险人的危险转嫁给保险人。美国的魏兰脱和克劳斯塔等学者认为，保险是将个体危险转嫁给保险人的社会制度。[3] 这种观点强调了保险的风险池化功能，即通过集合大量相似的危险，实现风险的均摊和转移。

虽然出发角度不同，三种学说的理论基础是一样的，认为保险的本质是多数人分摊少数人的经济损失。

2. 非损失说

非损失说，或称非损害说，试图超越损失概念，以更广泛的视角定义保险。这一类学说包括技术说、欲望满足说、所得说、经济确保说、财产共同准备说、相互金融机关说、经济后备说和预备货币说等。技术说认为保险的特性在于其独特的技术性，即通过概率学和统计学方法来测定风险并计算保费。费芳德是这一学说的代表人物，他强调保险基金的科学计算和保费与保险价值的平衡。[4] 技术说突出了保险的计算基础，但忽视了保险的社会经济目的。欲望满足说从经济学的角度来理解保险。该学说认为保险的目的是在发生意外时，以最少的费用满足偶发欲望所需的资金，并提供可靠的经济保障。戈比和马纳斯等学者认为，保险是多数人为应对可能的经济需求而提供保障的手段。[5] 然而，这一学说在人寿保险方面存在不足。所得说认为保险的存在基于经济的不稳定性。它将保险视为一种经济准备，通过集体组织来消除经济不安定带来的不确定性。所得说正确指出了保险的经济基础，但将其与储蓄等同起来，忽略了保险的风险转移特性。经济确保说认为保险的目的是为未来可能发生的灾害事故留有经济准备。胡布卡等学者认为，保险的共同目的不是对特定事故的损失做准备，而是对可能遭遇的损失获得经济上的保障。财产共同准备说从动态和静态两个方面来分析保险，认为保险既是社会生活中的一种经济行为，也是为了安

① 樊启荣、张晓萌：《保险之定义亟待修正——以我国〈保险法〉第二条评析为中心》，载《湖北警官学院学报》2014年第7期，第80~85页。
② ［日］园乾治著：《保险总论》，李进之译，中国金融出版社1983年版，第7页。
③ ［日］园乾治著：《保险总论》，李进之译，中国金融出版社1983年版，第8页。
④ ［日］园乾治著：《保险总论》，李进之译，中国金融出版社1983年版，第8页。
⑤ 卓志、孙正成：《现代保险服务业：地位、功能与定位》，载《保险研究》2014年第11期，第21页。

定经济生活而组织起来的集体储蓄行为。相互金融机关说将保险视为一种相互金融机构，强调保险在经济活动中的货币交换功能。米谷隆三等学者认为，保险是一种基于偶然性事故的金融机构，其目的是通过合理计算来维持经济平衡。经济后备说和预备货币说都认为保险是基于偶然事故的经济准备，通过大多数经营单位的联合和概率论方法来实现公平分担。这两种学说在本质上相同，但预备货币说将经济准备限定在货币形态上。

此外还有"二元说"，认为财产保险和人身保险应做分别解释。二元说包括人格保险说、否认人身保险说和择一说等学派。这些学派试图解决财产保险和人身保险在性质上的差异。《保险法》第二条对保险的定义实际上采纳了择一说的观点，但遗憾未完全区分保险与保险合同的差别。保险不仅是一种经济制度，也是一种法律行为，其实践中既有社会功能也有法律属性。保险的概念应从社会和法律两个层面来理解和分析。在社会层面，保险是一种分散危险、消化损失的经济制度；在法律层面，保险是实现上述经济功能的法律行为，具体表现为保险公司的经营行为和保险合同关系。

(三)保险的构成

保险的构成，亦称保险的要素或保险的要件。一个完备的保险制度应当具备四个要素：特定危险的存在、多数人的互助共济、对危险事故所致损失的补偿目的，以及被保险人对保险人拥有的独立法律请求权。

1. 特定危险的存在

所谓"无危险则无保险"，保险的核心在于应对特定危险。只有存在特定事故的危险，才有设立补偿损失的保险制度的必要。危险须满足以下条件：

(1)危险是否会发生不确定。保险危险必须具有不确定性，即存在某种因素可能导致危险的发生。如果一种危险不可能发生或必然发生，则不能构成保险危险。判断危险是否不可预测，通常有两个标准：一是以保险关系成立时为时间标准，二是以一般人的知识和经验判断为标准。显然，如果危险已经发生，且当事人知晓，则不构成保险危险。

(2)危险发生的时间不确定。即使某些危险发生不可避免，但发生的具体时间难以预判，如人的疾病、死亡，可构成保险危险。

(3)危险导致的损失不确定。例如，财产可能遭受火灾、雨淋等损害，但其造成的损失难以预测。即便危险的发生不可避免，由于其后果不可预测，也可构成保险危险。

(4)非故意。保险危险须为纯粹风险的范畴，其发生应具有偶然性，不可以是由当事人故意造成。故意造成的危险，如自杀、纵火等，不构成保险危险。

2. 多数人的互助共济

保险的本质在于多数人基于互助共济原则下的集体合作。保险的运作方式是通过集合多数人的资金，建立集中的资金池，用以补偿少数人的损失。大多数人参与保险，可以将个人的危险和损失通过保险机制分摊到所有投保人身上。保险的互助共济形态通常有两种：一种是多数人的直接集合，如相互保险；另一种是多数人的间接集合，如商业保险。在商业保险中，投保人通过缴纳保险费，建立保险补偿基金，共同取得保险保障。

3. 对危险事故所致损失进行补偿为目的

保险的目的在于对危险事故所致的损失进行补偿，确保社会经济生活的稳定。这种补偿通常以货币形式实现，损失必须是在经济上可以计算价值的。在财产保险中，可以通过估价确定损失。在人身保险中，虽然人的生命或身体无法估价，但其死亡、伤残等后果会造成直接的经济损失，因此人身保险也存在价值计算。人身保险常采用定额保险方式，事故发生后支付预定保险金。对于人身保险是否属于损失补偿保险，学界有不同看法。财产保险的赔偿限于损失补偿，而人身保险中的损失程度难以测定，故采取意定方式补偿。

4. 赋予对保险人独立的法律上的请求权

保险关系产生的补偿必须是被保险人所拥有的独立法律权利，不是其他法律关系的从属义务或附随义务，也不是基于团体成员资格的权利。

二、保险法的概念

保险法，是调整保险关系主体之间权利义务的法律规范总和。保险法的主要目的在于规范保险市场，保护投保人、被保险人和受益人的合法权益，以及促进保险业的健康发展。保险法的核心内容包括保险合同的订立、履行、变更和终止，以及保险活动的监管等。广义的保险法包含保险公法与保险私法，具体可以分为保险合同法、保险业法、保险特别法、社会保险法等。

(一)保险合同法

保险合同法是保险法的重要组成部分，它规定了保险合同的种类、订立、效力、履行和解除等法律关系。在保险合同法中，明确了各种保险合同的基本要素，如保险利益、保险责任、保险费、保险金额等。此外，保险合同法还规定了保险合同当事人的权利与义务，如投保人的告知义务、保险人的赔偿义务等。

(二)保险业法

保险业法主要针对保险公司及其他保险业务经营者的设立、经营和监管等方面进行规范。它涉及保险公司的资质、保险产品的批准、保险资金的运用、保险公司的偿付能力和风险管理等。保险业法的目的在于确保保险市场的稳定，防止保险活动中的不正当竞争和风险，保护保险消费者的权益。

(三)保险特别法

保险特别法是指针对某一特定类型的保险或者特定保险活动制定的法律规范，例如船舶保险法、航空保险法等。这些特别法律通常会针对特定保险的特殊性质和需要，制定具体的法律规则，以适应特定保险种类的实际情况和市场需求。

(四)社会保险法

社会保险法是指国家为了保障公民在养老、失业、疾病、工伤等社会风险面前的基本生活需要，通过立法形式建立的社会保障制度。社会保险法通常包括养老保险、医疗保险、失业保险、工伤保险和生育保险等内容，其特点是强制性、普遍性和互助性。

三、保险法的地位

保险法作为一门调整保险活动及相关法律关系的规范体系，其地位在不同国家的法律体系中存在差异。在全球范围内，保险法的发展和立法模式呈现出多样性，其地位的界定也随之呈现出不同的学术观点和实践模式。在探讨保险法的地位时，我们不仅需要了解保险法在不同国家法律体系中的定位，还要深入探讨保险法的法律属性、调整对象、调整方法和原则，以及保险法与其他法律部门的关系。

从全球范围内的立法实践来看，保险法的地位可以大致分为三种类型。第一种是制定单行保险法律的国家，如德国、法国等，这些国家通常将保险法作为一个独立的法律领域进行立法，强调其在法律体系中的特殊性。第二种是将保险法纳入商法典中的国家，如韩国、比利时等，这些国家认为保险法属于商事法律的一部分，与其他商事活动相联系。第三种是将保险法作为民法债编的内容的国家，如意大利等，这些国家倾向于将保险法视为民法中的特别法，与民法的其他内容共同构成整个民法体系。

在我国，保险法的地位并不是一个独立的法律部门，而是被纳入民法范畴，作为一种特殊的法律规范存在。在传统的法学理论中，保险法被归入商法体系，与公司法、票据法、破产法、海商法等并列，被视为商事法律的一个分支。保险法的核心目的在于规范保险活动，保护保险活动当事人的合法权益，加强对保险业的监督管理，促进保险事业的健康发展，是我国民商法治建设中不可或缺的重要组成部分。

尽管如此，对保险法的法律属性和地位仍有不同的学术见解。一些学者认为保险法应属于经济法范畴，主要是基于财产保险合同被视为经济合同的一部分。然而，这样的分类方式忽视了人身保险合同的特性，后者在法律属性上更贴近于民事法律关系。由此可见，将财产保险合同和人身保险合同划分为不同法律范畴，不仅在法理上存在争议，而且在实践中也可能导致诸多不便。

还有观点认为保险法应当成为我国法律体系中的一个独立法律部门。这一观点的支持者主张保险法有其特定的调整对象、构成了独特的法群、并在调整方法和程序上具有自己的特点。然而，这种观点并未得到普遍认同。从本质上讲，保险活动当事人通过签订合同所形成的保险法律关系，仍然是一种民事法律关系，其调整对象属于民法的调整范畴。保险法的调整方法和原则，实质上是民法调整方法和原则在保险领域中的具体应用和延伸。

保险法在法律体系中的地位并非一成不变，而是随着各国法律传统、经济发展、保险市场的成熟度以及立法理念的变化而发展演变。在我国，保险法目前仍然作为民法中的一种相对独立的法律制度存在，其法律属性和地位的界定需要结合我国的法律传统和实际需要，不断进行理论探讨和实践检验。

四、保险法的渊源

法的渊源是指法律规范产生的根据，即法律规范的来源。与其他规范类似，保险法的渊源具有多样性，主要包括成文法、国际条约、习惯法及惯例法等。

(一)成文法

成文法是指由国家权力机关依法制定并公布的书面法律规范。在保险法的发展中，成文法的作用日益凸显。随着社会经济的发展和市场经济的完善，保险活动的规模和复杂程度不断增加，单靠习惯法和惯例法已无法满足社会的需要。因此，国家开始通过立法的方式，将保险习惯和惯例上升为法律，形成了一系列的保险法规。例如，英国的《海上保险法》(*Marine Insurance Act*)于 1906 年正式成文，标志着现代保险法的诞生。我国的《保险法》则是在 1995 年首次颁布，之后经过多次修改，形成了较为完善的保险法律体系。成文法对保险市场的规范作用是显著的，其明确的法律规定为保险交易的公平、公正提供了法律保障，也为解决保险纠纷提供了依据。

(二)国际条约

随着全球化的发展，国际保险交易日益频繁，国际条约在保险法领域的重要性日渐增强。国际条约是指不同国家之间为了共同的利益和目的，通过谈判达成的、具有法律约束力的国际协议。在保险法领域，各国为了促进国际保险市场的健康发展，保护保险消费者的权益，通过签订多边或双边条约来协调和统一各国的保险法律规范。例如，欧洲保险和再保险联合会(CEA)颁布的《欧洲保险合同法原则》、国际海商法委员会(CMI)制定的《雅典公约》等，都对国际海上运输保险活动产生了深远影响。我国作为国际社会的一员，也积极参与国际保险法的制定和修订工作，并将相关国际规则引入国内法律体系中，以提高我国保险法的国际化水平。

(三)惯例法

惯例法是指一些特定行业或领域内，经过长期实践形成的、具有一定约束力的规则和惯例。在保险法中，惯例法主要指商人和保险人在实际操作中形成的一些固定做法。这些惯例虽未成文，但因其反复实践和普遍接受，具有一定的规范力。比如，在海上保险领域，各国商人和保险人在长期的海上贸易中形成了一套关于保险费率、赔偿程序、责任限制等方面的惯例。这些惯例在一定程度上弥补了当时成文法的不足，为保险交易提供了指导。随着时间的推移，这些惯例进一步演化为各种保险惯例集，如英国的《劳埃德海上保险惯例》等，是后来保险成文法制定的重要参考。

(四)习惯法

习惯法是指在长期的社会实践中形成并为社会成员普遍遵循的法律规范。在保险法的发展史中，习惯法起着基础性的作用。在中世纪，随着海上贸易的兴盛，人们同时发现海上航行风险极大，为了分散风险，部分商人逐渐形成了一系列与保险相关的习惯。他们通过签订书面协议的方式来进行风险分担，如"海上贷款"或"海上保险合同"。这些习惯在长期的实践中得到了更广泛的认可，并逐步固化为保险习惯法。最早的海上保险习惯在地中海沿岸地区得到广泛的认可和遵循，人们通过口头或书面形式订立保险合同，约定在船只或货物遭遇海难时由保险人承担一定的经济损失。这些习惯法虽然没有以成文的形态被固定下来，但其权威性和实用性在当时的商业交易中具有不可替代的作用。

五、保险法的体例

我国保险法的立法体例分为保险合同法与保险业法两部分。

保险合同法是保险法领域中专门调整保险合同关系的一部分，它涉及保险合同的订立、履行、变更、解除以及终止等各个方面。保险合同法的核心在于确立保险合同当事人的权利义务，以及对保险合同的效力进行规范

首先，保险合同法明确了保险合同的基本要素，包括保险人、投保人、被保险人和受益人的定义及其法律地位。在此基础上，法律详细规定了投保人的告知义务和保险人的解释义务，确保双方在公平、公正的基础上订立合同。

其次，保险合同法规定了保险合同的形式和内容要求，如保险合同必须书面形式订立，保险合同应当包含的主要条款，例如保险责任、保险金额、保险费率、保险期间等。

此外，对于保险合同中的免除保险人责任的条款，法律也有严格的限制，以防止保险人设置不合理的免责条款。

再次，保险合同法对保险费的支付、保险金额的确定、保险利益的要求等进行了规定。在保险费支付方面，法律明确了保险费支付的时间和方式，以及未按时支付保险费可能导致的法律后果。在保险金额的确定上，法律规定了实际价值原则和利益保险原则，确保保险金额的合理性。

此外，保险合同法还规定了保险事故发生后的处理程序，包括事故通知、损失查勘、赔偿金额的确定和赔付方式等。法律要求保险人在接到事故通知后，应当及时进行查勘，并根据查勘结果确定赔偿责任。

最后，对于保险合同的变更、解除和终止，保险合同法也作出了相应规定。例如，投保人可以在一定条件下要求解除合同，并要求保险人退还未满期净保费。而保险人在发现投保人故意隐瞒事实或者欺诈的情况下，也可以解除合同，并不承担赔偿责任。

而保险业法则是调整保险市场运行和保险公司经营行为的法律规范，它关注的是保险市场的宏观管理和监管，旨在维护保险市场秩序，保障保险消费者的合法权益。

保险业法首先规定了保险市场的准入制度，明确了设立保险公司的条件、程序和所需资质。保险公司在取得经营许可后，必须遵守相关的监管规定，包括资本充足性、偿付能力的要求，以及投资和资产管理的规定。

在保险业务经营方面，保险业法对保险产品的开发、销售和服务提出了要求。保险公司必须确保其销售的保险产品符合法律法规的规定，不得误导消费者。同时，保险公司还要为消费者提供必要的咨询和解释服务，以及合理的理赔服务。

保险业法还强调了保险公司的风险管理和内部控制的重要性。保险公司必须建立健全的风险评估和管理机制，定期对可能面临的风险进行评估，并采取相应的风险控制和缓解措施。

监管机构的职责和权力也是保险业法的重要内容。监管机构负责对保险市场进行监督管理，包括审查保险产品和保险广告、监督保险公司的财务状况和业务行为、处理保险消费者的投诉等。监管机构还有权对违法违规的保险公司进行处罚，包括罚款、吊销经营许可、责令停业整顿等。

第二节　保险法的基本原则

一、诚实信用原则

诚实信用原则在民法基本原则中占据着核心地位，被誉为"帝王规则"，特别是在大陆法系中，它几乎被视为民法的唯一基本原则。诚实信用原则的理论体系成熟且系统，它不仅是民商法的基本原则，更是一种道德准则的法律化表达，要求市场经济活动中的参与者应当讲究信用，恪守承诺，不欺不诈，同时在不损害他人利益和社会公益的前提下追求自身利益。然而，诚实信用原则的内涵和外延具有一定的模糊性，使得给出一个精确的定义较为困难。不同法域，乃至同一法域内，对诚实信用概念的理解和适用可能存在差异，但无疑存在一些共通之义。

在中国的民商立法中，诚实信用原则始终被明确为基本原则。过往的《民法通则》第四条、《合同法》第六条以及 2017 年施行的《民法总则》第七条均明确规定了诚实信用的原则。在金融商事领域的立法中，诚实信用原则也被频繁引用。学界对诚实信用原则的探讨也颇为深入，将其视为司法者追求社会公正解释或补充法律的依据。

在保险法中，诚实信用原则被赋予了更高程度的意义，即最大诚实信用原则（Utmost Good Faith），通常称之为最大诚信。《保险法》第五条规定保险活动当事人行使权利、履行义务应当遵循诚实信用原则。保险合同被定为最大诚实信用合同，这一原则是保险法的基本原则之一。最大诚信的概念源自英美法，尤其是 1766 年 Carter v. Boehm 案和 1906 年英国《海上保险法》第十七条的规定，① 这些都是最大诚信原则的历史起点，并对后世英美法系的海商法产生了深远影响。

该原则要求保险合同当事人在合同订立和履行过程中必须以最大的诚意互不欺骗和隐瞒，恪守合同约定。学界对最大诚信原则的理解一般强调投保人的如实告知义务和披露义务，以及保险合同双方信息不对称的特殊性。同时，有观点认为，最大诚信并不意味着其内容与一般诚信有所区别，而是指保险合同中诚信的范围更广，要求更高。

诚信原则体现了保险法的价值理念，但它本身并非可以直接适用的规则和裁判依据。它必须具体化为可以涵摄具体保险法律关系事实的规则，或者说被法律具体法条承载，才可以获得具体实现。

在我国《保险法》中，如实告知义务和条款说明义务是诚实信用原则的重要体现。投保人的如实告知义务要求投保人在签订保险合同时，必须如实向保险人披露影响保险人决定是否同意承保及确定保险费率的重要情况。保险人的条款说明义务则要求保险人在签订合同时，应当向投保人明确说明合同条款，尤其是免除保险人责任的条款，以确保投保人充分理解合同内容，从而做出明智的决策。

诚实信用原则及其在保险法中的特殊形态——最大诚实信用原则，对于保障保险合同的公平性、促进市场的健康运作具有不可替代的作用。它要求保险市场的参与者，无论是投保人、被保险人还是保险人，都应当以最大的诚意、公平合理的态度参与保险活动，这既是对个体道德的要求，也是对整个保险市场正当运行的保障。

二、保险利益原则

保险利益原则是现代保险法体系中的核心原则之一，它在保险法律关系的构成、保险合同的效力以及保险金赔偿中起着至关重要的作用。

（一）保险利益的概念

保险利益（Insurable Interest），又称可保利益，是指投保人或被保险人对保险标的具有的法律上认可的利益。这种利益产生于投保人或被保险人与保险标的之间的经济联系，它是投保人或被保险人可以向保险人投保的利益，体现了投保人或被保险人对保险标的的所

---

① Charles Mitchell, Paul Mitchell, *Landmark Cases in the Law of Contract*, Bloomsbury Publishing, 2008, p. 129.

具有的法律上承认的利害关系，即投保人或被保险人因保险标的未发生保险事故而受益，因保险标的发生保险事故而遭受损失。

保险利益是一种合法的经济利益，它反映了投保人或被保险人和保险标的以及承保危险之间的一种经济上的利害关系，它是一种合法的可以投保的法定的权利。无论是学术界还是立法层面，对保险利益内涵的认识并不完全一致，主要有经济利益说和利害关系说两种理论。[①]

经济利益说着眼于投保人或被保险人对保险标的所具有的经济利益，认为保险利益就是保险标的物上之价值，该价值可以用金钱衡量和计算。利害关系说则认为保险利益是投保人或被保险人对保险标的所具有之利害关系，包括经济上的利害关系和精神上的利害关系。由于经济利益说对人身保险中保险利益的解释力不足，而利害关系说可以概括解释财产保险和人身保险中的保险利益，因此该说为现代保险立法和学说普遍接受。

我国《保险法》第十二条第六款将保险利益明确定义为"投保人或者被保险人对保险标的具有的法律上承认的利益"。该规定兼顾了保险利益的利益性及合法性，是一种新的合法利益理论。对主张保险利益原则只适用于财产保险而不适用于人身保险者来说，以经济利益解释保险利益并无不妥；而即使承认人身保险适用保险利益要求，因特定人身关系而产生难以经济利益衡量的精神上的利害关系，其在具体的人身保险合同中仍需体现为可以计量的经济价值即具体的保险金额。或许，根本的解决之道是对财产保险和人身保险两个领域的保险利益区别对待，各自界定，不必强求统一。我国《保险法》以法律上承认的保险利益为保险合同的效力及保险金请求权的行使的基础，也与保险法的诸多问题息息相关。因此，保险利益是保险制度的重要基石。

（二）保险利益的功能及其对保险合同效力的影响

保险利益原则在保险实务及法则中的确立，起源于早期保险实践中出现的以保险为赌博、谋财害命等严重违背保险机制真谛的流弊和道德危险。英国1745年的《海上保险法》是最早确立保险利益原则的法律，该法规定没有可保利益的海上保险合同无效，标志着保险利益原则作为一项重要原则的诞生。英国后续的《海上保险法》坚持了对保险利益原则的要求，并对保险利益的定义、必须存在的时间及种类进行了系统规定。英国1774年《人寿保险法》则确立了人寿保险必须具有保险利益的原则。英美法系的保险立法大多沿袭英国传统，将保险利益作为财产保险和人身保险的共同要求。

大陆法系保险法关于保险利益理论的发展经历了一般性保险利益学说、技术性保险利益学说和经济性保险利益学说三个阶段，体现了就保险利益的认定从所有权到其他权利类型乃至经济利益本质的发展过程。但其理论纯粹就损失补偿保险而言，绝少涉及定额给付即人寿保险，相关立法亦反映了此倾向，从而形成了有别于英美法系的保险利益适用原则，即反对人身保险适用保险利益原则，人身保险合同道德危险的防范采取被保险人同意主义。尽管如此，通常意义上，保险利益对人身保险仍有相当意义，保险利益原则仍不失为涵盖财产保险与人身保险的一项基本原则。

保险关系必须有保险利益存在，是保险法的一项基本原则，其功能或意义主要在于：

---

① 樊启荣、康雷闪：《保险价值之法本质及功能解释》，载《法学》2013年第4期，第104页。

避免使保险行为变为一种赌博、防范道德风险、限制赔偿程度防止不当得利。综上所述，对于保险机制和社会公众，保险利益原则是不可或缺的。各国立法都将保险利益规定为保险合同生效或保险责任承担的必要条件，只有对保险标的具有保险利益的人才有投保的资格或者才有权请求保险赔偿，即所谓"无保险利益者无保险"。当然，由于保险利益在损失补偿性保险和定额给付性保险上的不同含义，其功能的发挥也呈现不同的状态。比如，禁止赌博和防范道德风险是在人身保险投保时着重发挥的功能，而限制赔偿程度、防范不当得利则是在财产保险中保险事故发生时要实现的功能。所以，保险利益对财产保险合同和人身保险合同的效力或保险金请求权的影响也不尽相同。根据我国《保险法》，对人身保险合同，投保人在合同订立时对被保险人不具有保险利益的，合同无效；对财产保险合同，保险事故发生时，被保险人对保险标的不具有保险利益的，不得请求保险金赔偿。

　　某家具厂因生产原材料告急，加上资金紧张，便以 50 万元的低价从盗窃者手中收购了一批价值 80 万元的木材，其后向保险公司投保了财产险，总保额 560 万元，其中原材料(该批木材)分项保险金额为 80 万元，并签订了保险合同。三个半月后，家具厂因车间起火发生火灾，损失 290 万元，其中，原材料损失近 40 万元。从表面上来看，家具厂发生保险事故，保险公司应该赔偿。但实质上，家具厂收购盗窃财产本身就是违法行为，因此这家工厂对所投保的这批价值 80 万元的木材不具有保险利益，保险合同无效。保险公司掌握到家具厂非法收购盗窃木材的证据，最终以不具有保险利益为由，对原材料发生的 40 万元损失拒绝理赔。

(三)财产保险合同的保险利益

　　财产保险的标的是财产及其有关利益，因此财产保险的保险利益就是被保险人对作为保险标的的财产及其有关利益所具有的某种合法的经济上的利害关系。财产保险的保险利益应当是法律所允许的利益，以法律所明确禁止的或违反公序良俗的利益所投保的保险合同是无效的。

　　财产保险的保险利益产生于当事人与保险标的的利害关系，因此根据财产保险合同主体和客体不同的法律关系，可将保险利益分为现有利益、期待利益、责任利益和合同利益等类型。一般来说，投保人或被保险人具有下列情形之一的，可认定有保险利益存在：对财产标的具有所有权或其他物权等；对财产标的物依法占有、使用或保管；基于合同关系产生的利益；基于股权产生的利益；法律责任；期待利益。

　　保险实务中，财产保险合同保险利益的认定应当以保险事故发生时是否有保险利益存在为准。根据《保险法》第十二条、第四十八条，财产保险的被保险人，在保险事故发生时，对保险标的应当具有保险利益；保险事故发生时，被保险人不具有保险利益的，不得向保险人请求赔偿保险金。该规定关于保险利益欠缺的后果，并未以合同无效处理，而是对保险金请求权进行限制和禁止，至于合同的存续与否，则依据具体情形及当事人意愿而定，既贯彻了损失补偿原则，同时尊重了契约自由，也体现尽力发挥保险功能的宗旨，理念进步，逻辑严谨，为立法之重大进步。

　　张先生在 2024 年 1 月 1 日为其所有的一辆汽车向某保险公司投保了车险，保险期限为一年。2024 年 3 月 1 日，张先生将这辆汽车出售给了李先生，但没有通知保险公司。2024 年 6 月 1 日，李先生驾驶这辆汽车发生了交通事故，车辆严重损毁。李先生随即向保险公司提出理赔申请。保险公司在接到理赔申请后，经过调查发现，张先生已经在事故发生前将车辆出售给了李先生，且没有办理批改手续。因此，张先生在事故发生时已经不再拥有对该车辆的保险利益，保险公司拒绝了李先生的理赔请求。

(四)人身保险合同的保险利益

　　人身保险是否适用保险利益原则，英美法系与大陆法系的保险法有着不同的立场和模式。英美法将保险利益作为对财产保险和生命保险同样适用的原则，不过在保险利益的内涵界定上有所区别，人身保险利益更强调由特定关系而产生的感情上的利益。如美国纽约州《保险法》第三千二百零五条规定：生命保险利益是指，"在由血缘或法律紧密维系的人们间，挚爱和感情所产生的重大利益，以及在其他人中，对被保险人的生命延续、健康或人身安全所具有的合法的和重大的经济利益，以区别于那种由于被保险人的死亡、伤残或人身伤害而产生的或因之增加价值的利益"。而在大陆法国家，关于保险利益的学说主要集中在损失补偿保险，绝少涉及人身保险。人身保险中由保险利益原则防范道德风险的功能，通过采用被保险人同意主义的规则来实现。我国通说承认保险利益原则对人身保险的适用，只是其存在方式与适用的意义与财产保险不尽相同；立法上则采英美与大陆法系之间的"折中主义"原则，即人身保险也必须要有保险利益，但保险利益的界定，或者以投保人和被保险人相互间是否存在特定的身份关系或者其他利害关系为判断依据，或者以投保人取得被保险人的同意为判断依据。

　　人身保险以被保险人的生命或身体为保险标的。因此，人身保险的保险利益是投保人对被保险人的生命或身体所具有的利害关系。这种利害关系要求有一个合理的基础，或者是经济上的，或者是血缘的，或者是姻亲的，投保人能够从被保险人生存或身体健康中受益或得到好处，尽管这种受益未必体现为精确的经济上的价值。

　　按照投保人与被保险人是否为同一人，可将人身保险分为为自己投保和为他人投保两大类。任何人对自己的生命或身体都具有毋庸置疑的利益。因此，自己投保的人身保险，其保险利益不言而喻。为他人投保的人身保险是以他人的生命或身体为保险标的，故有判定保险利益有无的必要。依保险法理，投保人在两种情况下对他人具有保险利益：一是投保人与该他人具有基于血缘、姻亲或法律构成的密切的亲属关系，因此种亲属感情产生的重大利益是认定保险利益存在的基础；二是投保人对该他人的生命、健康或身体安全的延续具有合法的重大的经济利益，如债权债务关系、合伙关系和雇佣关系等。

三、损失补偿原则

　　损失补偿原则是保险法的核心原则之一，其基础理念在于确保保险合同的实施能够达到将被保险人因保险事故遭受的损失进行适当补偿的效果，同时避免被保险人因此获得不当利益。这一原则在财产保险和人身保险中具有损失补偿性质的保险合同中发挥着至关重要的作用。

(一)损失补偿原则的含义

损失补偿原则体现了保险的基本职能，即通过保险赔偿使被保险人在经济上恢复到保险事故发生前的状态。这一原则包括质的规定、量的限定和合同约定的限制三个层面。具体来说，只有在保险事故发生后导致实际损失的情况下，保险人才承担赔偿责任，赔偿的程度应与实际损害的大小一致。赔偿数额以实际损失为限，不得超过保险金额和保险价值的约定。

(二)损失补偿原则的意义

损失补偿原则的确立，首先有利于保障保险功能的实现，即通过补偿损失来体现保险的基本职能。其次，该原则有助于防止被保险人不当得利和减少道德风险。通过规定无损失则不赔偿，确保被保险人不会因投保而获得超过其损失的补偿，从而有助于防止被保险人利用保险进行不当获利，抑制道德风险的发生。

(三)损失补偿的范围

损失补偿的范围涵盖保险事故发生后，保险人应赔偿的项目和种类。这包括保险标的的实际损失、为防止或减少损失所支付的必要合理费用，以及查勘定损费用和相关诉讼或仲裁费用等。保险法对这些费用的承担有明确规定，以确保被保险人在遭受损失后能得到合理的经济补偿。

(四)损失补偿的方式

损失补偿的方式根据保险标的的性质和受损状况而定，常见的方式包括现金赔付、修理、更换和重置等。现金赔付是最常用和被保险人最欢迎的方式，而修理、更换和重置等方式则根据不同情况适用于不同类型的保险标的。

(五)损失补偿的派生原则

损失补偿原则的派生原则包括分摊原则和代位原则。分摊原则适用于不足额保险、重复保险等情形，要求将损失在保险人与被保险人之间、保险人与保险人之间合理分摊。代位原则则是指保险人在赔偿被保险人损失后，取得向第三者追偿的权利，从而防止被保险人获得不当利益。

分摊原则的意义在于确保损失的合理分配，防止被保险人获得超过实际损失额的赔偿，维护社会公平原则。分摊方法包括不足额保险的比例赔偿和重复保险的溢额原则、不负责任原则以及比例分摊条款。

代位原则包括代位求偿权和物上代位权。代位求偿权是保险人在履行赔偿责任后取得的向第三者请求赔偿的权利，而物上代位权则是保险人在全额支付赔偿金后取得的对保险标的的物的所有权。这两种权利的行使有助于防止不法行为逃脱法律制裁，确保保险补偿原则的顺利实现。

刘某为自己投保了医疗费用报销保险，由于生病住院花去医疗费用5000元，刘某在社会医疗保险和其他报销机构已经报销了2600元，随后刘某又向保险公司申请报销全部的医疗费用5000元，保险公司按照损失补偿原则，赔付刘某2400元。

为什么保险公司只赔付2400元而不是5000元？根据损失补偿原则，补偿以保险责任范围内损失的发生为前提，补偿以被保险人的实际损失为限。本案例中，被保险人已在社会医疗保险和其他报销机构报销 2600 元，若保险公司赔偿刘某 5000 元，那么刘某就重复获利 2600 元，便因保险而"赚钱"了，这样就有违保险的"损失补偿原则"。因此保险公司只需要赔付 2400 元就足以弥补刘某的损失。

四、近因原则

在保险合同的履行过程中，经常会遇到因果关系复杂的案件，尤其是在一果多因的情形下，判定责任的归属成为一个棘手的问题。为了妥善处理这一问题，各国法律体系普遍采用了近因原则(Proximate Cause Principle)作为判定责任的依据。

(一)近因原则的概念

近因原则源自英国法律，其核心思想是在一系列连续的因果链条中，找出一个最具支配力或持续有效的原因，将其认定为导致损失的直接原因，进而确定保险责任的范围。近因原则并不是简单地以时间顺序来判定因果关系，而是更注重因果关系的实质和效果。

(二)近因原则的适用条件

近因原则适用于保险合同中存在多个相互关联的因素导致的损失情况。在判定近因时，要考虑因素之间的逻辑关系、因素对结果的影响程度以及因素的必然性和偶然性。如果某一因素具有决定性的作用，即使它不是时间上最接近损失发生的因素，也可以被认定为近因。

(三)我国法律体系中的近因原则

我国法律并未明确采用"近因"这一概念，而是通过"导致损失的重要原因"或"主要原因"来判定责任。我国保险法中也未对近因原则做明确规定，但在司法实践中，近因原则的精神仍然得到了广泛的认可和应用。

(四)近因原则的法理基础和批判

近因原则的法理基础在于它能够合理划分保险责任，维护保险合同的公平性和合理性。通过识别最具决定性的原因，可以避免保险公司因远因而承担过度的赔偿责任，同时也保障了投保人的合法权益。然而，近因原则也存在被批判的地方，尤其是在具体案件的运用上可能存在主观性，导致判定结果的不确定性。

近因原则是保险法中判定复杂因果关系的重要工具，它有助于明确保险责任的范围，平衡投保人和保险公司的利益。尽管我国法律未明确采用近因原则，但在司法实践中，通过对"导致损失的重要原因"的认定，实质上体现了近因原则的精神。

张先生在一家保险公司购买了房屋火灾保险。不久后，他的房屋发生了火灾，造成了严重的财产损失。在向保险公司提出理赔申请后，保险公司却以张先生未按要求购买防火材料为由拒绝了理赔申请。张先生不服，将保险公司告上了法庭。法院最终判决保险公司需按照保险合同履行理赔义务。因为发生火灾时，张先生未购买防火材料并非火灾发生的近因，因此保险公司无权拒绝理赔。

五、消费者保护原则

在我国保险业快速发展的背景下，保险消费者权益保护问题日益凸显。尽管保险作为社会"稳定器"和经济"助推器"的作用得到有效发挥，但不断上升的保险消费者投诉数据显示，消费者的权益保护任务仍然艰巨。[1] 保险合同的附合性、条款复杂性以及信息不对称等因素，导致保险消费者在交易中处于劣势地位，合同权利义务分配的实质公平较难实现。对此，有学者提出，在《保险法》第五次修改之际，应在立法中确定消费者保护原则。

虽然，《消费者权益保护法》已将金融消费者纳入调整范围，理应包含保险消费者群体，但因保险消费者非属一般消费者，若强行适用《消费者权益保护法》可能会产生不良效果。如《消费者权益保护法》第二条的"消费者"被定义为为生活消费需要而购买商品或接受服务的人，这一限定显然将购买兼具投资与保障属性的投资型保险的投保人排除在外。此外，如将关于"惩罚性赔偿"的规定直接适用于保险领域，盲目地对保险销售误导行为采取惩罚性赔偿，可能导致保险消费者获得远高于实际损失的不当利益，从而引发道德风险，导致保险欺诈案件激增。[2] 因此，应当通过包括《保险法》在内的专门法律，结合保险行业的特殊性，对该行业的消费者权益保护作出特别规定。

【思考题】

1. 交强险属于社会保险还是商业保险？
2. 简述诚实信用原则。

---

[1] 国家金融监督管理总局：《国家金融监督管理总局发布 2023 年第一季度银行业保险业消费投诉情况通报》，载中华人民共和国中央人民政府网站：https://www.gov.cn/lianbo/bumen/202306/content_6886470.htm，2024 年 6 月 1 日访问。

[2] 樊启荣、郭梦圆：《我〈保险法〉应明定消费者保护原则——以〈保险法〉第五次修改为背景》，载《保险研究》2024 年第 3 期，第 125 页。

第十四章 保险合同

【教学目的和要求】通过本章的学习，能够理解保险合同的法律性质，掌握保险合同的分类，理解保险合同的成立、生效条件，理解保险合同当事人和关系人的权利与义务，掌握保险合同的解释和履行规则。

【重点和难点】保险合同的成立和生效条件；保险合同当事人和关系人的权利义务。

第一节　保险合同及其特征

一、保险合同的概念

保险合同是投保人与保险人之间就保险权利义务关系达成的协议。在这一协议中，投保人有义务向保险人支付一定数额的保险费，而保险人则承诺在特定的事件发生或约定期限届至时，向投保方赔偿或给付相应的金钱（即保险金）或其他利益。保险合同作为合同的一种，属于特殊合同，与非保险类合同存在显著的差异性。

保险合同的成立条件并不复杂。根据《保险法》的规定，当投保人提出保险要求，保险人同意承保后，保险合同即告成立。在合同成立后，保险人应及时签发保险单或其他保险凭证，以明确合同的内容。虽然保险合同的成立不以交付保险费为前提，但投保人依约定交付保险费是其履行合同的义务之一。保险合同的效力可能附有条件或期限，这些都是双方当事人基于平等自愿的原则所达成的合意。

在保险合同中，保险人的合同责任以金钱赔付为常态。这种以金钱赔偿为主的特性使得保险不能替代其他民事责任方式，因为保险的目的在于通过经济补偿来弥补因保险事故造成的损失，而非直接替代其他责任形式。

保险合同的解除权与一般合同不同。根据《保险法》第十五条的规定，保险合同成立后，投保人可以解除合同，但保险人不得解除合同。这项规定体现了立法者对保险合同特殊性的认识，以及对保险人的责任和义务的强化。

保险合同的效力部分取决于当事人与保险标的之间的保险利益关系。在人身保险中，投保人与被保险人之间在投保之时必须存在保险利益，否则保险合同无效。而在财产保险中，被保险人在保险事故发生之时必须存在保险利益关系，否则无权请求保险人赔偿保险金。

保险费在保险合同中相当于"价格"，但这种价格受到特殊监管。《保险法》第一百三十五条规定，关系社会公众利益的保险险种、依法实行强制保险的险种和新开发的人寿保险险种等的保险条款和保险费率，应当报国务院保险监督管理机构批准。这一规定确保了保险费率的合理性和公正性，避免了保险公司随意设定保险费率，损害投保人利益的行为。

二、保险合同的特征

(一)保险合同是射幸合同的典型代表

在这种合同中，投保人支付保险费的义务是确定的，而保险人赔偿或给付保险金的义务在保险合同订立时尚不确定，其是否赔付通常取决于保险事故的发生与否。如果保险事故不发生，则投保人只支付保险费而不会得到保险人的任何赔付。[①] 然而，对保险人而言，由于其经营的是大量的保险合同，通过概率和精算的方法，保险费总额与赔付总额之间原则上应当趋于平衡，这是保险给付的个别不均等与整体均衡原则。

基于保险合同的射幸性，为防范道德危险，《保险法》特别设定了一系列法律规范，如财产保险的保险金额不得超过保险价值，人身保险的投保人在合同订立时对被保险人应当具有保险利益等。此外，《保险法》还明确规定了关于投保人不得为无民事行为能力人投保以死亡为条件的人身保险，以及以死亡为给付保险金条件的合同未经被保险人同意和认可保险金额的，合同无效等规则。

(二)保险合同是非要式合同

在我国，保险合同的成立并不要求具备特定的法定形式，只要投保人提出保险要求，保险人同意承保，且双方在保险单或其他保险凭证中载明了合同内容，合同即视为成立。这一特性体现了保险合同的灵活性和实用性，便于保险人和投保人根据实际情况灵活订立合同。

(三)保险合同是诺成合同

即依照当事人意思表示即可成立的合同。保险合同的成立不以交付标的物或履行其他给付为条件。《保险法》明确规定，依法成立的保险合同，自成立时生效，投保人和保险人可以对合同的有效性约定附条件或附期限。在保险实务中，财产保险合同的生效通常不受投保方是否交费的影响，而人身保险合同尤其是人寿保险合同，合同往往约定投保人不交费的，则合同不生效。

(四)保险合同是属人合同

无论被保险人是自然人还是法人，其个人属性或组织特征都可能影响保险人做出的承保决定。例如，被保险人的性别、年龄、职业类别等都是影响保险费率的因素。保险合同的属人性特征在人身保险和财产保险中均有所体现，如被保险人年龄的不实申报会导致保险费的调整，保险公司会根据被保险人的职业类别设定意外伤害保险费率等。

除了上述特征外，保险合同还具有继续性、双务有偿性、附和性等特征。继续性指的是保险合同往往具有一定的期限，保险人在整个保险期间内承担保险责任。双务有偿性意味着保险合同中投保人和保险人双方均有权利和义务，投保人支付保险费，保险人承担赔付或给付责任。附和性则体现在保险合同的成立和效力往往附和于保险法规或监管机构的

---

① 王健康：《论保险合同的射幸性特征》，载《上海保险》2005 年第 6 期，第 33 页。

规定，如保险费率的确定必须经过国务院保险监督管理机构的批准等。

第二节 保险合同的分类

保险合同作为一种特殊的民事合同，根据不同的分类标准，可以划分为多种类型，这些分类方式有助于我们更好地理解和适用保险法律规则，也有利于在保险实务环节中深入学习。

一、定值保险合同与不定值保险合同

保险合同按照保险标的的保险价值是否确定，可分为定值保险合同和不定值保险合同。

定值保险合同，又称定价保险合同，是指双方当事人在订立合同时即已确定保险标的的保险价值，并将之载明于合同中。一旦发生保险事故，保险人依据合同中预先确定的保险价值计算赔偿金数额。定值保险合同适用于那些价值不易确定的财产，如艺术品、古董等。[①] 在海上保险、内陆运输货物保险中，由于货物价值易受时间、地点影响波动，定值保险合同能够减少理赔环节，便于赔偿金额的确定。不过，定值保险合同中的保险价值可能高于或低于保险标的实际价值，除非保险人能证明投保人有欺诈行为，否则不得拒绝履行赔偿责任。

古董、高价值艺术品等财产在投保时，保险公司通常以订立定值保险合同承保，主要原因在于这些物品的价值具有高度的不确定性和波动性。定值保险通过在投保时预先确定保险金额，明确了保险标的的价值，有助于减少理赔时的争议和复杂性。此外，定值保险可以防止道德风险，如投保人故意夸大损失或进行欺诈性理赔，从而保护保险公司的利益并确保理赔过程的透明和公正。通过这种方式，保险公司和投保人都能在合同签订时降低风险管理的难度。

不定值保险合同，是在订立合同时不预先确定保险标的的保险价值，保险标的的损失额以保险事故发生时的实际价值为计算依据。损失的确定通常依据当地同类财产的市场价格。不定值保险合同中，保险金额是保险人的最高赔偿额，实际损失如超过保险金额，保险人仅赔偿保险金额；如实际损失小于保险金额，则按实际损失赔偿。人身保险由于生命和身体价值无法用金钱衡量，故不适用此分类。

二、个别保险合同与集合保险合同

保险合同根据保险标的是否单一，可分为个别保险合同和集合保险合同。

---

① 曹晓兰：《保险合同纠纷案中定值保险与不定值保险法律问题研究》，载《金融与经济》2011年第10期，第92页。

个别保险合同，又称单独保险合同，是以一人或一物为保险标的而订立的保险合同。大多数保险合同都属于个别保险合同。

集合保险合同是一种涵盖多个标的或风险的保险合同，通常用于为同一投保人名下的多个资产提供综合保障。该合同的主要特点是以一个总的保险金额或限额来覆盖所有被保险的标的或风险，而不是为每个单独的标的设定独立的保险金额。

> 一家大型零售企业拥有多个分店和仓库。该企业可以选择购买一份集合保险合同，将所有分店和仓库的财产纳入保障范围，而不是为每个分店和仓库分别投保。这样不仅简化了保险管理，还可能获得更优惠的保费。

三、特定保险合同与总括保险合同

保险合同依据保险标的是否特定，可分为特定保险合同和总括保险合同。

特定保险合同，是以特定的保险标的订立的保险合同，适用于个别保险和集合保险的场合。

总括保险合同，又称概括保险合同或统括保险合同，是指无特定保险标的，仅在一定标准所限定的范围内，泛指某种保险利益或某类保险标的，投保一定金额的保险合同。总括保险合同与集合保险合同的区别在于，构成集合的内容有无交替性。总括保险合同中，保险金额一成不变，待危险发生后，才查明实际状况予以赔偿。

> 制造企业可以购买一份总括保险合同，该合同承保的危险包括厂房、设备、库存等的损失；员工责任、产品责任；甚至在发生火灾或其他灾害导致业务中断时，提供收入损失保障。

四、特定危险保险合同与一切危险保险合同

保险合同依据保险人所承保危险的不同范围，可分为特定危险保险合同和一切危险保险合同。

特定危险保险合同，是指保险人仅承保特定的一种或数种危险的保险合同。保险人承保的危险在保险条款中以列举方式明确。

一切危险保险合同，又称为综合保险合同，指保险人承保的危险为除外责任之外的一切危险。这种合同的特点是承保危险的广泛性和概括性，有利于切实保障被保险人的利益，便于理赔。

> 家庭成员投保一切险家庭财产保险合同，一般会涵盖以下危险：火灾、盗窃、自然灾害、意外损坏等，但像战争、恐怖活动、核泄漏、故意行为等除外责任亦通常会列明。

五、补偿性保险合同与给付性保险合同

保险合同根据设立目的的不同，可分为补偿性保险合同和给付性保险合同。

补偿性保险合同，旨在补偿被保险人因保险事故所遭受的经济损失。财产保险合同一般都属于补偿性保险合同。

给付性保险合同属于非补偿性保险合同，大多数人身保险合同属于此类。人身保险合同的标的是人的生命或身体，无法用经济价值衡量，故保险金额通常根据被保险人的需要和支付保险费的能力确定。

六、单保险合同与复保险合同

保险合同依据是否与多个保险人订立多个保险合同，可分为单保险合同和复保险合同。

单保险合同是指投保人对于同一保险标的、保险利益、保险事故，与一个保险人订立的保险合同。

复保险合同，即重复保险合同，是指投保人对于同一保险标的、保险利益、保险事故，与两个以上保险人分别订立几个同类保险合同。[1] 复保险合同的效力较为复杂，不同国家的法律规定不一。

七、原保险合同与再保险合同

保险合同根据保险人所负保险责任的次序，可分为原保险合同和再保险合同。

原保险合同是保险人与投保人原始订立的保险合同。再保险合同是保险人将其所承担的保险责任，部分转移给其他保险人而订立的保险合同。再保险合同的内容受原保险合同制约，但仅在再保险人和原保险人之间产生权利义务关系，对被保险人无约束力。

八、为自己利益订立的保险合同与为他人利益订立的保险合同

保险合同依据为谁的利益订立，可分为为自己利益订立的保险合同和为他人利益订立的保险合同。

为自己利益订立的保险合同是投保人为自己设立权利和义务，享有赔偿请求权的保险合同。为他人利益订立的保险合同是投保人不自行享有赔偿请求权的保险合同，可以指定他人为受益人。

> 陈先生为他的妻子购买了一份人寿保险，保险金额为 100 万元。陈先生是投保人，他的妻子是被保险人。如果陈先生的妻子不幸去世，保险公司将支付 100 万元的保险金给指定的受益人。

---

① 刘涵：《重复保险制度问题研究》，载《现代商业》2016 年第 16 期，第 185 页。

第三节 保险合同的当事人和关系人

一、保险合同的当事人

保险合同是一种特殊的法律关系，其当事人包括保险人（Insurer）、投保人（Applicant）和被保险人（Insured）。保险合同的成立和履行涉及这三方的权利与义务。

(一)保险人

保险人，又称承保人，是指依法成立的、具有收取保险费和承担赔偿责任的保险公司。保险人的法律地位有以下特征：

第一，经营保险事业的组织。保险人需依法设立，其经营行为直接关系到社会的安全与稳定，故各国法律对其组织形式和经营资质有严格要求。

第二，收取保险费。保险合同成立后，保险人有权收取约定的保险费，这是其主要经济权益之一。

第三，赔偿责任。在保险事故发生时，保险人应依法及合同约定承担赔偿或给付保险金的责任。

(二)投保人

投保人，又称要保人，是指有保险利益、向保险人提出保险申请并负有支付保险费义务的人。投保人的法律地位具有以下特点：

第一，完全民事行为能力。投保人必须具有完全民事行为能力，以便能够独立地进行民事法律行为，包括订立保险合同。

第二，保险利益。投保人对保险标的必须具有保险利益，即在保险标的遭受损失时能够受到经济损害。

第三，支付保险费义务。投保人须按照合同约定向保险人支付保险费，这是其主要的合同义务。

(三)被保险人

被保险人是指其财产或人身受保险合同保障、享有保险金请求权的人。被保险人的法律地位有以下特征：

第一，受损失的人。在财产保险中，被保险人通常是保险标的的所有人或其他权利人；在人身保险中，被保险人即是保险标的。

第二，赔偿请求权。被保险人因保险事故遭受损失，应享有向保险人请求赔偿的权利。

投保人与被保险人之间的关系可能是同一人，也可能是不同人。当两者为同一人时，合同形式上为三方实质为两方；当两者为不同人时，合同实际上为三方。在保险合同中，投保人和被保险人都是主体，享有权利并承担义务，但他们对保险人的法律地位是不同的。

二、保险合同的关系人

保险合同的关系人主要指受益人（Beneficiary），即在人身保险合同中由被保险人或投保人指定享有保险金请求权的人。受益人的法律地位具有以下特点：

第一，赔偿请求权。受益人有权在保险事故发生时，根据保险合同的约定请求保险金。

第二，指定与变更。投保人或被保险人可以在保险合同中指定或变更受益人，但需通知保险人并得到其确认。

受益人可以是投保人、被保险人或第三人。当受益人为第三人时，其不负有支付保险费的义务，但享有赔偿请求权。受益人的指定和变更不受保险人的控制，但变更必须经保险人同意并在保险单上批注后生效。

三、关系人权益的保护

在保险法律关系中，受益人的权益受到特别保护。例如，如果受益人故意造成被保险人的死亡或伤残，他将丧失受益权，保险金将不作为其个人财产，而是按照继承法的规定，作为被保险人遗产的一部分，由保险人向被保险人的继承人履行给付保险金的义务。

四、保险合同的法律效力

保险合同的法律效力取决于当事人的行为是否合法、合同条款是否符合法律规定。保险合同一旦成立，将对当事人和关系人产生法律约束力。保险人、投保人和被保险人必须按照合同约定履行各自的权利和义务，以确保合同的正常执行和保险目的的实现。

第四节 保险合同的成立与生效

一、保险合同的成立

保险合同成立是指双方当事人（投保人和保险人）一致达成具有法律约束力的契约关系的过程。保险合同作为一种法律行为，其成立与生效也应区别对待。成立主要涉及投保人和保险人应进行的行为和活动，以及必须符合的条件和要素；生效则涉及保险合同是否产生双方期望的法律效力，以及必须具备的法定或约定条件。实践中，虽然保险合同的成立、生效及保险责任的开始通常是一致的，但在人寿、健康保险等人身保险方面，这三者可能并不必然一致。

二、保险合同的订立

保险合同的订立是保险合同成立的起点和前提，是合意的结果，标志着保险合同关系的产生和存在。

（一）保险合同订立的一般原则

保险合同作为特殊的民商事合同，其订立应遵循意思自治和契约自由的基本原则。《民法典》中关于自愿平等、公平互利、协商一致以及守法重德的要求同样适用于保险合同。《保险法》第十一条特别强调了保险合同的公平和自愿订立原则，要求订立保险合同时应协商一致，并遵循公平原则确定各方的权利和义务。除法律、行政法规规定的强制保险外，保险合同应自愿订立，任何单位或个人不得强制他人订立保险合同。

(二)保险合同订立的程序

根据《保险法》第十三条的规定，保险合同的订立程序通常包括以下步骤：

第一，保险要约：投保人作为要约人，提出投保要求，通常通过填写投保单并提交给保险人，表明其希望订立保险合同的意愿。

第二，保险承诺：保险人经过核保程序后，决定是否同意承保。保险人的承诺通常采取签发保险单或其他保险凭证的形式。在某些情况下，如在续保业务中或当保险人提出附加条件时，保险人也可能成为要约人。①

保险合同的成立要求双方的意思表示一致。当投保人和保险人就投保承保的内容达成一致意见后，保险合同即告成立。实践中，订立保险合同是一个可能包含多个阶段的过程，双方可以就标准保险条款以外的内容进行协商。

三、保险合同的成立要件

保险合同的成立要件主要包括主体适格、意思表示一致、符合合同订立的形式、合同内容合法等。在保险合同中，还需要考虑以下要件。

(一)保险合同是否需要特别成立要件

除了当事人就投保承保达成合意之外，保险合同是否还需要其他条件或要求？这涉及保险合同是否为要式合同或非要式合同，以及保险合同是否为诺成性合同或实践性合同的问题。

(二)保险合同是否可以特约成立要件

双方当事人是否可以通过特别约定来规定保险合同的成立要件？这需要考虑合同法理论和保险法的相关规定。

四、保险合同的形式

鉴于保险合同的特殊性，包括其对当事人权利义务界定的复杂性以及对保险利益保护的需求，保险单或其他保险凭证的签发，事实上成为了保险合同内容的重要证明和明确权利义务的工具。在保险业务实务中，保险合同的主要体现形式仍然是文本，尤其是保险单。保险合同的体现形式主要包括以下几种。

(一)投保单(投保书、要保书)

投保单(投保书、要保书)作为投保人向保险人提出保险要约的书面表现，通常以保险人预设的格式化文本出现，列明保险合同订立的主要内容，如投保人和被保险人信息、保险标的、险种等。

(二)保险单

保险单为正式证明保险合同订立的文件，由保险人签发。尽管其签发并非合同成立的法定要件，但在实务中，保险单是确认合同内容和权利义务的关键文本。保险单通常包括投保人、被保险人、保险标的、保险金额、保险期限等信息，并载明具体的保险责任和

---

① 许闲：《保险行业信用体系建设的思考》，载《上海保险》2023 年第 10 期，第 17 页。

条款。

(三)暂保单(临时保险单)

暂保单(临时保险单)是在正式保险单签发前,保险人提供的临时保障凭证。暂保单证明了保险人已同意承保,并在正式保险单签发前,为被保险人提供暂时的保险保障。

(四)保险凭证(小保单)

保险凭证(小保单)是保险人签发给投保人的,证明保险合同已成立或保险单已正式签发的简化形式文本。该凭证虽不载明具体保险条款,但确认以特定保险单的条款为准。

(五)批单

批单为变更保险合同内容所签发的书面文件。批单通常在保险条款需要部分修订,或当事人协商一致变更合同内容时使用,成为保险合同的组成部分。

(六)保险协议书

保险协议书为投保人与保险人就特殊风险或标的约定的保险权利义务关系的书面协议。根据保险监管政策,保险协议书不得随意签订,需按规定程序上报备案。

法律实务中,当保险单内容与投保单存在冲突时,通常以保险单为准。这符合保险合同解释中的"五个从优"原则,即保险单优于投保单、暂保单等其他凭证。[①] 然而,若保险单的签发构成对投保单内容的变更,且投保人未表示反对,则视为同意,保险合同据此成立。

四、保险合同的生效

保险合同的生效是指已成立的保险合同达到一定要件后,依法产生权利义务效力的法律状态。这一状态的确认,既基于法理逻辑,也符合实务需求。生效要件是保险合同发挥法律效力的必备条件,关乎合同的有效性质与权利义务的实现。当保险合同满足生效要件时,合同依法具备效力,当事人可行使权利并承担义务;反之,合同可能无效或部分无效,或其效力悬而未决。生效要件通常有法定和约定两种形式,包括一般要件和特别要件。一般要件适用于各类合同,见于《民法典》总则与合同编;而特别要件则体现保险合同的特殊性,主要见于《保险法》。

(一)保险合同生效的一般要件

保险合同要取得法律效力,须满足一般合同的生效条件。民事法律行为有效需满足三个条件:行为人具备相应的民事行为能力、意思表示真实、不违反法律、行政法规的强制性规定,不违反公序良俗。《民法典》合同编进一步明确了合同行为的生效条件。有效的保险合同基本条件包括:

---

① 《关于适用〈中华人民共和国保险法〉若干问题的解释(二)》第十四条规定:"保险合同中记载的内容不一致的,按照下列规则认定:(一)投保单与保险单或者其他保险凭证不一致的,以投保单为准。但不一致的情形系经保险人说明并经投保人同意的,以投保人签收的保险单或者其他保险凭证载明的内容为准;(二)非格式条款与格式条款不一致的,以非格式条款为准;(三)保险凭证记载的时间不同的,以形成时间在后的为准;(四)保险凭证存在手写和打印两种方式的,以双方签字、盖章的手写部分的内容为准。"

第一，行为人应具备相应的民事行为能力。保险机构须在国家保险监管机关批准的业务范围内行事，超越范围的合同无效。自然人投保人应为成年人，即完全民事行为能力人。限制行为能力人订立保险合同，须经法定代理人同意或追认。

第二，意思表示应真实。投保人与保险人的内心意愿应与其缔约行为一致。欺诈、胁迫、重大误解或合同内容显失公平等情形将影响保险合同的效力。

第三，合同内容应合法保险合同内容不得违反法律、行政法规的强制性规定，不得损害国家利益、社会公共利益和第三人利益，不得有违善良风俗。

(二)保险合同生效的特别要件

《保险法》规定了保险合同的特别生效要件，以保障保险机制正常运作，防止道德危险，避免保险沦为不当利益的工具。具体包括：

第一，人身保险订立时的保险利益要求投保人对被保险人应具有保险利益，否则合同无效。

第二，为他人投保死亡保险的特殊限制包括被保险人同意、不得为无民事行为能力人投保、父母为未成年子女投保的限额等。

第三，财产保险中的超额保险金额不得超过保险价值，超额部分无效。

第四，可保风险的实际存在无实际存在的可保风险，保险合同无效。

李先生是一家电子产品零售店的老板，店内存有大量的电子产品。为了防范火灾、盗窃等风险，李先生决定为店铺及其中的库存购买一份财产保险。他找到了一家保险公司，并与其签订了一份财产保险合同。该店铺及库存的实际价值为200万元。然而，李先生为了获取更多的保险赔偿，将保险金额定为300万元。保险合同生效后不久，李先生的店铺不幸发生火灾，店铺及库存严重受损。李先生向保险公司提出了300万元的赔偿申请。保险公司只同意赔偿实际损失的200万元，而对超额的100万元部分不予赔偿。

(三)保险合同约定的生效要件

保险合同当事人可基于特定考虑，约定合同在某一条件成就或某一期间届至时生效。《保险法》第十三条第三款允许投保人和保险人对合同的效力约定附条件或者附期限。常见的约定包括保险费交付、保险单签发作为生效条件，以及特定时间点或行为完成时间作为生效期限。

保险合同的生效不仅是合同成立的必要后续，也是合同权利义务得以实现的法律保障。在实务操作中，当事人应严格依法审查合同是否满足生效要件，并在必要时约定附加条件，以确保合同效力的合法性与实际适用性。

五、保险责任的开始

(一)保险责任承担的性质及其争议

保险责任的承担是保险法律关系中的核心，代表了保险人在保险合同中的基本义务。明确保险责任何时启动，对于双方当事人具有重大意义，因为它关系到保险保障的实际生效时间。要探讨此问题，首先须对保险人承担的保险责任进行概念界定及其性质的理解。

在学理上，关于保险责任性质的认识主要分为两种观点：

1. 金钱给付说

此观点认为保险人的保险责任在保险事故发生后方才实际履行，且多以金钱给付的形式体现，因此称为"金钱给付说"。

2. 危险承担说

此说反对金钱给付说，认为保险人的责任不仅限于事故发生后的金钱给付，而是从保险期间开始即承担危险，即使未发生保险事故，保险人也因承担了保险期间的风险而有权收取保险费。危险承担说更全面地体现了保险的风险保障功能，因而得到了广泛认同。本书采危险承担说为理论基础。

(二)保险期间、保险合同生效与保险责任开始的关系

保险责任的开始与保险期间及保险合同的生效紧密相关。保险期间通常被理解为保险合同的有效期限，即保险合同生效至终止的时段，同时也是保险责任的起讫期限。

在一般情况下，保险期间的开始即标志着保险责任的启动。然而，为了准确理解和适用《保险法》的相关特别规定或保险合同的特别约定，有必要对保险期间、保险合同生效时间与保险责任开始时间进行概念上的区分。

保险责任的开始通常取决于保险合同的成立和生效，但在实务中，保险责任的开始和结束还可能受到险种、保单类型及特别法律规定或行业惯例的影响。

(三)特殊情形下的保险责任开始

《保险法》允许保险合同生效时间与保险责任开始时间可以不一致。在特殊情形下，保险责任的开始可能早于或晚于保险期间的开始。例如，责任保险中的"索赔责任保险单"可能允许保险责任追溯至保险期间之前，而货物运输保险中，保险责任可能从货物离开起运地的最后一个仓库或储存场所时开始。

(四)缔约阶段的保险责任承担

在保险业务的承保过程中，投保人提交投保单并支付保险费后，保险公司通过核保程序决定是否承保。关键问题在于，若在保险公司作出承保决定前发生保险事故，保险公司是否应承担保险责任。我国司法实践中，多数判决主张保险公司应当承担全部或部分保险责任。

(五)司法解释确立的审判规则

最高人民法院的司法解释为这一问题提供了明确的法律依据。根据解释，若保险人在作出是否承保的决定前已收取保险费且发生了保险事故，且符合承保条件，则应当承担赔偿或给付保险金的责任。保险人主张不符合承保条件的，负有举证责任。该司法解释为保险法律关系中的一个重要创新，其强制性责任推定对保险实务产生了重大影响，并有助于填补现有立法的空白。

第五节　保险合同的解释与履行

一、保险合同的解释

保险合同，作为一种特殊类型的契约，被广泛认为是一种"最大善意合同"（Uberrimae Fidei Contract）。在实际的法律实践中，合同的条款常常成为双方当事人权利主张和义务履行的争议焦点，有时甚至成为仲裁或诉讼的核心问题，这无疑影响了合同的有效执行。因此，为了妥善解释保险合同，判明双方真实的意图，并保护其合法权益，处理保险纠纷，确立一系列合理的解释原则显得尤为必要。[①]

对于采用多种文字订立且具有同等效力的保险合同，应推定各文本中使用的词句具有相同含义。若存在不一致，应根据合同的目的进行解释。我国保险合同的解释原则包括文义解释原则、整体解释原则、目的解释原则、交易习惯解释原则及诚实信用解释原则。此外，根据《保险法》的特殊规定和国际通行做法，我国保险合同还有一些特殊的解释原则。总体来看，我国保险合同的解释应遵循以下原则。

（一）文义解释原则

文义解释原则，即按照保险条款文字的通常含义进行解释。当合同的某些内容产生争议而条款文字表达明确时，应首先按照条款文义进行解释，不得主观臆断。

（二）合乎逻辑的解释原则

当保险条款前后用语不一或用词含糊不清时，应根据条款上下文，进行逻辑性的分析和推理，从而探明当事人订立保险合同的真实意图。

（三）专业解释原则

对于保险条款中的专业术语，应按照其在专业领域中特别具有的意义进行解释。

（四）诚实信用解释原则

最大诚实信用原则要求保险合同当事人以善意方式履行合同义务，在解释保险合同时，也应遵循该原则。

（五）有利于被保险人的解释原则

这一原则也称为疑义解释原则，是指在保险合同中，当保险人与投保人、被保险人或者受益人对合同内容发生争议时，应作有利于投保人、被保险人或者受益人的解释。该原则最早起源于英国在 1536 年的判例，其针对保险人与投保人之间不平等的交易地位进行了司法调整，对于保护被保险人的合法权益具有积极意义。目前，世界各国在解释保险合同时普遍采用此原则。然而，应注意合理适用，首先按照前述原则进行解释，只有在保险合同条款模棱两可、语义含混不清或一词多义，且当事人意图无法判明时，才能采用该解释原则。

我国《保险法》亦遵循这一立法理念，并确立了疑义利益解释规则。2002 年版《保险

[①]　王太高：《论保险合同的最大善意原则》，载《扬州大学学报（人文社会科学版）》1999 年第 3 期，第 71 页。

法》第三十一条规定了有利于被保险人和受益人的解释原则，但由于规定过于笼统，缺乏合理的限制条件，导致适用上有无限扩大的倾向。为此，《保险法》经过修订，结合多年来的理论与实践成果，进行了一定修改，使之更符合客观实际。

对疑义解释原则的正确适用，应当注意以下几点：

第一，该原则的适用不具有唯一性和排他性。保险合同的解释原则有多个，通常是多个原则综合适用。疑义解释原则仅为解释保险合同歧义条款提供一种手段或途径，不具有绝对性，不能排除其他合同解释原则的适用。

第二，该原则的适用不具有优先性。应当首先应用合同解释的一般原则对有争议性条款的文字进行解释，只有在其他主要原则不足以明确合同条款真实内容时，才使用疑义解释原则。

第三，仅在保险合同条款有争议而引起的纠纷中适用疑义解释原则。保险合同当事人双方产生纠纷的原因很多，只有因合同条款争议而引起的纠纷，才应当适用该原则。

第四，对于以下情形，可以排除适用疑义解释原则：当事人真实意图可以通过其他途径证实的；保险合同条款的歧义经当事人解释已被排除的；保险合同用语经司法解释已经明确的。

第五，考虑被保险人类型的差异。保险合同的参与主体不仅有自然人，还有法人甚至保险公司，因此在出现合同条款解释纠纷时对他们应有所区别。

二、保险合同的履行

保险合同是商务合同一方的权利，就是对方的义务反之亦然。

（一）财产保险合同的履行

我国《保险法》第十二条第四款规定，财产保险指以财产及其相关利益作为保障对象的保险形式。这种保险形式的特点在于，它以经济价值可衡量的物质资产和相关权益为保险标的，这包括但不限于有形的财产如汽车、房产等，以及无形的财产如知识产权、债权等。

理论上财产保险分为广义和狭义两种。广义财产保险涵盖了所有以财产及其有关利益为保险标的的保险，不论是有形还是无形的财产。而狭义财产保险则专指那些仅将有形财产作为保险标的的保险。我国《保险法》第九十五条第一款第二项进一步明确了财产保险业务的类型，包括财产损失保险、责任保险、信用保险、保证保险等。根据《保险法》的分类，所谓的财产保险，实际上是指广义上的财产保险，而狭义上的财产保险在法律文本中则被称作财产损失保险。

具体而言，财产保险合同是投保人和保险人之间就财产及其相关利益的保障达成的协议。其中，投保人、被保险人的权利主要包括获得保险保障与保险赔偿的权利、要求保险人履行说明义务的权利等。而投保人、被保险人的义务主要有交付保险费义务、如实告知义务、维护保险标的安全义务、危险显著增加之通知义务、出险通知义务、有关资料之提供义务及施救义务。

1. 交付保险费义务

依据《保险法》第二条规定：本法所称保险，是指投保人根据合同约定，向保险人支付保险费，保险人对于合同约定的可能发生的事故因其发生所造成的财产损失承担赔偿保险金责任，或者当被保险人死亡、伤残、疾病或者达到合同约定的年龄、期限等条件时承担给付保险金责任的商业保险行为。由此可见，保险人负有危险承担义务，而投保人则负有交付保险费义务。此项义务不仅是投保人履行合同的重要责任，亦为保险合同权利之对价。投保人及被保险人所支付之保险费汇集成保险基金，共同构成保险人承担危险负担义务之资金基础。

根据《保险法》第十条第二款规定，投保人是指与保险人订立保险合同，并按照合同约定负有支付保险费义务的人。投保人负有交付保险费义务，不论其为自身利益还是为他人利益订立保险合同。若投保人未依约交付保险费，则构成违约，且在合同有明确约定的情况下，可能影响保险人对被保险人或受益人的赔付。

在订立保险合同时，保险人将依据保险监管机关批准或备案的费率规章，计算出保险费金额，并记载于保险单上。《保险法》第五十二条第一款规定，在合同有效期内，若保险标的的危险程度显著增加的，被保险人应按合同约定及时通知保险人，保险人可按照合同约定增加保险费或解除合同。解除合同时，保险人应将已收取的保险费，按照合同约定扣除自保险责任开始至合同解除之日止应收的部分后，退还投保人。在特定情况下，保险人应降低保险费并退还相应的保险费。

基于合同自由原则，保险合同当事人有权自由约定保险费之给付时间和地点。如保险合同中约定了给付时间，则投保人应依约定交付保险费；若未约定，则保险人有权随时请求投保人履行给付义务，但应给予合理时间。同样地，对于保险费给付地点，如合同有约定，则从约定。若合同未约定或约定不明，依据《民法典》的规定，交付金钱的义务，应在接受货币一方所在地履行，即投保人应在保险人所在地履行交付义务。

保险费的交付方式，即投保人是一次性交付保险费还是分期交付。一次性交付指的是投保人一次性支付合同约定的全部保险费；分期交付则是指投保人根据合同约定的时间，分若干次交付保险费。对于保险费的交付方式，《保险法》等法律并未强制规定，属于保险合同当事人自由约定的范畴。但一旦约定，双方应严格遵守。

李先生是一家化工厂的老板，为了保障厂房和设备的安全，于2023年1月1日向某保险公司投保了一份财产综合险，保险合同约定保险费为每年10万元，保险金额为500万元。合同明确规定，如果保险标的的危险程度显著增加，被保险人应及时通知保险公司，保险公司有权根据情况增加保险费或解除合同。2023年10月，李先生决定在厂区内新增一条生产线，该生产线涉及易燃易爆的化学物质，显著增加了厂房的危险程度。李先生并未及时通知保险公司这一变化。

2024年1月，保险公司在例行检查时发现了新增的生产线，并认为厂房的危险程度显著增加。保险公司随即向李先生发出通知，要求其在15天内补缴增加的保险费20万元，否则将解除保险合同。

李先生在接到通知后，未在规定期限内补缴增加的保险费。保险公司根据《保险法》第五十二条第一款的规定，在李先生未按时补缴增加的保险费后，正式解除保险合同，并通知李先生。从合同解除之日起，保险公司不再对李先生的厂房和设备承担保险责任。

2. 如实告知义务

如实告知义务是国际保险法中的基本规则，源远流长，最早起源于海上保险领域。对告知义务的系统性阐释最早可追溯至英国 1766 年的 Carter v. Boehm 案例，而 1906 年英国《海上保险法》对其进行了正式的法律化。[①] 最初的如实告知义务主要针对投保人或被保险人，在保险合同的订立阶段发挥作用。随着历史的发展，保险合同履行阶段的告知义务以及保险人一方的诚信义务也逐渐受到重视并得到加强。保险人作为风险承担方，与风险转移方即投保人（或被保险人）之间存在信息不对称的现象。这要求双方在权利行使上极度依赖于对方的真实性与充分性承诺，即保险合同关系要求当事人之间应当恪守高标准的诚实与信用，它是保险合同成立的根本。鉴于保险标的信息多源于投保人或被保险人一方，影响保险标的的风险评估的各类客观因素主要掌握在投保人手中；保险人关于风险标的的认知，以及对所承保风险责任的估量，主要依据投保人所提供的信息。因此，为确保双方意思表示的真实性，投保人有责任向保险人披露关于保险标的的相关事实情况，这就是保险法规定的投保人如实告知义务。

（1）如实告知义务的特点。首先，如实告知义务是保险合同中特有的民事义务。尽管一般合同也存在欺诈和错误陈述等，但如实告知义务则基于最大程度的善意和诚信要求，是保险合同有效成立的前提。其次，它是一种法定义务。鉴于事实告知对保险关系具有决定性作用，各国保险立法通常对此作出明确规定，使之成为当事人必须履行的法定义务。无论是大陆法系还是英美法系，成文法都有明确规定，我国《保险法》第十六条对此作出了系统性规定。再次，它是一种前合同义务。如实告知主要发生于合同订立之际，属于前合同义务。当然，现代保险立法和理论也有将合同履行期间的危险增加情况的通知视为告知义务的延伸。[②] 最后，它是一种不真正义务。如实告知基于最大诚信原则是一种附随义务，投保人未履行如实告知义务时，保险人无法强制其实际履行，通常也不得请求损害赔偿，而只能选择解除合同或免于承担保险责任，违反义务一方承担权利减损或利益丧失的不利后果。

（2）告知方式。我国《保险法》采取询问告知的立法模式，第十六条第一款明确规定："订立保险合同，保险人就保险标的或者被保险人的有关情况提出询问的，投保人应当如实告知。"因此，投保人的如实告知义务前提是保险人进行了相关询问，未经询问的情况下，投保人未告知，不构成违反告知义务。在实务中，保险人的询问通常以书面形式进行，如投保单上的问题清单或单独的风险询问表、健康告知书等。

值得讨论的是，保险人提出的询问是否意味着所有问题都是重要事实。有观点认为，只要保险人具体询问的情况就应当推定为重要事实，投保人对任何询问的隐瞒或不实回

---

① 郑睿：《论英国海上保险合同告知义务之演进与立法启示》，载《中国海商法研究》2015 年第 4 期，第 27 页。

② 孙博：《被保险人危险增加通知义务的性质研究》，载《保险职业学院学报》2023 年第 2 期，第 82 页。

答，都构成违反告知义务。然而，这种理解可能过于机械。询问告知的目的在于提高告知义务的可操作性，便于举证，减少纠纷；重要事实当然应包括在保险人询问的范围内，但对具体问题的判断，仍应遵循重要事实的认定标准，不能一概而论。特别是在实务中，保险公司的询问表范围非常广泛，经常包含如"其他应告知事实"之类的兜底条款，正确理解这一点对防止保险人权利滥用，保护投保人、被保险人的合法权益尤为重要。

（3）如实告知的事实。作为一种制度安排，要求投保人告知所有关于保险标的的事实既不现实也无必要；作为一种法定义务，投保人的如实告知范围应当有一个合理的界定。综观各国的立法与实践，可以概括为：投保人应当如实告知的是其已知的"重要事实"。例如，1906年英国《海上保险法》第十八条（1）款规定，"在合同订立前，被保险人必须将其所知道的各种重要情况告知保险人"，如果未进行告知，保险人可以解除合同。因此，如实告知义务的核心问题之一是确定哪些事实属于"重要事实"，以及投保人对此负有告知义务。

所谓重要事实是指那些能够影响保险人决定是否承保或以何种费率承保的客观事实和情况。我国《保险法》关于如实告知范围的规定，采用了上述原则标准，即只有投保人未告知的事实"足以影响保险人决定是否同意承保或者提高保险费率的"，保险人才有权解除合同。所谓"足以影响"，应当理解为该事实对保险人的承保决定具有实质性影响，即如果保险人因未告知不知晓该事实，其承保行为将违背其真实意愿；反之，若知晓则可能拒绝承保或提高费率。

> 在投保机动车辆保险时，车辆的使用性质（家庭自用或营业使用）对保险人的风险评估和费率适用具有实质影响，若投保人隐瞒或误告，则视为违反了如实告知义务，保险人可以解除合同。然而，车辆的颜色对保险人的承保决定并无影响，即便投保人错误告知，保险人也不应解除合同，因为车辆颜色不属于"重要事实"，不在投保人告知义务范围内。

此外，采用哪一方的标准来判断一个客观情况的重要性，对当事人的权利义务有重大影响。对于具体纠纷，未告知的事实是否"足以影响"保险人，应当以谁的标准判断，是一个重要的事实认定问题。英国法曾先后采用所谓"特定的被保险人标准""特定的保险人标准""谨慎的保险人标准"等认定原则。其中，"谨慎的保险人标准"为英国《1906年海上保险法》所采纳，并为后世许多国家的保险法所仿效，成为判定事实重要性的主导规则。从理论上讲，"足以影响"是针对保险人的判断，逻辑上说，采用谨慎的保险人标准是可行的。然而，基于利益平衡，同时考虑投保人一方的判断能力和合理期待可能更为合理。当然，具体案例中如何判断，还应当综合具体情况进行分析。

（4）如实告知事项的排除。即便明确了重要事实的认定标准和范围，仍然存在一些情况下，投保人不需要或不必承担告知义务。以下情形中，投保人的相应告知义务可以免除。

第一，投保人不知道的重要事实不需要告知。投保人应当告知的重要事实是他已经知道或应当知道的。所谓应当知道，主要指保险情形下通常应当了解的情况。

第二，保险人知道或应当知道的重要事实无须投保人告知，包括保险人已经知道的情况和推定其应当知道的信息。保险人被推定知道的公共信息和常识，以及在其一般业务过程中应当了解的情况。① 例如，对海上保险承保人而言，海啸预报是他们应当关注和了解的信息。这减轻了投保人的告知义务，尤其是在保险事故发生后，保险人不能以投保人未告知其实自己已知的事实为由而对抗保险索赔，以防权利滥用。

第三，对保险人有正面影响的重要事实无须告知。所谓重要事实，是指那些能够影响保险人决定是否承保及其保险费率的客观情况。其内在含义是，与不知道该事实的状态相比，如果知道该事实，保险人将要么拒绝承保，要么提高保险费率或增加承保条件。换言之，应当告知的事实对保险人的影响是负面的，比如会增加保险标的的风险程度，加大保险事故发生的可能性，或者更容易被恶意索赔。当一个事实情况可以减轻保险标的的风险程度，降低保险事故发生的可能性，或者使保险欺诈的可能性更小，保险人在不知道的情况下作出的承保实际上更有利，那么这些情况，投保人也无须告知。严格说来，这种情况并不属于"重要事实"。

第四，保险人放弃或双方约定排除的重要事实无须告知。如前所述，如果采取询问告知主义，则未经询问的事实无需告知。虽然理论上这并不能必然免除投保人对未经询问的重要事实的告知义务，但明确提出询问是现代保险业的发展趋势。因此，未经询问可能成为投保人免除告知义务的一种抗辩理由。理论上，当事人不能自行免除如实告知的法定义务，但由于告知义务的实质价值在于当投保人违反此义务时，赋予保险人相应的救济权利。因此，只要双方同意，保险合同完全可以约定排除某种事实的告知义务。

3. 维护保险标的安全义务

保险事故中，保险人面临的一项重大不确定性挑战是因赔偿支出的激增导致保险赔偿额度的显著增加。相应地，对投保人而言，往往意味着未来保险费的上调。为了平衡这种风险和成本的增加，各国的保险立法通常对被保险人在保险合同生效后，负有保障保险标的物安全的法定义务进行规定。根据《保险法》第五十一条的规定，被保险人有责任遵守国家关于消防、安全生产、操作规程以及劳动保护等方面的法律法规，以确保保险标的物的安全。保险人依据合同的约定有权对保险标的物的安全状况进行检查，并有权向投保人及被保险人提出书面建议，以消除存在的不安全因素和隐患。若投保人或被保险人未能履行合同中约定的保障保险标的物安全的责任，保险人则有权要求增加保险费或解除合同。同时，保险人为了保障保险标的物的安全，经被保险人同意，可以采取必要的安全预防措施。

关于维护保险标的物安全义务的履行，该义务的主体包括被保险人和投保人。之所以如此规定，是因为被保险人是指其财产或人身得到保险合同保护，且享有请求保险金的权利的个体。保险标的物通常处于被保险人的控制范围之内，因此，被保险人是最有能力也最有条件维护保险标的物安全的主体。此外，投保人作为与保险人签订保险合同的一方，通常与被保险人存在委托等法律关系，并对被保险人具有一定的影响力，故也有必要要求

① 胡娅：《从人身保险纠纷案谈投保人告知与保险人询问之博弈》，载《沧州师范学院学报》2023年第2期，第86页。

投保人承担维护保险标的物安全的义务。

　　李先生是一家小型制造企业的老板，为了规避企业运营中的风险，他在 2023 年 1 月 1 日为工厂投保了一份财产保险，保险标的包括厂房、设备和库存原材料。保险合同中明确规定，李先生作为投保人和被保险人，有义务遵守保险合同中关于消防、安全生产、操作规程以及劳动保护等方面的规定，以确保保险标的物的安全。

　　2023 年 6 月，保险公司对李先生的工厂进行了例行安全检查，发现厂房内存在多处安全隐患，包括：消防通道被杂物堵塞；部分电线老化，存在短路风险；车间内的灭火器过期未更换等。

　　保险公司随即向李先生发出了书面建议，要求其在 1 个月内整改这些安全隐患。李先生虽然收到了建议，但由于忙于生产经营，并未及时采取措施进行整改。

　　2023 年 8 月，李先生的工厂因电线短路发生火灾，导致厂房和设备严重受损。李先生向保险公司提出理赔申请。

　　保险公司在理赔审核过程中发现，李先生未按照合同约定和保险公司的书面建议，及时消除工厂内存在的安全隐患。保险公司以李先生未履行维护保险标的物安全的义务，拒绝了其理赔的要求。

4. 出险通知义务

出险通知义务，亦称告知保险事故义务，是指在保险合同存续期间内，一旦发生合同所涵盖的保险事故，投保人、被保险人或受益人必须在得知该事故后向保险人进行及时告知。该义务的法律基础在于确保保险人能在事故发生后迅速采取行动，既包括实施必要的损失控制措施以遏制损失的进一步扩大，也包括进行证据保全和事故现场勘查等。财产保险合同中，出险通知义务的主体通常仅限于投保人与被保险人。

保险事故发生后，对于出险通知义务的履行期限，不同法域的立法模式存在差异。一种模式为规定具体的通知期限，例如，意大利《民法典》第 1913 条规定被保险人应在得知保险事故后 3 日内进行通知，而另一种模式则要求及时通知但不明确具体期限，如我国《保险法》第二十一条所采纳的立法模式。在实际的保险合同中，当事人通常会就出险通知义务的履行期限作出具体约定，例如《机动车综合商业保险示范条款》第十三条要求被保险人或其允许的驾驶人在保险事故发生后 48 小时内进行通知。

对于故意或因重大过失未及时通知的，保险人对于因此无法确定的保险事故的性质、原因、损失程度等部分，不承担赔偿或者给付保险金的责任，除非保险人已经通过其他途径及时获知或应当及时知道保险事故的发生。

　　张先生是一家物流公司的老板，为其公司的车辆投保了一份机动车综合商业保险。保险合同中明确规定，发生保险事故，张先生或其允许的驾驶人必须在事故发生后 48 小时内通知保险公司。该保险涵盖了车辆的碰撞、盗抢、自燃等风险。

　　2023 年 7 月 15 日，该公司快递员李某驾驶其车辆在运输途中发生了严重的碰撞事故，导致车辆受损严重。事故发生后，李某因害怕受到处罚，没有及时向公司和保险公司报告事故，而是自行联系了一家修理厂进行车辆维修。

直到 2023 年 7 月 25 日，张先生才从其他员工口中得知了这起事故，并立即向保险公司报案。然而，此时距离事故发生已经过去了 10 天，远超过了保险合同中规定的 48 小时通知期限。

保险公司在接到报案后，立即展开调查。由于事故发生后没有及时通知，事故现场已经被破坏，车辆也已经进行了部分修复，保险公司难以确定事故的具体情况和损失程度。保险公司认为张先生未履行出险通知义务，拒绝了其提出的理赔申请。

5. 证明与资料提供义务

证明与资料提供义务是指保险事故发生之后，为了依据保险合同条款向保险人主张赔偿或者请求支付保险金，投保人、被保险人或受益人须向保险人提出与确认保险事故的性质、成因、损失范围等相关的证明文件和资料。这一义务的履行，对于保险人进行事故核实、确定赔偿责任的范围以及赔偿金额的计算尤为关键。

在保险实务操作中，"相关的证明和资料"一般包含但不限于保险合同文本、保险单据或其他保险凭证、保险费的缴纳证明、保险财产的证明文件、被保险人的身份证明文件、保险事故的证明材料、保险标的的损失程度证明、必要的专业鉴定结论、评估结论以及索赔请求书等等。《保险法》第二十二条第二款规定："保险人按照合同的约定，认为有关的证明和资料不完整的，应当及时一次性通知投保人、被保险人或受益人补充提供。"

6. 施救义务

施救义务，亦称为防止或减少保险标的损失义务，系指在保险事故发生后，投保人或被保险人应承担的采取适当措施以防止或减轻损失的责任。依据《保险法》第五十七条第一款的规定："保险事故发生时，被保险人应当尽力采取必要的措施，防止或者减少损失。"该规定旨在确保在保险事件发生后，被保险人能够通过合理的努力，尽可能地避免或减少损失的进一步扩大。从而，不仅使被保险人自身的损失得以减轻，保险人也因此能够缩减赔偿支出，进而对整个社会财富的保全产生积极影响。故此，法律对于被保险人在保险事故发生后履行防止或减少损失义务的行为给予鼓励。多数国家的保险立法中均有施救义务的相关规定。[①] 我国《保险法》第五十七条第二款进一步明确规定："保险事故发生后，被保险人为防止或者减少保险标的的损失所支付的必要的、合理的费用，由保险人承担；保险人所承担的费用数额在保险标的损失赔偿金额以外另行计算，最高不超过保险金额的数额。"

施救义务的主体为被保险人，而非投保人。因为保险标的通常处于被保险人的直接控制之下，故被保险人承担施救义务在实际操作中更为切合现实且合乎逻辑。对于施救的时效要求，施救义务的产生是以保险事故的发生为前提条件。在保险事故尚未发生或者即将发生之时，被保险人并无承担施救义务的法律责任。因此，被保险人在保险事故发生前为预防损失而采取的行为并不属于施救行为，不得以施救费用名义向保险人索赔。

---

① 伍坚：《被保险人施救义务比较研究》，载《法学杂志》2012 年第 4 期，第 74 页。

王女士是一家纺织厂的厂长，为厂里的生产设备投保了一份财产保险。保险合同中明确规定，保险事故发生时，被保险人应尽力采取必要的措施，防止或减少损失。该保险涵盖了火灾、爆炸等风险。

2023年8月10日，王女士的纺织厂发生了一起火灾事故。火灾发生时，厂里的工人们迅速反应，使用厂内配备的灭火器进行灭火，并立即拨打了119报警。消防队到达后，火势得到了有效控制，最终火灾被扑灭。后续，王女士发现部分生产设备受损严重，但由于工人们的及时施救，火灾并未蔓延到整个厂区，损失得到了有效控制。

王女士在火灾扑灭后立即向保险公司报案，并提供了事故的详细情况和施救过程的相关证据。保险公司在接到报案后，派出理赔人员进行现场勘查和损失评估。王女士在火灾发生后尽力采取了必要的措施，防止或减少了损失，履行了施救义务。保险公司在确认王女士的施救行为合理且必要后，同意承担王女士为防止或减少损失所支付的合理费用，并对受损的生产设备进行赔偿。

7. 危险承担义务

保险人依据合同的约定，承担了被保险人所转移的风险。这种承担风险的责任被称为危险承担义务，是保险人的主要义务，也是保险合同存在的根本目的。保险人的危险承担义务主要表现为两个方面：一是在保险事故发生后，保险人需要按照合同的规定，履行赔偿被保险人或受益人损失的责任，即损失赔偿义务；二是在保险合同生效之后，直至保险事故发生前，保险人应承担被保险人所转移的风险。保险合同一经生效，保险人即按照约定负担危险承担义务，这是其对被保险人或受益人进行损失赔偿的前提和基础。在保险期间内，即便未发生保险事故，保险人也可能不需要实际进行损失赔偿，但危险承担义务的重要性依然显现在其为被保险人提供了风险转移的机制，消除了潜在的经济损失和精神负担，从而让被保险人得以安心。

财产保险合同中保险人的损失赔偿责任通常包括以下几个方面：

(1)被保险标的实际遭受的损失。财产保险的目标在于补偿因保险事故导致的经济损失，遵循损失补偿原则。在足额保险的情况下，保险人应对保险标的的实际损失进行赔偿，但赔偿额不得超过保险金额；在不足额保险的情况下，除非合同有其他约定，保险人应按照保险金额与保险价值的比例负责赔偿。

(2)必要且合理的施救费用。为降低损失，被保险人应在保险事故发生时采取必要措施。保险人则负责赔偿因采取必要合理措施而产生的施救费用。这些费用主要包括抢救保险标的或防止灾害扩散所需的必要措施产生的损失，及为施救、保护、整理保险标的所支出的合理费用。

(3)仲裁或诉讼费用以及其他必要合理费用。这一类赔偿通常适用于责任保险。当责任保险的被保险人因给第三者造成损害的保险事故而面临仲裁或诉讼时，保险人应赔偿其支付的仲裁费用、诉讼费用及其他必要合理费用，但对于被保险人与保险人之间的纠纷产生的法律费用，保险人不负责赔偿。

(4)查明和确定保险事故的性质、原因及保险标的损失程度所支付的必要合理费用。

在财产保险中，为正确判断保险人的赔偿责任及其范围，需先查明和确定事故的性质、原因和保险标的损失程度，这一过程会产生一定的费用。《保险法》第六十四条规定，保险人和被保险人为此目的支付的必要合理费用，由保险人承担。

8. 说明义务

说明义务，是指保险合同缔结过程中，保险人对投保人承担的明确阐释保险条款内容的责任，尤其是对于那些免除其责任的条款进行提示和解释的责任。该义务的法律依据源自《保险法》第十七条的规定，该条明确指出，当保险合同采用保险人提供的格式条款时，保险人应当向投保人提供完整的格式条款，并对合同内容进行说明。对于合同中免除保险人责任的条款，保险人在合同订立时应当在相关保险文件上予以显著提示，并以书面或口头形式对该条款内容进行明确的说明；若未进行提示或明确说明，则该条款不发生效力。根据该法律规定，条款说明义务包含两个层面的含义：一是对保险合同条款的一般内容承担的一般说明义务；二是对合同中免除保险人责任的条款承担的提示和明确说明义务，两者在义务履行的强度上存在显著差异。违反一般说明义务，法律并未规定具体不利后果，因而可以视为一种倡导性规定；而违反免责条款的明确说明义务，该条款不发生效力，属于强制性的法律规范。条款说明义务与如实告知义务相似，均为法定义务、先合同义务，且具有不真正义务的特征，其履行不以投保人的询问或请求为前提，属于保险人主动履行的义务。

《保险法》规定了保险人的条款说明义务，但该义务所涵盖的合同内容范围应当是有必要限定的。具体来看，条款说明义务的范围包括以下几个方面：

（1）限于格式化保险条款。无论是一般说明义务还是免责条款的明确说明义务，其适用的前提都是保险合同采用了保险人提供的格式条款。如果保险合同的相关条款是双方协商而成的，例如某些特约条款，且投保人对其内容和含义已有充分了解并接受，则保险人无需再承担说明义务。此外，如果合同所采用的保险条款由投保人一方或经纪人提供，即便构成格式条款，但由于条款非保险人提供，保险人不应承担说明义务。

（2）一般说明义务理论上包括保险条款的所有内容，但实际上并不具备可操作性；而免责条款的明确说明则是保险人说明义务的核心所在。根据《保险法》第十七条第一款的规定，保险人一般说明的内容并无任何限定，因此除了免责条款由第二款明确说明义务履行外，其他内容均应进行说明。然而，由于不具备可操作性，尤其是立法并未明确规定违反该义务的后果，实务中保险人或其业务员几乎不会真正履行此义务。说明义务应当进行体系化合理解释，其本质即为倡导性规定，保险人说明义务的着力点在于免责条款的明确说明。

保险人说明义务的履行主要在免责条款的说明义务上。明确说明义务其实包含两个步骤：一是免责条款的合理提示，即对该条款在投保单、保险单或者其他保险凭证上作出足以引起投保人注意的提示；二是对条款内容以书面或口头形式进行"明确说明"，即在投保单、保险单或其他保险凭证上，对保险人免责条款，以足以引起投保人注意的文字、字体、符号、颜色或其他明显标志作出提示的，即可认为履行了提示义务。条款内容明确说明义务的履行，则始终存在操作上的困难，究竟如何程度才算"明确说明"，客观标准还是主观标准，如何举证，可谓众说纷纭。关于说明程度的标准，学理上一般认为应当采用

"理性外行人标准"，即具有一般知识或智力水平的普通保险外行人。如果保险人的解释说明能使这样的普通保险外行人了解条款含义，则视为达到明确说明要求。而在个案中也有必要适当兼顾具体被保险人的实际情况。为应对保险纠纷案件中面对明确说明义务履行举证上的被动，很多公司在投保单中设计了"投保人声明"栏目，要求投保人签字盖章。"投保人声明"一般包含以下措辞："保险人已经将保险条款的内容，特别是免除保险人责任的条款，向我作了明确说明。我已经对该保险条款的内容充分了解，同意按该保险条款与保险人订立保险合同。"发生纠纷时，保险人将此声明及投保人的签字盖章作为明确说明义务履行的证据。法院对此做法态度不一，不少法院认为仅此证据不足以证明保险人履行了免责条款的明确说明义务。

2013年最高人民法院颁布的《关于适用〈中华人民共和国保险法〉若干问题的解释（二）》在总结司法实践的基础上，首先，规定了明确说明的原则。即"保险人对保险合同中有关免除保险人责任条款的概念、内容及其法律后果以书面或者口头形式向投保人作出常人能够理解的解释说明的，人民法院应当认定保险人履行了保险法第十七条第二款规定的明确说明义务"。其次，在明确义务履行举证责任由保险人承担的同时，对保险实务上的一些做法进行了有条件的认可。即"投保人对保险人履行了符合本解释第十一条第二款要求的明确说明义务在相关文书上签字、盖章或者以其他形式予以确认的，应当认定保险人履行了该项义务。但另有证据证明保险人未履行明确说明义务的除外"。应当说，司法解释的上述规定，兼顾了法理和现实需求，提高了明确说明义务的可操作性，有利于减少纠纷。

9. 通知义务

《保险法》对保险人规定了在财产保险合同中必须履行的补充证明和资料的通知义务以及核定赔付结果的通知义务。

首先，关于补充证明和资料的通知义务，《保险法》第二十二条第一款明确规定，当保险事故发生后，投保人、被保险人或受益人向保险人请求赔偿或给付保险金时，有责任向保险人提供其所能提供的关于确认保险事故性质、原因及损失程度等相关的证明和资料。在此基础上，保险人有义务对上述证明和资料进行及时审核。若保险人在审核过程中发现所提供的证明和资料不齐全，不能以此为由直接拒绝赔偿。依据《保险法》第二十二条第二款的规定，保险人应及时一次性告知投保人、被保险人或受益人补充提供相关的证明和资料。

其次，就核定赔付结果的通知义务而言，《保险法》第二十三条规定，保险人在接到被保险人或受益人的赔偿或给付保险金的请求后，应当及时进行核定；若案件情况复杂，则应在30日内完成核定，除非合同中有其他约定。核定完成后，保险人有责任将结果通知给被保险人或受益人。对于属于保险责任范围内的赔偿或给付保险金的情形，保险人应在与被保险人或受益人达成协议后的10日内履行赔偿或给付保险金的义务。如果保险合同中对赔偿或给付保险金的期限有特别约定，则保险人应遵照约定执行。在保险人未能及时履行上述规定的义务时，除了支付保险金之外，还应对被保险人或受益人因此遭受的损失承担赔偿责任。

《保险法》第二十四条进一步规定，保险人依照第二十三条的规定完成核定后，若认定不属于保险责任的情形，应在作出核定之日起 3 日内向被保险人或受益人发出拒绝赔偿或拒绝给付保险金的通知书，并说明拒绝的理由。

（二）人身保险合同的履行

人身保险合同乃是依据《保险法》第十二条第三款的规定所确立的概念，该条款规定："人身保险是以人的寿命和身体为保险标的的保险。"在此基础上，人身保险合同可定义为一种法律契约，其中投保人与保险人之间达成共识，由投保人负责向保险人缴纳保险费，而保险人则承诺在被保险人遭遇死亡、伤残、疾病或者在存活至约定的年龄、期限时，向被保险人或者指定的受益人支付约定的保险金。人身保险合同通常涵盖人寿保险、年金保险、健康保险、意外伤害保险等多种形式。

人身保险合同中投保人与被保险人所负有的主要义务包括缴纳保险费、如实告知、出险后通知以及提供有关资料的义务。在人身保险合同的法律关系中，投保人与被保险人并不承担维护保险标的安全的义务、在危险显著增加时通知保险人的义务以及出险后采取施救措施的义务。这种区别是由于人身保险合同与财产保险合同的保险标的不同而导致的。

1. 交付保险费义务

在人身保险合同中，支付保险费是投保人的一项基本义务。保险合同生效之后，投保人应当遵循合同中的约定，于规定的时间、地点和方式，向保险人支付约定金额的保险费。在履行支付保险费的义务方面，人身保险合同与财产保险合同存在区别。

一是保险费义务的履行。在民事关系中，根据民事法律规定或当事人之间的约定，义务人应当从事或者不从事某种行为。一旦民事义务产生，对于义务人便具有法律上的约束力。这种约束力的主要体现是，义务人若未履行义务，则需承担相应的民事责任。权利人不能强迫义务人履行义务，但为了保障权利人的权益，法律授予权利人请求法院强制义务人履行义务的权力。在财产保险合同中，如果投保人未支付保险费，保险人有权请求法院强制投保人履行支付保险费的义务。此时，根据相关法律规定，保险人必须通过诉讼方式实现其权利。然而，根据我国《保险法》第三十八条的规定，对于人寿保险的保险费，保险人不得通过诉讼方式要求投保人支付。人寿保险合同在投保人未支付保险费时，保险人无权通过诉讼方式要求投保人履行支付义务。这么做的主要考虑是：（1）人寿保险合同的保险标的是人的生命和身体，具有特殊性，应允许投保人通过不支付或不继续支付保险费的方式选择不使保险合同生效或中止合同效力。（2）人寿保险合同通常约定，如果投保人未支付首期保险费，则合同不生效。《保险法》第三十六条规定，如果投保人分期支付保险费，支付首期保险费后，在保险人催告之日起 30 天未支付当期保险费，或超过约定期限 60 天未支付，合同效力中止或保险人可按约定条件减少保险金额。既然合同可以因此中止效力或减少保险金额，保险人通常无需承担保险责任，故保险人无权强制投保人履行支付义务。（3）人寿保险合同具有储蓄性质，强制储蓄是不被支持的。

二是未支付保险费义务的后果。关于财产保险合同中投保人未支付保险费的法律后果，我国《保险法》并未明确规定。司法实践中，如果当事人有约定，则依约定处理；如果没有约定，则保险人继续承担保险责任，投保人承担未支付保险费的违约责任。对于人身保险合同中投保人未支付保险费的法律后果，《保险法》第三十六条已有规定。此外，《保险法》第三十七条规定，如果合同效力根据第三十六条规定中止，经保险人与投保人协商并达成协议，在投保人补交保险费后，合同效力恢复。但如果自合同效力中止之日起满两年双方未达成协议，保险人有权解除合同。若保险人解除合同，则应按合同约定退还保险单的现金价值。因此，在人身保险合同中，投保人未按约支付保险费的法律后果并非承担违约责任，而是在一定情况下导致保险合同效力中止或赋予保险人解除合同的权利。

2. 如实告知义务

投保人负有如实告知义务的合理性基于通过其履行该义务使保险人掌握所承保风险的相关情况，从而决定是否承保及承保条件。在人身保险合同中，保险标的是被保险人的生命和身体，因此如实告知的内容应是被保险人的相关情况。

在订立财产保险合同时，如果投保人未履行如实告知义务，根据《保险法》第十六条的规定：故意或因重大过失未如实告知，足以影响保险人决定是否承保或提高保险费率的，保险人有权解除合同；合同成立超过两年或发生保险事故时，保险人不得解除合同且应承担赔偿责任；投保人故意未如实告知的，保险人对合同解除前发生的保险事故不承担赔偿责任，且不退还保险费；投保人因重大过失未如实告知，对保险事故发生有严重影响的，保险人对合同解除前发生的保险事故不承担赔偿责任，但应退还保险费。保险人知道投保人未如实告知时，不得解除合同，发生保险事故时应承担赔偿责任。

投保人申报的被保险人年龄不真实，且不符合合同约定的年龄限制时，根据《保险法》第三十二条规定，保险人可以解除合同，并按合同约定退还保险单的现金价值。如果由于年龄不真实导致保险费支付不足，保险人有权更正并要求补交保险费，或者在给付保险金时按实付与应付保险费比例支付。如果支付的保险费多于应付保险费，保险人应退还多收的保险费。因此，在人身保险合同中，投保人未如实告知被保险人年龄的法律后果与《保险法》第十六条的规定有所不同；若未如实告知被保险人除年龄以外的其他情况，则完全适用《保险法》第十六条的规定。

3. 危险承担义务

保险人在收取保险费用的同时，必须承担起相应的风险保障责任，以及在合同规定的条件下履行支付保险金的义务。财产保险合同中，保险人在保险事故发生后所负有的责任被称作"赔偿保险金义务"，而在人身保险合同中，同样情况下的责任则被称作"给付保险金义务"。在赔付的性质上，财产保险合同中的赔偿遵循损失补偿原则，即保险人的赔偿不得超过实际损失。然而，在人身保险合同中，由于人的生命与健康无法用金钱衡量，损失补偿原则不适用，因此人身保险不涉及超额保险和代位求偿的问题。

4. 承保时的注意义务

承保人身保险时，投保人和保险人必须履行特定的注意义务。人身保险以被保险人的生命和健康作为保险标的。在死亡保险中，保险事故的发生是指被保险人的死亡，而受益人必须是除被保险人之外的其他人。鉴于存在受益人可能为获得保险金而加害被保险人的风险，多数国家的保险法对死亡保险的投保与承保制定了严格的规定。《保险法》第三十三条明确规定，除非父母为其未成年子女投保，否则任何人不得为无民事行为能力人投保以死亡为条件的人身保险，保险人也不得承保此类保险。同时，《保险法》第三十四条规定，除非被保险人书面同意并认可保险金额，否则以死亡为条件的人身保险合同无效。基于这些规定，保险人在承保死亡保险时，必须审查被保险人是否已书面同意保险金额，否则，违反了相关的注意义务，一旦因此对被保险人造成损害，保险人应当承担相应的民事责任。

5. 若干权利

人身保险合同中的投保人、被保险人以及受益人主要享有以下权利：获取保障及保险金的权益、要求保险公司履行告知义务的权益等。在人身保险合同与财产保险合同之间，关于获取保障、要求保险公司履行告知义务等权利方面，并无本质差异。然而，在人身保险合同中，投保人、被保险人及受益人获取保险金的权利与财产保险合同中的保险赔偿权利存在显著差异：

（1）人身保险合同中，享有获得保险金权利的主体可能是被保险人或受益人。

（2）人身保险合同中的被保险人或受益人获取保险金的权利与实际损失无关，更不受实际损失的限制。

（3）人寿保险中，被保险人或受益人请求保险公司给付保险金的诉讼时效为五年，自知悉或应当知悉保险事故发生之日起计算。

对于保险人，在人身保险合同中，其权利主要包括收取保险费的权利、要求投保人履行如实告知义务的权利、要求被保险人等履行出险通知义务的权利等。

【思考题】

1. 订立合同时发生年龄误告应如何处理？

2. 简述财产保险合同中保险人的义务。

第六编　破　产　法

第十五章　破　产　立　法

【教学目的和要求】通过本章的学习，了解破产法的发展历史，掌握破产、破产法的概念。
【重点和难点】破产制度的特征；破产法的作用。

第一节　破产与破产法概述

一、破产的概念与特征

(一)破产的概念

破产，是指债务人不能清偿到期债务时，法院根据相关当事人的申请，对债务人现有财产进行概括地执行，以使债权人获得公平清偿的法律程序。

世界银行认为，良好的破产制度可以实现以下目的：帮助债权人实现资产价值最大化；允许有救助可能的企业进行重组，并有效关闭失败的企业；提高市场的确定性，促进经济的稳定与增长；鼓励贷款人提供高风险贷款；保障更多员工从事原有工作；有助于保护供应商及客户网络。

2022年以来各级人民法院审结破产案件 4.7 万件，涉及债权 6.3 万亿元，[①] 对仍有市场潜力的高负债企业通过依法重整实现重生，对资不抵债、拯救无望的企业宣告破产，实现市场出清。

(二)破产的特征

1. 破产手段的偿债性

民事活动中，主体享有权利的同时，对于须履行由此所生债务。破产是以债务人的全部财产为偿债对象，一次性清偿完结全部债务，进而消灭债务人主体资格的特殊偿债手段。

2. 破产启动程序的特殊性

破产是在法定的特殊情况下适用的司法程序，《中华人民共和国企业破产法》(以下简称《企业破产法》)明确规定，"企业法人不能清偿到期债务，并且资产不足以清偿全部债务或者明显缺乏清偿能力的，依照本法规定清理债务"，可见若不具备破产原因，不得适用破产程序。

---

① 《中华人民共和国最高人民法院工作报告》，载中华人民共和国最高人民法院网站：http://gongbao.court.gov.cn/，2024 年 6 月 1 日访问。

3. 破产目的的特定性

破产是一种概括性执行程序，是对债务人全部法律关系的彻底清算，可能产生债务民事主体资格消灭的法律后果。由于企业法人的人格和营业的展开在一定程度以责任财产的存在为基础，而破产对债务人全部财产的清算，使得债务人赖以存续的财产基础丧失殆尽，从而终止经营资格，并在完成全部法律关系的清算后登记退出民事主体行列。

4. 破产手段的司法性

由于破产关乎债务人"生死"和债权人利益的实现，为保证破产程序的有序、公正进行，各国破产制度一般要求破产程序须在法院指导与监督下进行，而不是由当事人自行完成。法院的监督与指导贯穿于破产清算、重整、和解等程序的各个环节。

5. 破产效果的多样性

对于债权人而言，通过破产程序，债权人的债权请求可以得到公平清偿，避免了在缺乏公平秩序的环境中，因债务人无序处分财产行为而受损的可能。对于债务人来说，破产程序终结后虽其债务因破产得以清结，但其参与民事活动的主体资格却因破产而终结。对于社会而言，破产可以有利于优化资源组合，促进经济发展，维护社会稳定。①

中国╳集团在美申请破产保护

1996 年，╳集团有限公司在╳省╳市成立，于 2009 年在香港联交所主板挂牌上市(股票代码0╳╳╳╳)。上市后，╳集团开始了多元化的发展战略，除主营业务房地产外，公司经营还涉足旅游、体育、金融、文化、新能源汽车等多个领域。2016 年由"╳集团有限公司"更名为"中国╳集团"。该集团多年蝉联世界 500 强，然而在看似辉煌的背后由于公司资本的无序扩张，加上国家对房地产行业调控政策的影响，╳集团的经营业绩不断下滑，终于在 2021 年下半年爆发了财务危机。

2023 年 8 月，中国╳集团发布公告称，公司目前正在正常按照计划推进境外债务重组。由于集团的美元债券受纽约法院管辖，公司根据美国法典第 15 章，向美国法院申请承认香港和英属维尔京群岛(BVI)法律体系下的境外债务重组协议安排，系正常推进境外重组程序的一部分，不涉及破产申请。根据美国破产法第 15 章，允许美国破产法院承认涉及外国的破产或债务重组程序，非美国企业利用破产法第 15 章可以阻止债权人在美国对其提起诉讼或冻结其资产。第 15 章破产法也赋予外国债权人参与美国破产案件的权利，并禁止对这些外国债权人的歧视。另外，需要在美国提交的破产案件中通知外国债权人；赋予外国债权人在美国破产案件中提出索赔的权利。在提交美国破产法第 15 章申请后，╳集团需要履行的程序包括：首先，需要提供详细的财务信息和债务状况，以便法院判断其是否有资格申请第 15 章保护；其次，需要提出具体的债务重组计划，包括如何偿还债务、如何改善经营状况等；最后，需

---

① 施天涛著：《商法学》，法律出版社 2020 年版，第 631 页。

要获得法院的批准，才能正式进入第 15 章保护。①

二、破产法概述

(一)破产法的概念

由于各国立法体例的不同，破产法有狭义与广义之分。狭义的破产法仅指调整破产清算关系的法律规范，而广义上的破产法包括了以破产清算为核心的所有破产和解、破产重整、破产清算的法律规范。我国 2006 年颁布、2007 年 6 月 1 日起施行的《企业破产法》属于广义上的破产法。该法自施行以来，在完善优胜劣汰竞争机制、优化社会资源配置、调整社会产业结构、拯救危困企业、保障债权公平有序受偿等方面发挥了积极的作用。

(二)破产法的性质

破产法的内容包括程序性规范和实体性规范。那么，破产法究竟属于何种法律，即破产法的性质如何，各国理论和立法不一，大致可以分为三种情况：一是认为破产法是民事诉讼法的特别法；二是认为破产法为经济法的组成部分；三是将破产法视为独立的法律部门。

我国有学者认为破产法是兼具民商法和经济法双重性质的法律，② 早期的破产法以债务关系为调整对象，属于民商法范畴。随着破产法在维护社会利益方面的作用日益得到重视，尤其是重整制度中充分体现了国家通过司法程序对破产案件的介入，破产法也具有了一些经济法的属性。

第二节　破产法的作用

一、破产法的立法宗旨

《企业破产法》第一条规定："为规范企业破产程序，公平清理债权债务，保护债权人和债务人的合法权益，维护社会主义市场经济秩序，制定本法。"根据该条可知，我国破产法的立法宗旨有以下几点。

(一)规范企业破产程序

当债务人不能清偿到期债务时，如果适用一般强制执行程序，各债权人之间难免发生争先恐后行使债权的局面。特别是在债务人资不抵债时，易发生部分债权人获得全部清偿，而另一部分债权人只能获得部分清偿或完全不能受偿的情形。这就违背了债权平等原则，也容易造成混乱。因此，破产法的首要任务就是要规范破产程序，让全体债权人遵循统一规范的程序来行使权利。

---

① 《中国×集团：撤回此前向美国法院提出的破产保护申请》，载正观新闻：https://www. 360kuai. com/pc/9f3e875df8ecf3694？cota＝3&kuai_so＝1&sign＝360_57c3bbd1&refer_scene＝so_1，2024 年 6 月 1 日访问。

② 王欣新主编：《破产法原理与案例教程(第三版)》，中国人民大学出版社 2024 年版，第 12 页。

(二)公平清理债权债务

破产以公平清偿债务为宗旨,债务人不能清偿到期债务时,通过破产程序可以合理地协调众多债权人之间就债务人的有限财产如何受偿的利益冲突,在众多的债权人之间公平分配有限之破产财产正是破产法创设的最初目的。① 破产以清算为基本目的,强制地将债务人的财产加以变卖并在债权人中间进行公平分配。它不在于满足个别债权人的利益,无法让债权人都得到全额清偿,而是要实现对全体债权人公平、有序的清偿。

(三)保护债权人和债务人的合法权益

传统破产法以破产清算为基本目的,侧重于对债权人利益的维护,然而市场是残酷的,任何人都可能在激烈的市场竞争中落败,如果只考虑债权人的利益对债务人全部一"清"了之,那些诚实而不幸的债务人就将再无东山再起的机会。因此现代破产法在保护债权人利益的同时也兼顾了债务人利益,给予有挽救价值的企业重整或与债权人达成和解的机会,令其有获得新生的机会。

(四)维护社会主义市场经济秩序

企业破产法通过设置科学、合理的程序,在兼顾债权人和债务人双方利益的前提下,公平对破产财产进行分配,有助于减少债务人企业因破产带来的消极影响。破产制度同时也是一种优胜劣汰的竞争机制,让丧失经营能力的市场经济主体能够及时被淘汰,并有序地退出市场。总之,企业破产法是市场经济法律体系的重要组成部分,对市场经济的发展起到重要的保障作用。

二、破产法的社会调整作用

破产法在调整债务关系的同时对市场经济还会产生广泛的间接社会影响,它有助于进一步完善市场经济优胜劣汰的竞争机制,利用破产的压力,促进企业完善法人治理机制,提高经济效益;通过破产与重整制度,优化社会资源的配置与使用,调整经济结构,除清僵尸企业,改善营商环境。②

第三节 破产法的发展历史

一、破产制度的发展历史

破产制度发源于古代欧洲,一般认为完整意义上的破产制度,应当萌芽于古代罗马法中的财产执行制度,根据《十二铜表法》第三表"债务法"的规定,在债务人承认的债务到期后或债务为法庭判决确认后,债务人应在 30 日内还债,债务人逾期不能清偿的,债权人可以拘禁债务人,甚至还可以将其出售为奴隶,或加以杀害。随着社会的发展进步。对债务人人身和财产的共同执行制度逐步转化为财产执行制度。当债务人无力清偿债务时,由债务人本人作出委付全部财产供债权人分配的意思表示,裁判官则谕令扣押债务人的全

---

① [日]伊藤真著:《破产法》,刘荣军、鲍荣振译,中国社会科学出版社 1995 年版,第 8 页。
② 王欣新主编:《破产法原理与案例教程(第三版)》,中国人民大学出版社 2024 年版,第 16 页。

部财产，交由财产管理人变卖，以所得之价金公平分配给债权人①，这就是破产清算程序的雏形。

中世纪后期，地中海沿岸地区商品贸易发达，当一些商人或手工业者无力清偿债务时，其债权人就按照惯例砸烂其板凳，以宣示其经营失败，即 Broken Bench，此即为"破产"（Bankruptcy）一词的来源。意大利破产法首创了商人破产主义，以停止支付为破产原因，并为了保护债权人利益建立了预防债务人欺诈性转移财产的嫌疑期制度。这一时期欧洲多数国家的破产法奉行商人破产主义，破产清偿仍存在自立救济因素，立法以对债权人保护为宗旨，少有考虑债务人的利益，对债务人实行不免责主义，实行破产惩戒主义，债务人除了要承担财产上的责任外，还可能受到其他方面的惩处。②

其后，法国、德国等大陆法系国家相继颁布成文破产法，如法国于 1807 年颁布的《拿破仑商法典》第 3 编即为破产法，这是第一部系统的资产阶级破产法典，该法实行商人破产主义，以停止支付为破产原因，对债务人不免责。德国于 1877 年制定《德意志帝国破产法》，这部破产法采用一般破产主义，被誉为经典的百年法典。

英美法系破产法出现的时间较晚，英国曾于 1542 年颁布成文的破产法，但该法只适用于有诈欺行为的商人，1986 年颁布的《无力偿债法》，将自然人破产与公司法人破产合为一体。美国的破产法属于联邦立法，现行破产法典颁布于 1978 年。值得注意的是，英美法系国家虽为判例国家，但他们的破产法均为成文法。

二、我国破产法的发展历史

（一）中华人民共和国成立以前的破产立法

中国的破产法律制度始于清朝末年，前清刑律曾规定，对于不能偿债者，可由官厅拘捕监禁，分别查封寓所资财，及原籍家产，勒令家属限两个月将"侵蚀各款"清偿完毕。随着清末国内外商务交往的日渐繁多，1906 年，商部起草颁行了《破产律》，这也是中国历史上第一部以"破产"命名的立法。全文分呈报破产、选举董事、债主会议、清算账目、处分财产、有心倒骗、清偿展期、呈报销案、附则等 9 节，计 69 条。依照该律例，破产程序的进行均由地方官主持办理，商会辅之。非商人有因债务牵累自愿破产者，也可呈明地方官请照本律办理。立法体例方面，《破产律》借鉴日本 1890 年的破产法，虽比较完善，但实施成效并不大，最终该律于 1908 年 11 月被明令废止。

1933 年，国民政府制定《商人债务清理暂行条例》，并于同年 10 月 22 日公布施行。1935 年 7 月 17 日，国民政府制定并颁布《破产法》，于同年 10 月 1 日起施行。该法采用一般破产主义，对破产人实行非惩戒主义和免责主义。

（二）中华人民共和国成立后的破产立法

1983 年左右破产法立法进程开始被国家所认可，1984 年 3 月全国人大正式成立了企业破产法的起草组，由国务院经济法规研究中心牵头组织立法。企业破产法起草组成立之初便到各地进行了广泛调研。20 世纪 80 年代后期，许多国有和集体企业由于长期依附于

---

① 施天涛著：《商法学》，法律出版社 2020 年版，第 630 页。

② 汤维建著：《破产程序与破产立法研究》，人民法院出版社 2001 年版，第 13 页。

政府行政指令，在市场经济大潮中纷纷陷入僵化状态，于是国家便在一些老工业区开始破产工作试点。1985年2月9日，沈阳市政府召开常务会议，正式通过了《沈阳市关于城市集体所有制工业企业倒闭处理试行规定》。1986年8月3日，沈阳市防爆器械厂成为了中华人民共和国成立后第一个破产的公有制企业。破产的概念对国人几十年来已经固化的思维造成了强烈的冲击，一时间破产法成了社会大讨论的焦点。但在当时，围绕破产法能否相继出台的争议也随之而来，该不该立破产法，有没有立法的必要，各方还存在诸多分歧。后来随着经济体制改革的深入，特别是中央会议明确提出了市场经济发展的方向，人们逐步对破产立法的必要性产生了共识。

1986年12月2日，在全面总结试点地区工作经验的基础上，第六届全国人大常委会第18次全体会议对破产法进行了第三次审议，正式通过了《中华人民共和国破产法（试行）》，从此企业破产有了法律上的指导和保障。该法第四十三条规定，"本法自全民所有制工业企业法实施满3个月之日起试行"，然而由于《破产法（试行）》通过之时，《全民所有制企业法》尚未出台，直至1988年11月1日，《破产法（试行）》才实际施行。虽然该法仅有40余条，在法律制度层面上规定也不是特别完善，但在完善商品经济基本法律制度方面起到了非常大的推动作用。

随着中国改革开放力度的加强，中国的经济建设得到了迅猛地发展，中外合资/合作企业、外商独资企业以及国内私营企业日益增多。《破产法（试行）》适用范围过窄，可操作性不强的弊端开始日渐显现，该法已经无法适应市场经济的要求了。1991年4月9日，七届全国人大四次会议通过施行的《中华人民共和国民事诉讼法》第19章"企业法人破产还债程序"，就非全民所有制法人企业破产做了原则性规定。1994年3月，全国人大财经委员会根据八届全国人大常委会立法规划的要求，着手起草新的破产法。历经十年时间，经过多次修改完善，新破产法草案几近基本成型。2004年欧盟代表团来华进行了一次经济考察，考察团认为无法认定中国完全市场经济地位的一个重要原因就是中国没有破产法，中国市场经济法律体系并不完备。这次考察直接加快了新破产法进入审议的步伐，在《破产法（试行）》试行了20余年后，作为衡量一个国家是否是市场经济重要标准之一的《中华人民共和国企业破产法》，最终于2006年8月27日在第十届全国人大常委会第二十三次会议上以高票表决通过，2007年6月1日正式施行。我国破产法律制度是社会主义市场经济制度的重要组成部分，是进一步完善社会主义市场经济主体制度的重要保证，是实现我国产业结构调整和新旧动能转换的重要工具，是落实市场在资源配置中发挥决定性作用的重要途径。

【思考题】

1. 如何理解法律上的破产概念及特征？
2. 简述我国《企业破产法》产生与发展的历程。

第十六章　破产申请的提出和受理

【教学目的和要求】通过本章的学习，了解破产立法模式，掌握破产原因的概念与破产受理的基本内容。

【重点和难点】破产原因的理解。

第一节　破 产 原 因

一、破产原因

破产原因，也称破产界限，是指认定债务人丧失清偿债务能力，当事人提出破产申请，法院受理破产申请、宣告债务人破产的法律事实，即引起破产程序发生的必要条件。破产原因在英美法系中被称为破产行为。

二、破产原因立法模式

在世界范围内，关于破产原因的立法体例主要有三种：破产原因的列举主义、破产原因的概括主义以及破产原因的折中主义。

(一)列举主义

列举主义，即在法条中明确列举出债务人丧失清偿能力的种种表现，或影响债务人清偿能力的损害债权人利益的具体行为。凡实施其中行为之一的便认为出现破产原因，这些行为被称为破产行为或无力清偿行为。英美法系的国家和地区多采用列举主义，如1914年的英国破产法及1978年前的美国破产法、加拿大破产法等。

(二)概括主义

概括主义，即对于债务人应受破产宣告的事实与行为进行高度的理论概括，并不一一列举出具体行为。大陆法系国家多采用概括主义立法模式，如法国、日本、意大利等。在这些国家中，通常对破产原因的概括方式有：（1）支付不能；（2）资不抵债；（3）停止支付。在概括主义立法模式下，法院的自由裁量权较大，有利于根据实际情况灵活适用法律。现在这种方式已逐渐成为一种通行的趋势，我国企业破产法便是采用此种立法体例。

(三)折中主义

概括主义立法模式的破产立法能抽象概括破产原因，灵活性较大，但法律适用方面，却不如列举主义清晰明了。葡萄牙、西班牙等国的破产立法结合二者，采取了折中主义的立法模式，既概括规定了破产原因，又具体规定若干种破产行为。

三、我国对破产原因的规定

破产原因又称破产界限，指存在于债务人自身，能否对其宣告破产的法律事实。简而言之，破产原因是申请债务人破产以及人民法院在收到破产申请时判断是否应予受理的重要依据。

（一）适用对象

1. 以企业法人为主要对象

《企业破产法》第二条规定："企业法人不能清偿到期债务，并且资产不足以清偿全部债务或者明显缺乏清偿能力的，依照本法规定清理债务。企业法人有前款规定情形，或者有明显丧失清偿能力可能的，可以依照本法规定进行重整。"由此可见，破产法的适用对象主要是企业法人。

2. 非企业法人参照适用

《企业破产法》第一百三十五条规定："其他法律规定企业法人以外的组织的清算，属于破产清算的，参照适用本法规定的程序。"即非企业法人以外的组织可以参照借鉴企业破产的清算程序。

3. 金融机构另行规定

《企业破产法》第一百三十四条规定："商业银行、证券公司、保险公司等金融机构有本法第二条规定情形的，国务院金融监督管理机构可以向人民法院提出对该金融机构进行重整或者破产清算的申请。国务院金融监督管理机构依法对出现重大经营风险的金融机构采取接管、托管等措施的，可以向人民法院申请中止以该金融机构为被告或者被执行人的民事诉讼程序或者执行程序。金融机构实施破产的，国务院可以依据本法和其他有关法律的规定制定实施办法。"由于金融机构本身具有的特殊性，金融机构破产相比一般企业破产外部影响更加广泛，因此，《企业破产法》授权国务院在企业破产程序之外建立特殊的金融机构破产制度。

4. 自然人破产的尝试

《企业破产法》的命名，强调了该法的适用范围仅指向"企业"，自然人及个体工商户一直以来都被认为不具有破产能力。从现代市场经济国家来看，大部分国家的破产制度既包括企业破产也包括个人破产，因此有不少国内学者都认为我国的《企业破产法》仅为"半部破产法"。在我国建立市场经济体制过程中，因为经营性行为负债或消费负债的个人的情况也屡见不鲜，在实践中有很强烈的个人破产立法的现实需求。2019年7月16日，国家发改委等十三部门联合印发《加快完善市场主体退出制度改革方案》（以下简称《方案》）。《方案》明确提出，研究建立个人破产制度，逐步推进建立自然人符合条件的消费负债可依法合理免责，最终建立全面的个人破产制度。因此国家选择了深圳作为试点城市率先试行"自然人破产"，2021年3月1日《深圳经济特区个人破产条例》正式实施。

中国内地个人破产第一案①。

蔡某系温州某机械厂的小股东，经生效裁判文书认定其应对该破产企业的214万余元债务承担连带清偿责任。经调查，蔡某名下的财产，仅有其现任职的瑞安市某机械有限公司持有1%的股权(实际出资额5800元)，另有一辆已报废的摩托车及零星存款。此外，蔡某从该公司每月收入约4000元，其配偶每月收入约4000元。蔡某患有高血压和肾脏疾病，医疗费用花销巨大，且其孩子正就读于某大学，家庭长期入不敷出，确无能力清偿巨额债务。2019年8月12日，平阳法院裁定立案受理蔡某个人债务集中清理一案后，指定温州诚达会计师事务所担任管理人。管理人对外发布债权申报公告暨第一次债权人会议公告后，平阳法院于9月24日主持召开蔡某个人债务集中清理第一次债权人会议。蔡某以宣读《无不诚信行为承诺书》的方式郑重承诺，除管理人已查明的财产情况外无其他财产；若有不诚信行为，愿意承担法律后果，若给债权人造成损失，依法承担赔偿责任。最终蔡某提出按1.5%的清偿比例即3.2万余元在18个月内一次性清偿的方案。同时，蔡某承诺，该方案自履行完毕之日起六年内，若其家庭年收入超过12万元，超过部分的50%将用于清偿全体债权人未受清偿的债务。9月27日，平阳法院签发了对蔡某的行为限制令，并终结对蔡某在本次清理所涉案件中的执行。最终，该案得以顺利办结。

(二)适用条件

《企业破产法》第二条规定，"企业法人不能清偿到期债务，并且资产不足以清偿全部债务或者明显缺乏清偿能力的，依照本法规定清理债务"，判断债务人是否存在破产原因有两个并列的标准：一是债务人不能清偿到期债务并且资产不足以清偿全部债务；二是债务人不能清偿到期债务并且明显缺乏清偿能力。

1. 不能清偿到期债务

不能清偿到期债务是指债务人以明示或默示的形式表示其不能支付到期债务，其强调的是债务人不能清偿债务的外部事实现象，而不是债务人的财产客观状况。认定不能清偿到期债务应当同时具备三个方面的要件：第一，债权债务关系依法成立；第二，债务履行期限已经届满；第三，债务人未完全清偿债务。② 将不能清偿到期债务作为破产原因中的主要依据，尤其是作为债权人申请债务人破产清算时破产原因的推定依据，易于为债权人发现和举证证明，能够使债权人尽早启动破产程序，从而保护债权人的合法权益。③

2. 资产不足以清偿全部债务

资产不足以清偿全部债务是指债务人的实有资产不足以清偿全部债务，即通常所说的

① 《中国内地个人破产第一案，大股东跑路，小股东成企业债务人》，载CCTV网站：https://tv.cctv.com/2019/11/19/VIDEIB7TIPlw0aBijtpBJtSU191119.shtml? spm = C53156045404.PKXC0xLPAnP 9.0.0，2024年6月1日访问。

② 《最高人民法院关于适用〈中华人民共和国企业破产法〉若干问题的规定(一)》第二条。

③ 《最高人民法院民二庭负责人就〈关于适用《中华人民共和国企业破产法》若干问题的规定(一)〉答记者问》，载中华人民共和国最高人民法院网站：https://www.court.gov.cn/zixun/xiangqing/3152.html，2024年6月1日访问。

"资不抵债"或"债务超过"。债务人的资产负债表，或者审计报告、资产评估报告等可作为判断债务人资产总额是否资不抵债的依据。① 如果当事人认为债务人的资产负债表，或者审计报告、资产评估报告等记载的资产状况与实际状况不符，应当允许当事人提交相应证据予以证明，推翻资产负债表、审计报告或者资产评估报告的结论。

3. 明显缺乏清偿能力

债务人不能清偿到期债务时通常都已资不抵债。但有的情况下，在债务人账面资产尚超过负债时，可能因资产结构不合理，发生对到期债务缺乏现实支付能力，如现金严重不足、资产长期无法变现等而无法支付的情况。因此，企业破产法将"债务人不能清偿到期债务并且明显缺乏清偿能力"同样也作为破产原因之一，目的在于涵盖"债务人不能清偿到期债务并且资产不足以清偿全部债务"之外的其他情形，以适度缓和破产程序适用标准，弱化破产原因中关于资不抵债的要求。由于企业破产法的规定过于抽象，导致实践中的认定困难，影响了该项标准的适用效果，故《最高人民法院关于运用〈中华人民共和国企业破产法〉若干问题的规定(一)》列举了明显缺乏清偿能力的几种主要情形，包括：(1)因资金严重不足或财产不能变现等原因，无法清偿债务；(2)法定代表人下落不明且无其他人员负责管理财产，无法清偿债务；(3)经人民法院强制执行，无法清偿债务；(4)长期亏损且经营扭亏困难无法清偿债务；(5)导致债务人丧失清偿能力的其他情形②。

值得注意的是，由于民事主体具有独立的资格和地位，对每一个单独民事主体的清偿能力须分别审查，不同民事主体之间不存在清偿能力或破产原因认定上的连带关系，其他主体对债务人所负债务负有的连带责任是对债权人的责任，而不能视为债务人本人清偿能力的延伸或再生，因此，相关当事人以对债务人的债务负有连带责任的人未丧失清偿能力为由，主张债务人不具备破产原因的，人民法院应不予支持。③

甲酒店于2021年10月开业，注册资金为人民币100万元。2022年1月，甲酒店与乙公司签订承包经营合同，约定由乙承包经营至2024年1月20日。乙在经营期间，因经营不善、管理混乱，导致财务收支严重失衡。2023年10月，甲酒店停业，12月向法院申请破产还债。甲酒店的2023年中报财务报表显示，甲酒店应付账款人民币100万元，应收账款50万元，应收款明细表与资产负债表数据不一致，且无资产清单。

试问：甲酒店是否符合破产原因，法院应否受理破产申请？

根据甲目前状况及提供的材料，资产、负债数额不详，债权行使期限不明，不符合《企业破产法》第二条破产原因的规定，依法应裁定驳回破产申请。

① 《最高人民法院关于适用〈中华人民共和国企业破产法〉若干问题的规定(一)》第三条。
② 《最高人民法院关于适用〈中华人民共和国企业破产法〉若干问题的规定(一)》第四条。
③ 《最高人民法院民二庭负责人就〈关于适用《中华人民共和国企业破产法》若干问题的规定(一)〉答记者问》，载中华人民共和国最高人民法院网站：https://www.court.gov.cn/zixun/xiangqing/3152.html，2024年6月1日访问。

第二节　破产申请的提出

一、破产申请的概念

破产申请是指破产申请权人依法向人民法院请求裁定债务人适用破产程序的法律行为。破产申请是启动破产程序的起因，也是法院启动破产程序的绝对要件。

二、债权人与债务人的申请权

享有提出破产申请权利的人称为破产申请权人，在我国破产申请权人包括以下主体：

(一)债务人

债务人对自身财务状况最为了解，因此，《企业破产法》第七条规定，债务人不能清偿到期债务，并且资产不足以清偿全部债务或者明显缺乏清偿能力的，可以向人民法院提出重整、和解或者破产清算申请。

(二)债权人

债务人破产与否事关债权人权益的实现和保障，破产法也赋予了债权人申请债务人破产的资格。《企业破产法》第七条规定，债务人不能清偿到期债务，债权人可以向人民法院提出对债务人进行重整或者破产清算的申请。

企业法人已解散但未清算或者未在合理期限内清算完毕，债权人申请债务人破产清算的，除债务人在法定异议期限内举证证明其未出现破产原因外，人民法院应当受理。[①]

(三)负有清算责任的人

我国企业破产法采取破产申请主义，根据企业破产法第七条第三款规定，企业法人已解散但未清算或者未清算完毕，资产不足以清偿全部债务的，依法负有清算责任的人应当向人民法院申请破产清算。这里依法负有清算责任的人包括未清算完毕情形下已经成立的清算组，以及应清算未清算情形下依法负有启动清算程序的清算义务人。

(四)金融监督管理机构

商业银行、证券公司、保险公司等金融机构发生破产情形的，国务院金融监督管理机构可以向人民法院提出对该金融机构进行重整或者破产清算的申请。

三、破产申请的提出

破产申请人应当采用书面形式向有管辖权的人民法院提出破产申请，并且提交破产申请书和有关证据。

破产申请书应当载明下列事项：(1)申请人、被申请人的基本情况；(2)申请目的；(3)申请的事实和理由；(4)人民法院认为应当载明的其他事项。

(一)债务人提出

债务人提出申请的，还应当向人民法院提交财产状况说明、债务清册、债权清册、有

---

① 《最高人民法院关于适用〈中华人民共和国企业破产法〉若干问题的规定(一)》第五条。

关财务会计报告、职工安置预案以及职工工资的支付和社会保险费用的缴纳情况。

(二)债权人提出

债权人申请债务人破产的,应当提交债务人不能清偿到期债务的有关证据。债务人对债权人的申请未在法定期限内向人民法院提出异议,或者异议不成立的,人民法院应当依法裁定受理破产申请。①

(三)破产申请的撤回

依据《企业破产法》,破产申请权人可以撤回破产申请。但是,申请人必须在人民法院受理破产申请前撤回,已经裁定受理破产申请的,申请人不能请求撤回。

第三节 破产申请的受理

一、破产案件的管辖

我国《企业破产法》规定,破产案件均由人民法院审理。我国未设置专门的破产法院,破产案件由普通法院管辖,当前全国已经相继在北京、上海、广州、深圳、重庆、天津等地先后设立破产法庭。

我国《企业破产法》第三条规定:"破产案件由债务人所在地人民法院管辖。"债务人所在地,是指企业主要办事机构所在地,债务人主要办事机构不明确的,由其注册地人民法院管辖。

我国对破产案件还设定了级别管辖,结合企业破产法及最高人民法院 2002 年 7 月 30 日颁布的《关于审理企业破产案件若干问题的规定》第三条的规定,"基层人民法院一般管辖县、县级市或者区的工商行政管理机关核准登记企业的破产案件;中级人民法院一般管辖地区、地级市(含本级以上)工商行政管理机关核准登记企业的破产案件;纳入国家计划调整的企业破产案件,由中级人民法院管辖"。

《企业破产法》还规定了域外管辖的问题。如该法第五条规定:"依照本法开始的破产程序,对债务人在中华人民共和国领域外的财产发生效力。对外国法院作出的发生法律效力的破产案件的判决、裁定,涉及债务人在中华人民共和国领域内的财产,申请或者请求人民法院承认和执行的,人民法院依照中华人民共和国缔结或者参加的国际条约,或者按照互惠原则进行审查,认为不违反中华人民共和国法律的基本原则,不损害国家主权、安全和社会公共利益,不损害中华人民共和国领域内债权人的合法权益的,裁定承认和执行。"

二、破产案件受理程序

(一)对破产申请的审查

债权人提出破产申请的,人民法院自收到申请之日起 5 日内通知债务人。债务人对申请有异议的,自收到人民法院通知之日起 7 日内提出,人民法院应当自异议期满之日起

---

① 《最高人民法院关于适用〈中华人民共和国企业破产法〉若干问题的规定(一)》第六条。

10 日内裁定是否受理。除上述情形外，人民法院应当自收到破产申请之日起 15 日内裁定是否受理。有特殊情况需要延长受理期限的，经上一级人民法院批准，可以延长 15 日。

人民法院收到破产申请时，应当向申请人出具收到申请及所附证据的书面凭证。人民法院收到破产申请后应当及时对申请人的主体资格、债务人的主体资格和破产原因，以及有关材料和证据等从实质要件和形式要件两个方面进行审查，并依据《企业破产法》第十条的规定作出是否受理的裁定。人民法院认为申请人应当补充、补正相关材料的，应当自收到破产申请之日起 5 日内告知申请人。当事人补充、补正相关材料的期间不计入《企业破产法》第十条规定的期限。①

人民法院受理破产申请的，应当自裁定作出之日起 5 日内送达申请人。债权人提出申请的，人民法院应当自裁定作出之日起 5 日内送达债务人。债务人应当自裁定送达之日起 15 日内，向人民法院提交财产状况说明、债务清册、债权清册、有关财务会计报告以及职工工资的支付和社会保险费用的缴纳情况。这表明：（1）债权人提出破产申请的，提交有关财务凭证材料的义务人为债务人，人民法院不应将此举证义务分配给债权人；（2）即便债务人不提交上述材料，只要债权人对债务人提出的破产申请符合企业破产法规定的上述条件，人民法院也应予以受理，不应以此为由裁定不予受理或者驳回破产申请；（3）人民法院裁定受理破产申请后，债务人不提交有关财务凭证等材料的，人民法院可以对债务人的直接责任人员依法采取罚款等强制措施。②

（二）发布通知与公告

人民法院裁定受理破产申请的，自裁定受理之日起 25 日内通知已知债权人，并予以公告。通知和公告应当载明下列事项：

（1）申请人、被申请人的名称或者姓名；

（2）人民法院受理破产申请的时间；

（3）申报债权的期限、地点和注意事项；

（4）管理人的名称或者姓名及其处理事务的地址；

（5）债务人的债务人或者财产持有人应当向管理人清偿债务或者交付财产的要求；

（6）第一次债权人会议召开的时间和地点；

（7）人民法院认为应当通知和公告的其他事项。

（三）不受理的处理

人民法院裁定不受理破产申请的，自裁定作出之日起 5 日内送达申请人并说明理由；申请人对裁定不服的，可以自裁定送达之日起 10 日内向上一级人民法院提起上诉。

人民法院受理破产申请后至破产宣告前，经审查发现债务人不符合本法第二条规定情形的，可以裁定驳回申请。驳回破产申请的事由可能包括：申请人或者被申请人不符合破

---

① 《最高人民法院关于适用〈中华人民共和国企业破产法〉若干问题的规定（一）》第七条。

② 《最高人民法院民二庭负责人就〈关于适用《中华人民共和国企业破产法》若干问题的规定（一）〉答记者问》，载中华人民共和国最高人民法院网站：https://www.court.gov.cn/zixun/xiangqing/3152.html，2024 年 22024 年 6 月 1 日访问。

产程序启动的主体要件、破产原因等程序启动要件的欠缺、破产申请存在恶意等。①

三、破产案件受理裁定的效力

（一）对债务人的效力

自人民法院受理破产申请的裁定送达债务人之日起至破产程序终结之日，债务人企业的法定代表人和经人民法院批准后包括企业的财务管理人员和其他经营管理人员承担下列义务：

（1）妥善保管其占有和管理的财产、印章和账簿、文书等资料；

（2）根据人民法院、管理人的要求进行工作，并如实回答询问；

（3）列席债权人会议并如实回答债权人的询问；

（4）未经人民法院许可，不得离开住所地；

（5）不得新任其他企业的董事、监事、高级管理人员。

人民法院受理破产申请后，债务人对个别债权人的债务清偿无效。

（二）对债权人的效力

法院受理破产申请后，无论债权人手中持有的债权是否到期均有权向债务人申报债权。未到期的债权，在破产申请受理时视为到期。附利息的债权自破产申请受理时起停止计息。

法院受理破产案件后，有关债务人的民事诉讼，只能向受理破产申请的人民法院提起。

对债务人财产享有抵押权、质权、留置权等担保物权的债权人，在处理担保物变卖的财产时享有比普通债权人优先受偿的权利。

（三）对债务人的债务人的效力

人民法院受理破产申请后，债务人的债务人或者财产持有人应当向管理人清偿债务或者交付财产。

债务人的债务人或者财产持有人故意违反前款规定向债务人清偿债务或者交付财产，使债权人受到损失的，不免除其清偿债务或者交付财产的义务。

（四）对管理人的效力

人民法院受理破产申请后，管理人对破产申请受理前成立而债务人和对方当事人均未履行完毕的合同有权决定解除或者继续履行，并通知对方当事人。管理人自破产申请受理之日起 2 个月内未通知对方当事人，或者自收到对方当事人催告之日起 30 日内未答复的，视为解除合同。

管理人决定继续履行合同的，对方当事人应当履行；但是，对方当事人有权要求管理人提供担保。管理人不提供担保的，视为解除合同。

（五）对其他相关民事程序的效力

人民法院受理破产申请后，有关债务人财产的保全措施应当解除，执行程序应当中止。

---

① 韩长印主编：《破产法学》，中国政法大学出版社 2007 年版，第 43 页。

　　人民法院受理破产申请后，已经开始而尚未终结的有关债务人的民事诉讼或者仲裁应当中止；在管理人接管债务人的财产后，该诉讼或者仲裁继续进行。

　　人民法院受理破产申请后，有关债务人的民事诉讼，只能向受理破产申请的人民法院提起。

【思考题】

　　1. 根据我国破产法的规定，破产的实质性条件包括哪些？

　　2. 破产申请的受理会产生哪些法律效力？

　　3. 你认为我国个人破产制度该如何设置？

第十七章 管理人制度和债权人会议

【**教学目的和要求**】通过本章的学习，了解管理人制度和债权人会议的基本知识，掌握管理人的任职资格及选定办法，债权人会议的职责。

【**重点和难点**】管理人的职责；债权人会议的决议。

第一节 管理人制度概述

一、管理人的概念

管理人，指在破产案件受理后，由人民法院指定的负责破产财产的管理、清理、估价、变卖和分配的专门机构。大陆法系国家一般称之为"破产财产管理人""破产管财人"，英美法系国家多称其为"破产受托人""破产接管人"，世界主要发达国家的破产立法都规定了完善的破产管理人制度。《企业破产法》借鉴国外做法，将《企业破产法(试行)》中规定的清算组制度改造完善为市场化的管理人制度，这是我国破产立法与相关国外立法接轨的重大进步。

二、管理人的法律地位

我国《企业破产法(试行)》在破产案件的管理上采用清算组制度，但对于清算组在破产程序中的地位则是见仁见智，如特殊机构说认为，我国《企业破产法(试行)》并没有承认破产财团，因而清算组是接管破产企业，对破产财产进行清算的特殊机构；清算法人机关说认为，企业法人被宣告破产后，完全可以成为一种清算法人，它以破产财产作为其具有法人资格的财产权基础，并在此基础上能独立进行必要的民事活动；破产财团代表说的学者主张，在我国颁布正式的破产法时，应采用"破产财团"的概念，相应地赋予其独立的人格，破产清算组成为破产财团的代表人。[①]

近年来，有学者主张借用信托制度来确立管理人的法律地位，即破产人是委托人，管理人是受托人，债权人为最终受益人，破产财产乃信托财产。[②] 也有学者认为，虽然我国立法中目前尚未采用财团法人及破产财团的概念，难以直接采用破产财团代表说，但是从

---

① 韩长印：《破产清算人制度的若干问题》，载《河南大学学报(社会科学版)》2000 年第 3 期，第 20 页。

② 张在范：《论管理人的法律地位》，载《北方论丛》2005 年第 1 期，第 148 页。

管理人的法律地位来分析，破产财团代表说较其他学说更为合理，能够较好地体现出管理人在破产程序中的实际作用与功能，从一般法理上分析，应采该学说。[①]

对于上述争论，有学者评价到，无论采用何种学说对管理人的法律地位进行解释，在实务中均应注意：第一，管理人除需向企业负责外，也要向法院报告工作并接受监督；管理人不仅代表破产企业及其股东的利益，也代表债权人等其他利害关系人的利益。因此无论将管理人解释为企业的独立机构，还是作为破产企业的受托人，管理人均为具有特殊身份，独立功能的实体。第二，管理人在破产进程中依法负责公司财产的管理、处分等事务，在法律规定的职权范围内，具有相对的独立性不受其他主体的任意干预。第三，破产程序涉及债权人、股东、破产企业等多方当事人，各方利益存在冲突的可能性，需法院及管理人共同加以平衡。管理人既在一定程度上代表各方利益，又不完全代表任一方当事人的利益，因此具有利益上的中立性，以超脱任一方当事人的身份介入破产事务[②]。

第二节　管理人的选任

一、管理人的任职资格

依照《企业破产法》规定，破产管理人可以是机构，也可以是个人，由于破产工作具有道德风险大、专业性强、工作量大、期限长等特点，[③] 因此破产管理人任职资格包括积极资格与消极资格两个方面。

（一）积极资格

《企业破产法》规定，破产管理人可以由下列主体担任。

在涉及国有企业政策性破产的案件中，有关法律规定企业破产时成立清算组、破产申请受理前，根据有关规定已经成立清算组，法院可以指定清算组担任破产管理人。

由依法设立的律师事务所、会计师事务所、破产清算事务所等社会中介机构担任破产管理人。

人民法院根据债务人的实际情况，可以在征询有关社会中介机构的意见后，指定该机构具备相关专业知识并取得执业资格的人员担任管理人。个人担任破产管理人的，应参加执业责任保险。

（二）消极资格

为保证破产管理人的中立性，法律同时规定了不得取得管理人资格的情形：第一，因故意犯罪受过刑事处罚的主体；第二，曾被吊销相关专业执业证书的主体；第三，与本案有利害关系的主体；第四，其他人民法院认为不宜担任管理人的情形的。

---

① 王欣新著：《破产法》，中国人民大学出版社 2011 年版，第 65 页。
② 郑志斌等著：《公司重整：角色与规则》，北京大学出版社 2013 年版，第 71~72 页。
③ 赵旭东著：《改革开放 40 年法律制度变迁——商法卷》，厦门大学出版社 2019 年版，第 287 页。

二、管理人指定办法

(一)指定时间

依照《企业破产法》第十三条规定，人民法院裁定受理破产申请的，应当同时指定管理人。

(二)指定方式

人民法院指定管理人一般应从本地管理人名册中指定。管理人名册由高级人民法院根据本辖区律师事务所、会计师事务所、破产清算事务所等社会中介机构及专职从业人员数量和企业破产案件数量，确定由本院或者所辖中级人民法院编制，并应将社会中介机构管理人与个人管理人名册分开。实践中，河北、重庆、南京、杭州、无锡、温州、成都、济南、沈阳、广州等地已成立了省级或地市级破产管理人协会，有力地推动了管理人专业队伍建设。

最高人民法院在《关于审理企业破产案件指定管理人的规定》中设计了3种管理人选任方式，即采取随机方式、竞争方式、接受推荐方式。

普通破产案件中，人民法院一般应当按照管理人名册所列名单采取轮候、抽签、摇号等随机方式公开指定管理人。

对于商业银行、证券公司、保险公司等金融机构或者在全国范围有重大影响、法律关系复杂、债务人财产分散的企业破产案件，人民法院可以采取公告的方式，邀请编入各地人民法院管理人名册中的社会中介机构参与竞争，从参与竞争的社会中介机构中指定管理人。其中，参与竞争的社会中介机构不得少于3家。

对于经过行政清理、清算的商业银行、证券公司、保险公司等金融机构的破产案件，人民法院除可以指定已经成立的清算组为管理人外，也可以在金融监督管理机构推荐的已编入管理人名册的社会中介机构中指定管理人。

(三)指定文件

指定应当形成决定书，决定书应与受理破产申请的民事裁定书一并公告，并向被指定人、破产申请人、债务人、债务人的企业登记机关送达。

浙江×石化工业有限公司等三家公司破产清算案[①]

浙江×石化工业有限公司(以下简称×石化)、浙江×控股集团有限公司、浙江×实业股份有限公司系×地区最早一批集化纤、纺织、经贸为一体的民营企业，三家公司受同一实际控制人控制。其中×石化年产值20亿余元，纳税近2亿元，曾入选中国民营企业500强。由于受行业周期性低谷及互保等影响，2016年上述三家公司出现债务危机。2016年11月1日，×省×市×区人民法院(以下简称××法院)裁定分别受理上述三家公司的破产清算申请，并通过竞争方式指定联合管理人。

三家企业共接受债权申报54.96亿元，裁定确认30.55亿元，临时确认24.41亿元。其中×石化接受债权申报18.58亿元，裁定确认9.24亿元，临时确认9.34亿

---

① 《全国法院破产典型案例》，载全国企业破产重整案件信息网：https://pccz.court.gov.cn/pcajxxw/pcdxal/dxalxq? id=D6AB766E64A442DC9235B61ECF27DCB5，2024年6月1日访问。

元。鉴于三家企业存在关联关系、主要债权人高度重合、资产独立、分散以及×石化
"破产不停产"等实际情况，××法院指导管理人在充分尊重债权人权利的基础上，
积极扩展债权人会议职能，并确定三家企业"合并开会、分别表决"的方案。2017 年
1 月 14 日，××法院召开×石化等三家企业第一次债权人会议，高票通过了各项方
案。2017 年 2 月 23 日，××法院宣告×石化等三家企业破产。

第三节　管理人的职责与报酬

一、管理人的职责

依照《企业破产法》，管理人履行下列职责：(1)接管债务人的财产、印章和账簿、文
书等资料；(2)调查债务人财产状况，制作财产状况报告；(3)决定债务人的内部管理事
务；(4)决定债务人的日常开支和其他必要开支；(5)在第一次债权人会议召开之前，决
定继续或者停止债务人的营业；(6)管理和处分债务人的财产；(7)代表债务人参加诉讼、
仲裁或者其他法律程序；(8)提议召开债权人会议；(9)人民法院认为管理人应当履行的
其他职责。

二、管理人报酬的确定

管理人履行破产法规定的职责，理应获得相应的报酬，管理人的报酬由人民法院确
定。债权人会议对管理人的报酬有异议的，有权向人民法院提出。管理人经人民法院许
可，可以聘用必要的工作人员，聘用费用列为破产费用。

三、对管理人的监督

管理人应当勤勉尽责，忠实执行职务，没有正当理由不得辞去职务。管理人应当向人
民法院报告工作，并接受债权人会议和债权人委员会的监督，管理人辞去职务应当经人民
法院许可。管理人应当列席债权人会议，向债权人会议报告职务执行情况，并回答询问。
债权人会议认为管理人不能依法、公正执行职务或者有其他不能胜任职务情形的，可以申
请人民法院予以更换。

第四节　债权人会议概述

一、债权人会议的概念

债权人会议，由所有申报了债权的债权人组成，表达债权人意志和统一债权人行动的
议事机构。[①] 这一概念包括以下两层含义：一是债权人会议代表的是债权人的团体利益，

---

① 林嘉主编：《商法练习题集(第五版)》，中国人民大学出版社 2022 年版，第 314 页。

而不是个别或部分债权人的利益；二是债权人会议是全体债权人的意思表示机关，即债权人会议是债权人参加破产程序行使权利的基本形式。

关于债权人会议的性质有自治团体说、债权人团体机关说、事实上的集合体说等代表性观点。① 自治团体说是我国部分学者的主张，该说主张债权人会议是是非法人组织，是非法人性质的特殊社团组织，是表达债权人共同意志的一种自治性团体。债权人团体机关说是日本学界的传统学说，该说认为全体债权人构成破产债权人团体，是一个法人，债权人会议则是该团体的机关。事实上集合体说是日本学界当前的通说，该说主张债权人会议是由法院召集的临时性集合组织。各国关于债权人会议的规定不尽相同从而导致债权人会议性质的认定各不相同，抽象地讨论债权人会议共同的法律性质没有多大实际意义②。

我国立法规定的债权人会议并非民法上的权利主体或者非法人团体，也不能作为独立的诉讼主体，但在破产程序中，它是代表和维护全体债权人利益的重要途径。

二、债权人会议的组成与召集

（一）债权人会议的组成

依法申报债权的债权人为债权人会议的成员，有权参加债权人会议，享有表决权。成立债权人会议是债权人参加破产程序的一项重要权利，故全体债权人，不论其债权的性质如何、额度多少，凡能依破产程序行使权利的，均为债权人会议成员，均可出席或委托代理人出席债权人会议并发表意见。代理人出席债权人会议，应当向人民法院或者债权人会议主席提交债权人的授权委托书。

债权人会议成员分有表决权和无表决权两种。

有表决权的债权人包括无财产担保的债权人、放弃优先受偿权的有财产担保的债权人、未能就担保物受足额清偿的有财产担保的债权人、享有追偿权的保证人和连带债务人、享有法定优先权的债权人。

无表决权的债权人主要有未放弃优先受偿权利的有财产担保的债权人，其对于通过和解协议和破产财产的分配方案两项事项不享有表决权。债权尚未确定的债权人，除人民法院能够为其行使表决权而临时确定债权额外，也不得行使表决权。

为了维护职工的利益，《企业破产法》第五十九条还要求，债权人会议应当有债务人的职工和工会的代表参加，对有关事项发表意见，他们也不具备表决权。

（二）债权人会议的列席人员

除债权人会议的成员可以出席会议外，非债权人会议的成员，如破产取回权人、债务人的法定代表人、债务人的其他经营管理人员、债务人的出资人、管理人以及债务人上级主管部门也可列席会议。

（三）债权人会议的召集

《企业破产法》第六十二条规定，第一次债权人会议由人民法院召集，自债权申报期

---

① 王欣新著：《破产法》，中国人民大学出版社 2007 年版，第 282 页；邹海林、王仲兴：《论破产程序中的债权人自治》，载梁慧星主编：《民商法论丛》(第 2 卷)，法律出版社 1994 年版，第 162~163 页；[日]伊藤真著：《破产法》，刘荣军、鲍荣振译，中国社会科学出版社，1995 年版，第 75 页。

② 林嘉主编：《商法练习题集(第五版)》，中国人民大学出版社 2022 年版，第 322 页。

限届满之日起 15 日内召开。人民法院召集第一次债权人会议时，应当宣布债权人资格审查结果，指定并宣布债权人会议主席，宣布债权人会议的职权及其他有关事项，并通报债务人的生产、经营、财产、债务的基本情况。如果有重大事由不能在法定期间或者已确定的期日召开第一次债权人会议，人民法院可以推迟会议召开的日期，但应当及时通知债务人，并发布公告。

债权人会议设主席一人，由人民法院从有表决权的债权人中指定。债权人会议主席主持债权人会议。以后的债权人会议，在人民法院认为必要时，或者管理人、债权人委员会、占债权总额 1/4 以上的债权人向债权人会议主席提议时召开。召开债权人会议，管理人应当提前 15 日将会议召开的时间、地点、内容、目的等事项通知已知的债权人。

三、债权人会议的职权

我国《企业破产法》第六十一条规定债权人会议行使下列职权：

(1)核查债权；(2)申请人民法院更换管理人，审查管理人的费用和报酬；(3)监督管理人；(4)选任和更换债权人委员会成员；(5)决定继续或者停止债务人的营业；(6)通过重整计划；(7)通过和解协议；(8)通过债务人财产的管理方案；(9)通过破产财产的变价方案；(10)通过破产财产的分配方案；(11)人民法院认为应当由债权人会议行使的其他职权。

债权人会议应当对所议事项的决议作成会议记录。

四、债权人会议的决议及其效力

(一)决议规则

债权人会议的决议，由出席会议的有表决权债权人过半数通过，并且其所代表的债权额应占无财产担保债权总额的 1/2 以上。但是，本法另有规定的除外。

(二)决议方式

债权人会议的决议除现场表决外，可以由管理人事先将相关决议事项告知债权人，采取通信、网络投票等非现场方式进行表决。采取非现场方式进行表决的，管理人应当在债权人会议召开后的 3 日内，以信函、电子邮件、公告等方式将表决结果告知参与表决的债权人。①

(三)决议的效力

债权人会议的决议，对全体债权人均具有法律约束力。无论债权人是否出席会议，是否享有表决权，也不论对会议决议是持肯定态度还是否定态度，只要决议一经合法通过，全体债权人均应受其约束。

债务人的财产管理方案和破产财产的变价方案，经债权人会议表决未通过的，由人民法院裁定。破产财产的分配方案，经债权人会议二次表决仍未通过的，由人民法院裁定。

(四)违法决议的异议

《企业破产法》第六十四条第二款的规定，债权人认为债权人会议的决议违反法律规

---

① 《最高人民法院关于适用〈中华人民共和国企业破产法〉若干问题的规定(三)》第十一条。

定，损害其利益的，可以自债权人会议作出决议之日起 15 日内，请求人民法院裁定撤销该决议，责令债权人会议依法重新作出决议。

债权人可以申请撤销债权人会议决议的情形之一，包括：（1）债权人会议的召开违反法定程序；（2）债权人会议的表决违反法定程序；（3）债权人会议的决议内容违法；（4）债权人会议的决议超出债权人会议的职权范围。人民法院可以裁定撤销全部或者部分事项决议，责令债权人会议依法重新作出决议。

债权人申请撤销债权人会议决议的，应当提出书面申请。债权人会议采取通信、网络投票等非现场方式进行表决的，债权人申请撤销的期限自债权人收到通知之日起算。[1]

第五节 债权人委员会

一、债权人委员会的概念

债权人委员会债权人会议可以决定设立债权人委员会。债权人委员会是代表债权人会议，为实现债权人的共同利益，确保破产程序的顺利进行而设立的常设机构。[2] 在不同的国家和地区对其有不同称呼，如德国称之为"债权人委员会"，在我国台湾地区称为"监查人"，在日本称为"监察委员"，在美国称为"检查人"。

二、债权人委员会的组成

债权人委员会由债权人会议选任的债权人代表和 1 名债务人的职工代表或者工会代表组成。债权人委员会成员不得超过 9 人。债权人委员会成员应当经人民法院书面决定认可。

三、债权人委员会的职权

债权人委员会行使下列职权：（1）监督债务人财产的管理和处分；（2）监督破产财产分配；（3）提议召开债权人会议；（4）债权人会议委托的其他职权。

债权人会议可以委托债权人委员会行使申请人民法院更换管理人，审查管理人的费用和报酬、监督管理人、决定继续或者停止债务人的营业。债权人会议不得作出概括性授权，委托其行使债权人会议所有职权。[3]

四、债权人委员会的决议

债权人委员会决定所议事项应获得全体成员过半数通过，并作成议事记录。债权人委员会成员对所议事项的决议有不同意见的，应当在记录中载明。债权人委员会行使职权应

---

① 《最高人民法院关于适用〈中华人民共和国企业破产法〉若干问题的规定（三）》第十二条。
② 施天涛著：《商法学》，法律出版社 2020 年版，第 671 页。
③ 《最高人民法院关于适用〈中华人民共和国企业破产法〉若干问题的规定（三）》第十三条。

当接受债权人会议的监督，以适当的方式向债权人会议及时汇报工作，并接受人民法院的指导。①

债权人委员会执行职务时，有权要求管理人、债务人的有关人员对其职权范围内的事务作出说明或者提供有关文件。

管理人、债务人的有关人员违反本法规定拒绝接受监督的，债权人委员会有权就监督事项请求人民法院作出决定；人民法院应当在5日内作出决定。

五、债权人委员会对管理人的监督

管理人实施下列行为，应当及时报告债权人委员会：(1)涉及土地、房屋等不动产权益的转让；(2)探矿权、采矿权、知识产权等财产权的转让；(3)全部库存或者营业的转让；(4)借款；(5)设定财产担保；(6)债权和有价证券的转让；(7)履行债务人和对方当事人均未履行完毕的合同；(8)放弃权利；(9)担保物的取回；(10)对债权人利益有重大影响的其他财产处分行为。

未设立债权人委员会的，管理人实施前款规定的行为应当及时报告人民法院。

管理人处分上述债务人重大财产的，应当事先制作财产管理或者变价方案并提交债权人会议进行表决，债权人会议表决未通过的，管理人不得处分。

管理人实施处分前，应当提前10日书面报告债权人委员会或者人民法院。债权人委员会可以要求管理人对处分行为作出相应说明或者提供有关文件依据。

债权人委员会认为管理人实施的处分行为不符合债权人会议通过的财产管理或变价方案的，有权要求管理人纠正。管理人拒绝纠正的，债权人委员会可以请求人民法院作出决定。

人民法院认为管理人实施的处分行为不符合债权人会议通过的财产管理或变价方案的，应当责令管理人停止处分行为。管理人应当予以纠正，或者提交债权人会议重新表决通过后实施。②

【思考题】

1. 企业破产法中，破产管理人的中立性体现在哪些方面？
2. 如何进一步落实管理人职责？

---

① 《最高人民法院关于适用〈中华人民共和国企业破产法〉若干问题的规定(三)》第十四条。
② 《最高人民法院关于适用〈中华人民共和国企业破产法〉若干问题的规定(三)》第十五条。

第十八章　破产财产的清理

【教学目的和要求】通过本章的学习，掌握破产财产的范围、破产费用、共益债务的基本概念，别除权、破产撤销权、取回权、破产抵销权。
【重点和难点】破产费用和共益债务的清偿顺序，破产撤销权、破产抵销权的行使。

第一节　破产财产、破产费用与共益债务

一、破产财产

(一)破产财产的概念及特征

企业破产法理论中债务人财产又称为破产财团或者财团财产。破产申请受理时属于债务人的全部财产，以及破产申请受理后至破产程序终结前债务人取得的财产，为债务人财产。债务人被宣告破产后，债务人称为破产人，债务人财产称为破产财产。由此可以看出，债务人财产和破产财产并无实质区别，只是在破产宣告前后的不同阶段，分别用了债务人财产和破产财产两个不同称谓，但其本质均为法人财产，二者范围是一致的。

(二)破产财产的范围

在破产财产的构成范围上有固定主义与膨胀主义两种立法模式。固定主义是指，债务人财产/破产财产在破产申请受理时或破产宣告时已有的所有财产，不再变动。膨胀主义则是指，债务人财产/破产财产在破产宣告后仍有所扩大膨胀，不仅包括破产申请或者被宣告破产时债务人所有的财产，也包括其在破产程序终结前所新取得的财产。我国企业破产法在破产财产范围上采用的是膨胀主义立法模式。

我国企业破产法在破产财产范围上采用的是膨胀主义立法模式。债务人财产包括破产申请受理时属于债务人的全部财产，也包括破产申请受理后至破产程序终结前债务人取得的财产，甚至包括破产程序终结后又发现的应当供分配的其他债务人财产。除债务人所有的货币、实物外，债务人依法享有的可以用货币估价并可以依法转让的债权、股权、知识产权、用益物权等财产和财产权益，人民法院均应认定为债务人财产。[①]

[①]　《最高人民法院关于适用〈中华人民共和国企业破产法〉若干问题的规定(二)》第一条。

成都市×餐饮管理有限公司破产清算案①

2020 年 10 月 10 日，成都市×餐饮管理有限公司（以下简称×公司）被债权人申请破产清算，成都市武侯区人民法院依法受理了申请，并指定了管理人。×公司成立于 2012 年 9 月，注册资本 50 万元，实缴资本 50 万元，从事餐饮管理。在破产申请被裁定之前，已经停止营业，无经营场所，无办公人员，无现金资产，名下有 3 件注册商标。此外，管理人经查明，在×公司成立后不久，两名股东以借款方式把缴纳的注册资本 50 万元予以抽逃。后管理人通过各种方式追回其本金 50 万元，利息 5 万元。

（三）破产财产的例外

下列财产不应认定为债务人财产：②

（1）债务人基于仓储、保管、承揽、代销、借用、寄存、租赁等合同或者其他法律关系占有、使用的他人财产；

（2）债务人在所有权保留买卖中尚未取得所有权的财产；

（3）所有权专属于国家且不得转让的财产；

（4）其他依照法律、行政法规不属于债务人的财产。

债务人已依法设定担保物权的特定财产，人民法院应当认定为债务人财产。

对债务人的特定财产在担保物权消灭或者实现担保物权后的剩余部分，在破产程序中可用以清偿破产费用、共益债务和其他破产债权。

二、破产费用

（一）破产费用的概念及特征

破产费用指在破产程序中为了全体债权人的共同利益而支付的旨在推进破产程序进行所必需的各项费用的总称。

破产费用具有以下特征：

1. 破产费用是在破产程序进行中发生的费用

破产费用是为了保证破产程序正常进行所产生的必要费用，这也是破产费用和破产债权的明显区别，破产债权产生于人民法院受理破产申请之前。

2. 破产费用是为了全体债权人的共同利益而支出的费用

破产程序是为了满足和保护债权人利益而发生的，破产费用的产生为破产程序的进行提供了重要保障。

3. 破产费用以破产财产为担保

破产费用由破产财产来进行支付，如果债务人财产不足以清偿破产费用的，破产债权人更无法获得任何清偿，此时管理人应当提请人民法院终结破产程序。人民法院应当自收到请求之日起 15 日内裁定终结破产程序，并予以公告。

---

① 王欣新主编：《破产法原理与案例教程（第三版）》，中国人民大学出版社 2024 年版，第 140 页。

② 《最高人民法院关于适用〈中华人民共和国企业破产法〉若干问题的规定（二）》第二条。

4. 破产费用是随时、优先拨付的

破产费用并不依破产清算程序的进行而得以支付，而是在破产程序进行过程中随时产生、随时清偿的。破产费用的支付优先于劳动债权、税收债权和其他普通破产债权。

(二)破产费用的范围

《企业破产法》第四十一条规定了破产费用的范围，主要包括：

1. 破产案件的诉讼费用

这一费用主要包括破产案件受理费、职权调查费、公告费、送达费、法院登记申报债权的费用、法院召集债权人会议的费用、证据保全费用、财产保全费用、鉴定费用、勘验费用，以及法院认为应由债务人财产支付的其他诉讼费用。

2. 管理、变价和分配债务人财产的费用

主要有：(1)债务人财产的管理费用，即管理人占有、清理和保管债务人财产或者继续债务人的营业所支出的费用，如债务人财产的保管费用、仓储费用、运输费用、清理费用、维修保养费用、保险费用、营业税费、公告费用、通知费用、律师费、审计费用、水电费、通讯费、办公费、文书制作费等。(2)债务人财产的变价费用，即管理人为变现债务人非货币财产所支出的费用。其中包括：财产的估价费用、鉴定费用、公证费用、公告费用、通知费用、拍卖费用、执行费用、登记费用以及变价债务人财产的税费等。(3)债务人财产的分配费用，即管理人将破产财产分配给债权人所发生的费用。主要有资料制作费用、公告费用、通知费用、提存分配费用等。

3. 管理人执行职务的费用、报酬和聘用工作人员的费用

主要包括破产管理人履行《企业破产法》第二十三条规定的职责所产生的费用；执行职务所需费用；破产管理人的报酬以及聘用工作人员所需费用3个部分。

此外，根据《最高人民法院关于适用〈中华人民共和国企业破产法〉若干问题的规定(三)》第一条规定，人民法院裁定受理破产申请的，此前债务人尚未支付的公司强制清算费用、未终结的执行程序中产生的评估费、公告费、保管费等执行费用，可以参照企业破产法关于破产费用的规定，由债务人财产随时清偿。

三、共益债务

(一)共益债务的概念

共益债务，是指在破产过程中为了全体债权人的共同利益所发生的债务以及因债务人财产所发生的债务。[①] 共益债务总是与破产费用联系在一起，有的国家的破产法不对二者加以区分，实行平等清偿原则，如英国、美国和日本等。德国的破产法则严格区分二者不同的范围和法律地位，且规定当二者并存而财产不足清偿时，应首先清偿共益费用。我国企业破产法对二者进行了明确的界定，表明共益债务和破产费用既有共性又有差别。

(二)共益债务的范围

《企业破产法》第四十二条规定，人民法院受理破产申请后发生的下列债务，为共益债务：

---

① 施天涛著：《商法学》，法律出版社2020年版，第688页。

第一，因管理人或者债务人请求对方当事人履行双方均未履行完毕的合同所产生的债务。此处的合同既包括已开始履行而尚未完全履行完毕的合同，也包括未开始履行的合同。对于此类合同，管理人得决定解除或者继续履行，管理人决定继续履行的，可以请求对方当事人履行，由此所产生的债务，作为共益债务优先清偿；管理人决定解除合同，对方当事人由此产生的损害赔偿请求权可以作为破产债权进行申报。

第二，债务人财产受无因管理所产生的债务。破产程序开始后，第三人无法定或约定义务，对破产财产实施了无因管理，有利于破产财产价值的维护和破产债权人的共同利益。因此，无因管理人管理费用的支出及所负负担，应作为共益债务，由债务人财产予以随时清偿。当然作为共益债务的无因管理之债，须为破产案件受理之后管理破产财产所生，破产案件受理前对债务人财产无因管理所发生的债务，只能作为普通破产债权来进行申报。

第三，因债务人不当得利所产生的债务。破产程序开始后，破产人取得不当得利表面上看起来破产企业财产有所增加，但由于该财产本非破产财产，所有债权人若对该财产进行分配，不仅使发生损失的受害人雪上加霜，且有意外利益之嫌。因此，法律规定由此产生的债务可从企业财产中随时支付。

第四，债务人继续营业而应支付的劳动报酬和社会保险费用以及由此产生的其他债务。在第一次债权人会议召开之前，管理人可以决定继续或者停止债务人营业，因此，为债务人的继续营业而支付的劳动报酬和社会保险费用，以及管理人为债务人的继续营业而订立的合同所产生的债务，本质上有利于全体债权人，也属于共益债务。

第五，管理人或者相关人员执行职务致人损害所产生的债务。管理人或者相关人员执行职务之目的在于维护债权人共同利益，以债务人的财产优先清偿执行职务致人损害，符合公平正义的法律理念，也是保护侵权之债的受害人的需要。

第六，债务人财产致人损害所产生的债务。破产程序中一项重要工作就是管理债务人财产，因管理财产所发生侵权之债，系出于为全体债权人利益所生，也应归入共益债务范围。

第七，破产申请受理后，经债权人会议决议通过，或者第一次债权人会议召开前经人民法院许可，管理人或者自行管理的债务人可以为债务人继续营业而借款。提供借款的债权人主张参照上述第四项的规定优先于普通破产债权清偿的，人民法院应予支持。[①]

四、破产费用与共益债务的清偿规则

（1）随时清偿原则。《企业破产法》第四十三条规定，破产费用和共益债务由债务人财产随时清偿。

（2）优先偿付原则。债务人财产不足以清偿所有破产费用和共益债务的，先行清偿破产费用。这有两层含义，一层含义指，与普通债权或一般优先权相比，破产费用和共益债务优先于一般破产优先权和普通破产债权受偿，从《企业破产法》第一百一十三条规定，不难看出，破产财产只有在优先清偿破产费用和共益债务后，才能清偿其他财产权利。另

[①]　《最高人民法院关于适用〈中华人民共和国企业破产法〉若干问题的规定(三)》第二条。

一层含义是，破产费用与共益债务之间也有先后顺序。若破产费用与共益债务并存，而债务人的财产又不足以清偿所有破产费用和共益债务时，破产费用应优先于共益债务受偿。

(3)比例偿付原则。债务人财产不足以清偿所有破产费用或者共益债务的，按照比例清偿。当多项破产费用或共益债务并存时，若债务人财产不足以清偿所有破产费用或共益债务时，破产费用或共益债务内部，相同性质的破产费用项或共益债务之间，应按照比例清偿。

债务人财产不足以清偿破产费用的，管理人应当提请人民法院终结破产程序。人民法院应当自收到请求之日起15日内裁定终结破产程序，并予以公告。

第二节　破产程序中的别除权、撤销权、追回权

一、破产别除权

(一)破产别除权的概念

破产别除权是指破产宣告前成立的有财产担保债权的债权人享有的不依破产程序就规定的担保财产优先受偿的权利。别除权主要包括因抵押、质押、留置等财产担保方式而产生的担保物权。

别除权是针对破产人的财产所行使的权利；是针对破产人设定担保之特定财产行使的权利；是就特定破产优先受偿的权利；是不依破产程序受偿的权利；作为基础权利的担保权是在破产宣告前成立的。

(二)破产别除权的行使

人民法院受理破产申请后，管理人可以通过清偿债务或者提供为债权人接受的担保，取回质物、留置物。债务清偿或者替代担保，在质物或者留置物的价值低于被担保的债权额时，以该质物或者留置物当时的市场价值为限。

二、破产撤销权

(一)破产撤销权的概念

破产撤销权是管理人对债务人在破产宣告前法定期间内实施的损害债权人利益的行为，有权申请人民法院撤销的权利。撤销权行使的法律后果，是使债务人在破产申请受理前法定期间内实施的损害债权人利益的行为因被撤销而丧失效力。

破产撤销权是企业破产法为防止债务人在丧失清偿能力的情况下，出于私心通过无偿转让、非正常交易去转移财产、逃避债务或者对个别债权人进行偏袒性清偿等不正当行为的发生。通过对债务人相关行为的撤销，可以保全债务人财产，维护债权人相互之间的平等，实现破产财产在全体债权人之间公平的进行分配。

(二)破产撤销权的种类

管理人行使撤销权有两种手段：一是行使一般撤销权，在人民法院受理破产申请前一年内，如果债务人具有无偿转让财产，以明显不合理的价格进行交易，对没有财产担保的债务提供财产担保，对未到期的债务提前清偿，放弃债权等行为，管理人有权请求人民法

院予以撤销;① 二是行使个别清偿撤销权,即人民法院受理破产申请前 6 个月内,只要债务人不能清偿到期债务,并且资产不足以清偿全部债务或者明显缺乏清偿能力,仍对个别债权人进行清偿的,管理人有权请求人民法院予以撤销,但是个别清偿使债务人财产受益的除外。②

(三)破产撤销权的行使

根据企业破产法,管理人依据上述规定提起撤销权之诉,请求撤销涉及债务人财产的相关行为并由相对人返还债务人财产的,人民法院应予支持。管理人因过错未依法行使撤销权导致债务人财产不当减损,债权人提起诉讼主张管理人对其损失承担相应赔偿责任的,人民法院应予支持。③

(四)破产撤销权行使的例外情况

破产申请受理前一年内债务人提前清偿的未到期债务,在破产申请受理前已经到期,管理人请求撤销该清偿行为的,人民法院不予支持。④ 债务人对以自有财产设定担保物权的债权进行的个别清偿,管理人请求撤销的,人民法院不予支持。⑤ 债务人经诉讼、仲裁、执行程序对债权人进行的个别清偿,管理人请求撤销的,人民法院不予支持。⑥ 债务人对债权人进行的以下个别清偿,管理人请求撤销的,人民法院不予支持:(1)债务人为维系基本生产需要而支付水费、电费等的;(2)债务人支付劳动报酬、人身损害赔偿金的;(3)使债务人财产受益的其他个别清偿。⑦

(五)破产无效行为

《企业破产法》还明确区分了破产撤销行为和无效行为,涉及债务人财产的下列行为无效:为逃避债务而隐匿、转移财产的;虚构债务或者承认不真实的债务的。⑧

三、破产追回权

(一)破产追回权的概念

破产追回权是指管理人追回被他人非正常占有和侵占的,属于债务人的财产。也就是说,他人占有和侵占的债务人财产,必须依法退还给债务人。

(二)破产追回权的范围

属于应当追回的债务人财产有三项:

(1)人民法院受理破产申请后,债务人的出资人尚未完全履行出资义务的,管理人有权要求该出资人缴纳所认缴的出资,而不受出资期限的限制。

(2)债务人的董事、监事和高级管理人员利用职权从企业获取的非正常收入和侵占的

---

① 《企业破产法》第三十一条。
② 《企业破产法》第三十二条。
③ 《最高人民法院关于适用〈中华人民共和国企业破产法〉若干问题的规定(二)》第九条。
④ 《最高人民法院关于适用〈中华人民共和国企业破产法〉若干问题的规定(二)》第十二条。
⑤ 《最高人民法院关于适用〈中华人民共和国企业破产法〉若干问题的规定(二)》第十四条。
⑥ 《最高人民法院关于适用〈中华人民共和国企业破产法〉若干问题的规定(二)》第十五条。
⑦ 《最高人民法院关于适用〈中华人民共和国企业破产法〉若干问题的规定(二)》第十六条。
⑧ 《企业破产法》第三十三条。

企业财产，管理人有权追回。非正常收入包括：绩效奖金；普遍拖欠职工工资情况下获取的工资性收入和其他非正常收入。[①] 破产财产在最终清偿时，破产企业的董事、监事和高级管理人员的工资按照该企业职工的平均工资计算，超出平均工资的数额视为非常收入，可以由管理人追回。

（3）人民法院受理破产申请后，管理人可以通过清偿债务或者提供为债权人接受的担保，收回质物、留置物。

上述规定的债务清偿或者替代担保，在质物或者留置物的价值低于被担保的债权额时，以该质物或者留置物当时的市场价值为限。管理人拟通过清偿债务或者提供担保取回质物、留置物，或者与质权人、留置权人协议以质物、留置物折价清偿债务等方式，进行对债权人利益有重大影响的财产处分行为的，应当及时报告债权人委员会。未设立债权人委员会的，管理人应当及时报告人民法院。[②]

第三节　破产取回权

一、破产取回权的概念

取回权是指破产管理人占有不属于破产财产的他人财产，财产权利人可以不依破产程序，直接通过破产管理人取回的权利。

取回权是民法上物的返还请求权在破产程序中的一种运用，取回权的标的物必须为现实存在之物，取回权据以存在的权利依据必须在破产宣告之前已经存在，取回权于权利基础须具有物权特性；取回权的行使以破产管理人为相对人。

二、破产取回权的种类

（一）一般取回权

一般取回权，是指债务人基于合法地仓储、保管、加工承揽、委托交易、代销、借用、寄存、租赁等法律关系占有、使用的他人财产，也可能包括基于侵权行为、不当得利而发生的非法占有。这些财产虽由债务人实际占有，但其权属并非债务人，故而应被排除出破产财产之外，该财产的权利人可以在破产程序开始后，破产财产分配前找到管理人主张权利。

一般取回权的行使限于取回原物，如果原物已被债务人灭失，权利人只能以直接损失额作为破产债权进行申报，依破产程序获得清偿。

如果原物被违法转让给第三人的，因涉及第三人的善意取得问题，原财产权利人的权利行使会受到一定的影响。第三人受让被违法转让的财产符合善意取得条件的，该财产归第三人所有，原财产权利人不能对该财产行使取回权。转让行为发生在破产申请受理前的，原权利人因财产损失形成的债权，作为普通破产债权清偿；转让行为发生在破产申请

---

① 《最高人民法院关于适用〈中华人民共和国企业破产法〉若干问题的规定（二）》第二十四条。
② 《最高人民法院关于适用〈中华人民共和国企业破产法〉若干问题的规定（二）》第二十五条。

受理后的，因管理人或者相关人员执行职务导致原权利人损害产生的债务，作为共益债务清偿。①

第三人受让财产不符合善意取得条件的，第三人未取得被转让财产的所有权，原财产权利人均有权依据交付情况分别向债务人或者第三人主张取回该财产。如果第三人已经向债务人支付了转让价款，而所涉财产又被原财产权利人追回后，第三人就已支付价款损失有权向债务人主张返还。对于该损失赔偿债权，转让行为发生在破产申请受理前的，作为普通破产债权清偿；转让行为发生在破产申请受理后的，作为共益债务清偿。②

（二）特殊取回权

特殊取回权的行使限于在途标的物。人民法院受理破产申请时，出卖人已将买卖标的物向作为买受人的债务人发运，债务人尚未收到且未付清全部价款的，出卖人可以取回在运途中的标的物。但是，管理人可以支付全部价款，请求出卖人交付标的物。③

出卖人在途标的物取回权源于英美货物买卖法的中途停运权。《民法典》第八百二十九条对此也有相应规定，④ 其目的在于担保已经脱离了对标的物控制权的出卖人获得买卖价款的权利。出卖人取回在途标的物的条件有二：一是法院受理破产申请时出卖人已经将买卖标的物发货，而买受人尚未收到；二是出卖人尚未收到全部买卖价款。

出卖人在途标的物取回权行使不以出卖人对买卖标的物享有所有权为前提。出卖人行使该取回权时，可以通过承运人或者实际占有人行使权利。原则上，承运人或者实际占有人应当按照出卖人的要求保障其取回权的实现。如果承运人或者实际占有人没有按照要求保障出卖人的取回权实现，导致买卖标的物最终交付到管理人的，因出卖人主张行使取回权时符合特殊取回权条件，即使买卖标的物事后到达管理人的，出卖人仍然有权向管理人主张取回。管理人不得以标的物已经不符合在运途中的要件为由，拒绝其取回权行使。另外，如果出卖人在标的物在运途中，由于特殊原因无法通过承运人等行使取回权的，也可以直接向管理人主张取回。待货物到达管理人后，管理人应当将标的物返回出卖人。

出卖人对在途标的物取回权行使的一个重要前提是买卖标的物处于运输途中。如果出卖人未在买卖标的物到达管理人前及时主张行使在途标的物取回权的，其即丧失了行使该项取回权的权利。在买卖标的物到达管理人后，出卖人无权依据上述规定向管理人主张取回买卖标的物。⑤

---

① 《最高人民法院关于适用〈中华人民共和国企业破产法〉若干问题的规定(二)》第三十条。

② 《最高人民法院关于适用〈中华人民共和国企业破产法〉若干问题的规定(二)》第三十一条。

③ 《企业破产法》第三十九条。

④ 《民法典》第八百二十九条规定：在承运人将货物交付收货人之前，托运人可以要求承运人中止运输、返还货物、变更到达地或者将货物交给其他收货人，但是应当赔偿承运人因此受到的损失。

⑤ 《最高人民法院民二庭负责人就〈关于适用《中华人民共和国企业破产法》若干问题的规定（二）〉答记者问》，载中华人民共和国最高人民法院网站：https：//www. court. gov. cn/zixun/xiangqing/5678. html，2024 年 6 月 1 日访问。

第四节 破产抵销权

一、破产抵销权的概念

(一)破产撤销权的概念

抵销权是指债权人在破产申请受理前对债务人负有债务的，无论是否已到清偿期限或标的是否相同，均可不依破产程序，可以向管理人主张相互抵销的权利。

破产抵销权是民法抵销权制度在破产程序中的特别运用，两者在维护当事人权益等方面有很大差别。民法抵销权适用的主要目的，是为了节省当事人双方的结算时间和费用，避免交叉诉讼。而破产抵销权，是为了使债权人的破产债权在抵销范围内得以从破产财产中得到全额、优先的清偿，避免和其他债权人一样接受破产财产的按比例清偿，使其在破产程序中拥有不同于其他债权人的优先地位。

(二)破产撤销权的行使

(1)可抵销的债权必须在破产程序开始前已经成立。破产抵销权实质上是让互负债权债务的少数特殊债权人有优先受偿的机会，从某种意义上说会损害大部分债权人的利益，因此，为防止这项权利被滥用，企业破产法严格限定了破产抵消权的适用范围。

(2)无论该债权、债务是否到期，种类是否相同，均得抵销。在破产抵销权行使时，并不受民法抵销权标的种类相同以及债务均已届至清偿期两个条件的限制，即使是种类不同的债务或者尚未到期的债务也可行使破产抵销权。因为破产程序是一种概括执行程序，破产财产分配以货币分配为主，在破产程序中所有的债权债务关系都通过债权申报转化为可以用金钱代表的债权债务。并且根据企业破产法的规定，债权人对债务人享有的未到期债权，在破产申请受理时视为到期，即债务人对债权人负有的债务虽然尚未届至合同约定的履行期限，但由于债务人进入破产程序，其对债权人的清偿义务也会加速到期。

(3)行使权利的主体只能是破产债权人。破产法抵销权立法目的在于担保债权人的债权优先实现，因此，该权利只能由破产债权的债权人行使，而管理人不得在破产债权人未提出抵销主张的情况下主动提出抵销。

二、破产抵销权的禁止

为防止抵销权被当事人滥用，破产法对抵销权的行使进行了限制。除法律另有规定外，凡具有下列情形之一的不得抵销：(1)债务人的债务人在破产申请受理后取得他人对债务人的债权的；(2)债权人已知债务人有不能清偿到期债务或者破产申请的事实，对债务人负担债务的；(3)债务人的债务人已知债务人有不能清偿到期债务或者破产申请的事实，对债务人取得债权的。[①]

债务人的股东主张以下列债务与债务人对其负有的债务抵销，债务人管理人提出异议的，人民法院应予支持：(1)债务人股东因欠缴债务人的出资或者抽逃出资对债务人所负

---

① 《企业破产法》第四十条。

的债务；（2）债务人股东滥用股东权利或者关联关系损害公司利益对债务人所负的债务。①

【思考题】

　　1. 破产法上的撤销权与民法上的撤销权有哪些不同？

　　2. 破产法上的抵销权与民法上的抵销权有哪些不同？

　　3. 简述我国破产财产的范围？

---

　　① 《最高人民法院关于适用〈中华人民共和国企业破产法〉若干问题的规定(二)》第四十六条。

第十九章　破产重整与破产和解

【教学目的和要求】通过本章的学习，要了解破产重整制度的建立，重点掌握重整制度的概念和特征，重整原因，重整申请的主体，重整计划的制定、内容、决议的程序和效力，重整计划的确认和执行等。和解制度的概念和特征，和解方案的成立与生效。

【重点和难点】重整制度、和解程序、破产清算程序的价值取向比较。

第一节　破　产　重　整

一、破产重整制度的概念与特征

(一)重整的概念

所谓重整，是指经利害关系人申请，在人民法院的主持和利害关系人的参与下，对具有破产原因但又有挽救价值的企业进行营业重组与债务清理，以使企业摆脱财务困境，恢复营业能力的法律制度。与破产清算、和解制度相比，重整在挽救债务人方面有突出的效用，因而被公认为最有力的破产预防制度。自 2022 年以来我国各级人民法院审结破产重整案件 2801 件，盘活资产 3.4 万亿元，帮助 3285 家企业摆脱困境，稳住 92.3 万名员工就业岗位。[①]

(二)重整的特征

第一，破产重整的目的在于挽救陷入困境的企业，挽救其生存。其通过市场化、法治化途径挽救困境企业，完善了社会主义市场主体救治机制，集中体现了破产法的拯救功能，代表了现代破产法的发展趋势。

第二，破产重整仅限于有重整价值及拯救可能性的企业，对于明显不具有重整价值及拯救可能性的企业，应通过破产清算，果断实现市场出清。

第三，破产重整须发生在人民法院受理破产申请后宣告债务人破产前。破产重整的本质是对企业挽救于危亡的积极拯救的过程，如果企业已经解散或者破产宣告后，则无重整的必要了。

---

① 《中华人民共和国最高人民法院工作报告》，载中华人民共和国最高人民法院网站：http://gongbao.court.gov.cn/，2024 年 6 月 1 日访问。

某集团破产重整案①

　　某集团有限公司是以航空运输、机场运营、酒店管理、金融服务为主要业务的大型跨国企业集团，曾入选世界五百强，拥有境内外企业超 2000 余家。因经营失当、管理失范、投资失序，加之市场下行，该集团于 2017 年底爆发流动性危机，并转为严重资不抵债的债务危机。在最高人民法院的指导下和该省委、省政府的支持下，根据债权人某有限责任公司的申请，某省高级人民法院于 2021 年 2 月 10 日裁定受理某集团等 7 家公司及某集团下属 3 家上市公司及子公司重整，并于同日指定某集团清算组担任管理人。2021 年 3 月裁定对某集团等 321 家公司实施实质合并重整，形成三家上市公司内部协同重整、非上市公司实质合并重整、上市公司与非上市公司共计 378 家公司同步重整、联动推进的模式。其中 321 家公司实质合并重整案涉及债务规模最大，审理难度较高，为社会各方重点关注。

　　2021 年 10 月，省高级人民法院裁定批准重整计划。2021 年 12 月，省省高级人民法院裁定确认 3 家上市公司及其子公司重整计划执行完毕。2022 年 4 月，省高院裁定确认某集团等 321 家公司实质合并重整计划执行完毕。至此，某集团破产重整程序成功终结。

　　在整个破产重整过程中，某集团 378 家破产企业正常运行，有效确保航空安全，整体就业情况稳定，企业复工复产有序，取得了良好的政治效果、社会效果和法律效果。某省高级人民法院的破产重整工作得到了最高人民法院、省委、省政府等相关部门的充分肯定。

　　某集团破产案件是当时亚洲地区债务规模最大、债权人数量最多、债权人类型最多元、重整企业数量最多、法律关系最复杂、程序联动最复杂的破产重整案件，也是我国为数不多的由省高级人民法院直接审理的重整案件。

二、重整程序启动

（一）重整申请的提出

1. 重整原因

　　重整原因是重整程序的启动要件，也是法院得以裁定债务人进行重整的法定原因。根据我国《企业破产法》第二条的规定，② 可以看出企业法人重整的原因为两种情形：一是企业法人具备破产原因，即企业法人因为经营或者财务发生困难已经处于不能清偿到期债务，并且资产不足以清偿全部债务或者明显缺乏清偿能力的状态。这就要求企业法人必须具备法律规定的破产原因，才能进行重整。二是企业法人将要出现破产原因，即企业法人

---

　　① 《×集团破产重整案》，载海南省高级人民法院网站：http：//k. sina. com. cn/article_3578910840_d551d878027012hlb. html，2024 年 6 月 1 日访问。

　　② 《企业破产法》第二条规定：企业法人不能清偿到期债务，并且资产不足以清偿全部债务或者明显缺乏清偿能力的，依照本法规定清理债务。企业法人有前款规定情形，或者有明显丧失清偿能力可能的，可以依照本法规定进行重整。

因为经营或者财务发生困难等有明显丧失清偿能力可能的状态出现时也可以申请企业重整。

2. 破产重整的申请人

（1）债务人。破产重整程序是以拯救债务人为最终目的，只有债务人自己最了解企业基本情况，最清楚自身有无挽救的可能。因此在债务人出现重整原因时，各国破产法均允许债务人申请重整申请。

（2）债权人。虽然债权人有权提出债务人的重整，但许多国家的破产法都要求其债权额需达到一定的比例。如日本《公司更生法》第十七条第二款规定，集有相当于资本 1/10 以上债权的债权人可以提出重整申请。① 我国的《企业破产法》对此未作特别规定。

（3）债务人的股东。允许公司股东申请重整是重整程序和破产、和解程序的主要区别之一。根据我国《企业破产法》第七十条第二款的规定，债权人申请对债务人进行破产清算的，在人民法院受理破产申请后、宣告债务人破产前，出资额占债务人注册资本 1/10 以上的出资人，可以向人民法院申请重整。

3. 申请时间与方式

《企业破产法》第七十条规定，债务人或者债权人可以直接向人民法院申请对债务人进行重整。债权人申请对债务人进行破产清算的，债务人或其出资人应当在人民法院受理破产申请后宣告债务人破产前提出申请。具体可以分成两种情况：（1）申请人直接向法院申请重整。当债务人企业发生财务困难，具备破产原因时或发生可能不能清偿债务的危险时，当事人在破产程序、和解程序和重整程序三者中主动选择了重整；（2）在债务人已经进入破产程序之后尚未破产宣告之前，申请人提出重整申请，从而将破产清算程序转化成重整程序。

重整申请须以书面的方式进行，一般而言申请书应当包括以下内容②：

（1）申请人的姓名或名称、住所或居所及申请资格；（2）债务人名称、所在地及负责人姓名、住所；（3）申请的原因与事实；（4）企业所经营的事业及业务状况；（5）企业的资产负债、损益及其他财务状况；（6）关于企业重整的意见。

根据《上市公司重整座谈会纪要》的规定，申请人申请上市公司破产重整的，除提交《企业破产法》第八条规定的材料外，还应当提交关于上市公司具有重整可行性的报告、上市公司住所地省级人民政府向证券监督管理部门的通报情况材料，以及证券监督管理部门的意见、上市公司住所地人民政府出具的维稳预案等。上市公司自行申请破产重整的，还应当提交切实可行的职工安置方案。

（二）重整申请的受理

人民法院在收到申请后，应对其进行形式和实质两个方面进行审查。经审查认为不符合重整申请的，应裁定驳回申请。如重整申请符合本法规定的，应当裁定债务人重整，并予以公告。

自人民法院裁定债务人重整之日起至重整程序终止的期间为重整期间。经过重整，企

① 韩长印主编：《破产法学》，中国政法大学出版社 2007 年版，第 162 页。
② 韩长印主编：《破产法学》，中国政法大学出版社 2007 年版，第 163 页。

业能够清偿债务的，人民法院应当终结破产程序并予以公告。整顿期满，企业不能清偿债务的，人民法院应当宣告破产，并按规定重新登记债权。

债务人进入重整期间后，为保证债务人营业的连续性，应当确定担当管理债务人财产和营业事务的重整人。《企业破产法》第七十三条规定，"在重整期间，经债务人申请，人民法院批准，债务人可以在管理人的监督下自行管理财产和营业事务。有前款规定情形的，依照本法规定已接管债务人财产和营业事务的管理人应当向债务人移交财产和营业事务，本法规定的管理人的职权由债务人行使"。第七十四条规定，"管理人负责管理财产和营业事务的，可以聘任债务人的经营管理人员负责营业事务"。由此可以看出在我国，重整管理人的产生方式有两种：第一，经债务人申请，人民法院批准，债务人企业的管理层可以在管理人的监督下继续企业经营事务；第二，管理人作为重整人负责财产管理和营业事务，此时，管理人可以聘任债务人企业的经营管理人员负责企业的营业事务。

（三）重整程序的效力

人民法院裁定重整后，对利害关系人各方均产生约束力。

1. 对债权人

不论债权人享有何种债权，债权人是否参加债权人会议或者是否同意重整计划，其债权的受偿条件、期限、方式等，均按照重整计划的规定执行。但是，债权人未依照规定申报债权的，在重整计划执行期间不得行使权利；在重整计划执行完毕后，可以按照重整计划规定的同类债权的清偿条件行使权利。

2. 对担保权人

在重整期间，对债务人的特定财产享有的担保权将暂停行使。但是，担保物有损坏或者价值明显减少的可能，足以危害担保权人权利的，担保权人可以向人民法院请求恢复行使担保权。

3. 对取回权人

债务人合法占有的他人财产，该财产的权利人在重整期间要求取回的，应当符合事先约定的条件。

4. 对债务人企业

在重整期间，经债务人申请，人民法院批准，债务人可以在管理人的监督下自行管理财产和营业事务，债务人或者管理人为继续营业而借款的，可以为该借款设定担保。

5. 对出资人

在重整期间，债务人的出资人不得请求投资收益分配。

6. 对企业管理层

债务人的董事、监事、高级管理人员不得向第三人转让其持有的债务人的股权，但经人民法院同意的除外。

三、重整程序的终止

重整计划的终止是当债务人不能执行或不执行重整计划时，经利害关系人的申请，由人民法院裁定不再执行重整计划。综合我国《企业破产法》规定，在重整期间，有下列情形之一的，人民法院应当裁定终止重整程序，并宣告债务人破产：（1）债务人的经营状况和财产状况继续恶化，缺乏挽救的可能性。(2)债务人有欺诈、恶意减少债务人财产或者其他显著不利于债权人的行为。(3)由于债务人的行为致使管理人无法执行职务。(4)债务人或者管理人未按期提出重整计划草案。(5)重整计划草案未获通过，或者重整计划草案未获人民法院批准。(6)债务人不能执行或者不执行重整计划的，人民法院经管理人或者利害关系人请求，应当裁定终止重整计划的执行，并宣告债务人破产。

四、重整计划的制定、表决与批准

重整计划是由重整人拟定，以复兴企业，清理债务为内容并经债权人会议表决通过和法院批准的综合方案。重整计划关乎重整企业、债权人、出资人、劳动者等多方利益，是重整程序中的核心要素。

(一)重整计划的制定

1. 重整计划的制定人

我国《企业破产法》坚持"谁管理，谁制定重整计划"的原则。如果重整期间债务人的财产和营业事务由债务人自行管理的，由债务人制定重整计划草案；如果由管理人负责管理企业财产和营业事务的，由管理人来制定重整计划草案。一般情况下，债务人企业对自身的财产状况以及经营困境最为了解，提出的重整计划草案更有针对性和可行性。当然，考虑到债务人基于对自己利益的考虑，其制定的计划可能有损于债权人的利益，由管理人监督或协助下制定重整计划草案也不失为一种良策。

2. 重整计划的制定时间

《企业破产法》规定，债务人或者管理人应当自人民法院裁定债务人重整之日起6个月内，同时向人民法院和债权人会议提交重整计划草案。该期限届满，经债务人或者破产管理人请求，有正当理由的，人民法院可以裁定延期3个月。债务人或者管理人未按期提出重整计划草案的，人民法院应当裁定终止重整程序，并宣告债务人破产。

3. 重整计划的内容

重整计划是债权人会议判断企业是否具有重整可能以及如何保障自身利益的重要依据，因此重整计划一般要体现债务人企业重整的具体措施以及债务如何清偿等内容。根据我国《企业破产法》第八十一条的规定，应当包括以下内容：(1)债务人的经营方案；(2)债权分类；(3)债权调整方案；(4)债权受偿方案；(5)重整计划的执行期限；(6)重整计划执行的监督期限；(7)有利于债务人重整的其他方案。

(二)重整计划的表决

1. 分组表决

由于重整计划对于不同的债权和股权的影响不同，因此按照国外的通常做法，债权人会议(或关系人会议)对重整计划草案一般进行分组表决。《企业破产法》将债权人分为四个小组：(1)对债务人的特定财产享有担保权的债权；(2)债务人所欠职工的工资和医疗、伤残补助、抚恤费用，所欠的应当划入职工个人账户的基本养老保险、基本医疗保险费用，以及法律、行政法规规定应当支付给职工的补偿金；(3)债务人所欠税款；(4)普通债权。

人民法院在必要时可以决定在普通债权组中设小额债权组对重整计划草案进行表决。债务人的出资人代表可以列席讨论重整计划草案的债权人会议。重整计划草案涉及出资人权益调整事项的，应当设出资人组，对该事项进行表决。重整计划不得规定减免债务人欠缴的本法第八十二条第一款第二项规定以外的社会保险费用；该项费用的债权人不参加重整计划草案的表决。

2. 表决方式

重整计划一旦提交人民法院，人民法院应当自收到重整计划草案之日起30日内召开债权人会议对重整计划草案进行表决。出席会议的同一表决组的债权人过半数同意重整计划草案，并且其所代表的债权额占该组债权总额的2/3以上的，即为该组通过重整计划草案。各表决组均通过重整计划草案时，重整计划即为通过。

(三)重整计划的批准

重整计划草案的批准，是指法院依法审查，赋予重整计划强制执行力的过程。重整计划一经批准，即对所有债权人及其他利害关系人产生效力，不论其表决时同意或者反对重整计划草案。重整计划的批准分为一般情况下的批准和强制批准。

1. 一般情况下的批准

根据《企业破产法》第八十六条的规定，债务人或者管理人应当自重整计划通过之日起10日内，向人民法院提出批准重整计划的申请，人民法院经审查认为符合破产法规定的，应当自收到申请之日起30日内裁定批准，同时裁定终止重整程序，并予以公告。

2. 强制批准

对于未获通过的重整计划草案，如符合法定条件，人民法院也可以进行强行批准。《企业破产法》规定了如下强行批准条件：(1)按照重整计划草案，有财产担保的债权就该特定财产将获得全额清偿，其因延期清偿所受损失将得到公平的补偿，并且其担保权未受到实质性的损害，或者该表决组已经通过重整计划草案；(2)按照重整计划草案，劳动债权和税款请求权将获得全额清偿，或者相应表决组已经通过重整计划草案；(3)按照重整计划草案，普通债权所获得的清偿比例，不低于其在重整计划草案被提请批准时依照破产清算程序所能获得的清偿比例，或者该表决组已经通过重整计划草案；(4)重整计划草案对出资人权益的调整公平、公正，或者出资人组已经通过重整计划草案；(5)重整计划草案公平对待同一表决组的成员，并且所规定的债权清偿顺序，不违反本法的规定；(6)重整债务人的经营方案具有可行性。

人民法院经审查认为重整计划草案符合前款规定的，应当自收到申请之日起30日内裁定批准，终止重整程序，并予以公告。重整计划草案未获得通过且未获得人民法院强制批准，或者已通过的重整计划未获得批准的，人民法院应当裁定终止重整程序，并宣告债务人破产。破产宣告后，即进入破产清算程序。

五、重整计划的执行与监督

重整计划的执行是重整程序的最后一步，直接关系到重整目的的实现。

(一)重整计划的执行

我国《企业破产法》第八十九条规定，重整计划由债务人负责执行。债务人对自身企业最为了解和熟悉，易于执行重整计划。人民法院裁定批准重整计划后，已经接管财产和营业事务的管理人应当向债务人移交财产和营业事务。

（二）重整计划的监督

自人民法院裁定批准重整计划之日起，在重整计划规定的监督期限内，由管理人监督重整计划的执行。在监督期内，债务人应当向管理人报告重整计划执行情况和债务人财务状况。监督期届满时，管理人应当向人民法院提交监督报告。自监督报告提交之日起，管理人的监督职责终止。经管理人申请，人民法院可以裁定延长重整计划执行的监督期限。管理人向人民法院提交的监督报告，重整计划的利害关系人有权查阅。监督人不尽善良管理人的义务履行监督职责，给债务企业造成损害的，应负损害赔偿责任。

第二节　破产和解

一、破产和解的概念和特征

（一）破产和解的概念

和解是具有破产原因的债务人，为避免破产清算，而与债权人会议就债务清偿延期或减免达成协议，经人民法院认可后生效的法律程序。

与一般民事和解不同的是，破产程序中的和解是一种强制性和解制度，只要债权人会议以法定多数通过和解协议，经法院认可后，不同意和解的少数债权人也要受决议约束，强制其接受和解。

（二）破产和解的特征

第一，破产和解虽然适用于已具备破产原因的债务人，但最终目的是避免企业进行破产清算，是一种破产预防程序。

第二，破产和解的目的在于通过得到债权人的谅解，缓解债务人清偿债务的压力，从而避免企业被破产清算，因此破产和解的主要途径是一般是允许债务人延期、分期偿还债务以及免除全部或者部分债务。

第三，破产和解必须由债务人和债权人会议达成协议，这样能预防对于个别债权人单独、额外清偿，能够保证和解程序的公平、公正。

第四，破产和解具有强制性，即和解协议一经债权人会议表决通过，无须每一个债务人都同意，对全体债权人均有约束力。

某国际破产和解案[①]

某国际是 1993 年 5 月经某省体改委批准，由某国际经济技术合作公司改组设立的定向募集股份有限公司，原始发起人股东是某省国有资产管理局。某国际于 1996 年 11 月 12 日至 16 日公开发行 A 股 1500 万股并随后上市交易，成为一家在深圳交易所上市交易的上市公司，股票代码 000×××。

2000 年，该省国有资产管理局将所持股份全部划转给了某省国际经济技术合作集团有限责任公司（以下简称"某国际集团"）持有，2003 年 8 月，某国际集团将所持

---

①　该破产和解案是 2006 年企业破产法实施以后我国第一起上市公司破产和解案。

全部股权以股抵债，转给现大股东✕证券有限责任公司。某国际集团因 2001—2003 年连续三年亏损，被深圳证券交易所于 2004 年 4 月 29 日起暂停上市，存在重大的退市风险。从某国际集团的年报看，已经属于严重资不抵债，也不能偿还到期债务。✕科技发展有限公司作为某国际集团的债权人，于 2007 年 2 月向当地中级人民法院提出了对某国际集团实施破产还债的申请，经最高人民法院批准，某市中级人民法院于 2007 年 10 月 11 日正式受理立案。

2007 年 11 月 5 日，某国际集团向中院申请和解，提交了详细的和解协议草案。根据草案显示，如某国际集团直接破产，可供一般债权人按比例分配的资金仅 368.2 万元，按一般债权人金额 45164 万元（总负债扣除应付员工薪酬 779 万元和应交税金 635 万元后的负债金额）分配，偿付比例仅为 0.815%。某国际集团提出拟按照 5% 的比例统一偿付各债权人对其的债权，并在协议达成并经人民法院裁定生效后的 20 日内偿付。偿付所需资金由某国际集团向重组方✕房地产开发有限公司筹措，某房地产公司对此已出具承诺保证函。

某中院经审查认为，某国际集团所提出的和解方案草案有利于保护债权人的合法权益，和解方案具有可行性，因此在收到和解申请的当天，裁定准予某国际和解。

2007 年 11 月 16 日，在债权人会议上对某国际集团提交的和解协议草案进行表决，该草案经出席会议的和解债权人过半数且所代表的债权额占无财产担保的债权总额的 82.7% 同意，顺利得以通过。

2007 年 11 月 20 日，某中院下达了裁定书，审核通过和解协议，终止了某国际集团的破产和解程序，并予以公告。

二、破产和解申请的提出和审查

(一)破产和解申请的提出

《企业破产法》第九十五条规定："债务人可以依照本法规定，直接向人民法院申请和解；也可以在人民法院受理破产申请后、宣告债务人破产前，向人民法院申请和解。债务人申请和解，应当提出和解协议草案。"

（1）申请人。提出和解申请的主体一般只能是债务人，其他利害关系人不得提出，人民法院也不得依职权启动和解程序。

（2）申请时间。债务人可以直接向人民法院申请和解，也可以在人民法院受理破产案件后、宣告债务人破产前，主动提出和解申请。

债务人提出申请后，应当提交和解协议草案，但《企业破产法》并未对和解协议草案的内容作出明确规定，一般来说，草案内容应当包括：债务人资产负债现状、清偿债务的财产来源、清偿债务的计划，如要以债务人今后盈利偿还债务时对债务人重生的可行性分析论证，如债务人无法以自身能力偿债，还应制订引进战略投资人或资产重组的计划。[1]

---

[1]　王欣新主编：《破产法原理与案例教程（第三版）》，中国人民大学出版社 2024 年版，第 325~326 页。

(二)破产和解申请的审查

法院受理债务人提出的和解申请后经过审查,如认为债务人提出的和解申请符合和解的条件,应当裁定可以进行和解,予以公告,和解程序正式开始。对债务人的特定财产享有担保权的权利人,自人民法院裁定和解之日起可以行使权利。

三、和解协议的表决与效力

(一)和解协议的表决

法院裁定和解后应及时召集债权人会议讨论和解协议草案。债权人会议对和解协议进行表决时,必须由出席会议的有表决权的债权人过半数同意,并且其所代表的债权额占无财产担保债权总额的2/3以上。当债权人会议否决和解时,应通知人民法院并请求其宣告债务人破产。

债权人会议通过和解协议的,由人民法院裁定认可,终止和解程序,并予以公告。管理人应当向债务人移交财产和营业事务,并向人民法院提交执行职务的报告。人民法院应从以下几个方面对和解协议进行审查:(1)债权人会议程序有无违反法律规定,表决票数及债权额统计有无差错;(2)债权人会议的表决有无以不正当方式形成,如表决中有无欺诈、贿买或胁迫现象;(3)最终通过的协议草案是否违反现行法律、法规,是否损害少数债权人利益,是否损害国家、社会和第三人的利益,是否违反公平清偿原则;(4)债务人和解目的是否正当,有无破产欺诈,和解协议草案是否存在明显不能实现等情况。①

法院经审查发现和解协议确实存在违法之处,如因债务人的欺诈或者其他违法行为而成立的和解协议,人民法院应当裁定无效,并宣告债务人破产。如人民法院审查后认为决议符合法律规定,应认可和解协议,作出中止破产程序的裁定,和解协议自发布公告之日起发生法律效力。

(二)和解协议的效力

1. 对债务人的效力

和解协议是债权人和债务人就变更原债权债务关系内容而订立的契约。因此,和解协议一旦生效,债务人应当按照和解协议规定的条件清偿债务,不得给个别债权人以额外利益。债务人不能执行或者不执行和解协议的,人民法院经和解债权人请求,应当裁定终止和解协议的执行,并宣告债务人破产。

按照和解协议减免的债务,自和解协议执行完毕时起,债务人不再承担清偿责任。

2. 对债权人的效力

经人民法院裁定认可的和解协议,对债务人和全体和解债权人均有约束力。和解债权人是指人民法院受理破产申请时对债务人享有无财产担保债权的人。和解债权人受和解协议的约束,不得要求或接受和解协议之外的单独利益,在协议约定的清偿期限届满之前不得提出清偿请求。

和解债权人未依照规定申报债权的,在和解协议执行期间不得行使权利;在和解协议执行完毕后,可以按照和解协议规定的清偿条件行使权利。未及时申报债权的和解债权人

---

① 王欣新主编:《破产法原理与案例教程(第三版)》,中国人民大学出版社2024年版,第327页。

权利的行使将会受到一定限制。

对债务人的特定财产享有担保权的权利人，自人民法院裁定和解之日起可以行使权利，就担保财产进行个别执行程序。债务人为避免因担保物被执行而使和解难以进行，债务人应与此类债权人逐个单独达成和解。[①]

3. 对债务人的保证人和其他连带债务人的效力

和解债权人对债务人的保证人和其他连带债务人所享有的权利，不受和解协议的影响。

(三)和解的终结

和解终结是指人民法院裁定和解程序立即终止，恢复进入破产清算程序，宣告债务人破产。破产法规定，有下列情形之一的，由人民法院裁定和解终结，宣告破产：(1)和解协议草案经债权人会议表决未获得通过，或者已经债权人会议通过的和解协议未获得人民法院认可的；(2)因债务人的欺诈或者其他违法行为而成立和解协议的；(3)债务人不能执行或者不执行和解协议的；(4)人民法院受理破产申请后，债务人与全体债权人就债权债务的处理自行达成协议的。

【思考题】

1. 破产重整和破产和解在程序上有哪些区别？
2. 如何认识重整制度在破产法中的地位和作用？
3. 如何理解破产和解制度的法律性质？

---

① 王欣新主编：《破产法原理与案例教程(第三版)》，中国人民大学出版社 2024 年版，第 332 页。

第二十章 破 产 清 算

【教学目的和要求】通过本章的学习，了解破产宣告的法律效力，掌握破产财产的变价、分配，破产程序的终结。

【重点和难点】破产清算与破产重整、破产和解之间的关系。

第一节 破产清算制度概述

一、破产清算的概念

破产清算是指人民法院依法定程序对具有破产条件的债务人宣告其破产后，强制清算其全部财产，公平地清偿全体债权人的法律行为。破产清算作为破产制度的重要组成部分，具有淘汰落后产能、优化市场资源配置的直接作用。对于缺乏拯救价值和可能性的债务人，可以及时通过破产清算程序对债权债务关系进行全面清理，重新配置社会资源，提升社会有效供给的质量和水平，增强企业破产法对市场经济发展的引领作用。

二、破产清算与相关概念的关系

市场经济的健康运行，总是伴随着新兴企业的不断出现、发展和落后企业的衰败、消灭，破产清算制度则是一种优胜劣汰机制，破产清算的目的在于当债务人陷入困境时将其所有财产公平地分配给债权人，借此了断全部债权债务。重整制度的目的是拯救那些有再生希望的企业，破产和解则是一种预防和避免债务人企业破产的手段。在现代社会中并非所有遭遇财务困境的企业都应当退出市场，企业的品牌、专有技术、人力资源、成熟的营销网络、客户资源等都是企业长期积累下来的宝贵资源，对这些有市场潜力和挽救价值的企业只要给企业提供一定的喘息和复苏机会，企业很有可能转亏为盈。因此，破产清算制度、重整制度和和解制度三者互为补充，共同构成了一个统一的破产法律制度体系。

第二节 破产宣告的做出

一、破产宣告

(一)破产宣告的概念

破产宣告是指人民法院依据当事人的申请，经严格审查后对具有破产能力的债务人裁定宣告其破产的法律行为。

(二)破产宣告的适用条件

(1)债务人具有破产能力且符合不能清偿到期债务并且资不抵债或者明显缺乏清偿能力的破产原因。

(2)债务人不能清偿到期债务且与债权人不能达成和解协议。

(3)债务人不履行或不能履行重整/和解协议。

(4)债务人被依法终结重整。

(三)破产宣告的程序

人民法院宣告债务人破产，应当通知提出破产申请的债权人、债务人到庭，当庭宣布破产裁定，并发布公告。当事人拒不到庭的，不影响裁定的效力。

人民法院宣告债务人破产的，应当自裁定作出之日起 5 日内送达债务人和管理人，自裁定作出之日起 10 日内通知已知债权人，并予以公告。公告应当包括以下内容：(1)企业的亏损和资产负债的情况；(2)宣告企业破产的理由和法律依据；(3)宣告企业破产的日期；(4)宣告破产企业的财产、账册、文书、资料和印章等的保护。

二、破产宣告的效力

1. 对破产企业的效力

债务人被宣告破产后，债务人成为破产人，企业无权再继续进行经营活动，成为仅为破产清算而存在的破产企业。根据最高人民法院的批复，企业被人民法院宣告破产后，破产企业应当自人民法院宣告破产裁定之日起停止生产经营活动。但经清算组允许，破产企业可以在破产程序终结之前，以清算组的名义从事与清算工作相关的生产经营活动。清算组应当将从事此种经营活动的情况报告人民法院。如果破产企业在此期间对外签订的合同，并非以清算组的名义，并且与清算工作无关，应当认定为无效。[①]

债务人的财产成为破产财产，企业完全丧失对财产和事务的管理权，企业财产由管理人占有、支配并用于破产分配。

2. 对破产企业职工的效力

当企业被宣告破产后，职工原与企业订立的劳动合同即可依法宣告解除，职工成为失业人员，有权依据国家有关规定领取失业救济金，并有权根据劳动合同法从企业获得经济补偿金。但是，被清算组或法院指定的企业留守人员，应履行留守职责。这时，他们应视同清算组聘任的工作人员，其工资和劳动保险费用作为破产费用，从破产财产中优先拨付。

3. 对债权人的效力

债务人被宣告破产后，人民法院受理破产申请时对债务人享有的债权称为破产债权。破产债权分为有担保债权和无担保债权，对破产人的特定财产享有担保权的权利人，对该特定财产享有优先受偿的权利。有担保权的债权人行使优先受偿权利未能完全受偿的，其

---

① 最高人民法院《关于企业被人民法院依法宣告破产后，在破产程序终结前经人民法院允许从事经营活动所签合同是否有效问题的批复》(法释〔2000〕43 号)。

未受偿的债权作为普通债权；放弃优先受偿权利的，其债权作为普通债权。

第三节　破产财产的变价

一、破产财产的变价方案

破产清算的目的是将破产财产在债权人之间进行公平地分配，破产财产包括货币财产与非货币财产两大类，非金钱财产基于其本身所具有不易分割等特性，不经过恰当估价、变卖而将其折合成金钱很难确定其实际价值，也很难直接分配给各个破产债权人[1]，因此在财产分配前必须先用合理的方式对破产财产进行变价。破产财产的变价方案即将破产财产中非货币财产变价为货币财产的具体方案，该方案由管理人拟订，并提交债权人会议讨论表决通过。债权人会议通过破产财产变价方案的决议，由出席会议的有表决权的债权人过半数通过，并且其所代表的债权额占无财产担保债权总额的1/2以上。破产财产变价方案经债权人会议表决未通过的，由人民法院裁定是否通过。债权人对人民法院作出上述裁定不服的，可以自裁定宣布之日或者收到通知之日起15日内向该人民法院申请复议。复议期间不停止裁定的执行。

二、破产财产的变价方式

《企业破产法》第一百一十二条规定，变价出售破产财产应当通过拍卖进行。但是，债权人会议另有决议的除外。破产企业可以全部或者部分变价出售。企业变价出售时，可以将其中的无形资产和其他财产单独变价出售。按照国家规定不能拍卖或者限制转让的财产，应当按照国家规定的方式处理。

某集团破产案

某集团股份有限公司(以下简称某集团)曾是中国最大的奶粉制造商，产销量连续15年居全国第一，市场份额达18%。从1956年只有32头奶牛和170只奶羊的幸福乳业合作社，到品牌价值近150亿元的大型企业集团，某集团用了整整50年的时间，然而从一个年销售亿元的企业走向破产，集团却只用了1年。

自2007年12月以来，集团陆续接到各地消费者投诉反映有婴幼儿在使用了其生产的婴幼儿奶粉后尿液中出现红色沉淀物、结石等现象。但集团公司对此采取了隐瞒态度，直至2008年9月，其所生产的婴幼儿奶粉中被查出含有化工原料三聚氰胺，因使用婴幼儿奶粉而接受门诊治疗咨询且已康复的婴幼儿累计三万余人，死亡四人事件曝光后，震惊了全社会。

该集团于2008年9月12日全面停产，此时集团净资产为-11.03亿元(不包括10月31日后企业新发生的各种费用)，已经严重资不抵债。依据《企业破产法》的有关规定，申请人(债权人)石家庄商业银行和平西路支行向石家庄市中级人民法院提出

---

[1]　韩长印主编：《破产法学》，中国政法大学出版社2007年版，第221页。

了对被申请人(债务人)的集团进行破产清算的申请,石家庄市中级人民法院于12月18日裁定受理了破产申请,指定石家庄某清算组为破产管理人,受理申请的裁定书于12月23日送达该集团。

2009年1月12日启动债权登记,石家庄市中级人民法院向274家该集团的债权人发出了申报债权通知书,要求债权人在2月11日前向管理人申报债权。2月12日上午该集团破产清算案件第一次债权人会议在石家庄市中级人民法院进行,会议通过了集团破产的资产管理方案和财产变价方案。

截至2008年10月31日经财务审计和资产评估,集团资产总额为15.61亿元,总负债17.62亿元,净资产-2.01亿元,12月19日集团又借款9.02亿元付给全国奶协,用于支付患病婴幼儿的治疗和赔偿费用。

2009年3月4日上午,某集团破产财产首次拍卖会在石家庄市中级人民法院举行,根据集团管理人此前委托拍卖机构发布的拍卖公告,此次竞拍的集团破产财产主要包括:集团的土地使用权、房屋建筑物、机器设备等可持续经营的有效资产;集团所持有的新乡市林鹤乳业有限公司98.8%的投资权益;集团所持有的某乳业有限公司70%的投资权益;集团所持有的某乳业有限公司16.97%的投资权益。最终,另一乳制品集团与某食品的全资子公司组成的"联合竞拍体"以6.165亿元成功拍得该集团资产。

第四节　破产财产的分配

一、破产财产的分配方案

破产分配是指本着公平原则,按各债权人的应受偿顺序和应受偿比例在债权人之间将破产财产进行分配的程序。破产财产的分配应当以货币分配方式进行。但是,债权人会议另有决议的除外。

管理人应当及时拟订破产财产分配方案,提交债权人会议讨论。破产财产分配方案应当载明下列事项:(1)参加破产财产分配的债权人名称或者姓名、住所;(2)参加破产财产分配的债权额;(3)可供分配的破产财产数额;(4)破产财产分配的顺序、比例及数额;(5)实施破产财产分配的方法。

债权人会议通过破产财产分配方案的决议,由出席会议的有表决权的债权人过半数通过,并且其所代表的债权额占无财产担保债权总额的1/2以上。债权人会议通过破产财产分配方案后,由管理人将该方案提请人民法院裁定认可。债权人会议表决破产财产的分配方案时,经二次表决仍未通过的,由人民法院裁定。债权额占无财产担保债权总额1/2以上的债权人对人民法院的裁定不服的,可以自裁定宣布之日或者收到通知之日起15日内向该人民法院申请复议。复议期间不停止裁定的执行。

二、破产财产的清偿顺序

破产财产优先拨付破产费用后，按照下列顺序清偿：(1)破产人所欠职工的工资和医疗、伤残补助、抚恤费用，所欠的应当划入职工个人账户的基本养老保险、基本医疗保险费用，以及法律、行政法规规定应当支付给职工的补偿金；(2)破产人欠缴的除前项规定以外的社会保险费用和破产人所欠税款；(3)普通破产债权。

破产财产不足以清偿同一顺序的清偿要求的，按照比例分配。破产企业的董事、监事和高级管理人员的工资按照该企业职工的平均工资计算。

三、破产财产的分配

(一)破产财产分配方案的执行

破产财产分配方案经人民法院裁定认可后，由管理人执行。对破产财产的分配可一次完成，也可多次进行，需视破产财产的多少、变价难易等情况决定。即使分配终结后，如果发现有可供分配的财产或破产企业的财产请求权，仍可进行追加分配。依照破产分配进行阶段的不同，可将破产分配分为中间分配、最后分配和追加分配。最后分配是指全部破产财产变价之后，不留剩余地对一般破产债权人进行的分配。最后分配完毕后，破产程序终结。在此之前，有可供分配财产时所进行的分配称为中间分配。追加分配是在最后分配完成和破产程序终结之后，重又发现可分配的破产财产时进行的分配。《企业破产法》第一百二十三条规定，自破产程序因债务人财产不足以支付破产费用而终结，或因破产清算分配而终结之日起2年内，有下列情形之一的，债权人可以请求人民法院按照破产财产分配方案进行追加分配：(1)发现有依照破产撤销权、破产无效行为，以及存在董事、监事和高级管理人员利用职权从企业获得的非正常收入和侵占的企业财产，应当追回的财产的；(2)发现破产人有应当供分配的其他财产的。但可追加分配的财产数量不足以支付分配费用的，不再进行追加分配，由人民法院将其上交国库。

(二)对附条件债权的分配

对于附生效条件或者解除条件的债权，管理人应当将其分配额提存。

管理人依照前款规定提存的分配额，在最后分配公告日，生效条件未成就或者解除条件成就的，应当分配给其他债权人；在最后分配公告日，生效条件成就或者解除条件未成就的，应当交付给债权人。

(三)对未受领破产财产分配额的处理

债权人未受领的破产财产分配额，管理人应当提存。债权人自最后分配公告之日起满2个月仍不领取的，视为放弃受领分配的权利，管理人或者人民法院应当将提存的分配额分配给其他债权人。

(四)对诉讼或仲裁未决债权的处理

破产财产分配时，对于诉讼或者仲裁未决的债权，管理人应当将其分配额提存。自破产程序终结之日起满2年仍不能受领分配的，人民法院应当将提存的分配额分配给其他债权人。

第五节　破产程序的终结

一、破产程序终结的原因

破产程序终结又称破产程序的终止，是指人民法院受理破产案件后，存在法定的事由时，由法院依法裁定终结破产程序，结束破产案件的审理。

破产程序终结可分为正常终结和非正常终结。正常终结是破产财产分配完毕，破产目的得到实现。管理人在最后分配完结后，应当及时向人民法院提交破产财产分配报告，并提请人民法院裁定终结破产程序。

非正常终结是没有经过财产分配而终结，主要情形有：（1）债务人财产不足以清偿破产费用的；（2）人民法院受理破产申请后，债务人与全体债权人就债权债务的处理自行达成协议的；（3）破产人无财产可供分配的；（4）破产宣告前，第三人为债务人提供足额担保或者为债务人清偿全部到期债务的或债务人已清偿全部到期债务的。管理人应当请求人民法院裁定终结破产程序。人民法院应当自收到管理人终结破产程序的请求之日起 15 日内作出是否终结破产程序的裁定。裁定终结的，应当予以公告。

二、破产程序终结的效力

（一）对破产人的效力

管理人自破产程序终结之日起 10 日内，持法院裁定，向破产人的原登记机关办理注销登记，其法人资格宣告消灭。破产企业董事、监事或者高级管理人员违反忠实义务、勤勉义务，致使所在企业破产的，依法承担民事责任，自破产程序终结之日起三年内不得担任任何公司的董事、监事、高级管理人员。

（二）对破产债权人的效力

破产清算程序结束后，原企业法人主体资格消灭，其所负的全部债务即告免除，债权人未得到分配的债权，于破产终结裁定作出后视为消灭。[1]

（三）对破产管理人的效力

管理人应当自破产程序终结之日起 10 日内，持人民法院终结破产程序的裁定，向破产人的原登记机关办理注销登记。通常情况下，管理人应于办理破产人注销登记完毕的次日终止执行职务，但破产案件存在诉讼或者仲裁未决等情况的，管理人可以在破产程序终结后，继续办理破产案件的遗留事务。另外，破产人的保证人和其他连带债务人，在破产程序终结后，对债权人依照破产清算程序未受清偿的债权，依法继续承担清偿责任。

（四）对连带债务人的效力

破产人的保证人和其他连带债务人，在破产程序终结后，对债权人依照破产清算程序未受清偿的债权，依法继续承担清偿责任。

[1]　王欣新主编：《破产法原理与案例教程（第三版）》，中国人民大学出版社 2024 年版，第 380 页。

【思考题】

1. 破产宣告的效力有哪些?

2. 如何理解企业破产法中关于破产宣告条件的规定?

3. 破产重整、和解和破产清算程序之间有哪些区别?